Peter Eich
Geschichte der Frühen Römischen Kaiserzeit

Oldenbourg
Grundriss der Geschichte

Herausgegeben von Hans Beck,
Karl-Joachim Hölkeskamp, Achim Landwehr,
Steffen Patzold und Benedikt Stuchtey

Band 56

Peter Eich

Geschichte der Frühen Römischen Kaiserzeit

—

**DE GRUYTER
OLDENBOURG**

ISBN 978-3-11-064855-3
e-ISBN (PDF) 978-3-11-064858-4
e-ISBN (EPUB) 978-3-11-064867-6
ISSN 2190-2976

Library of Congress Control Number: 2025933993

Bibliografische Information der Deutschen Nationalbibliothek
Die Deutsche Nationalbibliothek verzeichnet diese Publikation in der Deutschen Nationalbibliografie;
detaillierte bibliografische Daten sind im Internet über http://dnb.dnb.de abrufbar.

© 2025 Walter de Gruyter GmbH, Berlin/Boston, Genthiner Straße 13, 10785 Berlin
Satz: bsix information exchange GmbH, Braunschweig

www.degruyterbrill.com
Fragen zur allgemeinen Produktsicherheit:
productsafety@degruyterbrill.com

Vorwort der Herausgeber

Die Reihe *Oldenbourg Grundriss der Geschichte* dient seit 1978 als wichtiges Mittel der Orientierung, sowohl für Studierende wie für Lehrende. Sie löst seither ein, was ihr Titel verspricht: ein Grundriss zu sein, also einen Plan zur Verfügung zu stellen, der aus der Vogelschau Einsichten gewährt, die aus anderen Perspektiven schwerlich zu gewinnen wären.

Seit ihren Anfängen ist die Reihe bei ihren wesentlichen Anliegen geblieben. In einer bewährten Dreiteilung wollen ihre Bände in einem ersten Teil einen Überblick über den jeweiligen historischen Gegenstand geben. Ein zweiter Teil wird bestimmt durch einen ausgiebigen Forschungsüberblick, der nicht nur den Studierenden in einem historischen Forschungsgebiet eine Übersicht über gegenwärtige wie vergangene thematische Schwerpunkte und vor allem Debatten gibt. Denn angesichts der Komplexität, Internationalität sowie der zeitlichen Tiefe, die für solche Diskussionen kennzeichnend sind, stellt es auch für Wissenschaftler eine zunehmende Herausforderung dar, über die wesentlichen Bereiche einer Forschungsdebatte informiert zu bleiben. Hier leistet die Reihe eine wesentliche Hilfestellung – und hier lässt sich auch das Merkmal identifizieren, das sie von anderen Publikationsvorhaben dieser Art deutlich abhebt. Eine umfangreiche Bibliographie rundet als dritter Teil die jeweiligen Bände ab.

Im Laufe ihrer eigenen Historie hat der *Oldenbourg Grundriss der Geschichte* auf die Veränderungen in geschichtswissenschaftlichen Diskussionen und im Geschichtsstudium reagiert. Sie hat sich nach und nach neue Themenfelder erschlossen. Es geht der Reihe in ihrer Gesamtheit nicht mehr ausschließlich darum, in der griechisch-römischen Antike zu beginnen, um das europäische Mittelalter zu durchschreiten und schließlich in der Neuzeit als unserer erweiterten Gegenwart anzukommen. Dieser Gang durch die Chronologie der deutschen und europäischen Geschichte ist für die Orientierung im historischen Geschehen weiterhin grundlegend; er wird aber zunehmend erweitert durch Bände zu nicht europäischen Themen und zu thematischen Schwerpunkten. Die Reihe dokumentiert damit die inhaltlichen Veränderungen, die sich in den Geschichtswissenschaften international beständig vollziehen.

Mit diesen Inhalten wendet sich die Reihe einerseits an Studierende, die sich die Komplexität eines Themenfeldes nicht nur inhaltlich, sondern auch forschungsgeschichtlich erschließen wollen. Andererseits sollen Lehrende in ihrem Anliegen unterstützt werden, Themengebiete in Vorlesungen und Seminaren vermitteln zu können. Im Mittelpunkt steht aber immer der Versuch zu zeigen, wie Geschichte in ihren Ereignissen und Strukturen durch Wissenschaft gemacht wird und damit selbst historisch gewachsen ist.

Hans Beck
Karl-Joachim Hölkeskamp
Achim Landwehr
Steffen Patzold
Benedikt Stuchtey

Vorwort

Der hohe Stellenwert, den die Reihe *Oldenbourg Grundriss der Geschichte* der Forschung einräumt, führt den Autorinnen und Autoren, denen die Möglichkeit zuteilwird, einen Band zu der Reihe beizusteuern, einmal mehr das breite Spektrum an Ergebnissen, Methoden und Modellen vor Augen, das die Altertumswissenschaften in vielen Jahrzehnten erarbeitet haben. Zugleich bringt dieser Reichtum an Gedanken die Notwendigkeit zur unerbittlichen Selektion, Gewichtung und Akzentsetzung mit sich, die es fast unmöglich machen, der Forschungsgeschichte gerecht zu werden.

Dieses Manuskript ist in einer Zeit intensiver Arbeit für Freiburger Verbundforschungsprojekte entstanden. Meine Hoffnung ist, dass sich dieser Austausch positiv bemerkbar macht.

Einige Personen, Freunde, Kolleginnen und Kollegen haben meine Beschäftigung mit der Frühen Kaiserzeit aber auch konkret ermöglicht, grundgelegt und gefördert. Mehr denn je gilt es jedoch festzuhalten, dass sie keine Verantwortung für meine Entscheidungen, Fehler und Nachlässigkeiten tragen. Mein akademischer Lehrer Werner Eck hat mich weit über die Zeit der Ausbildung hinaus geprägt. Das Buch profitiert sodann von Gesprächen mit meinem ungleich beleseneren Bruder Armin, der ebenfalls griechisch-römische Geschichte lehrt und zu ihr forscht. In Freiburg haben mich besonders Julia Wilm und Philip Straub stetig mit Rat und Tat unterstützt. Als Hilfskräfte haben Samuel Huber und Mathilda Obermann die Entstehung des Manuskripts begleitet. Stephan Baakes Hilfe bei der Redaktion war über die Jahre immer wieder hochwillkommen. Bettina Neuhoffs Lektorat hat einige Schwächen aus dem Manuskript herausgefiltert. Ihnen allen sei herzlich gedankt.

Freiburg, im Februar 2025   Peter Eich

Inhaltsverzeichnis

Vorwort der Herausgeber —— V

Vorwort —— VII

I	**Darstellung —— 1**	
1	Die Frühe Kaiserzeit als Unterepoche und Untersuchungsgegenstand —— 1	
2	Die Institutionalisierung des Prinzipats: politische, soziale und kulturelle Aspekte —— 5	
	2.1	Die spätrepublikanische Separierung von Rechtsverfahren und Kriegsressourcen —— 5
	2.2	Die Gruppenherrschaft der Caesarianer —— 9
	2.3	Die Ausgestaltung des augusteischen Prinzipats: die Regelungen von 28/7, 23 und 19 v. Chr. —— 16
	2.4	Die Rückschau prägende politische Erfolge der Augustus-Regierung —— 29
	2.5	Imperiale Expansion und Nachfolgeprobleme: der andere Prinzipat des Augustus —— 33
	2.6	Tiberius: die Verstetigung der kaiserlichen *res publica* im Zeichen innerer Konflikte —— 41
3	Versuche einer Monarchisierung: unerfahrene Principes und ihre Prägewirkung —— 49	
	3.1	Caligula und die Etablierung des Herrschermordes —— 49
	3.2	Das Haus des Princeps als zweites Zentrum: Claudius —— 55
	3.3	Nero: das Ende der Familienherrschaft —— 63
4	Bürgerkrieg und endgültige Fixierung der Regierungsform: die flavischen Herrscher —— 73	
	4.1	Die Rückkehr des Bürgerkriegs als politischer und sozialer Katalysator —— 73
	4.2	Zwischen Wahrung und Neubestimmung der Prinzipatsordnung: die Flavier —— 81
5	Die Jahrhundertwende als Scharnierzeit: das Ende der Frühen Kaiserzeit —— 94	

	5.1	Die Jahre 96–98: zur Anatomie von Herrscherwechseln —— **95**
	5.2	Expansion als imperiale Mission: Trajans Alleinregierung —— **98**
6	Imperiale Institutionen und ihnen zugeordnete Räume —— **103**	
	6.1	Rom als Sitz der wichtigsten Institutionen und Institution eigener Art —— **104**
	6.2	Zentrale Institutionen —— **106**
	6.3	Italien als imperiales Kernland —— **112**
	6.4	Provinzen, provinziale Institutionen und Provinzialstädte —— **113**
	6.5	Nicht-„staatliche" Institutionen mit Einfluss auf die politische Ordnung —— **118**
7	Die Armeen als imperiale Organisation: Stationierungs- und Rekrutierungsräume —— **120**	
	7.1	Stationierungsräume —— **120**
	7.2	Rekrutierungsräume —— **128**

II Grundprobleme und Tendenzen der Forschung —— **131**

1	Zur Frühen Kaiserzeit als Unterepoche und Untersuchungsgegenstand —— **131**	
	1.1	Prägende ältere Forschung zur Frühen Kaiserzeit —— **131**
	1.2	Aktuelle sozial-, kultur- und imperialgeschichtliche Forschung —— **132**
	1.3	Prägende Quellen für das Konzept einer „Frühen Kaiserzeit" —— **134**
2	Die Institutionalisierung des Prinzipats und ihre Rezeption —— **140**	
	2.1	Forschung zum Verhältnis von städtischem Recht und imperialen Kriegsressourcen —— **143**
	2.2	Die Gruppenherrschaft der Caesarianer —— **147**
	2.3	Die Ausgestaltung des augusteischen Prinzipats —— **148**
	2.4	Die politischen Erfolge der Augustus-Regierung nach 19 v. Chr. —— **153**
	2.5	Der andere Prinzipat des Augustus: Expansion und Nachfolgeprobleme —— **159**
	2.6	Zum Prinzipat des Tiberius —— **165**

3		Versuche einer Monarchisierung des Prinzipats 37–68 n. Chr. —— 171
	3.1	Zum Prinzipat Caligulas —— 171
	3.2	Zum Prinzipat des Claudius —— 174
	3.3	Zum Prinzipat Neros —— 179
4		Der Bürgerkrieg von 68/9 und die Regierung der Flavier —— 188
	4.1	Zum Bürgerkrieg von 68/9 —— 188
	4.2	Zur Regierung der Flavier —— 192
5		Die Scharnierzeit an der Wende vom 1. zum 2. Jh. n. Chr. —— 203
	5.1	Die Herrscherwechsel 96 und 98 —— 204
	5.2	Zum Prinzipat Trajans —— 205
6		Imperiale Institutionen —— 208
	6.1	Rom als Zentrum des Imperiums —— 209
	6.2	Zentrale Institutionen —— 211
	6.3	Das frühkaiserzeitliche Italien —— 216
	6.4	Institutionen des Provinzialreichs —— 218
	6.5	Nicht-„staatliche" Institutionen mit Einfluss auf die politische Ordnung —— 223
7		Die kaiserzeitlichen Armeen —— 227
	7.1	Stationierungsräume der kaiserzeitlichen Armeen —— 227
	7.2	Rekrutierungsräume der kaiserzeitlichen Armeen —— 232
III		**Quellen und Forschungsliteratur —— 234**
A		Quellen —— 234
1		Überblicke über die antike Literatur der Frühen Kaiserzeit —— 234
2		Quellenzusammenstellungen —— 235
3		Literarische Quellen —— 235
4		Hilfsmittel und Corpora der Epigraphik —— 239
5		Hilfsmittel der Papyrologie —— 240
6		Hilfsmittel und Corpora der Numismatik —— 240
B		Im Forschungsteil besprochene Fachliteratur —— 241
	1.1	Ihre Zeit prägende ältere Forschungstitel —— 241
	1.2	Aktuelle sozial-, kultur- und imperialgeschichtliche Forschung —— 241

	1.3	Prägende Quellen für das Konzept einer „Frühen Kaiserzeit" — **243**
2		Die Institutionalisierung des Prinzipats und ihre Rezeption — **243**
	2.1	Das Verhältnis von städtischem Recht und imperialen Kriegsressourcen — **244**
	2.2	Die Gruppenherrschaft der Caesarianer — **245**
	2.3	Zu den 27, 23 und 19 v. Chr. an Augustus übertragenen Rechten — **245**
	2.4	Die politischen Erfolge der Augustus-Regierung nach 19 v. Chr. — **246**
	2.5	Das andere Prinzipat des Augustus: Expansion und Nachfolgeprobleme — **248**
	2.6	Zum Prinzipat des Tiberius — **250**
3		Die Versuche einer Monarchisierung des Prinzipats 37–68 n. Chr. — **251**
	3.1	Zum Prinzipat des Caligula — **251**
	3.2	Zum Prinzipat des Claudius — **251**
	3.3	Zum Prinzipat Neros — **253**
4		Der Bürgerkrieg von 68/9 und die Regierung der Flavier — **255**
	4.1	Zum Bürgerkrieg von 68/9 — **255**
	4.2	Zur Regierung der Flavier — **256**
5		Die Scharnierzeit an der Wende vom 1. zum 2. Jh. n. Chr. — **258**
	5.1	Zur Regierung Nervas — **258**
	5.2	Zur Alleinherrschaft Trajans — **258**
6		Imperiale Institutionen — **259**
	6.1	Rom als Zentrum des Imperiums — **259**
	6.2	Zentrale Institutionen — **260**
	6.3	Das frühkaiserzeitliche Italien — **261**
	6.4	Institutionen des Provinzialreichs — **261**
	6.5	Nicht-„staatliche" Institutionen mit Einfluss auf die politische Ordnung — **262**
7		Die kaiserzeitlichen Armeen — **263**
	7.1	Stationierungsräume der kaiserzeitlichen Armeen — **263**
	7.2	Rekrutierungsräume der kaiserzeitlichen Armeen — **264**

Anhang

Abkürzungsverzeichnis —— 267

Zeittafel —— 269

Karten —— 274

Antike Personen, Dynastien und Ethnien —— 278

Orte, Länder, Regionen —— 281

Autorinnen und Autoren —— 284

Sachregister —— 291

Oldenbourg Grundriss der Geschichte —— 297

I Darstellung

1 Die Frühe Kaiserzeit als Unterepoche und Untersuchungsgegenstand

Die Perspektiven auf die Frühe Kaiserzeit haben sich im 21. Jh. vervielfältigt. Seit den Anfängen moderner Geschichtswissenschaft sind zahlreiche politikgeschichtliche Darstellungen entstanden, die sich einerseits deutlich an die Werturteile der Quellen und andererseits offensichtlich an die Zeitumstände ihrer Verfasser anlehnten. Die Unterwerfung der Welt durch europäische Mächte führte etwa zu einem gesteigerten Interesse an Aufstieg- und Fall-Erzählungen über das oftmals als Exempel verwendete *Imperium Romanum*. Andere Autoren verglichen unterstellte psychische Probleme von Machthabern ihrer Zeit mit dem „Caesarenwahnsinn", wie man ihn in den Schilderungen antiker Autoren zu erkennen glaubte. Der gesellschaftlichen Bedeutung der Jurisprudenz angemessen blühten daneben rechtshistorische Darstellungen. Rechtshistoriker gingen bspw. davon aus, dass aus den Normen, die das öffentliche Leben Roms regelten, ein kohärentes Staatsrecht rekonstruiert werden könne, wie es diesen Wissenschaftlern aus ihrer Gegenwart vertraut war. *[politikgeschichtliche Darstellungen]*

Spätestens seit den sechziger Jahren des 20. Jh. trat dann eine Absetzbewegung von politikgeschichtlich ausgerichteten Darstellungen ein. Sozial- und strukturgeschichtliche Zugänge wurden dominant. Diese Werke waren selten theorieunterfüttert, sondern wurden von einem Selbstverständnis getragen, das sich an den Erfordernissen der praktischen Quellenarbeit, etwa im Umgang mit Inschriften und Papyri, orientierte. Die Strukturgeschichte forschte zu Institutionen in einem weiten Sinn des Worts, etwa zur Sklaverei, öfter aber zu Ämtern und Laufbahnen. Sozialgeschichtliche Studien haben bspw. die Zusammensetzung von imperialen und lokalen Eliten aufgeschlüsselt. Das Interesse galt Personengruppen, nicht mehr Personen. Zugleich begann der Rückzug der Rechtsgeschichte in eine eng umrissene Sonderzone der Beschäftigung mit juristischen Fragen. *[sozial- und strukturgeschichtliche Zugänge]*

Vor allem seit Beginn der neunziger Jahre des 20. Jh. wurden die sozialgeschichtlichen immer stärker von kulturhistorischen Ansätzen verdrängt. Kultur kann in solchen Studien sehr Unterschied- *[kulturhistorische Ansätze]* liches meinen. In der Alten Geschichte setzte sich ein Kulturbegriff durch, der konzeptuell von den Literaturwissenschaften, hinsichtlich des Erkenntnisinteresses eher von der Ethnologie geprägt war, die als Ideengeberin an die Stelle der Soziologie trat. Als Quelle von Kultur werden die menschliche Symbolisierungsgabe und Kultur folglich als deren Produkte und ihre Wahrnehmung verstanden. Die kulturgeschichtliche Forschung will solche Zeichen-Sprachen deuten und ihre Konstruktionsleistungen nachvollziehen. Die Frage, ob die erhaltenen Zeichen eine objektive Welt akkurat abbilden, spielt dabei praktisch keine Rolle mehr. Mit dieser Begriffsbestimmung, aber auch bei anderen Definitionen von „Kultur" tritt ein kaum mehr eingrenzbarer Reichtum von Untersuchungsgegenständen in den Blick der Geschichtswissenschaft, sodass über den gleichen Zeitraum Studien mit nur noch wenigen Berührungspunkten geschrieben werden können. Aus der großen Zahl kulturhistorischer Arbeiten lassen sich mit Vorbehalt aber noch zusammenhängende Gruppen herauspräparieren. Analysiert werden oftmals Weltbilder, Erinnerungskulturen und deren Konstruktcharakter sowie, grundlegender, Medien und Inhalte von zeitspezifischen Kommunikationsformen.

global-vergleichende Imperiengeschichte

In den letzten zwanzig Jahren erlebt aber auch ein ganz anderer Ansatz eine Blüte, der kaum Überschneidungen mit den bisher genannten Strömungen aufweist. In Abgrenzung von der früher zu beobachtenden europäischen Vereinnahmung des Römischen Reichs als eines Vorläufers europäischer Staaten und Reichsbildungen wenden sich Autoren und Autorinnen dieser Richtung einer global-vergleichenden Imperiengeschichte zu. Das wichtigste Forschungsfeld solcher Arbeiten ist die Wirtschaftsgeschichte. Einer der charakteristischen Zugänge ist quantifizierend, also gerade nicht kulturwissenschaftlich. Viele dieser Studien berechnen die Höhe durchschnittlicher Erträge oder schließen aus zeittypischen Institutionen auf die Höhe des Wirtschaftswachstums in der römisch dominierten Mittelmeerwelt. Die zusammengestellten Zahlenwerke beruhen zu einem erheblichen Teil auf Vergleichen und Transfers. Mit dieser Herangehensweise gelingt es, die früher angenommene, vielleicht sogar durch unerwünschten Eurozentrismus vorgegaukelte Besonderheit Roms zu relativieren. Studien dieser Art bieten andererseits stets eine Vogelperspektive, die Unterschiede zu anderen Zeiten und Räumen einebnet. Noch jüngeren Datums sind Untersuchungen, die die Blüte Roms etwa in der Frühen Kaiserzeit auf günstige ökologische Bedingungen zurückführen, während sie Transformationen des Imperiums schon in der Hohen Kaiserzeit mit Umweltkatastrophen, Klimawandel oder den Folgen von Epidemien in Verbindung bringen. Sie haben allerdings keine allgemeine Akzeptanz gefunden.

Analoges gilt für eine weitere Strömung der vergleichenden Imperiengeschichte. In den neunziger Jahren des letzten Jahrhunderts entstand eine erste Welle von deklariert postkolonialen Untersuchungen des Römischen Reichs. So interessant diese Zugänge im Einzelfall sind, setzt die Überlieferung im engeren Sinn historischen Ansätzen postkolonialer Studien doch oft harte Grenzen. Der Blick von den Peripherien auf das Zentrum etwa ist im Einzelfall möglich, bleibt aber in aller Regel doch ein elitärer Blick oder liegt in unklarer Brechung bei römischen Elitenautoren vor. Post- oder zuletzt eher dekoloniale Ansätze werden zurzeit eher in den archäologischen oder literaturwissenschaftlichen Disziplinen verwendet.

Diese vielgestaltige Ausgangslage spiegelt sich auch in den größeren Ordnungsangeboten für die Kaiserzeit. Auf dem Höhepunkt sozialgeschichtlicher Ansätze entstand die bis heute ausführlichste Untersuchung der Kaiserrolle, F. MILLARS „Emperor in the Roman World". Sie ging nicht mehr wie viele Politikgeschichten von den ohnedies nicht rekonstruierbaren Charakteren der Imperatoren, sondern von deren Handlungen aus, die als rein reaktiv gedeutet wurden. Die Kaiser hätten entsprechend keine politische Agenda gesetzt. In den kulturhistorischen Modellbildungen steht die Kommunikation der Herrscher mit ihrem Umfeld im Fokus: Kaiserrollen und die Bedeutungsebenen von Imperium fallen für diese Studien mit den von den Entscheidern erzeugten Wahrnehmungen oder deren Verzerrungen bei kritischen Beobachtern zusammen. In der Regel bedeutet dies, dass die Forschungsperspektive wieder klarer als in der Zeit sozialhistorischer Dominanz auf die Stadt Rom verengt wird. Zu der Konzentration auf Aspekte der Kommunikation trägt auch bei, dass die Vorbehalte der Rechtsgeschichte gegen die Vorstellung, Rom sei eine höfische Gesellschaft gewesen, in vielen Studien aufgegeben worden sind. Imperialgeschichtliche Zugänge dagegen setzen gerade nicht bei stadtrömischen Beziehungsgeflechten an, sondern analysieren bspw. die Bedeutung regionaler Eliten oder untersuchen Bedingungen des Wirtschaftens in imperialen Kontexten. Diese Perspektive wählt auch ein weiteres Ordnungsangebot aus der Imperiengeschichte, in dessen Zentrum die im Reich

größere Ordnungsangebote für die Kaiserzeit

fiskalische Grundgegebenheiten des Imperiums

stationierte professionelle Armee und die von ihr bedingten fiskalischen Grundgegebenheiten des Imperiums stehen, die das Handeln der Machteliten ebenso wie den Alltag vieler Menschen im Imperium mitbestimmt hätten.

Abgrenzung der Frühen von der Hohen Kaiserzeit

Die hier vorliegende Geschichte der Frühen Kaiserzeit versucht, dieser heterogenen Ausgangslage Rechnung zu tragen, indem sie politik-, sozial- oder kultur- und (aufgrund der Quellenlage seltener) imperialhistorische Forschungsparadigmen exemplarisch in der Darstellung aufruft, statt dass ein Zugang privilegiert wird. Die gewählte Abgrenzung der Frühen von der Hohen Kaiserzeit hat vor allem die unterschiedliche Quellenlage für das 1. und das 2. Jh./3. Jh. n. Chr. zur Grundlage. Diese Stoffaufteilung ist tief in der Forschungsgeschichte verankert und ergibt sich aus der Verdichtung der narrativen Quellen für die Frühe Kaiserzeit im Überlieferungsbestand. Autoren wie der Redner C. Plinius d. J., der Biograph Sueton, der Historiograph Tacitus oder die auf vielen Feldern aktiven Seneca d. J. oder Plutarch von Chaironeia haben die Sicht auf die Herrscher und ihr Umfeld in Rom nachhaltig geprägt. Zudem wird nur mit Blick auf den Übergang von der Republik zur Kaiserzeit und deren Frühphase in Quellen und Forschung die rechtliche Absicherung der Alleinherrschaft diskutiert. Zumindest aus der Perspektive der antiken Autoren ist sodann das Verhältnis von Zentrum und Peripherie im 1. Jh. n. noch eindeutig durch die Unterordnung der Provinzen unter die Kapitale Rom bestimmt. Schließlich werden im Laufe des langen 1. Jh. n. Chr. aus republikanischen Vorgaben das in allen modernen Werken zur Kaiserzeit besprochene Gefüge von Institutionen und die neue Berufsarmee herausgebildet. Der Band schließt die domitianisch-trajanische Zeit am Übergang vom 1. zum 2. Jh. mit ein: Sie wird als eine von einer Eigendynamik geprägte spezifische Phase gedeutet, in der wesentliche Entwicklungstendenzen der Frühen Kaiserzeit zu einem Abschluss kamen, bis heute wirksame Geschichtsbilder geprägt, zugleich aber auch wichtige Weichenstellungen für die Zukunft vorgenommen wurden.

Prinzipat

Die so beschriebene Frühe Kaiserzeit wird im Folgenden mit einem in den Quellen angelegten Begriff Prinzipat genannt werden.

Dass die Darstellung an den Regierungszeiten der Herrscher orientiert ist, mag zunächst traditionell wirken. Doch entspricht eine Vorgehensweise, die eine erneuerte, kultur- und strukturgeschichtlich eingebettete Kaisergeschichte als Leitfaden für eine breiter angelegte Darstellung wählt, auch einer methodischen Forderung mehrerer prominenter Forscher der letzten Jahre. Diese Vorgehensweise ist aber auch von dem neuen Interesse an Zeitlichkeit in der Geschichtswissenschaft beeinflusst. Viele ältere Darstellungen haben das Imperium als ein sehr statisches Gebilde beschrieben. Neuere Studien heben nicht nur die Eigenentwicklungen von Regionen hervor, sie zeigen auch, dass es nicht immer zielführend ist, von „den Städten", „der Landwirtschaft", „der Verwaltung" im Reich etc. zu sprechen. Schon die zeitgenössischen Beobachter kannten Veränderungen, Trends, Schwellen und Ungleichzeitigkeiten. Diese Veränderlichkeit soll sich in der Darstellung abbilden. Dazu kann grundsätzlich ein Standort irgendwo im Reich gewählt werden. Doch eine Geschichte der Frühen Kaiserzeit entsteht so nicht. Die Mehrzahl der Geschichtserzählungen führt uns an die Orte kaiserlichen Handelns.

2 Die Institutionalisierung des Prinzipats: politische, soziale und kulturelle Aspekte

2.1 Die spätrepublikanische Separierung von Rechtsverfahren und Kriegsressourcen

Eine Geschichte der Kaiserzeit zu schreiben, setzt voraus, dass der zu behandelnde Zeitrahmen sinnvoll abgesteckt werden kann. Diese Aufgabe ist jedoch mit zahlreichen Schwierigkeiten verbunden und wird daher traditionell mit Behelfen gelöst. Viele Werke wählen als Startdatum den Sieg Octavians über seinen Konkurrenten M. Antonius 31/30 v. Chr., da sich spätestens nach dem Tod von Antonius die politische und militärische Macht in der Tat bei einer Person konzentrierte. Die Form, in die die Herrschaft Octavians gekleidet werden sollte, war 30 v. Chr. allerdings noch unklar. Der Begründer dessen, was wir Kaiserherrschaft nennen, Octavian bzw. Augustus, hat daher in seinem Tatenbericht, der sich inschriftlich erhalten hat, die Vorgänge des Jahres 28 v. Chr. und die abschließenden Senatssitzungen vom 13. und 16. Januar 27 v. Chr. als die von ihm favorisierten Startdaten einer neuen Ära ausgegeben. Moderne Darstellungen sind auch oft seinem Angebot gefolgt, obwohl sie sich der Probleme dieser Wahl bewusst sind. Der Tatenbericht des Machthabers blendet andere als die gewünschten Perspektiven ge-

Zeitrahmen

zielt aus. Beide Daten haben ihre Berechtigung. In jedem Fall gilt aber, dass die sozialen, kulturellen und rechtlichen Prozesse, die die Veränderungen im politischen System angestoßen hatten, im Zuge derer die römische Alleinherrschaft entstand, lange vorher begonnen hatten und 30 oder 27 v. Chr. sicher nicht abgeschlossen waren. Von diesen Prozessen können in einer Darstellung der kaiserzeitlichen Geschichte nur einige wenige knapp angesprochen werden.

Veränderungen im politischen System

Italien war für antike Verhältnisse im 1. Jh. v. Chr. ungewöhnlich dicht besiedelt. Ein Teil der Eliten jener Regionen Italiens, die erst spät in den römischen Bürgerverband aufgenommen worden waren, suchte größere Mitspracherechte in Rom, als die politische Führungsgruppe der Republik zuzugestehen bereit war. Mehrere militärisch ausgetragene Konflikte in Italien sorgten im 1. Jh. v. für ein erhebliches Ausmaß sozialer Verwerfungen. Die Herrschaft Roms über Städte und Gebiete außerhalb Italiens umfasste bereits im frühen 1. Jh. v. Chr. weite Räume und bot politischen und militärischen Unternehmern enorme Gewinnmargen. Diese Herrschaft konnte als *imperium* bezeichnet werden. *Imperium* ist ein Schlüsselbegriff für das Verständnis der Zeit. Er ist abgeleitet von der Befehlsgewalt der höchsten Ämter (vor allem des Konsulats und der Diktatur, zudem der nachgeordneten Prätur). Für die Ausübung der höchsten Gewalt in einzelnen Unterbereichen römischer Herrschaft (*provinciae*, Provinzen) konnten die *imperia* der Amtsträger verlängert oder erneuert werden. Statthalter des römischen Volks waren daher oft Pro-Magistrate, also Pro-Prätoren und Pro-Konsuln. Seit den siebziger Jahren des 1. Jh. v. wurde dies die Regel. Ein nicht durch das Prinzip der Kollegialität eingeschränktes *imperium* erlaubte seinem Inhaber die Ausübung von Herrschaft über große Teile des römischen Machtbereichs, der insgesamt auch Imperium heißen konnte. Die Kontrolle über dezentrale Vertreter des *res publica* aufrechtzuerhalten, wurde für das in der Republik regierende Kollektiv unter anderem aufgrund der wachsenden Distanzen immer schwieriger. Aber auch in Rom nutzten Mitglieder der Elite ihre Amtsgewalt, die neben *imperium* auch vager *potestas* genannt werden konnte, um kurzfristig die Verfahren im Senat, dem oft als Regierung fungierenden Rat der ehemaligen Amtsträger, oder im Umgang mit den Volksversammlungen zu dominieren. Alternativ konnten dazu die Initiativ- und Vetomöglichkeiten der eigentlich rangniedrigeren Volkstribune eingesetzt werden. Politisch war die

Zeit aber vor allem durch das Ringen um die Kontrolle der Imperien der Amtsträger und, primär in der Spätphase der Republik, Privatpersonen mit einer solchen Befehlsgewalt geprägt. In der Zeit selbst wurde vor allem registriert, dass der Wille zur Macht nicht mehr mit dem Willen zur Kooperation verbunden war.

Die Spannungen in Italien, zwischen Rom und den Provinzen sowie zwischen einzelnen Vertretern der Elite prägten und veränderten die politische Kultur des 1. Jh. v. Chr. Die aus diesen Spannungen heraus entstandene Diktatur von L. Cornelius Sulla 82–79 v. Chr. war ein erstes monarchisches Experiment und hat die politische Ordnung Roms auf eine neue Basis gestellt. Sullas Umfunktionieren des eigentlich für kurzfristige Aufgaben genutzten Amts der Diktatur verband durch den Einsatz einer Mischung aus Zwang und politischen Freundschaften wieder die vollen exekutiven und die Legislative beherrschenden Möglichkeiten der hochrangigen städtischen Magistraturen mit einer zumindest de facto gegebenen Kontrolle über die provinzialen Machtmittel. Unter anderem diese Konstellation, dass ein einzelner Politiker Herr über die legitimierenden römischen Verfahren und große Teile der in den Provinzen liegenden Ressourcen werden konnte, sollte Sullas Neuordnung für die Zukunft verhindern. In Italien stand die sullanische *res publica* unmittelbar unter Druck, den vor allem die vielen Verlierer seiner gewaltförmigen Politik aufrechterhielten. Doch während die von Sulla festgelegten Regeln römischer Politik nach einer turbulenten Phase der Herausforderungen noch in der Frühen Kaiserzeit Bestand haben sollten, scheiterte Sullas Republik bei dem Versuch, stadtrömische Rechte und provinziale Gestaltungsmöglichkeiten dauerhaft zu separieren. Die wohlgeordnete Provinzstatthalterschaft sullanischer Prägung war weder geeignet, den Dynamiken der Expansion Grenzen zu setzen, noch konnte sie die Ambitionen einzelner Politiker in den Griff bekommen. Außerordentliche Provinzialkommanden, die auch an Politiker ohne Amt vergeben wurden und sich durch einen großen geographischen Umfang und eine längere Dauer auszeichneten, waren eine kaum zu vermeidende Folge. Mit ihnen wurde außerhalb Italiens schon die Idee einer (regional und zeitlich begrenzten) Monarchie vorweggenommen. Doch standen der Tendenz, dass sich das außerordentliche Provinzialkommando Rom unterwarf, auch starke soziale Kräfte entgegen. Italien südlich des Pos war seit dem sogenannten Bundesgenossenkrieg von 91–89 (bzw. 87) v. Chr. römisches Bürgergebiet geworden.

Spannungen in Italien

außerordentliche Provinzialkommanden

Seine Eliten, die ebenfalls Profiteure des Imperiums waren, wollten auf ein Mitspracherecht, zunächst reichsweit und dann vor allem in Italien, nicht verzichten. Mit Cn. Pompeius' alleinigem Konsulat 52 v. Chr., noch mehr mit der Stellung von C. Iulius Caesar seit dem Beginn des Bürgerkriegs 49 v. Chr. wurden die beiden angesprochenen Komponenten von Monarchie, die städtische und die provinziale, wieder in einer Hand vereinigt. Doch selbst Caesars Diktatur, die seit 46 auf zehn Jahre und ab Mitte Februar 44 v. Chr. lebenslang bestehen sollte und damit eindeutig nicht mehr als republikanisch gelten konnte, trug schon wegen der langen Abwesenheiten des Machthabers von Rom nur wenig zu der dauerhaften Etablierung einer Monarchie bei. Wenn Caesar ein politisches Programm jenseits der Festschreibung seiner eigenen Entscheidungsgewalt über faktisch alles hatte, lässt es sich nicht rekonstruieren. Seine Förderung italischer Unterstützer und die Anlage von Veteranenkolonien außerhalb Italiens reagierten auf Probleme und wurden nachgeahmt. Die provokante Sichtbarkeit seines Stabs, dem viele Nichtsenatoren angehörten, sowie die sehr weitgehenden kultischen Ehrungen des Diktators schreckten eher ab.

Caesars Diktatur

Nach Caesars Tötung 44 v. Chr. gab es noch genug *nobiles*, Mitglieder der alten Entscheidungselite, die das institutionelle Wissen hatten, um als Gruppe regieren zu können. Doch bestanden viele der Machtmittel, die Caesars Stellung abgesichert hatten, nach seinem Tod fort und schienen für diejenigen erreich- oder nutzbar, die sich als Nachfolger ausweisen konnten, also Caesarianer wie den 44 v. Chr. amtierenden Konsul M. Antonius. Dazu zählte das immense Vermögen des Siegers im Bürgerkrieg von 49–45 v. Chr., sein durch eine offizielle Vergottung postum noch weiter gesteigertes Prestige sowie die Anhänglichkeit seiner Veteranen und der aktiven Soldaten, deren Politisierung eine wesentliche Triebfeder in dem weiteren Geschehen wurde. Die testamentarische Adoption seines Großneffen Gaius Octavius, für den wir den in der Antike ungebräuchlich gebliebenen Beinamen Octavian verwenden, durch den ermordeten Diktator ließ den Neunzehnjährigen trotz seiner Jugend zu einem Konkurrenten im Lager der Caesarianer werden. Auch nach Caesars Tod blieb die Spannung zwischen julischen Herrschaftsansprüchen und von der Tradition geheiligten Formen der kollektiven Machtausübung virulent. Für die Sache einer Republik, wie sie in der vorhergehenden Zeit bestanden hatte, fochten mit unterschiedlichen Mitteln die Caesar-Attentäter um M. Brutus und C.

Caesars Machtmittel

Cassius, die sich bald Kommanden im Osten sicherten, sowie in Rom eine Gruppe um den alten Konsular M. Tullius Cicero. Es gelang einem überraschenden Bündnis aus dem wendigen Octavian und Cicero, den kurzfristig übermächtig erscheinenden Antonius zu isolieren, zum Feind zu ernennen und bei Mutina (das oberitalienische Modena) 43 v. Chr. zu schlagen. Doch fielen im Zusammenhang mit diesen Kämpfen beide Konsuln dieses Jahres und Antonius gelang der Rückzug. Im Zuge dieses Kriegs erhielt Octavian sein erstes Kommando und wurde später im Jahr zum ersten Mal Konsul.

2.2 Die Gruppenherrschaft der Caesarianer

Die Chance, dass die Republikaner sich durchsetzen könnten, führte zu einer Übereinkunft der Caesarianer, die Antonius zurück nach Rom brachte. Gemeinsam mit dem kurzzeitig am besten positionierten Caesar-Anhänger M. Aemilius Lepidus einigten sich Octavian und Antonius auf eine gemeinsame Herrschaft auf Zeit. Zum ersten und einzigen Male wurde in Rom auf der Lenkungsebene ein Dreimännerkollegium eingeführt, das die Geschicke der Stadt und ihres Imperiums bestimmte, der Triumvirat zur Ordnung des Gemeinwesens: Antonius, Lepidus und Octavian wurden *tresviri rei publicae constituendae*. De facto mag dies eine Willkürherrschaft gewesen sein, rechtlich war die Einführung durch ein Volksgesetz abgesichert. Das *imperium* der *tresviri* stand auch nicht über, sondern neben dem der Konsuln. Zwar teilten sich die neuen Herren auch große Provinzialkommanden, doch agierten zumindest in einzelnen Provinzen zusätzlich Prokonsuln mit eigenem *imperium*, deren Unterordnung unter die Triumvirn nur unzureichend abgesichert war. Die Regelung von 43 v. sollte für fünf Jahre gelten und wies Octavian als Juniorpartner aus: Denn der ihm zugewiesene Provinzialbereich wurde in der Praxis von Sex. Pompeius, dem Sohn von Caesars († 44 v. Chr.) ehemaligem Gegenspieler im Bürgerkrieg Cn. Pompeius († 48 v. Chr.), mit starken Flottenkräften gehalten. Die einschneidendste Maßnahme der Triumvirn war es, die Caesar-Attentäter und beliebige andere Feinde durch sogenannte Proskriptionen zur Tötung freizugeben. 300 Senatoren, unter ihnen der Vorzeigerepublikaner Cicero, und 2000 Ritter, Mitglieder der erweiterten sozialen Elite, sollen dieser Säuberung zum Opfer gefallen sein: Mit ihnen ist ein großer Teil republikanischer politischer Kultur ge-

tresviri rei publicae constituendae

Proskriptionen

schwunden. 42 v. Chr. schlugen Antonius und Octavian in der Doppelschlacht von Philippi (im Nordosten Griechenlands) das letzte Heer der Republik unter Brutus und Cassius. Antonius war Sieger, während Octavian als General stets auf die Hilfe anderer angewiesen war. Antonius übernahm nun die Neuordnung der östlichen Mittelmeerwelt. In dieser Zeit waren die römische Herrschaft und Hegemonie östlich der Adria ein Flickenteppich. Neben Gebieten unter direkter römischer Kontrolle, sogenannten Provinzen wie *Macedonia* (im Norden des heutigen Griechenlands, *Asia* (die Westtürkei), *Bithynia et Pontus* (der sich anschließende Nordwesten) und vielleicht dem schwer zu lokalisierenden *Cilicia* sowie dem aus vielen Mosaikstücken bestehenden *Syria*, existierten noch viele formal unabhängige Königreiche, aus denen das ptolemäische Ägypten, die letzte der großen Nachfolgemonarchien aus der Erbmasse des Alexanderreichs, wegen seines Reichtums herausragte. Antonius kooperierte aber auch mit Herodes, seit 40 oder 37 v. Chr. offiziell König von Judäa, in etwa dem damaligen jüdischen Kerngebiet im heutigen Israel und Palästina. Herodes gelang es später, in das Lager Octavians zu wechseln und seiner Herrschaft weitere Bausteine hinzufügen.

das ptolemäische Ägypten

Der Aufenthalt im Osten stellte Antonius von der Herausforderung frei, die siegreichen Veteranen in dem übersiedelten Italien mit Land zu versorgen. An dieser Aufgabe sollte Octavian, der zumindest achtzehn Städte teils oder ganz enteignete, fast scheitern, doch schuf er sich damals mittelfristig in Italien eine belastbare Machtgrundlage. Antonius ist seinem Konkurrenten zudem in den folgenden Verträgen 40 und 37 v. Chr. immer wieder entgegengekommen, auch getrieben von den politisierten Teilen der Armee. Lepidus wurde 40 v. Chr. endgültig auf das römische *Africa* beschränkt und war der erste Verlierer der Machtkämpfe unter den Caesarianern. Octavian hatte aber noch mit den Seestreitkräften des Sex. Pompeius zu kämpfen, der die Lebensmittelversorgung Roms bedrohte und 39 v. Chr. sogar als Partner akzeptiert werden musste. Dass Octavian sich als Alleinherrscher durchsetzen konnte, war sicher nicht folgerichtig. Neben reinen Zufällen führten mehrere nicht vorhersehbare Entwicklungen zu diesem Ergebnis. Octavian fand mit M. Vipsanius Agrippa, einem Vertreter der aufstrebenden neuen Familien, einen fähigen General und Admiral, der 36 v. Chr. Pompeius ausschalten konnte. Im Zuge dessen wurde der sich einmischende Lepidus entmachtet und zu einem de facto-Exulan-

Veteranen

ten. Die ersten fünf Jahre des Triumvirats waren Ende 38 v. Chr. ausgelaufen und 37 v. Chr. nachträglich verlängert worden. Das neue Enddatum ist umstritten, doch spricht einiges für Ende 33 v. Chr. Lepidus' Ausscheiden führte zu keiner Anpassung. Hatte Octavian die Veteranenfrage mit äußerster Brutalität gelöst, musste Antonius seinen Teil der Abmachung noch liefern: einen Sieg über den wichtigsten Nachbarn und Rivalen des Imperiums, die Parther, die seit längerer Zeit einen Machtbereich konsolidierten, dessen Kerngebiete auf den Territorien der heutigen Staaten Irak und Iran lagen. Sie hatten im Zuge dieser Expansion mehrfach römische Heere geschlagen. Einen entscheidenden Sieg über sie konnte Antonius jedoch nicht erreichen, vielmehr verlor er 36 v. Chr. wichtige Teile seiner altgedienten Truppen. Zwar konnte er die Lage 34 v. Chr. wenigstens stabilisieren. Doch wurden die Nachteile des Arrangements, sich auf einen provinzialen Herrschaftsbereich zu beschränken, deutlich, als Antonius, wie zwischen ihm und Octavian verabredet, neue Legionäre aus Italien für sein Heer erhalten wollte. Octavian verweigerte ihm weitgehend dieses essentielle Machtmittel und trieb ihn damit in die Abhängigkeit von regionalen Ressourcen. Antonius' Beziehung zu der ptolemäisch-ägyptischen Herrscherin Kleopatra VII. faszinierte schon viele Menschen in der Antike, aber es dürften die fiskalischen Möglichkeiten des Nillandes gewesen sein, die ihn zu großen Zugeständnissen auch territorialer Art an die Königin veranlassten, die ihn bzw. seine Anhänger in Rom isolieren mussten. Wird Kleopatra als eine Art Gegenbild zum römischen Frauenideal gezeichnet, verknüpfte Octavians dritte Frau Livia in ihrem Stammbaum viel republikanische Geschichte und spielte späteren Generationen die ideale Frau eines römischen Imperators vor. Ab 35 v. Chr. führte Octavian östlich der Adria, im *Illyricum*, erfolgreich Krieg. Der Vorstoß entlang der Save zielte darauf ab, die Landmasse südlich der Donau im Bereich Slowenien, Kroatien und Bosnien zu unterwerfen. Octavian stellte damit seine Interpretation von Imperium vor, verbuchte Prestigegewinne und ließ seine Soldaten Kampferfahrung erwerben. Die Kämpfe in der Region sollten aber noch über vierzig Jahre anhalten.

> Parther

Die Konkurrenz zwischen den beiden verbliebenen Triumvirn führte dazu, dass den Verfahren in Rom und den von Prokonsuln bekleideten Statthalterschaften weiterhin Bedeutung zukam, ja das politische Spielräume offenblieben. 32 v. Chr. setzten Antonius-nahe Konsuln im Senat zu einem Vorstoß gegen die Dominanz Octavians

> Konkurrenz zwischen den beiden verbliebenen Triumvirn

an, den dieser mit zweifelhaften Mitteln zurückwies. Ob er damals noch Inhaber der vollen triumviralen Rechte war, ist umstritten. Vermutlich hatte Octavian nach dessen Ablauf die innerstädtischen Kompetenzen dieser Amtsgewalt verloren. Sein Provinzialkommando konnte er jedoch behalten, solange er die heilige (innere) Stadtgrenze Roms nicht überschritt bzw. der Senat ihm keinen Nachfolger sandte. Die Quellen vermitteln in jedem Fall den Eindruck, dass die nun folgende Inszenierung, die auf den Auszug von mehr als 300 der über 1000 Senatoren mit beiden Konsuln zu Antonius reagierte, auf eine ungewöhnliche Herausforderung, eben den Verlust zumindest einiger triumviraler Rechte, antwortete. Octavian behauptete, Antonius verrate Italien, untermauerte seine Vorwürfe mit Informationen aus dessen widerrechtlich angeeignetem Testament und ließ dem Widersacher sein *imperium* aberkennen. In der Folge vereidigte er Italien und den Westen auf sich und wurde zum Oberbefehlshaber im Krieg gegen Ägypten, eine Konfliktbeschreibung, die verhindern sollte, dass das Geschehen als ein erneuter Bürgerkrieg gedeutet würde. In dieser Ausnahmelage bewehrten sich die mit großer Brutalität durchgesetzten Veteranenansiedlungen und Freundschaften mit aufsteigenden einflussreichen Familien in italischen Städten. Widerstand in Italien wird zumindest nicht sichtbar. Ab 31 v. Chr. wurde Octavian (bis 23 v. Chr.) Jahr für Jahr Konsul, und hatte dadurch alle Rechte und Befugnisse, die er für die Lenkung von Stadt und Provinzialbereich brauchte, da er die Wahl von engsten Vertrauten als Mitkonsuln durchsetzte.

Die militärische Auseinandersetzung zwischen den beiden verfeindeten Caesarianern geriet allerdings zur Farce. 32/31 v. Chr. zog Antonius' Heer ohne für uns erkennbare Strategie in das westliche Griechenland. Dort konnte ihn Octavians General Agrippa durch eine Serie schneller Züge mit seiner Flotte ins Abseits manövrieren. Hunger und Seuchen entschieden den Krieg. Antonius ließ große Teile seines Heeres zurück, um den Ausbruch mit der Flotte zu versuchen. Auch wenn es ihm gelungen wäre, Teile seiner Kerntruppen zu retten, wäre er seinem Rivalen danach deutlich unterlegen gewesen. Doch gelang Antonius bei Actium (am Golf vom Ambrakia) 31 v. Chr. nicht mehr als das persönliche Entkommen, eine lebensverlängernde Maßnahme. 30 v. Chr. eroberten Octavians Heere Ägypten, Kleopatra, Antonius und sein jüngerer Sohn sowie der dynastisch gefährliche illegitime Sohn Caesars Ptolemaios Kaisar (oft

Actium

Caesarion genannt) fanden den Tod. Ägypten wurde zu der römischen Provinz *Aegyptus*.

<small>Ägypten römische Provinz</small>

Da die letzte Bastion von Octavians Feinden leicht zu verteidigen und reich war, wurde sie einem speziellen Regime unterstellt. Nachdem römische Truppen die Infrastruktur des vom Nil abhängigen Steuersystems wiederhergestellt hatten und sich Octavian widerrechtlich massiv bereichert hatte, wurden zwar die Einnahmen aus *Aegyptus* dem römischen *aerarium*, also der Kasse der *res publica*, zugerechnet. Aufgrund einer innovativen Regelung, die später auch per Volksgesetz verankert wurde, lenkten jedoch Mitglieder der erweiterten sozialen Elite, sogenannte Ritter (sogenannte Präfekten), und nicht Senatoren, von dieser Zeit an die Provinz als Gouverneure und kontrollierten dessen Erträge. Senatoren und (anderen) vornehmen Rittern war dagegen die Einreise ohne Sondererlaubnis verboten. Ein Vertrauter Octavians, C. Cornelius Gallus, wurde der erste römische Präfekt des Niltals. Die Ressourcen Ägyptens sollten die sich anschließende Konsolidierung von Octavians Stellung wesentlich erleichtern.

Diese neuartige Form, Kontrolle über ein Gebiet auszuüben, muss von traditionsorientierten Kreisen in Rom mit Argwohn betrachtet worden sein, zeichnete sich in diesem Arrangement doch eine Alternative zur bestehenden stadtstaatlich verankerten Imperialität ab. Sie blieb allerdings randständig. Die Provinzen in Antonius' Einflusssphäre übernahm nun ebenfalls Octavian, ohne dass die rechtliche Absicherung dieses Vorgangs sicher zu rekonstruieren wäre. Octavians *imperium* schloss damit zumindest die allermeisten steuerpflichtigen Gebiete ein. Doch zumindest einige Provinzen blieben Prokonsuln überlassen, die in einer komplizierten Konstruktion zwar grundsätzlich ein eigenes *imperium* hatten, aber dennoch (sakral-)rechtlich unter Octavians Kommando agieren sollten. Dadurch waren ihrer Selbständigkeit Grenzen gesetzt, doch konnten sie dennoch Triumphe, prestigereiche Siegesfeiern in Rom nach militärischen Erfolgen, bewilligt erhalten. Als der prominente Überläufer aus dem Lager des Antonius, M. Licinius Crassus, 29 v. Chr. als Prokonsul der Schlüsselprovinz *Macedonia* (vor allem im nördlichen Griechenland) im Zuge des römischen Vorstoßens Richtung Serbien und Bulgarien Siege über die Bastarnen erzielen konnte, wurde ihm ein Triumph bewilligt. Octavian betonte 27 v. Chr. gleichwohl seine grundsätzliche Zuständigkeit für diesen Erfolg durch einen parallel inszenierten Triumph. Das Ansinnen des Cras-

<small>Prokonsuln</small>

sus, der einen feindlichen König mit eigener Hand erschlagen haben wollte, in einer speziellen Zeremonie seine Exzeptionalität herauszustellen, wurde abgewiesen. Extravagante Hervorhebungen anderer *nobiles* hat Octavian in der Folge nicht mehr akzeptiert. Agrippa sollte später auf Triumphe verzichten und seinen ihm an Macht unter-, an Abstammung aber überlegenen Standesgenossen das gewünschte Verhalten vorleben. Crassus' Sieg von 29 v. Chr. muss Octavian aber vor Augen geführt haben, dass die bestehende Provinzialordnung problemanfällig blieb.

Spätestens nach dem Tod von Antonius 30 v. Chr. müssen im Umfeld von Octavian die Überlegungen intensiviert worden sein, wie er seine Stellung langfristig absichern konnte. Gründe für eine Eile gab es allerdings nicht. Octavian war seit 31 v. Chr. Konsul und blieb es bis 23 v. Chr. Der Konsulat bot ihm, da er auch die Wahl des Kollegen kontrollierte, alle Möglichkeiten, die *res publica* zu leiten. Dass Octavian nicht vorhatte, sich mit einer Stellung als einflussreicher *nobilis* unter anderen zu begnügen, demonstriert der Umstand, dass er nach Antonius' Tod auch die Bewohner der östlichen Provinzen auf sich einschwören ließ. Diese Eide sind allen Regelungen der Folgezeit vorgängig. Wie die Treueschwüre der Truppen bewirkten sie, dass Octavian jederzeit versuchen konnte, die Ausnahmesituation des Jahres 32 v. Chr. wieder herbeizuführen und die Institutionen der Republik dadurch auszuhebeln.

Octavian seit 31 v. Chr. Konsul

Treueschwüre

Konkret stellten sich dem Sieger im Bürgerkrieg zwei Probleme. Zum einen hatte er eine überdimensionierte und stark politisierte Armee zu versorgen. Die kampflos übergebenen Truppen des Antonius hatten 31 v. Chr. gute Konditionen erhalten. War damit der politische Sprengstoff, den eine große, ohne Schlacht unterlegene Streitmacht darstellte, entschärft, wuchsen doch zugleich die logistischen und finanziellen Herausforderungen. Wieder wurden Menschen aus Italien ausgesiedelt und Veteranen im Kernland versorgt, doch ging der Sieger diesmal schonungsvoller als noch 42/1 v. Chr. vor. Da es keine politische Alternative zu Octavian mehr gab, konnten ausscheidende Legionäre in der Folge aber auch in den Provinzen abgefunden werden, ohne dass sich Widerstand unter den Veteranen formierte. Italien kam zur Ruhe. Den Preis mussten Provinziale bezahlen. Eine größere Zahl von Legionen wurde jedoch unter Waffen gehalten und langfristig in eine Berufsarmee überführt. Auch wenn die Ausbildung eines stehenden Heeres sich seit langer Zeit abgezeichnet hatte, ist keine Entscheidung Octavians folgen-

Berufsarmee

schwerer gewesen. Auf die Bezahlung der Truppen war die rudimentäre römische Administration in Zukunft ausgerichtet. Aus den Legionen sowie den meist aus Nichtrömern gebildeten Hilfstruppen (*auxilia*) entstand zudem langsam eine Form von komplexer Organisation, deren interne Verwaltungsgänge für die *res publica* der Frühen Kaiserzeit ganz untypisch waren und blieben.

Politisch und administrativ war die andere große Herausforderung Octavians, dass er nach 30 v. Chr. in den Worten seines Tatenberichts *potens rerum omnium* (§ 34) war. Solche allgemeinen Floskeln stellen heutige Interpretationen vor erhebliche Probleme: Wie ist man Herr über alle Dinge? Die Deutung setzt am besten bei der nun wieder in den Vordergrund tretenden Frage nach dem Verhältnis zwischen stadtrömischen Kompetenzen und der Befehlsgewalt über Provinzen an. Als Dauerkonsul konnte Octavian die rechtlichen Verfahren in Rom dominieren. Zugleich hatte er spätestens seit Antonius' Tod ein Provinzialkommando von einzigartiger Größe inne. Die Entstehung dieser Konstellation war mit immer neuen Ausnahmesituationen begründet worden. Das Zelebrieren eines neuen Konsenses, das ab 30 v. Chr. die politische Kultur dominierte, ließ solche Begründungen aber an Glaubwürdigkeit verlieren. Die Gruppe um Octavian musste sich also überlegen, wie wirkmächtig Kritik an der bestehenden Machtverteilung sein werde. Unterhalb dieser rechtlich formulierten, aber eminent politischen Frage standen zudem weitere Probleme zur Entscheidung an, die sich aber weniger klar in den Quellen abbilden. Einerseits repräsentierten die alten Familien der römischen Nobilität (die innere Riege der politisch aktiven Aristokratie) seit langer Zeit das römische Gemeinwesen und besaßen die Mittel sowie das institutionelle Wissen, um das Imperium zu leiten. Wollte die Clique um Octavian die *res publica* nicht weitgehend, etwa nach dem Vorbild der neuen Provinz *Aegyptus*, umbauen, mussten die überlebenden Mitglieder dieser Familien für das neue Regime gewonnen werden. Andererseits wurden seit langer Zeit Konflikte darüber ausgetragen, wie aufsteigende italische Familien angemessen an der römischen Politik, an Ämtern und Mitentscheidungsrechten im Senat beteiligt werden konnten. Die politische Teilhabe reicher Familien aus italischen Städten, die erst durch den Bürgerkrieg Zugang zum Zentrum der Macht gewonnen hatten, musste für die Folgezeit dauerhaft sichergestellt werden. Wurde Italien in dieser Zeit römischer, wurde doch auch Rom in der Folge noch stärker italisiert. Über die Ziele der auf-

> stadtrömische Kompetenzen und Befehlsgewalt über Provinzen

> aufsteigende italische Familien

strebenden Familien sind wir leider nur unzureichend informiert. Wiederkehrende Handlungsmuster weisen aber darauf hin, dass sie in die privilegierte Stellung der alten *nobiles* mit Mitspracherechten gerade bezüglich Italiens eintreten, dass sie also eine Form von *res publica* erhalten wollten, die eben auch mit einem Wohlstands- und Stabilitätsversprechen einherging. Eine weitere Herausforderung für Octavian war schließlich, dass die Millionenmetropole Rom unteradministriert war und deswegen stets Anlässe für Friktionen bot. Hier Abhilfe zu schaffen, ohne die Tradition zu stark zu verletzen, muss ebenfalls hoch auf der Agenda gestanden haben.

2.3 Die Ausgestaltung des augusteischen Prinzipats: die Regelungen von 28/7, 23 und 19 v. Chr.

2.3.1 Der Kompromiss des Jahres 27 v. Chr.

Nach der Rückkehr aus dem Osten setzte die Entscheidergruppe um Octavian vor diesem Hintergrund einen Prozess der politischen Neuordnung ins Werk. Wie genau der entscheidende Schritt aussah, bleibt jedoch umstritten. Der einzige zusammenhängende Bericht, die erst im 3. Jh. n. Chr. verfassten Historien des Senators L. Cassius Dio, könnte verwendete Quellen gelegentlich an die Erwartungen des eigenen Publikums angepasst haben. Hinzu tritt die Darstellung, die Octavian aus der Retrospektive vom Ende seines Lebens in seinem Tatenbericht (*res gestae*) gibt. Für den Tenor des Herrschers ist die Behauptung charakteristisch, dass er nach dem Januar 27 v. Chr. die gleichen Befugnisse wie Kollegen im Amt gehabt haben will. Lediglich seine *auctoritas*, die leistungsgerechte Anerkennung seiner Vormachtstellung, habe seine Position als *princeps*, als erster Mann, begründet. Doch hatte Octavian nach 27 kaum noch Kollegen und selbst ihnen gegenüber könnte seine Aussage unzutreffend sein. Ob nach der hohen Zahl politischer Tötungen, die auch nach dem Zelebrieren eines Neuanfangs kein Ende fanden, von freiwilliger Anerkennung die Rede sein konnte, muss ebenfalls offenbleiben. Der Tatenbericht gibt Auskunft über die Selbststilisierung des Herrschers. Fragen der Legalität verdunkelt er eher.

auctoritas

Zum Verständnis der Neuordnung der *res publica* sind wir damit wesentlich auf Rückschlüsse aus den Ergebnissen des Aushandlungsprozesses zwischen der Octavian-Gruppe und der übrigen sozialen Elite angewiesen. Wir wissen, dass die Etablierung einer neu konstituierten *res publica* sich über einen längeren Zeitraum hinzog. 29/28 v. Chr. bemühte sich Octavian beispielsweise, den durch die Aufnahme vieler Anhänger überdimensionierten Senat von damals wohl mehr als 1000 Personen durch das Ausscheiden von Mitgliedern mit unzureichendem Sozialprestige wieder mehr Eigengewicht zu verschaffen. Dieser Prozess steckte zu dieser Zeit aber noch in den Kinderschuhen. Zudem distanzierte sich der Machthaber von illegalen Aktivitäten der Vergangenheit. Die konkreten Folgen dieses Zugeständnisses bleiben unklar. In dieser Zeit muss auch über die zukünftige Stellung des Machthabers in der *res publica* verhandelt worden sein.

Anfang 27 v. Chr. wurden die getroffenen Absprachen dann in rechtliche Formen gegossen. Octavian hat sein Angebot von 28/7 v. Chr. am Ende seines Lebens so beschrieben: *rem publicam ex mea potestate in senatus populique Romani arbitrium transtuli.* Er habe die *res publica*, die sich in seiner Amtsgewalt befunden habe, wieder an Senat und Volk übergeben. Diese Worte sind in der Forschung sehr unterschiedlich gedeutet worden. Neuere kulturhistorische Ansätze verzichten auf rechtliche Analysen und verweisen nur darauf, dass es zum Repräsentationsmodus des sich neu erfindenden Octavian gehörte habe, die freiwillige Aufgabe von Teilen seiner Kompetenzen herauszustellen. Seine Vorrangstellung sei aber nicht mehr in Frage gestellt worden. In dieser Hinsicht sind die Quellen klar genug. Doch hat es nicht an Versuchen gefehlt, die Regelung des Januars 27 v. Chr. präzise aufzuschlüsseln, von denen zwei aufgegriffen werden sollen. Eine Deutung geht davon aus, dass Octavian entgegen der oben gewählten Interpretation 28 v. Chr. doch noch über seine vollen triumviralen Rechte verfügte. Dio und die *res gestae* hätten mit unscharfen Wendungen den Verzicht auf dieses problematische Erbe der jüngeren Vergangenheit zum Ausdruck bringen wollen. Die Alternativdeutung nimmt den Wortlaut unserer Quellen ernster und geht vor allem von der gewählten Lösung aus.

Mit der Überführung der Provinzen des Antonius unter sein *imperium* und seine sakralrechtliche Oberhoheit (seine Auspizien) dehnte sich der provinziale Zuständigkeitsbereich Octavians zumindest in seiner Deutung mehr oder minder auf den gesamten römischen Herrschaftsbereich aus. Als Konsul lenkte er zudem die Geschicke der Stadt Rom und Italiens, da als Kollegen im Amt nur

27 v. Chr.

Octavians Provinzkommando

enge Unterstützer in Frage kamen. Es war nicht übertrieben zu sagen, die *res publica* liege in Octavians Hand. Jede Form von Kompromiss musste daher entweder bei seiner Position als Dauerkonsul ansetzen. Dass Octavian in dieser Hinsicht zu Konzessionen bereit war, erscheint doch zweifelhaft. Oder man konnte den provinzialen Aufgabenbereich des Machthabers neu verhandeln. Und genau dies scheint 28/27 v. Chr. geschehen zu sein. Octavian übergab anscheinend seine Provinzen in die Verfügungsgewalt von Senat und Volk zurück. Der hochwahrscheinlich vorbereitete Senat stellte jedoch fest, dass die *res publica* noch nicht ohne ein außerordentliches Kommando auskomme. Zumindest für die nächsten zehn Jahre sollten daher die nicht befriedeten Provinzen mit dem Großteil der Armee auch weiterhin von Octavian gelenkt werden. Territorial wurde sein Provinzkommando durch diese Übereinkunft verkleinert. Konkret wurden dem Konsul sieben römische Provinzen übertragen: beide Spanien, im heutigen Frankreich beide Gallien (die von Caesar eroberte *Comata* sollte bald dreigeteilt werden), Syrien, Ägypten und Zypern. Die übrigen Provinzen sollten von gelosten Prokonsuln geleitet werden. Von ihnen sollten nach einer Experimentierphase später zwei, die von *Asia* und *Africa*, einen konsularen Rang haben, während die anderen ab der gleichen Zeit aus der Zahl der ehemaligen Prätoren genommen wurden. Sie führten allerdings ihr Amt als Prokonsuln, vermutlich um die Attraktivität der Aufgabe zu erhöhen. Ob Octavian diesen Prokonsuln als Konsul weisungsbefugt war, ist unsicher. Soziale Zwänge könnten Rechtsregeln überflüssig gemacht haben. In den unmittelbar von ihm geleiteten Gebieten wurden dagegen nur noch Legaten (*legati Augusti pro praetore*) als Statthalter eingesetzt, die teils konsularen, teils prätorischen Rang, aber stets nur ein proprätorisches Kommando hatten, um sie Octavian mit seinem konsularen *imperium* klar unterzuordnen. In diesem Zuständigkeitsbereich wurde die Hierarchie zwischen dem Machthaber und seinen Vertretern also unzweideutig gestaltet. Die Regelung der Jahre 28/27 muss als Kompromissangebot verstanden werden. Sie lässt damit indirekt darauf schließen, welche Wünsche die Octavian-Gruppe bei der italischen Oberschicht voraussetzte. Das Aufgabenfeld des Entscheiders wurde zumindest in der Theorie schärfer umrissen, sein Sonderkommando zunächst auf zehn Jahre beschränkt. Eine ganze Reihe von Provinzen unterstand zunächst noch dem Kommando anderer Prokonsuln, vor allem im Balkanraum auch mit Legionen. Das ägyptische Experiment blieb randständig.

Am 16.1.27 v. Chr. ließ sich Octavian, der sich selbst schon 40 v. Chr. den völlig traditionsfernen Namen (!) *Imperator Caesar divi filii* (Sohn eines Staatsgottes) gegeben hatte, schließlich einen neuen Beinamen verleihen: Augustus. Dieses Wort hatte religiöse Anklänge und sollte vielleicht auch auf die *auctoritas* Octavians verweisen. Der extravagante Beiname (*cognomen*) Augustus wurde mit der Zeit zum Markenzeichen der römischen Alleinherrscher.

Augustus

Die folgenden Jahre scheinen von zwei großen Themen dominiert worden zu sein. Über das langfristig prägende von beiden berichten unsere Quellen nur lapidar, betten es aber nicht in Debatten ein. Augustus verließ nach dem Akt der Begründung einer neuen Ordnung die Stadt und begab sich nach Gallien (das heutige Frankreich) und Nordspanien. Er kam also den Pflichten seines neu definierten *imperium* ostentativ nach. In Spanien leitete er die Kämpfe, die die ganze iberische Halbinsel nachhaltig unterwerfen sollten. Da die Überführung der Truppen aus der Bürgerkriegszeit in ein stehendes Heer ein langgezogener Prozess war, lieferten solche Kämpfe neben neuen steuerpflichtigen Territorien auch Argumentationshilfen für die Notwendigkeit der neuen politisch-militärischen Ordnung. Sie begründeten aber auch ein langfristiges Erbe von erheblichem Gewicht. Indem sich Augustus nicht nur rückblickend als Sieger im Bürgerkrieg und Garant einer neuen Einheit präsentierte, sondern auch prospektiv als Imperator schlechtweg gab, dessen weitgespanntes Kommando durch militärische Notwendigkeiten gerechtfertigt wurde, schuf er einen schwer dauerhaft auszuschaltenden Zwang zur Bewährung. Wer später den augusteischen Anspruch auf Alleinherrschaft re-aktualisieren wollte, hat in der Regel zu dem Mittel der kriegerischen Selbstauszeichnung gegriffen. Zumindest latent blieb Politik in Rom daher militarisiert. Der Einsatz der Armee in Randzonen der griechisch-römischen Welt schuf zudem eine schwierige Balance aus zu kontrollierendem Raum, Einnahmen und Ausgaben.

imperium

Mehr Beachtung dürften bei den römischen Machteliten nach aller Wahrscheinlichkeit die praktischen Auswirkungen des Kompromisses vom Januar 27 v. Chr. gefunden haben. Augustus hatte in zwei wesentlichen Punkten Zugeständnisse gemacht. In der Provinzialadministration war sein Aufgabengebiet (seine *provinciae*) immens, doch gab es Beteiligungschancen für die Mitglieder alter Fa-

Auswirkungen des Kompromisses vom Januar 27 v. Chr.

milien ebenso wie für die Großen aus dem caesarischen Lager und neue Aufsteiger. Unter dem direkten Oberkommando von Augustus konnten Senatoren große Armeen befehligen. Auch die Prokonsulate, zumal das in *Macedonia* (vor allem in Nordgriechenland), boten Chancen auf Prestigegewinn. Doch die schon angesprochene Affäre um M. Licinius Crassus zwischen 29–27 v. Chr. zeigten die Grenzen dieser Versprechungen in der neu geordneten („restituierten") *res publica* auf. Alarmierend muss ein anderes Ereignis gewirkt haben: Augustus' Vertrauter C. Cornelius Gallus, ein damals gefeierter Dichter, der als Präfekt die neue Provinz *Aegyptus* lenkte, führte sich in seiner Selbstdarstellung als fast unabhängiger Herrscher des Niltales auf. Dass ein Nicht-Senator auf seine Unabhängigkeit pochte, war eine große Provokation. Sie endete mit der Aufkündigung der Freundschaft durch Augustus und Gallus' Suizid. Wenn wir die wenigen Informationen aus dieser Zeit richtig deuten, so lautete die Botschaft, dass die Selbstbeschränkung von Augustus eine entsprechende Zurückhaltung bei den Mitgliedern der Oberschicht voraussetzte. Die Rechte der römischen Nobilität blieben bestehen, wenn sie nicht in Anspruch genommen wurden. Nicht Verbote regelten den Alltag, er sollte eingeübt werden. Agrippa lebte dies vor und wurde der Inbegriff eines augusteischen Aristokraten. Unter anderem machte er sich schon seit den dreißiger Jahren um die Infrastruktur Roms verdient, verzichtete aber weitgehend auf eine Einlösung des erworbenen Prestiges.

Konsulat

Das vorbestimmte Konfliktfeld zwischen der Augustus-Gruppe und anderen prominenten Senatoren musste der Konsulat werden. Dieses Amt bildete seit langer Zeit die Schlüsselposition in senatorischen Karrieren. Nicht nur hatte der Konsulat erst die Handlungsmöglichkeiten eröffnet, die römische Politiker anstrebten. Er war der eine entscheidende Referenzpunkt der Statuszuweisung in der *res publica*. Octavian/Augustus war seit 31 v. Chr. stets Konsul und stützte seine Vormachtstellung auf das konsulare *imperium*. Seine Kollegen im Amt waren handverlesen, von ihnen sollte keine unabhängige politische Initiative ausgehen. Aber auch das Mittel des Suffektkonsulats, das heißt des freiwilligen Rücktritts der ersten Konsuln, denen danach andere folgen konnten, von dem der Diktator Caesar und die Triumvirn Gebrauch gemacht hatten, wurde nach 28 v. Chr. zunächst nicht eingesetzt. Da verdiente Anhänger wie Agrippa mehrfach Mitkonsuln wurden, war für Nichtcaesarianer kaum mehr Platz in den Konsullisten (den sogenannten „Fasten"). Den *nobiles* drohte die dauerhafte Marginalisierung.

Der Engpass bei den Konsulaten muss für Unruhe gesorgt haben. Zumindest aber war das Provinzialkommando des Entscheiders auf zehn Jahre beschränkt worden. Der Lackmus-Test für dieses Versprechen einer zeitlich begrenzten Dominanz musste die Frage sein, ob Augustus einen Nachfolger aufbauen wollte. Sein Vorrang wurde mit seinen unvergleichlichen Errungenschaften für alle Römer begründet. Was immer man heute vom Charakter dieser Erfolge halten mag, nach den Kennziffern römischer Machtarithmetik waren Augustus' Meriten wirklich enorm. Sollte es einen Nachfolger in seiner Stellung geben, war das vorhergehende Absolvieren einer längeren Karriere eigentlich Pflicht. Augustus war 27 v. Chr. sechsunddreißig, selbst nach römischen Vorstellungen kein alter Mann, doch war die Sterblichkeit auch im Zirkel der Elite, die vielen Strapazen ausgesetzt war, sehr hoch. Irgendeine Planung für den Fall des Ablebens des Machthabers war eigentlich ein Gebot der Vernunft. In der Nobilität galt es als selbstverständlich, dass erreichter Status in der Familie weitergegeben werden sollte. Aber Augustus hatte keinen legitimen Sohn, woraus sich viele Destabilisierungsmomente ergaben sowie viel Unheil für seine Tochter Julia, die – typisch für die Zeit – der Familienpolitik untergeordnet wurde. 27 v. Chr. gab es aber wohl noch keine klare dynastische Option. Aus der aus den Bürgerkriegen hervorgegangen Pressure-Group kam als möglicher Nachfolger nur Agrippa in Frage, der wegen seiner Herkunft aber ein Außenseiter in Rom war.

Nachfolge

2.3.2 Temporäre Rückschläge und die Entstehung der Idee eines Prinzipates

Als Augustus noch in Spanien erkrankte und offenbar längere Zeit nicht wieder richtig zu Kräften kam, verschärfte sich die in der beschriebenen Konstellation grundsätzlich angelegte Spannung. 25 v. Chr. wurde Augustus' Neffe, M. Claudius Marcellus, mit der Tochter des starken Mannes verheiratet, übernahm schon mit 18 ein senatorisches Amt (die Ädilität) und wurde mit dem Privileg ausgestattet, sich zehn Jahre vor der vorgeschriebenen Zeit für den Konsulat bewerben zu dürfen. Eine familiäre Nachfolgeplanung zeichnete sich ab. 23 v. Chr. entlud sich die seit 27 v. Chr. aufgebaute Spannung in Rom in einer Krise, deren Ausmaß und Gefährlichkeit aber durch

familiäre Nachfolgeplanung

Quellenprobleme verdunkelt werden. Suggestiv legen die erhaltenen Fragmente eine Maximalinterpretation nahe, die von dem behandelten Konfliktpotential der Kompromisslösung von 28/7 v. Chr. ausgeht. Ein Prokonsul der Provinz *Macedonia* an der Frontlinie zum römischen Expansionsgebiet südlich der Donau, M. Primus, hatte einen anscheinend von römischen Stellen nicht autorisierten Krieg geführt. Primus hatte also erneut versucht, aus dem einen unabhängigen Kommando über eine größere Armee Prestigegewinne zu ziehen, die auf Seiten des Augustus-Lagers als unerwünscht galten. Vor Gericht gestellt, wurde er unter anderem von dem zweiten Konsul des Jahres 23 v. Chr., A. Terentius Varro Murena, verteidigt. Der zweite Konsul war eine weitere neuralgische Stelle der Regelung von 27 v. Chr., denn der Amtsinhaber war Augustus nicht dauerhaft untergeordnet, sondern nur durch Freundschaft (im römischen Sinn), Förderung und Vorteilsnahme an den Entscheider gebunden. Murena und Primus wählten als Verteidigungsstrategie, Augustus' Willen und Befehl als Rechtfertigung für den Feldzug nachzureichen. Das war unangenehm für den Schein-Republikaner, aber nicht gefährlich. Doch wurde auch der in der politischen Ordnung von 27 v. Chr. nicht vorgesehene Schwiegersohn Marcellus als Autoritätsquelle genannt: Dies hätte dann die offen monarchische Konstruktion der Provinzialverwaltung impliziert und zugleich offengelegt. Augustus erschien daher unaufgefordert vor Gericht und desavouierte zum tiefen Ärger seines Mitkonsuls die Verteidigung. Anscheinend ist Murena kurz nach der Auseinandersetzung mit Augustus vom Konsulat zurückgetreten und wenig später mit einer Verschwörung in Verbindung gebracht worden. Die Beschuldigten erschienen nicht vor Gericht, sondern wurden kurze Zeit nach ihrer Verurteilung in Abwesenheit beseitigt. 27 v. Chr. ist also keine Wasserscheide, nach der wenigstens im Bürgergebiet aus dem Gewaltherrscher Octavian ein Friedensfürst Augustus geworden ist. Es gibt ein Indiz, das die damalige Stimmung erhellt. Augustus überredete einen Mann von republikanischem Adel, Cn. Calpurnius Piso, die frei gewordene Konsulstelle zu übernehmen. Piso hatte die Betätigung in der augusteischen Republik bisher gemieden. Dass er nun zu Prominenz kam, wird man als Zugeständnis an Kritiker aus dem Lager der Tradition zu deuten haben. Es ist allerdings auch möglich, dass die erwähnte Verschwörung, was immer sich hinter den Behauptungen des Regimes verborgen haben mag, erst ein Jahr später aufgedeckt wurde. Deutlich artikulierte Kritik an Augustus' Auftre-

> Kritiker aus dem Lager der Tradition

ten seit 27 v. Chr. und eventuelle Absprachen, ihn von seiner Position zu verdrängen, wären dann erst Reaktionen auf die nun folgende Schwächung des Machthabers gewesen.

Denn auch wenn sich der Widerstand gegen Augustus' Herrschaft nicht in der angedeuteten dramatischen Form manifestiert hat, kam es 23 v. Chr. in jedem Fall zu einer Verschärfung der politischen Spannungen. Augustus erlitt einen schweren Schub der ihn seit dem Spanienkrieg plagenden Krankheit. Die politische Atmosphäre in Rom muss während dieser Phase der Unsicherheit von äußerster Spannung geprägt gewesen sein, war doch bei einem Ableben des Machthabers ein weiterer Bürgerkrieg ein sehr wohl mögliches Szenario. In Lebensgefahr positionierte sich Augustus jedenfalls gegenüber seinem politischen Lebenswerk. Dokumente mit den für die Lenkung des Imperiums wichtigsten Informationen über seine Provinzen, Armeen und die von ihm kontrollierten Ressourcen übergab er dem Mitkonsul Piso. Augustus erkannte also die Spielregeln der erneuerten *res publica* auch im Moment einer essentiellen Krise an. Seinen Siegelring erhielt dagegen Agrippa. Die praktischen Implikationen dieser Geste sind unklar. Für diejenigen Aufsteiger, die mit Octavian gefochten und gesiegt hatten, mochte der vielleicht wichtigste Teil der für den Fall von Augustus' Tod getroffenen Regelung gewesen sein, dass Marcellus in dieser Situation in den Hintergrund trat. Nach Dio war mit dem Ableben des Machthabers zu rechnen. Doch ein Arzt heilte Augustus, der sich danach anscheinend dauerhaft einer besseren Gesundheit erfreute und seine Mitbürger durch ein langes Leben zu guten Monarchisten erziehen konnte. Nach seiner Erholung ging Augustus einen großen Schritt auf seine Kritiker zu. Er trat von seinem Dauerkonsulat zurück und machte das höchste Amt damit für andere Mitglieder der Oberschicht wieder leichter erreichbar. Der Konsul, der an seine Stelle trat, L. Sestius, stammte aus dem Umfeld des Caesar-Attentäters M. Brutus. Auch dies wird man als Signal werten dürfen. Dass Marcellus bald darauf starb, muss die Kritik an Augustus' Nachfolgeplänen entschärft, seine Stellung aber geschwächt haben.

Verschärfung der politischen Spannungen

Augustus hatte aber nicht vor, mit dem Konsulat auch seine Stellung als Entscheider in dem von ihm etablierten politischen System zu räumen. Geleistete Eide banden im ganzen Reich Menschen an ihn. Aber auch das *imperium* eines Konsuls führte er fort, eine Option, die für Konsuln, deren Amtszeit abgelaufen war, schon lange bestand: Augustus wurde Prokonsul. Mit seinem konsularen *im-*

Augustus Prokonsul

perium leitete er auch weiterhin seine zahlreichen Provinzen, deren Administration ihm 27 v. Chr. für zehn Jahre übertragen worden war, mit der Masse der Truppen. Nach geltendem Recht wäre sein *imperium* allerdings bei Betreten des sakral definierten inneren Stadtbereichs von Rom erloschen. Damit er nicht wie Cn. Pompeius ab 57 v. eine Generation vor ihm das Geschehen in der Stadt nur aus dem Umfeld Roms begleiten konnte, wurde ihm das Sonderrecht übertragen, sein *imperium* auch in Rom – aber nicht für Rom, sondern nur für seine Provinzen – beibehalten zu können. Seine eigentliche Machtbasis blieb damit unangetastet. Dennoch hätte er in Rom die Initiative verloren, da er nicht mehr die „zivile", städtische Komponente des konsularen *imperium* hatte. Als Ersatz wurde ihm

tribunicia potestas die volle Amtsgewalt eines Volkstribuns (*tribunicia potestas*) auf Lebenszeit übertragen. Die mit Sondervollmachten zusätzlich gestärkten Initiativrechte des Tribunats sowie die mit ihm verbundenen Vetomöglichkeiten sollten den Verlust des Konsulats kompensieren.

princeps Diese neue Absicherung von Augustus' Vormachtstellung entsprach den Wünschen eines größeren Kreises der soziopolitischen Elite Roms offenbar in wesentlich höherem Maß. Sie blieb daher offiziell der Markenkern der Ordnung, die mit dem Namen Augustus verbunden wurde, auch wenn sie später noch mehrfach zugunsten der Herrscher verändert wurde. Augustus nannte sich selbst anscheinend ab einem unbekannten Zeitpunkt *princeps*, Erster, nach einem republikanischen Vorbild. Wenn man nach einer gedanklichen Grundlage für das aus dem Wort *princeps* abgeleitete Konzept eines Prinzipats sucht, wie die Herrschaftsordnung des folgenden Jahrhunderts oft genannt wird, dann bietet der Kompromiss von 23 v. Chr., in dem Augustus zeitweilig auf die Verbindung einer uneingeschränkten Leitungskompetenz in Rom mit seinem außerordentlichen Provinzialkommando verzichtete, eine gute Möglichkeit. Dass er 22 v. Chr. einzelne Provinzen an Senat und Volk zurückgab (die *Narbonensis*, d. h. Südfrankreich, und Zypern) unterstrich zusätzlich seinen Willen, eine multilaterale Politikfindung und -ausübung zuzulassen. Doch hatte es in der Republik mehrere *principes* („Erste") gegeben. Für Pluralität dieser Art gab es in der Folge keinen Raum mehr.

imperium maius? Lange Zeit galt es als ausgemacht, dass Augustus 23 v. Chr. ein weiteres, sehr umfassendes Sonderrecht erhalten habe, um seinen Rücktritt vom Konsulat zu kompensieren. Aus Cassius Dios summarischer Darstellung, die offenbar auch Entwicklungen einer späteren Zeit vorwegnimmt, wurde abgeleitet, dass Augustus ein generelles *imperium maius* verliehen, dass sein Imperium also dem aller anderen Prokonsuln übergeordnet worden sei. Vor dem Hintergrund unserer sonstigen Kenntnis solcher Imperien mit höherer Geltung ist dies aber unwahrscheinlich. In aller Regel waren die entsprechenden Gesetze konkret abgefasst und benannten die spezifischen Konstellationen, in denen eine Überordnung gelten sollte. Da sich Augustus 22 v. Chr. erneut auf Reisen begab, dürfte 23/22 v. Chr. also zunächst nur fallbezogen festgelegt worden sein, dass er nicht auf der Durchreise anderen, klar bezeichneten Prokonsuln unterstellt sein solle. Es ist auch möglich, dass sein *imperium* zu dieser Zeit dem anderer Prokonsuln nur gleichgestellt wurde, wie dies für Cn. Pompeius und auch für Agrippa belegt ist. Agrippa wurde 23/22 v. Chr. in den Osten entsandt, um die drängendsten Probleme in diesem Großraum zu lösen. Dazu erhielt er ein *imperium* für diese Großregion, das dem des Augustus fast schon gleichwertig war.

Viele moderne Darstellungen sehen in den Aushandlungen des Jahres 23 v. Chr. eine entscheidende Zäsur, weil die Ergebnisse des neuen Kompromisses dauerhaft Politik und Recht in Rom bestimmt hätten. Aber in unserem wichtigsten Narrativ, Dios Römischer Geschichte, geht der Aushandlungsprozess, was den sogenannten Prinzipat ausmachen solle, unmittelbar weiter. Überschwemmungen, eine Hungersnot und eine Epidemie hätten die neue Regelung sofort getestet, und die Römer hätten sich zornig gegen den Senat als Profiteur der Spannungen von 23 v. Chr. gewandt. Augustus wurde die Diktatur angetragen, um wieder die höchste Durchsetzungsmacht in der Stadt mit seinem Armeekommando zu vereinen. Wie immer stellen uns Kollektivbezeichnungen wie „die Römer", „das Volk" etc. vor nicht zu lösende Probleme. Es könnte sich ebenso gut um eine kleine Gruppe vorgeschickter Unterstützer des Machthabers gehandelt haben wie um eine heterogene Masse von Personen, die sich in ihrer Existenz bedroht sah. Augustus lehnte jedenfalls die Diktatur ab, akzeptierte aber, wiederum wie vor ihm Cn. Pompeius, die ihm ebenfalls angetragene Aufsicht über die Getreidebeschaffung. Die unmittelbare Herausforderung ließ sich so schnell lösen, aber die Versorgung der Hauptstadt blieb anfällig und der Weg zu einer belastbaren Lösung dieses Problems war lang. Im Anschluss verließ Augustus die Stadt Richtung Osten. Hierfür eben muss die Regelung getroffen worden sein, die ihn einer Unterordnung unter das Kom-

Aushandlungsprozess des Jahres 23 v. Chr.

mando anderer Prokonsuln enthob. In der Stadt brachen sofort scharfe Rivalitäten um den Konsulat aus, sodass Agrippa zurückentboten wurde. Zugleich heiratete er nach Scheidung Augustus' Tochter aus zweiter Ehe, Julia. Als Julia 20 v. Chr. einen Sohn, Gaius, gebar, stabilisierte sich das Herrscherhaus, die in der Folge *domus Augusta* genannte Familie. Drei Jahre später folgte die Geburt eines weiteren Enkels, Lucius. Doch fehlte zwischen diesen Enkeln sowie Augustus und Agrippa eine Generation, sodass in diesen Jahren zuerst die Stiefsöhne von Augustus, Drusus und Tiberius, die Söhne seiner Frau Livia aus erster Ehe, zu wichtigen Aufgaben herangezogen wurden.

domus Augusta

2.3.3 Die endgültige Etablierung eines Entscheiders 22–19 v. Chr.

Schon Agrippa hatte im römischen Osten wichtige Maßregeln im Interesse des neuen Regimes getroffen. Vor allem der im letzten Drittel des 1. Jh. n. Chr. in Rom schreibende jüdische Historiograph Flavius Josephus berichtet von einer engen Kooperation mit dem König Judäas Herodes (dem Großen). Herodes trat nach seinem Wechsel in Octavians Lager zur Sicherung seiner Stellung in einem mit der Zeit aus vielen Bausteinen zusammengesetzten Königreich als Vertreter von Roms Machthabern auf. Mit *Caesarea maritima* (bei Tel Aviv) schuf er eine römischen Ansprüchen genügende Stadt, die bald Hauptsitz der Fremdherrschaft werden sollte. Der König stellte auch Gelder für die Errichtung von Heiligtümern für unterschiedliche Gottheiten zur Verfügung. Wirkungsgeschichtlich besonders wichtig wurde, dass er den Zentralort jüdischen Glaubens, den Tempel in Jerusalem, bei laufendem Kultbetrieb mit größter Pracht neu ausstatten ließ. Der Tempel bildete nicht nur das Zentrum Jerusalems und Judäas, er hatte auch für die Juden der Diaspora, die über die antike Welt verstreut lebten, eine unvergleichliche Bedeutung. Über die erst später bezeugte Sicherung der traditionellen Rechte jüdischer Gemeinden in den Städten der Mittelmeerwelt durch Roms Machthaber sind wir durch eine ungewöhnliche Quellenlage gut unterrichtet.

Herodes

Augustus' wichtigste Aufgabe auf seiner Ostreise war die Regelung des Verhältnisses zu dem östlichen Nachbarn Roms, den Parthern, die in der Vergangenheit mehrfach römische Heere geschlagen und noch immer Legionsadler, die wichtigsten Standarten des römischen Heeres, in ihrem Besitz hatten. Römisches Selbstver-

die Regelung des Verhältnisses zu den Parthern

ständnis verlangte eine kriegerische Bereinigung dieser Schande. Augustus scheint einen solchen Angriff auch vorbereitet zu haben, verzichtete dann aber auf einen Krieg gegen den gefährlichsten Feind. 20 v. Chr. erhielt er die verlorengegangenen Feldzeichen zurück und begnügte sich mit diesem Nachgeben der Parther. In Rom wurde dieser symbolische zu einem fundamentalen Erfolg umgedeutet. Dieses Feiern der Status quo-Bewahrung wirkt etwas mühsam. Man muss aber die Geschehnisse im Osten wohl in Verflechtung mit den Konflikten im Westen sehen. In Spanien liefen die Kämpfe gegen die Cantabrer weiter, und auch Gallien (heute Frankreich) bedurfte der Aufmerksamkeit. Beide Aufgaben übernahm Agrippa. Vor diesem Hintergrund hatte der Kompromiss mit den Parthern viele Vorteile, zumal niemand mehr da war, der die Deutungshoheit über die Ergebnisse in Frage stellen konnte.

Auf der imperialen Ebene, in der Fläche, scheinen sich Augustus und Agrippa als Herrscher gut etabliert zu haben. Einzelne Feinde, die sich der Unterwerfung oder, wie in Nordspanien, fast schon der Vernichtung längere Zeit widersetzten, konnten mit den Mitteln des Imperiums schließlich doch niedergerungen werden. In Rom dagegen, auf dem politischen Parkett zwischen Forum, Kapitol und Palatin, auf dem sich Augustus eine Residenz errichten ließ, waren die bestehenden Probleme ungelöst. Noch immer waren die Konsulwahlen von intensiver Konkurrenz geprägt und sorgten für Risse in der Konsensfassade des Prinzipates. 19 v. Chr. ignorierte ein Mann den augusteischen Anspruch, dass Konsuln vor der Wahl seines Segens bedurften. M. Egnatius hatte sich in der Stadt große Popularität erworben, weil er gegen die allgegenwärtige Brandgefahr privat Sklavenscharen organisiert hatte. Er suchte nun den Konsulat von 18 v. Chr. zu erlangen, offenbar mit guten Chancen. In bester Tradition der römischen Nobilität trat der wahlleitende Konsul Cn. Sentius diesem Vorhaben entgegen. Kurz darauf wurde Egnatius in probater Weise unter dem Vorwurf einer Verschwörung verhaftet und ermordet. Die Affäre zeigte zweierlei. Sie unterstrich, dass die Millionenstadt unteradministriert blieb, woran Augustus' Etablierung als Erster Mann nichts geändert hatte. Sodann führte die Schwächung des Entscheiders im Jahr 23 v. Chr. dazu, dass in Rom Konkurrenzkämpfe die mühsam aufgebaute neue Ordnung destabilisierten. Augustus kehrte daher unter Erneuerung der Konsensrituale nach Rom zurück. In diesem Zusammenhang erhielt er offenbar zusätzliche Rechte. Der Historiograph Cassius Dio spricht Anfang

Konkurrenzkämpfe

Konsulwahlen

des 3. Jh. von der konsularen Amtsgewalt auf Lebenszeit. Die Forschung hat diese Feststellung Dios oft verworfen oder doch zu relativieren gesucht. Augustus seien lediglich neue Repräsentationsformen zugesprochen worden. Doch gibt es keinen Grund, Dios klare Aussage zurückzuweisen. Sie deckt sich mit Hinweisen in Augustus' Tatenbericht, er habe Aufgaben *consulari cum imperio*, also mit der Amtsgewalt eines Konsuls, durchgeführt. Viele Fragen, mit welcher Berechtigung Augustus später bestimmte Maßnahmen durchgeführt hat, entfallen, wenn wir Dio ernst nehmen.

Augustus de facto Konsul auf Lebenszeit

Wie genau die Wiederinkraftsetzung aller konsularen Rechte des Machthabers vonstatten ging, sagt Dio leider nicht. Immerhin war Augustus auch nach 23 v. Chr. noch Inhaber eines konsularen *imperium* in der Stadt Rom, das aber nur außerhalb Roms, in bestimmten Provinzen, Geltung haben sollte. Diese Stellung konnte man als Ansatzpunkt nehmen, um ihm wieder alle innerstädtischen Befugnisse eines Konsuls zuzuweisen, ohne ihn erneut zum Dauerkonsul zu machen und damit wieder eine der Stellen zu blockieren. Augustus wurde damit de facto Konsul auf Lebenszeit, de jure aber blieb die traditionelle Konsulatsverfassung unangetastet. Die tribunizische Amtsgewalt wurde dadurch eher zum akzeptierten Ausdruck für die höchste Regelungskompetenz als zu deren Grundlage. Mit dieser neuerlichen Anpassung von Augustus' Rechten bzw. nach den im Anschluss zu besprechenden Reformen des Jahres 18 v. Chr. trat eine gewisse Beruhigung in Rom ein. Unruhen wegen Wahlen sind nicht mehr bezeugt. Der Prozess der Bastelei eines Prinzipats war zwar auch dann nicht abgeschlossen. Die Zusätze wurden nun aber kleiner. In Rom veränderte sich daher auch die Natur politischer Auseinandersetzungen. Polarisierungen wurden kaum mehr von nach Profilierung strebenden *nobiles* ausgelöst. Vielmehr sammelten sich ehrgeizige Politiker meist um potentielle Nachfolger von Augustus, um sich für die Zukunft zu positionieren. Dem Princeps und seiner Familie gelang es in der Folge immer besser, auch die informellen Machtmittel in der römischen Gesellschaft zu kontrollieren, wie etwa Formen von Abhängigkeiten, die die Forschung oft als Patron-Klienten-Beziehungen bezeichnet. Diese Begriffe sind zwar aus dem Lateinischen abgeleitet. Der Terminus Klienten bezeichnete in der Zeit selbst aber klarer definierte Gruppen als heute, mit deutlichem sozialen Abstand zum jeweiligen Patron. Mitglieder der römischen Oberschicht konnten im modernen Sinn Klienten von Augustus sein. Sie wurden jedoch weit eher als Freun-

Patron-Klienten-Beziehungen

de in einer asymmetrischen Beziehung angesprochen. Solche *amici* hatten dann ihrerseits wieder Klienten in einem weitgespannten Netzwerk sozialer Dominanzverhältnisse. Zu einem unbekannten Zeitpunkt ist es Augustus auch gelungen, jedenfalls de facto die sakralrechtliche Basis von militärischen Kommanden, die sogenannten Auspizien, zu monopolisieren. 19 v. Chr. triumphierte zum letzten Mal ein Senator, der nicht Mitglied des Herrscherhauses war. Die Siege in Spanien, der inszenierte Parther-Erfolg und die Unfähigkeit der Nobilität, Rom ohne Augustus ruhig zu halten, haben gemeinsam dazu beigetragen, die Stellung des Entscheiders nachhaltig zu stärken.

Auspizien

2.4 Die Rückschau prägende politische Erfolge der Augustus-Regierung

2.4.1 Der Princeps und die oberen Stände

Diesen Erfolg nutzte Augustus aus, um weitere Veränderungen in Rom anzustoßen, die nicht ohne Konflikte in die Wege geleitet werden konnten. Zunächst wurden 18 v. Chr. sein und Agrippas Provinzialkommando um fünf Jahre verlängert. Agrippas erhielt zusätzlich die tribunizische Amtsgewalt, wenn auch nur für fünf Jahre. Eine Art Kollegialität entstand. Danach nahm sich Augustus mit Agrippa 18 v. Chr. die Verkleinerung des Senats auf die traditionelle Größe vor, die 29/8 v. Chr. noch kaum vorangekommen war. Die Verantwortung für die Reduktion ließ sich nicht delegieren, sodass Augustus die *lectio*, die Neukonstituierung des Senats, eindeutig in die Hand nehmen musste. Über 300 Personen schieden aus dem Gremium selbst aus, das von nun an wieder etwa 600 Mitglieder zählte. Dio berichtet von erheblicher Unzufriedenheit der Verlierer dieses Vorgangs. Dennoch hielt Augustus diesen Schritt offenbar für nötig, denn der Senat des frühen Prinzipats war personell noch der des Triumvirates. Das Gremium erfüllte im augusteischen Prinzipat zwei Aufgaben von höchster Bedeutung. Seine Beratungen und Voten verliehen der Politik eine Aura von Rechtmäßigkeit, die anscheinend weithin akzeptiert wurde. Und die Senatoren übernahmen fast alle wichtigen Aufgaben im Gerichtswesen und in der Exekutive in der *res publica*, als hohe Offiziere, Gerichtsherren, Geschworene und Administratoren. Um dies tun zu können, mussten sie im rö-

die Neukonstituierung des Senats

mischen Sinne Würde besitzen. Die Wahrung oder auch Erhöhung der kollektiven Würde sollte durch die Exklusion sozial weniger geachteter Personen erreicht werden. Die gleiche Zielsetzung dürfte die in dieser Zeit initiierte Ehegesetzgebung des Princeps gehabt haben. Vermutlich 18 v. Chr. brachte Augustus (mit Schonfristen) ein Gesetz auf den Weg, das sich gegen Alleinstehende und Kinderlosigkeit richtete und dabei speziell die Eliten in den Blick genommen haben dürfte. Diese Verfügung baute zwar auf republikanischen Traditionen auf, war wegen der neuen Kontrollmöglichkeiten aber doch eine der einschneidendsten Maßnahmen des Augustus-Regimes, da das Privatleben betroffen war. 9 n. Chr. wurde diese Politik durch ein weiteres Gesetz (die *lex Papia Poppaea*) noch tiefer verankert.

Ehegesetzgebung

Mit der Zeit nahm die augusteische Aristokratie Gestalt an, aus alten und neuen italischen Familien und wenigen Provinzialen, zum Teil mit italischen Vorfahren. Später sollten immer mehr Senatoren aus den Provinzen kommen. Noch aber waren von dieser Entwicklung nur erste Anfänge erkennbar. Die aus dem Senat Ausgeschiedenen behielten gewisse Privilegien, sodass der Schritt von 18 v. Chr. mehr noch als der von 29/28 v. Chr. zu einer Entwicklung beitrug, die über einen langen Zeitraum und offenbar ohne Masterplan verlief: Es entstand ein über die aktiven Mitglieder des Gremiums hinausreichendes senatorisches Milieu, der Senatorenstand (*ordo senatorius*). Ob mit der Zeit auch drei Generationen einer Familie dem Senatorenstand angehörten, die keinen aktiven Senator mehr aufwies, wird kontrovers debattiert. Auch wenn die soziale Scheidewand durchlässig blieb, differenzierte sich zudem die römische Oberschicht durch die augusteische Neukonstituierung klarer in Mitglieder eines Ritter- und eines Senatorenstandes. Ritter, ursprünglich nach der kostenintensiven Art ihres Kriegsdienstes benannt, bildeten in der späten Republik gemeinsam mit den aus ihnen hervorgehobenen Senatoren und kaum von ihnen getrennt die soziale Elite mit Anspruch auf gesellschaftliche Führungsrollen. Nur gelegentlich hatten sich einige Ritter mit besonderen Geschäftsinteressen, die aber gerne die Vertretung des Standes reklamierten, im Konflikt mit den Senatoren befunden. Auch die Gruppe der Ritter organisierte Augustus neu. Er und seine Nachfolger richteten den Stand auf den Princeps aus. Er wurde vergrößert. Unterschiedliche Finanzvoraussetzungen (der Besitz von 400 000 Sesterzen) grenzten die Ritter zusätzlich von den Senatoren ab, bei denen ein

die augusteische Aristokratie

Senatorenstand

Ritter

Mindestvermögen von 1 000 000 Sesterzen vorgeschrieben wurde. Ob nur Ritter werden konnte, wer an bestimmten Ritualen und Aufgaben im Rechtswesen in Rom partizipierte, ist umstritten. In jedem Fall war auch im Prinzipat nur ein kleiner Teil der Ritter auf imperialer Ebene politisch relevant, weil diesen Mitgliedern des Standes, meist nach der Bekleidung von Offiziersposten, Aufgaben im Dienst des Herrschers übertragen wurden. Neben hochrangigen Präfekturen wie in Ägypten übernahmen sie Positionen in der Finanzadministration, als Manager des persönlichen Vermögens von Augustus und, nach einer Experimentierphase, regelmäßig als Leiter der Steuererhebung sowie Heeresversorgung und -bezahlung in den Provinzen des Princeps.

2.4.2 Die langsame Entstehung eines augusteischen Roms und des kaiserzeitlichen Italiens

Viele politisch relevante Veränderungen in der Stadt und im Herrschaftsmodus müssen im Laufe von Augustus' Herrschaft langsam sichtbarer oder normaler geworden sein. In der besten Wohnlage auf dem Palatin-Hügel hatte sich Octavian schon früh Land für eine Residenz gesichert, die sukzessive ausgebaut und nur gemessen an der späteren Überdimensionierung des Palasts als bescheiden gewertet werden kann. Beim *forum Romanum* war 44–29 v. Chr. das Senatsgebäude neu errichtet worden und wurde nun auch im Alltag zu einer *curia Iulia*. Nahe diesem Forum entstand das *forum Augusti*, ein neues administratives Zentrum, mit dem Tempel des rächenden Mars (*Mars ultor*), der ein Racheversprechen visualisierte, das zunächst auf die Caesar-Mörder abgezielt hatte und später halbherzig auf die Parther umgedeutet wurde. Inschriften und Bilder des Herrschers waren allgegenwärtig. Agrippa hatte schon 33 begonnen, neue Wasserleitungen zu errichten. Thermen und andere Nutzbauten traten hinzu. Rom wurde wachsend zu einer augusteischen Stadt.

Palatin

forum Augusti

Zusätzlich hat Augustus zahlreiche neue Funktionen geschaffen, die vor allem darauf ausgerichtet waren, die Probleme der Millionenstadt Rom in den Griff zu bekommen. 11 v. Chr. (mit späteren Entwicklungsstufen) begründete Augustus im Zusammenspiel mit dem Senat in Fortführung von Agrippas Werk eine *cura aquarum* für Roms Wasserversorgung. Diese Art von *curae* (Aufgaben) boten Senatoren neue Betätigungsfelder in der *res publica*. Imperial bedeutsam wurden Augustus' Übernahme der Sorge über das Straßensystem in Italien und der etappenweise Aufbau eines Nachrichten- und Transportsystems (*cursus publicus*) im Kernland und dann auch im Reich.

2.4.3 Die sakrale Aura der neuen Ordnung und die Verfestigung einer Herrscherfamilie

19/8 v. Chr. war der institutionelle Rahmen des frühen Prinzipats im Wesentlichen abgesteckt. Erst 12 v. Chr. starb der ehemalige Triumvir Lepidus, dem man vielleicht mit Rücksicht auf das Amt die höchste Priesterwürde, den Oberpontifikat, belassen hatte. Mit der Wahl zum *pontifex maximus* hat Augustus der gebastelten Rolle eines Entscheiders einen weiteren wichtigen Baustein hinzugefügt. Die Hochschätzung (bisweilen: vorgeblich) alter Kulte und von Senatoren bekleideter Priesterwürden war generell ein Kennzeichen der neuen *res publica*.

pontifex maximus

Als prägend für die Zukunft erwies es sich, dass Augustus 17 v. Chr. in dieser Phase der Stabilität die Säkularspiele feiern ließ, ein großes, religiös definiertes Fest mit echten und erfundenen Traditionen, das Werden und Vergehen ebenso in das Zentrum rückte wie Kontinuitätsversprechen. Auch spätere Principes haben mit dieser Form der Selbstdarstellung Höhepunkte ihrer Regierungszeit markiert.

Gaius und Lucius mögliche Erben

Bereits seit 23 v. Chr. hatte Agrippa ein weitreichendes *imperium* für immer wieder neu bestimmte Provinzbereiche. 18 v. Chr. war ihm zudem auch die tribunizische Amtsgewalt übertragen worden. Im Falle des Todes von Augustus wäre seine Position sehr stark gewesen. Augustus adoptierte zudem die Söhne von Agrippa und Iulia, Gaius und Lucius. Mit ihnen standen langfristig Erben zur Verfügung, deren Rollen aber noch zu bestimmen waren. Augustus brauchte jetzt vor allem Zeit, um diesen adoptierten Söhnen Karrieren zu ermöglichen, die einer Form von Nachfolge den Weg bereiten konnten. Eine Zwischenebene zwischen den noch ganz jungen Juliern und Agrippa bildeten die Stiefsöhne Drusus und Tiberius, die bald Kommanden in großen Kriegen übernehmen sollten. Diese, die Rezeption prägende Phase von Erfolgen der Augustus-Regierung fand ihr Ende durch die wichtigste Zäsur des ersten Prinzipats. 12 v. Chr. starb Agrippa, der in vielfacher Hinsicht Augustus' idealer

Partner gewesen war. Die offensichtlich gewünschte Nachfolge von Gaius und Lucius musste wieder prekär erscheinen.

2.5 Imperiale Expansion und Nachfolgeprobleme: der andere Prinzipat des Augustus

2.5.1 Die neuen Berufsarmeen

Auf dem Höhepunkt der zuvor beschriebenen Stabilitätsphase, 13 v. Chr., verkündete die Augustus-Regierung, dass zur Verstetigung der neuen Berufsarmee von vielleicht 300 000 bis 350 000 Mann keine neuen Steuern eingeführt würden. Die Dienstzeit der Legionäre wurde auf die tradierte Zahl von sechzehn Jahren beschränkt, die Abfindungen (Geld oder Land) für Veteranen kamen immer noch großenteils aus Augustus' Mitteln. Diese Lösung war eher beliebt als abgesichert. Schon zuvor hatten sich die Zielsetzungen der augusteischen Militärpolitik verändert. Es ging nicht mehr um die Beendigung schon lange laufender Konflikte wie in Nordspanien. Imperiale Kampagnen gegen neu definierte Angriffsziele traten in den Vordergrund. Meist bieten die Quellen ähnlich klingende Begründungen für großangelegte Offensiven: Nachbarn des Imperiums werden kleinere Raubzüge o. ä. vorgeworfen, die dann eine massiv asymmetrische Kriegsführung nach sich zogen. Im 19. und 20. Jh. wurden solche Begründungen in der Forschung oft einfach übernommen. Heute wird eher diskutiert, ob die Vorstöße der römischen Armee einem größeren Expansionsplan oder eher Eigendynamiken geschuldet waren.

Zielsetzungen der augusteischen Militärpolitik

In den militärischen Zugewinnen der Folgezeit zeigte sich der Wert der sich langsam ausbildenden Berufsarmeen, die sukzessive und mit Verlusten, aber eben doch scheinbar unaufhaltsam den Perimeter römischer Herrschaft von den Mittelmeerküsten weg verschob. Die Erfolge der Armeen lieferten die besten Begründungen für das Fortbestehen von Augustus' außerordentlichem Kommando. Ihre Entpolitisierung war zudem abgeschlossen.

2.5.2 Die augusteischen Kriege

Nach vorhergehenden Kämpfen in den Alpentälern übernahmen 16/15 v. Chr. die Stiefsöhne des Augustus, Drusus und Tiberius, als Regimevertreter die Eroberung der zentralen Alpenregion und des

Alpenregion

Voralpenraums, um Italien eine neue, sichere Außengrenze zu geben. Auch *Noricum* (vor allem in Österreich und Slowenien), das schon zuvor auf den Raum um Celje und den Magdalensberg reduziert worden war, wurde nun ganz in das Imperium integriert. Ab 13/12 v. Chr. intensivierte die Augustus-Regierung ihre Bemühungen, Südosteuropa südlich der Donau zu unterwerfen. Im Zuge dieser Kriege übernahmen kaiserliche Vertreter sukzessive die meisten Legionen, die noch anderen Prokonsuln unterstanden hatten, doch wurde dieses Arrangement, das wohl Empfindlichkeiten der Senatoren traf, noch lange Zeit als Provisorium ausgewiesen. Schon in der Spätphase des Augustus wird dort aber die spätere Gestaltung der Region sichtbar. Die ehemalige Großprovinz *Illyricum* wurde geteilt. Die neuen Provinzen im Westbalkangebiet erhielten etwas später die Namen *Dalmatia* und *Pannonia*, während etwa zur gleichen Zeit östlich hiervon *Moesia* entstand.

Noch während Tiberius im Balkanraum Widerstände bekämpfte, startete Drusus ab 12 v. Chr. eine römische Kampagne, die ihn weit in das rechtsrheinische Germanien führte. Die ursprüngliche Intention der römischen Offensive, ihr konkreter Anlass und die angestrebten Grenzen des zu erobernden Raums werden kontrovers diskutiert. Während ein Teil der Forschung von dem Wunsch nach dauerhafter Abwehr von Angriffen rechtsrheinischer Gruppen auf Gallien (primär das heutige Frankreich) als römischem Ziel ausgeht und eine an sich nebensächliche römische Niederlage von 16 v. Chr. (*clades Lolliana*) als Auslöser der Drusus-Kampagne sieht, geht die Mehrheit der Studien heute davon aus, dass die römischen Angriffspläne schon vor 16 v. Chr. Gestalt angenommen hatten. Wie weit die Generalität vorzudringen hoffte, können wir nicht ermitteln. Römisches geographisches Wissen war beschränkt, Armeen lernten anscheinend oft erst beim Vormarsch die Dimensionen des je angegriffenen Landes kennen. Die Elbe war sicher kein natürliches Ziel. Die erhaltenen Berichte lassen eine Expansion bis an diesen Fluss aber dennoch als die plausibelste Interpretation der römischen Kriegsziele erscheinen. Schon 9 v. Chr. starb Drusus im Kriegsgebiet. Tiberius übernahm sein Kommando und wurde rasch mit einem zweiten Konsulat (7 v. Chr.) und dann auch der tribunizischen Amtsgewalt hervorgehoben. Dadurch etablierte sich die Vorgehensweise, mögliche Nachfolger in der noch gar nicht gefestigten Position als Entscheider mit dafür angepassten Mitteln des republikanischen Ämterwesens in Stellung zu bringen. Zugleich wurde Tiberius

angehalten, sich von seiner Frau Vipsania zu trennen und Augustus'
Tochter Julia zu heiraten. Die Quellen verweisen darauf, dass die
Princepstochter und der wichtigste General nicht miteinander aus-
kamen. Angesichts der geringen Bedeutung von persönlicher Zunei-
gung für Eheschließungen speziell in der Oberschicht war der Rück- | Rückzug des Tiberius
zug des Tiberius aus der Politik 6 v. Chr. gleichwohl ein spektakulä- | aus der Politik
rer Akt der inneren Spaltung in der *domus Augusta*. Der Stiefsohn
begab sich nach Rhodos und ließ den gealterten Princeps mit noch
blutjungen Söhnen in einer geschwächten Position zurück. Augustus war jetzt 57 Jahre alt, sein ältester Sohn Gaius gerade einmal 14.
Augustus musste noch viele Jahre leben, wenn er Gaius innerhalb
seiner neuen *res publica* zu einem erfolgreichen Konsular aufbauen
wollte, den man bei entsprechendem Druck bei der Vergabe eines
die Stellung als Entscheider begründenden *imperium* und der tribunizischen Amtsgewalt nicht umgehen konnte. 6 v. Chr. war die julische Familienherrschaft im höchsten Grad gefährdet.

2.5.3 Die Intensivierung der Herrscherverehrung in Rom

Die Schwächung des Herrscherhauses durch Agrippas Tod bildet | Octavians / Augustus'
vermutlich den Hintergrund dafür, dass in den kritischen Jahren | Einstellung gegenüber
nach 12 v. Chr. andere als verrechtlichte Formen der Machtsiche- | göttlichen Ehren
rung auch in Rom sichtbarer werden. Aus der Rückschau hat man
Octavians / Augustus' Einstellung gegenüber göttlichen Ehren lange
Zeit als stimmige Haltung gedeutet. Von Angeboten in den Werken
herrschernaher Dichter wie Vergil und Horaz über die Selbstasso-
ziation mit dem Gott Apollo, die Erlaubnis für die Provinzen *Asia*
und *Bithynia*, kultische Ehren für die Göttin *Roma* mit seiner Person
zu verknüpfen, bis zur Etablierung neuer Verehrungsformen in
Rom ab etwa 8/7 v. Chr. scheint sich ein roter Faden zu ziehen. Die
neuere Forschung hat jedoch nicht nur die lange Dauer dieser Entwicklung hervorgehoben, die gegen eine stringente Planung spricht.
Sie richtet den Blick auch auf die Initiative der (Ver-)Ehrenden und
die sehr unterschiedlichen Motivlagen bei provinzialen Eliten oder
italischen Stadtoberhäuptern. *Asia* und *Bithynia* etwa, Regionen, in
denen es schon eine im Hellenismus entstandene Tradition der
Herrscherverehrung gab, hatten bis 30 v. Chr. auf der Seite von Antonius gestanden: Sie mussten Octavian rasch gewinnen, er wiederum den Osten an sich binden. Die Etablierung eines *Roma*-Kultes
im gallischen *Lugdunum* (Lyon), dem Augustus beigesellt wurde

(um 12 v. Chr.), scheint dagegen ebenso wie die analoge Konstruktion im heutigen Köln für die entstehende germanische Provinz eher auf den Wunsch oder auch die Anordnung der imperialen Regierung zurückgegangen zu sein. In Rom waren die vielen Schattierungen von Octavians und dann Augustus' Annäherung an Gottheiten wie Apollo sicher registrierbar gewesen, doch verließ das Auftreten des Princeps – anders als das seines Adoptivvaters Caesar – noch nicht gänzlich die Bahnen einer in den letzten Generationen der Republik ausgebildeten Tradition. Der *pontifex maximus* Augustus vereinigte seine vielen Herrschaftsrollen in seiner Residenz auf dem Palatin, indem er einen Teil als öffentliches Gebäude auswies und ein Vesta-Heiligtum hinzufügte, in dem seine Frau Livia eine prominente Aufgabe fand. Als oberster Priester vertrat Augustus die Gemeinde gegenüber den Göttern, doch muss offensichtlich gewesen sein, dass er zumindest zwischen den Bürgern und den Göttern stehen sollte. Vermutlich um 8–7 v. Chr. wurde Rom in 14 Regionen mit 265 Bezirken, *vici*, eingeteilt. Deren vier Vertreter organisierten unter anderem den Kult der Schutzgötter dieser *vici*, der sogenannten Laren. Mit diesem Kult wurde der des *genius Augusti* vergesellschaftet. Hinzu traten bezeichnenderweise die *genii* der Adoptivsöhne. Diese Form der Verehrung für den Schutzgeist des Princeps hatte Vorbilder und ist schon nach dem Sieg im Bürgerkrieg belegt, doch kam sie jetzt erst mitten in der Gesellschaft an. Dazu kam später auch die Verehrung des *numen* von *Augustus*, einer Art göttlicher Wirkmacht. Man mag dies als Gewöhnungsprozess deuten. Doch ist der zeitliche Zusammenhang suggestiv. Nach 12 v. Chr. muss klar gewesen sein, dass eine julische Nachfolge in der Entscheiderrolle ohne Betonung von deren monarchischem Element kaum zu organisieren war. Damit gewann die Herausstreichung der Einzigartigkeit von Augustus' Familie zwingend an Bedeutung.

2.5.4 Das Scheitern einer julischen Nachfolge während militärischer Rückschläge

Noch nach dem Tod Agrippas regierte Augustus länger als die meisten *principes* nach ihm. Seine späten Jahre sind aber schlechter dokumentiert. Das mag auch damit zu tun haben, dass sie keine Erfolgsgeschichte mehr waren. Die Nachfolgefrage muss alle anderen Themen in den Schatten gestellt haben. Augustus hob seine Adoptivsöhne immer deutlicher hervor. Gaius und Lucius wurden durch

Ausnahmeregelungen Konsulate im Alter von zwanzig Jahren zuerkannt. Noch früher erhielten sie eine, wenn auch stark limitierte, konsulare Amtsgewalt (2 v. Chr.). Beide wurden zu *principes iuventutis* (Erste der Jungmannschaft), eine an sich inhaltsarme Ehrung, der aber wegen des Anklangs an die Bezeichnung (nicht Titel!), die sich Augustus als Leiter des Gemeinwesens gab, sehr suggestiv geklungen haben muss. Mit den frühen Konsulaten sollten auch erste wichtige Kommanden in den Provinzen einhergehen. Dass in Rom seit dieser Zeit wieder häufiger Konsuln freiwillig zurücktraten, um Nachwahlen zu ermöglichen, ist ebenfalls aussagekräftig. Durch solche sogenannte Suffektkonsulate konnten mehr um das Haus verdiente Aristokraten zu dem in seinen Möglichkeiten eingeschränkten höchsten Amt kommen. Da Augustus immer wieder neue Aufgaben schuf, für die Konsulare gebraucht wurden, gab es praktische Gründe für diese Vervielfältigung. Und doch wurde das immer noch sehr wirkmächtige Amt damit zugleich entwertet. Dass ab 5 n. Chr. der Zugang zur höchsten Magistratur durch eine Vorabwahl noch enger kontrolliert wurde, weist darauf hin, dass Augustus den Konsulat noch immer als Schlüsselposition in der *res publica* sah.

2 v. Chr. erschütterte ein Skandal das Haus des Herrschers. Augustus' Tochter Julia wurde ein allzu lockerer Lebenswandel vorgeworfen. Eine solche libertinäre Haltung hätte sich in keiner Weise mit der aufgesetzten Sittenstrenge des neuen Regimes vertragen, die Livia im privaten Bereich vorzuleben hatte. Doch können wir nicht mehr klären, ob sich hinter den Vorwürfen gegen Julia nicht ganz andere Konflikte verbargen. Da ihr Mann in Ungnade, ihr Vater alt und ihre Söhne noch sehr jung waren, hatte Julia wohl Anlass, sich Sorgen um die Zukunft zu machen, doch geben die Quellen ihr leider keine Stimme. Dass Iullus Antonius, ein überlebender Sohn des ehemaligen Triumvirn Marcus, mit in die Affäre verwickelt war, verlieh dem Skandal zusätzlich eine pikante Note. Julia wurde verbannt. Vor dem Aufbruch erst von Gaius und dann Lucius in die Provinzen schwächte diese Bestrafung die *domus Augusta*. Auffällig ist, dass Augustus in dieser Zeit neue Mitspieler auf der politischen Bühne Roms etablierte, die dem militärischen Charakter des Regimes Relief verliehen. Das Charakteristikum einer Einzelherrschaft schlechtweg war in der Antike die Leibwache des Herrschers. Augustus hatte nach Actium eine Garde beibehalten, die sogenannten Prätorianer, vielleicht ursprünglich 4500, vielleicht auch

Verbannung der Julia

Prätorianer

9000 Mann. Sie waren bei und in der Umgebung von Rom disloziert und sollten in der Stadt nicht zu sichtbar in Erscheinung treten. Kurz vor Julias Verbannung ernannte Augustus zwei Kommandeure für diese größte Militäreinheit in Italien, die *praefecti praetorio*. Sie sollten den alternden Princeps, der in Rom nun weitgehend von seiner Familie verlassen war, tatkräftig unterstützen. Für diese Aufgabe, die eine eminent politische Dimension hatte, wurden Ritter gewählt. Ritter, so muss der Gedankengang gewesen sein, konnten aus dem Kommando nicht für sich selbst politisches Kapital schlagen. Das Paradoxon der ritterlichen Gardepräfektur mit bald massivem Einfluss in einem senatorisch geprägten politischen Milieu sollte den Prinzipat prägen. Julias Verbannung war wahrscheinlich auch der Anlass, dass Tiberius 2 n. Chr. als Privatmann nach Rom zurückkehren durfte.

Scheitern der julischen Nachfolgerregelung

Sollten Gaius und Lucius Caesar den von Augustus definierten Anforderungen an einen *princeps* genügen, mussten sie Erfahrungen und Meriten in der Lenkung des Reichs erwerben. Diese Notwendigkeit setzte sie erheblichen Risiken aus. Kontingenzen prägten denn auch den weiteren Verlauf der Regierungsform Prinzipat. Wäre Augustus mit etwa sechzig Jahren gestorben, hätte dies für seine *res publica* zumindest eine große Zerreißprobe bedeutet. Stattdessen starb zunächst Lucius auf dem Weg nach Spanien 2 n. Chr. Gaius trat seinen Konsulat 1 n. Chr. mit zwanzig Jahren in Syrien an, also nicht in Rom. Grund waren neue Spannungen mit dem Nachbarreich der Parther, bei denen es um die Kontrolle des Königreichs Armenien zwischen Ostanatolien und dem Kaspischen Meer ging. Armenien sicherte die römische Ostfront, wurde aber vom parthischen Königshaus der Arsakiden als Einflussgebiet beansprucht. Gaius sollte Roms Position mit Militärmacht durchsetzen. Erreichen konnte er nichts Bemerkenswertes. Nach einer Verwundung soll er beabsichtigt haben, sich ins Privatleben zurückziehen. 4 n. Chr. starb auch er. Damit war die Nachfolgeregelung der letzten Anderthalbjahrzehnte hinfällig. Der Tod von Augustus versprach jedem Ambitionierten hohen Profit. Tiberius wurde daher rasch adoptiert und damit zu einem Iulius Caesar, erhielt die tribunizische Amtsgewalt für zehn Jahre und ein *imperium* in den Provinzen. Zudem musste Tiberius seinen Neffen Germanicus adoptieren, da Germanicus als Sohn der Nichte des Augustus noch einen gewissen julischen Blutsanspruch verkörperte. 13 n. Chr., als der Tod von Augustus mehr als nur eine Möglichkeit war, wurde Tiberius' *imperium* in den Provinzen dem des Augustus gleichgestellt. In Rom allerdings unterschieden sich die beiden Kommandogewalten, da Tiberius die Rechte, die Augustus 19 v. Chr. erhalten hatte, nicht übertragen wurden.

Dass aufgrund der Todesfälle in der *domus Augusta* Tiberius von Augustus zum Nachfolger in der Rolle als Entscheider aufgebaut wurde, hatte wegweisende Folgen für die Entwicklung der augusteischen Ordnung. Denn Tiberius entsprach den Kriterien, die Augustus Jahrzehnte zuvor für einen Princeps festgelegt hatte. Als zweifacher Konsul und erfolgreichster General seiner Zeit kannte er Rom und das Imperium wie kein Zweiter. Was der junge Gaius kaum hätte erreichen können, wurde mit Tiberius möglich: Der nach römischen Vorstellungen „Beste" übernahm das Steuerruder an Augustus' Seite. Trotzdem kehrte keine Ruhe in Rom ein.

Tiberius

Dafür gab es mehrere Gründe. Unter anderem wurde deutlich, dass die Finanzierung der Armee nicht auf einem stabilen Fundament ruhte. Die Dienstzeit der Legionäre wurde daher 5/6 n. Chr. auf de facto fünfundzwanzig Jahren verlängert. Für ihre Abfindungen mussten sodann neue Steuern eingeführt werden, die gerade auch in Italien erhoben wurden. Die Steuer von 5 % auf Erbschaften, von der nur kleine Vermögen und die nächsten Verwandten ausgenommen waren, stieß bei der Oberschicht auf massive Ablehnung. Auch in den gerade erst eroberten Gebieten wurden Steuern eingefordert oder bestehende Abgaben erhöht. Durch anscheinend von dieser Besteuerung mitinspirierten neuen Widerstand im Reich kam schließlich die militärische Expansion des Imperiums abrupt zu einem Ende. Tiberius zog bereits ein großes Heer zusammen, um im Bereich des heutigen Tschechien einen weiteren Vorstoß zu unternehmen, als die unterworfenen pannonischen und dalmatischen Kriegergesellschaften auf dem Westbalkan sich erneut gegen die römische Herrschaft erhoben und in Richtung der Provinz *Macedonia* und Italien marschierten. Der folgende Krieg wurde in der Nähe des imperialen Kernlandes ausgefochten. Zwangsrekrutierungen und Umwidmungen von Getreidevorräten waren die Folge. In Rom und Italien kam es zu Nahrungsmittelknappheit und Unruhen. Erneut machte Augustus von dem nunmehr etablierten Modell der ritterlichen Präfektur Gebrauch, um eine auch politisch eminent wichtige administrative Aufgabe besser in den Griff zu bekommen: die Kontrolle der Beschaffungswege für Lebensmittel im ganzen Reich. Der Transport vor allem, aber nicht nur von Getreide und damit die

Finanzierung der Armee

Bevorratung der Hauptstadt wurden ca. 8 n. Chr. einem ritterlichem *praefectus annonae* anvertraut. Schon zuvor hatte der Princeps die immer noch unzureichende Brandbekämpfung in der Stadt einem ritterlichen *praefectus vigilum* mit sieben Kohorten aus Freigelassenen übertragen. Die späteren Jahre von Augustus haben das institutionelle Gefüge des Prinzipates mehr geprägt als die berühmte Anfangsphase.

Unmittelbar nach der Niederschlagung des Freiheitskampfs östlich der Adria fielen der Oberkommandeur der germanischen Heere, P. Quinctilius Varus, und ein Großteil von drei Legionen dem Angriff eines Bündnisses rechtsrheinischer Kriegergemeinschaften um die Cherusker im Wesergebiet zum Opfer (9 n. Chr.). Diese Schlacht im *saltus Teutoburgiensis*, wie der kaiserzeitliche Historiograph Tacitus die Umgebung genannt hat, fand möglicherweise im heutigen Wiehengebirge bei Osnabrück statt. Germanien, ein römischer Begriff für eine heterogene Welt rechts des Rheins, hatte sich in den Jahren zuvor aus imperialer Perspektive wohl zufriedenstellend entwickelt. Erste Ansätze einer Provinzordnung waren entstanden. Ob „Provinz" in diesem Fall allerdings mehr bedeutet hat als die Anwesenheit römischer Amtsträger, ein Territorium mit gesetzlich fixierten Grenzen etwa, muss ungeklärt bleiben. Die Römer hatten seit Tiberius' Erfolgen einerseits Rohstoffe gewonnen, andererseits auch Zivilsiedlungen gefördert. Germanien schien stabil. Varus hatte daher begonnen, Abgaben zu erheben, die das Imperium in diesen Jahren dringend benötigte. Die praktische Erfahrung mit römischer Herrschaft hat fast überall noch einmal zu Widerstand geführt, jedoch selten mit Erfolg.

Der Verlust von drei Legionen unmittelbar nach den intensiven Kämpfen in Pannonien war für das Imperium eine Katastrophe. Die Wehrpflicht musste durchgesetzt werden. Tiberius stabilisierte die Rheingrenze. Eine sofortige Rückeroberung des rechtsrheinischen Territoriums war mit dem neuen, zum Teil unerfahrenen Heer wohl nicht praktikabel. Die Expansion des Imperiums seit 27 v. Chr. dürfte angesichts der römischen Werteorientierung eine der besten Begründungen für die Dauerherrschaft von Augustus gewesen sein. Der schwere Rückschlag in Germanien muss die Prinzipatsordnung destabilisiert haben. Wohl im Windschatten der militärischen Krise hat Augustus die Ehegesetze noch einmal modifiziert. Vor dem Hintergrund des Mangels an Soldaten und Offizieren setzte Augustus eine entsprechende *lex* (Gesetz) durch, die nach den antragstellenden Konsuln *Papia Poppaea* genannt wurde.

Zur krisenhaften Stimmung der letzten Jahre des ersten Princeps trug zudem bei, dass es schon vor der Varusschlacht zu Spannungen an einer der neuralgischen Stellen der Scheinrepublik gekommen war: innerhalb der Familie des Machthabers. Die Risiken durch frühe Todesfälle hatte Augustus dadurch abzumildern versucht, dass er stets mehrere jüngere Helfer förderte, mit der Folge einer gewissen Konkurrenz. Nun aber schien Tiberius eindeutig für die Nachfolge in der Rolle des Entscheiders bestimmt. Um Verwandte von Augustus' Tochter Julia scheint sich daraufhin ein Widerstandskern gebildet zu haben. Die tradierten Vorwürfe sind aber wieder nur moralischer Art. 8 n. Chr. folgte jedenfalls erneut eine „Säuberung" der *domus Augusta*, bei der unter anderem der junge nachgeborene Sohn Agrippas, Postumus, und die Augustus-Enkelin Julia verbannt wurden. Dass eine weitere Enkelin, Vipsania Agrippina, mit Germanicus verheiratet wurde, der als Nachfolger von Tiberius ausersehen war, sollte den Riss im Herrscherhaus wohl heilen, führte aber im Gegenteil zu einer dauerhaften Rivalität zwischen den beiden Familienzweigen, unter der die gesamte Regierung von Tiberius leiden sollte.

„Säuberung" der *domus Augusta*

2.6 Tiberius: die Verstetigung der kaiserlichen *res publica* im Zeichen innerer Konflikte

14 n. Chr. starb Augustus. 56 Jahre hatte er die Politik Roms mitbestimmt, 43 als einzelner Entscheider. Die Antwort auf die Frage, ob das Jahr 14 n. Chr. als eine wichtige Binnenschwelle in der Entwicklung der römischen politischen Ordnung zu werten ist, hängt von der gewählten Perspektive ab, aber auch von dem theoretischen Rüstzeug, mit dem die Untersuchung durchgeführt wird. Augustus hatte die Politik in Rom, aber auch die soziale Ordnung und deren kulturelle Medialisierung über Jahrzehnte geprägt. Von dieser Warte aus war sein Tod eine Zäsur. Doch hatte Tiberius seit 4 n. Chr. die Herrschaft seines Adoptivvaters umgesetzt und seit 13 n. Chr. ein dem augusteischen gleichgestelltes *imperium* in den Provinzen. Der die neuzeitliche Perspektive prägende Historiograph Cornelius Tacitus (ca. 55–ca. 120) setzt in seinem Spätwerk mit dem Jahr 14 n. Chr. ein: Erweckt diese Entscheidung fälschlich den Eindruck eines gro-

Jahr 14 n. Chr. als wichtige Binnenschwelle

ßen Bruchs? Dass Tacitus wie auch andere Historiographen den Fokus besonders auf die Charaktere der Entscheider legen, bereitet der Forschung seit jeher Interpretationsschwierigkeiten, ist aber kaum allein für den Eindruck einer Binnenschwelle im Jahr 14 n. Chr. verantwortlich. Gleich mehrere Merkmale des Prinzipats erhalten durch den Regierungswechsel Relief. Unmittelbar nach dem Tod des ersten Princeps meuterten die Legionen in Pannonien (im Umfeld von Ljubljana) und am Rhein. Neben den schlechten Dienstbedingungen scheint es vor allem um die Praxis gegangen zu sein, die Soldaten aus Kostengründen länger als vertraglich abgemacht bei den Standarten zu halten. Das Imperium konnte mit seinem Steuersystem, das die soziale Oberschicht nur in geringem Maße an den Kosten der Reichsbildung beteiligte, die Last der neuartigen Berufsarmee nur mit Mühe stemmen. Armeen konnten sich Gehör verschaffen. Die Rheinlegionen sollen dem Adoptivsohn des Tiberius, Germanicus, die Herrschaft über das Reich angetragen haben. Nur mit erheblichen Schwierigkeiten gelang es den beiden Söhnen des zweiten Princeps, Germanicus und dem natürlichen Sohn Drusus, diese Meutereien zu beenden. Aber das Problem zu hoher Armeekosten blieb ebenso bestehen wie das Risiko einer Erhebung der Truppen gegen den regierenden Oberbefehlshaber. Tiberius hatte sein Truppenkommando vor Augustus' Tod erhalten und mit Selbstverständlichkeit ausgeübt. Sollte die Ordnung des Imperiums stabil bleiben, durfte an der Einheitlichkeit dieses Kommandos kein Zweifel bestehen. Konkurrierende Ansprüche führten zurück in die Situation von 44 oder 32 v. Chr.

Zu den provinzialen Brandherden um die Armeen traten mit einer ganz anderen zeitlichen Dynamik die stadtrömischen Geschehnisse. Tiberius hatte der Vereidigung der Bevölkerung inklusive der hohen Amtsträger auf seine Person zugestimmt. Und doch scheint in Rom danach die Kommunikation zwischen den relevanten Politikern und Gruppen in einen Engpass geraten zu sein, den unsere Quellen nicht schlüssig erklären. Tiberius hat sich anscheinend geweigert, das Kompetenzbündel von Augustus im vollen Umfang zu übernehmen. Die Praxis, sich bei der Übernahme von Machtpositionen zurückhaltend zu zeigen, war schon etabliert. Ein kurzes Zögern des Tiberius hätte niemanden irritiert. Tiberius soll diese symbolische Geste jedoch aus Angst vor Germanicus und einer Neigung zur Heuchelei maßlos übertrieben haben. Solche moralisierenden Deutungen sind nicht hilfreich. Tiberius scheint sich in einem Dilemma befunden zu haben. Die Achtung vor seinem Adoptivvater schrieb vor, dessen Regierungspraxis fortzusetzen. In vielen Fragen hat Tiberius dies auch getan, wie etwa bei der Etablierung von neuen senatorischen Aufgabengebieten in Rom (*curae*), die das Leben in der chaotischen Großstadt in geordnete Bahnen lenken sollten. Mehrfach hat erst der zweite Princeps augusteische Ansätze verstetigt. Besonders auffällig ist die dauerhafte Kreation einer Stadtpräfektur mit Ordnungsaufgaben gegenüber der Masse der städtischen Bevölkerung, an der Augustus gescheitert war. Zu dem genannten Zweck wurden den Amtsträgern sogar drei schon existente Kohorten Soldaten zugewiesen (1500 Mann). Die Stadtpräfektur wurde sukzessive zu einem der wichtigsten Ämter in der Stadt wie auch im senatorischen Ranggefüge. Bei genuin politischen Fragen war dagegen weit weniger klar, was Augustus-Nachfolge bedeuten sollte. Augustus hatte über die Jahrzehnte in sehr unterschiedlicher Weise regiert. Erwartet wurde anscheinend, dass Tiberius nach Jahren gemeinsamer Herrschaft die zuletzt eingeübte, ganz auf die Entscheider zugeschnittene Politikform fortsetzen wollte. Aber wenn unsere Quellenberichte zutreffen, wollte der neue Princeps anfangs offenbar dem Augustus von 23 v. Chr. nacheifern und in der Stadt der sullanischen Verfahrensordnung wieder mehr Geltung verschaffen. Eine politische Bevorzugung des Senats zeigt sich auch in einer einschneidenden Reform: De facto wurde die Wahl der Magistrate ab 14 n. Chr. im Senat vorweggenommen. Die gleiche Haltung spiegelt sich schließlich bei der Besetzung einflussreicher Stellungen: Neben langjährigen Vertrauten scheinen vor allem Vertreter der alten Aristokratie zu Prominenz gekommen zu sein. Tiberius hat auch Aufsteiger gefördert, doch mussten sie oft ungewöhnlich lange Provinzkommanden übernehmen, um Karrieren zu begründen. Ambitionierte Neulinge können diese Entwicklung kaum begrüßt haben.

Stadtpräfektur

Der nun wieder unter veränderten Bedingungen ablaufende Aushandlungsprozess, was Prinzipat eigentlich meinen sollte, scheint aber auch die Arrivierten vor viele Herausforderungen gestellt zu haben. Die 17 n. Chr. ausbrechenden Kämpfe gegen indigene Gruppen, vor allem die sogenannten Musulamier unter einem gewissen Tacfarinas im heutigen Tunesien und Algerien, bieten Illustrationsmaterial. Sie wurden offenbar von den Prokonsuln der Provinz *Africa*, die die letzte nicht Legaten des Herrschers unterstehende Legion kommandierten, ohne große Energie geführt. Die

Bedeutungsverlust unabhängiger Kommanden von Prokonsuln

Tacfarinas

Musulamier hatten sich gegen die weitere römische Ausdehnung gewehrt, die ihr Land, aber vermutlich auch Wanderbewegungen mit Viehherden bedrohte. Auch nachdem Tiberius den Oberkommandierenden selbst ernannt und eine weitere Legion in die Region beordert hatte, verlief die Offensive eher schleppend. Erst 24 n. Chr. fiel nach Tacfarinas' Tod der Widerstand vor Ort in sich zusammen. Die Episode verdeutlicht vor allem Auswirkungen römischer Herrschaft auf lokale oder regionale Wirtschaftsformen, daneben aber, dass die Zeit unabhängiger Kommanden von Prokonsuln vorüber war. Sie konnten von Siegen nicht mehr profitieren. Als letzte wurde daher die angesprochene nordafrikanische *legio III Augusta* (ca. 39) einem kaiserlichen Legaten unterstellt.

Majestätsbeleidigung (maiestas laesa)

Im Umfeld des Tiberius aber dominierte zunächst die augusteische Aristokratie. Wer seinen Aufstieg forcieren wollte, hatte vor allem zwei Möglichkeiten. Zum einen konnte man sich einem der möglichen Nachfolger des schon älteren Tiberius anschließen. Zum anderen gab es den schon in der Republik häufig eingeschlagenen Weg der Konkurrentenklage, also einer Klage gegen einen Mitbewerber oder gegen dem Princeps unliebsame Personen, um sich dessen Unterstützung zu sichern. Unter Tiberius wurden unter Augustus ausgebildete Ansätze eines neuen Klagetypus zu einem der Kennzeichen der neuen Ordnung. Bereits in der Republik war gemeinwohlschädigendes Verhalten als Straftatbestand definiert gewesen (*crimen minutae maiestatis*). Da der Princeps zum wichtigsten Vertreter der Gemeinde geworden war, wurde dieser Klagegrund auf ihn übertragbar: Majestätsbeleidigung (*maiestas laesa*) wurde zum bevorzugten Vorwurf in innersenatorischen Konflikten. Der Tatbestand war nur vage definiert und wirkte strafverschärfend. Wichtig wurde daher die Frage, wie sich die Principes zu solchen Klagen durch Privatpersonen stellten.

Senat als Gerichtshof

Die ältere Forschung hatte die *maiestas*-Klagen zwar je nach dem eigenen Erfahrungshorizont unterschiedlich beurteilt, aber meistens die Aktivitäten der Ankläger den Herrschern angelastet, die noch vorhandene Freiheitsspuren aus der *res publica* des Prinzipats hätten auslöschen wollen. Kollektiv erschienen die Toten als Verteidiger einer aus der bürgerlichen Perspektive des 19. Jh. umgedeuteten Freiheit. Doch selbst die den Principes feindselig gegenüberstehenden Quellen verweisen darauf, dass diese Prozesse eine Eigendynamik entfalteten. Das Forschungsinteresse richtet sich daher mittlerweile eher auf die meist senatorischen Akteure in dieser rechtlich ausgetragenen Form der Politik. Sie stehen in doppelter Hinsicht im Fokus, denn seit der Spätzeit des Augustus wurde der Senat wachsend zum wichtigsten Gerichtshof für politisch relevante Prozesse, sodass nicht nur Senatoren Senatoren verklagten und verteidigten, sondern das Kollektiv auch über Standesgenossen richtete. Das hieß in der Regel, dass allen gut bekannte Mitsenatoren zur Verbannung oder zur Todesstrafe verurteilt wurden. Die Gruppe der Senatoren entrichtete daher aufgrund dieses Prozesswesens einen hohen Blutzoll und trug zugleich die Verantwortung für die Urteile. Die Themen Rache, Angst und Schuld nehmen entsprechend in den zeitgenössischen Werken großen Raum ein. Tiberius und seine Nachfolger haben trotz zeitweiliger Einschränkungen diese Form der Konkurrenz zugelassen. Zum Teil war sie Ausdruck einer senatorischen Freiheit, die nur durch verpönte Verbote hätte eingehegt werden können. Zum Teil mochte sie aber auch wirklich dem Sicherheitsbedürfnis der Principes entgegengekommen sein, die oft von unterschiedlichen Kräften in ihrer Rolle als Entscheider herausgefordert wurden und von denen kaum einer einen erwachsenen Sohn hatte, der nach augusteischen Maßstäben als Herrscher geeignet erschien.

Dass Anklagen und speziell Majestätsprozesse das Bild der Regierungszeit des Tiberius in solchem Ausmaß geprägt haben, ist eng mit der seit 23 n. Chr. ungeklärten Nachfolgefrage verknüpft. Auf Wunsch des Augustus hatte Tiberius den Sohn seines Bruders, Germanicus, adoptiert. Germanicus leitete die römischen Versuche am Rhein, Rache für die Niederlage des Varus zu nehmen und wohl auch die verlorenen Territorien zurückzuerobern. Offenbar wurden einige geräumte oder eroberte befestige Plätze wieder eingenommen und zum Teil wieder besetzt. Germanicus wird von den Quellen in den höchsten Tönen gelobt, zeichnete er sich doch durch den Mut aus, der Tiberius abhandengekommen zu sein schien. Doch selbst aus Tacitus' lobenden Schilderungen wird deutlich, dass dieser Mut nicht nur zu willkürlichen Gemetzeln an Germanen führte, sondern auch die römischen Truppen immer wieder in große Gefahr brachte. Hohe Verluste waren eine Folge, hohe Kosten eine andere. Es gibt Anzeichen, dass Tiberius die römischen Rückeroberungsbemühungen bereits 15 n. Chr. als zu riskant abbrechen wollte. Zu Beginn des Jahres 16 n. Chr. wurde diese Haltung eindeutig. Dass Germanicus die Angriffe zunächst trotzdem fortführte, scheint das Verhältnis von Vater und (Adoptiv-)Sohn belastet zu ha-

Germanicus am Rhein

Germanicus im Osten

ben. Mit Triumph und Konsulat nach Hause gelockt, erhielt Germanicus bald einen neuen Auftrag im Osten. Dort sollte er die Standardquerelen mit den Parthern wegen des Pufferkönigreichs Armenien lösen. Germanicus wurde durch seine Missionen zum ersten Diplomaten und General des Imperiums aufgebaut. Aber ein Senatsbeschluss aus dem Jahre 20 n. Chr. dokumentiert, dass Tiberius die Überlegenheit seines *imperium* gegenüber dem des Germanicus ausdrücklich fixieren ließ. Ob eine solche Regelung schon länger in den entsprechenden Beschlüssen stand oder eine Reaktion auf Germanicus' Handeln im Jahr 16 n. Chr. war, ist unklar.

Generationenlücke im Herrscherhaus

Germanicus war noch von Augustus als zukünftiger Princeps ausgewählt worden. Sowohl am Rhein als auch im Osten, in den er 17 n. Chr. aufbrach, hat er denn auch seine Eigenständigkeit unterstrichen, etwa durch einen formal nicht zulässigen Besuch in dem abgeschotteten Provinzbereich Ägypten. Tiberius soll dies im Senat moniert haben. Während die Germanicus-Familie in der Tradition der Julia-Gruppe offenbar eine offen monarchische Nachfolge anstrebte, scheint Tiberius darauf hingewiesen zu haben, dass eine politische Ordnung, die offiziell ohne Kaiser auskam, auch keinen Kaisersohn kannte. Als Germanicus kurz darauf inmitten von Kompetenzstreitigkeiten zwischen ihm und dem Tiberius-Vertrauten Cn. Calpurnius Piso, den der Princeps zum Gouverneur von *Syria* ernannt hatte, starb, nahm die Selbstdarstellung von Tiberius als getreuem Umsetzer der augusteischen Pläne erheblichen Schaden. Ostentative Trauer im ganzen Reich sollte diese Risse im Herrscherhaus verbergen. Der leibliche Sohn des Tiberius, Drusus, war zuvor nicht in gleicher Weise wie Germanicus herausgestellt worden. Er erhielt in der Folge 21 n. Chr. einen zweiten Konsulat und dann auch die Amtsgewalt eines Volkstribunen (*tribunicia potestas*). Doch starb 23 n. Chr. auch Drusus. Nun trat wieder die Konstellation der Jahre nach 12 v. Chr. ein. Ein alternder Princeps hatte keinen Sohn oder Enkel in dem Alter, das wenigstens die Fiktion zuließ, seine Leistungen rechtfertigten einen Prinzipat des augusteischen Typs. Tiberius' Stellung war gefährdet. Mit großem Geschick konnte er sich aber noch vierzehn weitere Jahre halten. Anders als unter Augustus wurde aber kein Zwischenglied in der Kette der regierungsfähigen Mitglieder der *domus Augusta* aufgebaut, das wie Tiberius vor 6 v. Chr. bei Ableben des Princeps die Herrschaft der Familie sichern konnte. Die destabilisierende Generationenlücke im Herrscherhaus blieb bestehen. Wie schon Augustus seit 2 v. Chr. stützte sich Tiberius verstärkt auf die Prätorianer, die kurz zuvor in einem Lager am Viminal wenig außerhalb der Stadtgrenze zusammengezogen worden waren. Zudem gab es nur noch einen Prätorianerpräfekten, den Ritter L. Aelius Seianus. Die Witwe des Germanicus, Vipsania Agrippina, scheint unter diesen Umständen in der Tradition ihrer Mutter, der Augustustochter Julia, ihre älteren Söhne, Nero (geb. 6 n. Chr.) und Drusus (geb. ca. 8 n. Chr.), als Nachfolger in den Vordergrund geschoben zu haben. Tiberius' leibliche Enkel, Zwillinge, von denen einer rasch starb, waren zu jung, als dass sie mit Erfolgsaussicht als Gegengewicht hätten aufgebaut werden können. In dieser Situation zog sich Tiberius 26 n. Chr. nach Kampanien und oft nach Capri zurück. Rom oder jedenfalls dessen inneren Stadtbereich hat er nicht mehr betreten. Sein Kommunikationschef wurde der Präfekt Seian, der als Ritter eigentlich keine Aussicht auf die Nachfolge hatte. Wie in einem Reagenzglas wurden in diesen Jahren Entwicklungen des hohen Prinzipats einmal in großem Tempo durchgespielt. Seian nahm aufgrund seiner Mittlerposition zwischen Capri und Rom bereits wie wesentlich später lebende Präfekten eine Rolle als erster Diener seines Herrn wahr.

L. Aelius Seianus

Für die Quellen sind die Ambitionen Seians die Triebkräfte für die folgenden Konflikte in der *domus Augusta*. Doch wurden Agrippina und ihre älteren Söhne auch in das inneraristokratische Spiel von konkurrenzgetriebenen Klagen hineingezogen. 29 n. Chr. wurden Agrippina und Nero schließlich mit nicht ganz klarer Begründung von Tiberius angeklagt. Gegen Widerstand in den eigenen Reihen erklärte der Senat erst Nero, ein Jahr später dann auch Drusus zu Feinden der *res publica*. Alle drei wurden in unterschiedlicher Form interniert. Prominente Freunde des Tiberius müssen hier die Führung übernommen haben. Nero starb bereits 30 n. Chr., Agrippina und Drusus 33 n. Chr. Seian wurde, obwohl er keine senatorische Karriere durchlaufen hatte, durch die normative Kraft des Faktischen Anwärter auf die Princepsrolle, wie sein Konsulat 31 n. Chr. verdeutlicht. Mithilfe des nachgewählten Konsuls (*consul suffectus*) P. Memmius Regulus ließ Tiberius jedoch auch ihn beseitigen. Drusus und Agrippina blieben trotz Seians Sturz verbannt bzw. in Haft. Nach 31 n. Chr. gab es keinen offensichtlichen Nachfolger mehr. Tiberius' Enkel Gemellus war erst elf oder zwölf Jahre alt. Tiberius hat daher seit 30 n. Chr. den jüngsten Sohn des Germanicus, Gaius, zu sich nach Capri beordert. Für den vierten Gaius unter den Juliern seit dem Diktator hat sich der Spitzname Caligula,

dynastische Katastrophen

Caligula

Soldatenstiefelchen, durchgesetzt. Caligula nach dem Sturz seiner Brüder als zukünftigen Princeps ins Auge zu fassen, bedeutete, die Konflikte, die um die Nachfolge seiner Familie ausgetragen worden waren, auf Dauer zu stellen, eine Weichenstellung hin zu einer dynastischen Katastrophe. Dieses Vorgehen entsprach aber der augusteischen Familienpolitik.

die julische Familienherrschaft

Und diese Konstellation scheint sich in Tiberius' Haltung widerzuspiegeln. Denn Caligula und Gemellus wurden zwar privatrechtlich seine Erben. Eindeutig, etwa durch ein entsprechendes *imperium*, zum *princeps* aufgebaut wurde Caligula aber nicht. 37 n. Chr. hatte er aufgrund seiner Jugend und eines Privilegs nur das niedrigste senatorische Amt, die Quaestur, bekleidet. Die augusteische Fiktion eines Prinzipats des Bestqualifizierten kollabierte unter dem Zwang, die julische Familienherrschaft aufrechtzuerhalten. Die Hypothek, die Tiberius der Nachwelt mit seiner Nachfolgepolitik auferlegte, erwies sich als zu schwer. Viele Mitglieder der römischen Aristokratie waren nach Augustus' Kriterien besser qualifiziert, Oberbefehlshaber der Armee zu werden, als Caligula. Einige von ihnen waren auch mit Augustus verwandt. Doch muss die neue Aufgabe nicht nur für Caligula eine große Bürde gewesen sein. Viele Senatoren wurden von Tiberius vor eine unmögliche Situation gestellt. Sie hatten sich dem Wunsch des Herrschers gebeugt und die Familie des Germanicus verurteilt. Nun Caligula als Machthaber vorgesetzt zu bekommen, war mehr als ein Affront. Dass beide Seiten an dem Aufbau eines guten Verhältnisses scheiterten, kann nicht überraschen. 37 n. Chr., als Tiberius starb, hatte Caligula jedoch die städtischen Truppen hinter sich. Auch gab es sicher noch Senatoren, die in den vorhergehenden Auseinandersetzungen die Julia- bzw. Agrippina-Fraktion unterstützt hatten oder einfach nicht kompromittiert waren und sich von dem neuen Princeps Förderung erhofften. Caligula erhielt jedenfalls offenbar rasch und wohl mit einer einzelnen Verfügung alle wesentlichen Rechte übertragen, die Augustus und Tiberius über die Jahre angesammelt hatten. Damals könnte im Kern jenes Sammelgesetz entstanden sein, das wir in Teilen inschriftlich für das Jahr 69 n. Chr. erhalten haben, die sogenannte *lex de imperio*.

3 Versuche einer Monarchisierung: unerfahrene Principes und ihre Prägewirkung

3.1 Caligula und die Etablierung des Herrschermordes

Mit dem Tod des Tiberius trat der römische Prinzipat in eine neue Phase, die ebenso starke Nachwirkungen zeitigen sollte wie die augusteische Zeit. Die Regierungszeiten der beiden ersten Principes hatten trotz vieler Wendungen nach dem Ende der Bürgerkriege mit zu siebzig Jahren politischer, wirtschaftlicher und sozialer Stabilität für Italien und Teile des Reichs beigetragen. Bewirkt hatten diese langen Herrschaftszeiten auch, dass die Notwendigkeit des von Augustus begründeten einheitlichen Kommandos über die gesamte oder fast die ganze Armee, das mit Steuerungsaufgaben in Rom gekoppelt war, von den politisch relevanten Gruppen weitgehend akzeptiert wurde. Es ist diese Verbindung, die wir Kaiserherrschaft nennen. Auf Augustus und Tiberius folgten unerfahrene Principes, mit denen eine neue politische Instabilität Einzug hielt, die bis zum Ende des Jahrhunderts anhalten und die soziopolitische Ordnung prägen sollte. Caligulas Katastrophe führte denn auch noch einmal zu einer kurzen Herausforderung des Prinzipats, doch hat der Grundkonsens, dass das Kommando über die Truppen bei einer Person liegen musste, diese Episode im Wesentlichen unbeschadet überdauert. Der Aushandlungsprozess über das Ausmaß der innerstädtischen Leitungskompetenzen des Princeps hielt dagegen länger an. Nachhaltiger hat gewirkt, dass nach Tiberius oft keine Einigkeit mehr darüber erreicht werden konnte, wer die Rolle als Entscheider ausfüllen sollte. Augustus hatte die Alleinherrschaft in Rom mit seinen an römischen Normenvorstellungen orientierten Leistungen begründet. Gaius war 37 n. Chr. vierundzwanzig Jahre alt, und seine einzige Qualifikation bestand in seiner Herkunft. Über seine Großmutter war er ein Nachfahr des Triumvir M. Antonius, vor allem aber in dem Familienkomplex verankert, den Augustus zum Herrscherhaus (*domus Augusta*) geformt hatte. Gaius erbte das immense Vermögen seiner Kunst-Familie und war damit 37 n. Chr. der einzige erfolgversprechende Kandidat für den Prinzipat, zumal der Gardepräfekt Macro zu ihm stand. Als Sohn der Agrippina stand er dabei fest in der Tradition jenes Zweiges, der oftmals mit dem Stiefsohn des ersten Princeps Tiberius konkurriert

<small>neue politische Instabilität</small>

<small>Leistungen</small>

<small>Herkunft</small>

hatte. Tiberius' Enkel Gemellus adoptierte Gaius zwar, schob ihn aber ansonsten zur Seite. Da er bisher nichts erreicht hatte, was ihn als einen Princeps ausweisen konnte, musste er möglichst rasch Leistungen nachliefern, wollte er verhindern, dass andere ihre Hand nach der Herrschaft ausstreckten. Wie viel Zeit er dazu hatte, war unklar.

ererbte Feindschaften — Als eine zweite massive Hypothek trat hinzu, dass führende Senatoren der tiberischen Zeit die Urteile gegen Gaius' Brüder und seine Mutter zumindest mitbestätigt, wenn nicht gefällt hatten. Nach den Werten der römischen Aristokratie war Gaius zur Rache verpflichtet. Augustus hatte nach 27 v. Chr. einen Herrschaftsstil begründet, der an die Traditionen der Republik angeknüpft hatte. Daher verwendete er als Princeps in offiziellen Kontexten die Rechtssprache, derer sich Senat und Magistrate bedienten, um Meinungen und Anordnungen zu formulieren. Sie war eindeutig. Im persönlichen Umgang hatte sich dagegen als Standard eingespielt, dass die bestehende Asymmetrie zwischen Princeps und Senatoren etwa bei den für den wechselseitigen Austausch wichtigen Morgenempfängen und Gastmählern nicht betont werden sollte. Schon die Umgangsformen unter Augustus und Tiberius sind daher als „doppelbödig" charakterisiert worden. Wirklich störungsanfällig wurde diese Form der Kommunikation aber erst 37 n. Chr., da alle Mitglieder der Oberschicht wussten, dass Gaius die Stellung als Princeps faktisch privatrechtlich geerbt hatte und viele Senatoren nach römischen Normen eigentlich mit ihm verfeindet waren.

„Caesarenwahnsinn" — Bei den Herrschern von Gaius bis Nero lässt sich herausarbeiten, wie unsere literarischen Quellen die vorhandenen Informationen einem einzelnen Hauptmotiv unterordnen und dadurch einen suggestiven Plot kreieren, der schwer zu hinterfragen ist. Das Motiv für „Caligulas" Prinzipat ist ungehemmte Grausamkeit in Wort und Tat. Sie habe dazu geführt, dass kein Mensch und vor allem kein Mitglied der höheren Stände sich hätte sicher fühlen können. Hinzu treten Sprunghaftigkeit und eine völlige Selbstüberhebung. In der Neuzeit ist Caligulas Herrschaftsinterpretation deswegen öfter unter dem Stichwort „Caesarenwahnsinn" verhandelt worden. Kritiker der Monarchie oder eines Monarchen konnten die feindselige Darstellung Caligulas nutzen, um vor den Auswirkungen von zu viel Macht zu warnen. Schon der in den oft deutlich nach Caligulas Tod verfassten Quellen gelegentlich ausgemachte Wahnsinn des Princeps stellt jedoch keine medizinische Diagnose im engeren Sinn

dar. Das genutzte Wortfeld bezeichnet eher das, was man heute Nonkonformität nennen würde: Gaius soll aus der dominierenden Rückschau alle Normen gebrochen haben. Die seelische Gesundheit eines vor fast 2000 Jahren Verstorbenen durch den Filter feindseliger Beschreibungen hindurch analysieren zu wollen, ist zudem offensichtlich unmöglich. Die heutige Forschung hat daher den Versuch einer psychopathologischen Auslegung von Caligulas Handlungen aufgegeben. Aus diesem richtigen Vorgehen entstehen gleichwohl neue Probleme. Entweder müssen die tradierten, konfus wirkenden Aktivitäten Caligulas umgedeutet werden, um sie konsistent wirken zu lassen. Die Vorstellung einer einheitlichen und rekonstruierbaren Persönlichkeit, aus der heraus Handlungsmotive abgeleitet werden können, lehnt die Forschung aber mehrheitlich ebenfalls ab. Alternativ muss auf die Interpretation der Gaius-Jahre ganz verzichtet und die Rückschau auf ihn nur um ihrer selbst willen, als Zeitzeugnis für die Jahre ihrer Entstehung, untersucht werden. Dieser Weg kann methodisch abgesichert werden, schränkt unsere Erkenntnismöglichkeiten aber stark ein.

Zu dem antiken Caligula-Plot gehören wie auch bei den folgenden Principes ein oder mehrere Wendepunkte. Der junge Herrscher sei erst begeistert aufgenommen worden. Solche kollektivpsychologischen Aussagen sind schwer zu überprüfen. Doch hatte sich Tiberius lange fern von Rom aufgehalten und seine Abneigung gegen die römische Spielekultur kaum verborgen. Zudem hatte er aus den augusteischen Krisen die Schlussfolgerung gezogen, das Imperium brauche finanzielle Reserven. Seine Verweigerung, Geld auszugeben, hatte 33 n. Chr. wohl zu einer Kreditkrise beigetragen, deren andere Ursachen aber umstritten bleiben. So mochte die Bevölkerung Roms jenseits der schmalen Schicht der Elite durchaus Gründe gehabt haben, dem freigiebigen jungen Caesar aus dem nach den Quellen beliebten Haus des Germanicus zuzujubeln.

der Caligula-Plot

Die ersten tradierten Regierungsakte verblieben denn auch im Rahmen des Erwartbaren. Regionen unter römischem Einfluss wurden im Stile des M. Antonius Königen unterstellt, so kleinere Fürstentümer bei Judäa dem Agrippa I. aus dem Haus Herodes' des Großen. Überhaupt umgab sich Caligula wie schon Augustus mit in Rom weilenden Monarchen und betonte damit seine Stellung als eine Art König der Könige. In die gleiche Richtung einer stärker monarchischen Konzeption des Prinzipats verweist die Überhöhung seiner Familie, speziell seiner Schwester Drusilla, die nach ihrem

eine stärker monarchische Konzeption des Prinzipats

Tod 38 n. Chr. göttliche Ehren erhielt. In der Hohen Kaiserzeit gehörte diese Herausstellung der kaiserlichen Frauen zum Standard, im Frühen Prinzipat war sie noch ungewöhnlich. Sie eröffnete zugleich den senatorischen Ehemännern der Schwestern Einflussoptionen. Ein erster Bruch zwischen dem Princeps und seinem Umfeld soll während einer längeren Krankheit Caligulas eingetreten sein, die die Frage nach möglichen Nachfolgern aufwarf. Der Adoptivsohn Gemellus war der offensichtliche Kandidat und wurde daher offenbar auch in Gaius' engerem Umfeld als Alternative gehandelt. Keiner der Beteiligten überlebte diese durchaus nachvollziehbare Suche nach einem Plan B. Der Präfekt Macro und der engste senatorische Berater des jungen Herrschers wurden ebenso zum Selbstmord gezwungen wie Gemellus. Die Quellen verzeichnen diese Bluttat noch mit pragmatischem Realismus, aber von nun an war Caligula ohne Erben und dadurch angreifbarer.

Einen anderen Ansatz, eine Zäsur im Leben des jungen Herrschers auszumachen, unternimmt das späteste erhaltene längere Narrativ, Cassius Dios Römische Geschichte aus dem 3. Jh. n. Chr. zu Beginn des Jahres 39. Damals sei es zur Hinrichtung von „Ersten", also Vornehmen, gekommen. Dio kann die angeblich zahlreichen Hinrichtungen jedoch nicht mit Namen hinterlegen. Anscheinend sind hier weniger wichtige Vorgänge im Lichte der späteren Ereignisse aufgebauscht worden. Der einzige konkrete Hinweis in diesem vagen Bericht besteht darin, dass alte Klagen wiederaufgegriffen worden seien. Wenn diese Bemerkung zutreffend ist, wird man an Prozesse gegen Senatoren nach dem Sturz des Gardepräfekten Seian 31 n. Chr. zu denken haben. Sie waren in den letzten Jahren des alten Tiberius, der selbst für den Aufstieg Seians verantwortlich gewesen war, nicht mit Nachdruck verfolgt worden. Dies könnte die folgende Krise erklären. Dio lässt Caligula im gleichen Jahr wegen der Verurteilungen seiner Brüder und Mutter, für die der Name Seian stand, die offene Auseinandersetzung mit dem Senat suchen. Typisch ist, dass der Senat in solchen Darstellungen als Kollektivopfer erscheint. Dies ist eine aristokratische Erzählstrategie, denn das Gremium bestand zu allen Zeiten aus einer heterogenen Mitgliedschaft. Gaius soll ganz offen auf die Beziehungen führender Männer zu Seian eingegangen sein, denen er damit die Verantwortung für den Tod seiner Brüder und Mutter zuschob. Diese Rede kennt auch der im frühen 2. Jh. schreibende Biograph Sueton. An ihrer Authentizität ist kaum zu zweifeln. Der waffenlose Senat wie

offene Auseinandersetzung mit dem Senat

auch die angesprochenen Senatoren konnten nur bittend und mäßigend auf den Princeps einwirken. So entstand eine politische Kultur der offenen Lüge.

Dass Gaius unprovoziert diesen Konflikt suchte, ist möglich, wäre aber überraschend. Es mag daher sein, dass Dio an der zitierten Stelle vorgreift. Denn das wichtigste Ereignis des Jahres 39 n. Chr. muss der Versuch gewesen sein, den Princeps mit Gewalt zu beseitigen. Gaius hatte sein Prestige und seine Leistungsbilanz auf die erprobte Art zu heben versucht, indem er, der Sohn des verhinderten Eroberers Germaniens, Germanicus, einen großen Krieg gegen Germanen vorbereitete. Die geplante Kampagne ist unter dem Hohn der Berichterstatter verschüttet, die nur Gaius' Versagen als Imperator herausstellen wollen, um dem Verhassten gerade diese Kernkompetenz eines Princeps abzusprechen. Doch wurde der Feldzug, dessen Vorbereitung schon erhebliche Mittel verschlungen haben dürfte, durch ein bisher unerhörtes Ereignis zur Nebensache. In einer der Schlüsselregionen für den geplanten Krieg und die Stabilität Roms, in dem Militärbezirk Obergermanien mit dem Hauptort Mainz, hatte der kaiserliche Legat (Statthalter), Cn. Lentulus Gaetulicus, sich durch eine lange Dienstzeit eine starke Stellung aufgebaut. Er kommandierte eine große Truppenmacht, die sich rasch nach Italien in Marsch setzen ließ. Anscheinend hatte Gaetulicus den Plan gefasst, diese Machtmittel gegen Gaius zu nutzen. Der Princeps sollte diese obergermanische Verschwörung zudem mit seinem engsten Mitarbeiter, dem ehemaligen Mann seiner Schwester Drusilla und seinem wahrscheinlichsten Nachfolger, M. Aemilius Lepidus, in Verbindung bringen. Auch seine Schwestern Agrippina und Livilla ließ Caligula verbannen. Wenn seine Vermutungen zutreffend waren, hatte er sich in großer Gefahr befunden. Lepidus hatte durch den Tod der Drusilla seine enge Beziehung zur Herrscherfamilie verloren. Politische oder militärische Erfahrungen hatte er allerdings auch noch nicht sammeln können. Wie Caligula qualifizierte ihn nur seine (altadelige) Abstammung für die Rolle als Entscheider. Gaetulicus hatte dagegen in verwandtschaftlicher Verbindung zu Seian gestanden. Dass er einen Präventivschlag gegen Gaius führen wollte, wäre zumindest einleuchtend. Aber Caligula eilte nach Norden und konnte Gaetulicus ebenso wie Lepidus rasch beseitigen. Aus der Rückschau würde es stimmiger wirken, wenn er erst nach seiner Rückkehr vom Rhein und von seinem Aufenthalt in Gallien (Frankreich) die Auseinandersetzung mit jenen

eine politische Kultur der offenen Lüge

Verschwörung in Obergermanien

Krieg gegen Germanen

Senatoren gesucht hätte, die er für den Untergang seiner Familie verantwortlich machte. Dafür geben die Quellen jedoch keine Anhaltspunkte. Größere Feldzüge kamen unter den geschilderten Umständen nicht mehr zustande. Caligula begnügte sich mit Machtdemonstrationen. Statt neuem Prestige waren nur finanzielle Verluste zu verzeichnen.

Verhöhnungen von Senatoren und Rittern

Wie viele Senatoren sich von Caligula bedroht fühlten, wissen wir nicht. Solange Gaius an der Spitze der Rheinarmee stand, war Widerstand gegen ihn jedenfalls hoffnungslos. Mithilfe der Organisation der Armee konnte er von Gallien aus regieren. Erst Ende August 40 n. kam Gaius wieder nach Rom. Viele der überlieferten spektakulären Verhöhnungen von Senatoren und Rittern müssen in die folgenden, letzten Monate seines Lebens gefallen sein. Da das Verhältnis zu Teilen der soziopolitischen Eliten gestört war, setzte Gaius auch auf die von Augustus in seiner Spätzeit verstärkt verwendeten Mittel, sich selbst als unersetzbar darzustellen. Er ging darin aber offenbar deutlich weiter als der erste Princeps. Berichtet werden ohne Zeitangaben deutliche Tendenzen zu einer Selbstvergöttlichung. Der Herrscher betonte mit seiner Prachtentfaltung zudem die Distanz zu den Senatoren. Als Vertraute werden neben seiner Frau Milonia Caesonia vor allem Freigelassene genannt. Aber sie erscheinen eben als persönliche Vertraute. Einen alternativen Regierungsapparat gab es nicht, und wenn Gaius erste Schritte ge-

höfische Machtstrukturen?

gangen ist, neue, höfische Machtstrukturen aufzubauen, so blieben es eben erste Schritte. Die gegen die Senatoren gerichteten Maßnahmen sind als gezielte und vom Standpunkt Caligulas aus sinnvolle Entehrungen der Aristokratie gedeutet worden, die einer anderen Herrschaftsform den Weg ebnen sollten. Die Spannungen zwischen dem Princeps und den erfahrenen Administratoren und Offizieren aus dem ersten Stand ließen sich so aber zumindest kurzfristig nicht auflösen. Die Ausweglosigkeit der entstandenen Lage bot Stoff für die Interpretation der Geschehnisse als Kontrollverlust eines unvorbereiteten Herrschers. Erneut bildete sich eine Verschwörung. Dass sie weitverzweigt gewesen sein soll und erfolgreich war, erscheint angesichts Caligulas Radikalität folgerichtig. Doch ist dies wiederum eine Retrospektive, die nicht die Konstellation des Januars 41 n. Chr. widerspiegeln muss. Eine durchdachte Zukunftsplanung der Verschwörer wird zumindest nicht erkennbar. Die Beteiligung von Tribunen der Garde erhöhte die Gefahr für den Herrscher jedoch erheblich und war für den Erfolg des Attentats entscheidend.

3.2 Das Haus des Princeps als zweites Zentrum: Claudius

3.2.1 Claudius' Politik in und für Rom: das Verhältnis von *res publica* und Palast

Nach der Tat herrschten chaotische Umstände in der Stadt. Für das Weltbild der Senatsaristokratie ist es höchst aufschlussreich, dass sich eine Gruppe unter den Konsuln auf dem Kapitol zusammenfand, um nach einem lange vor der Etablierung des Prinzipats entstandenen Regelwerk die Geschäfte der *res publica* zu übernehmen, also etwa das Geld in den zentralen Kassen an sich zu ziehen. Auch in diesem Fall bedeutet das Scheitern dieses Unternehmens nicht, dass es hatte scheitern müssen oder dass die Vorstellung einer kaiserlosen *res publica* keine Anhänger hatte. Allerdings erwies sich erwartungsgemäß die Garde als großes Hindernis für alle Hoffnungen, die Familie der Caesaren durch eine Gruppe von prominenten Senatoren zu ersetzen. Sie hatte keine ernsthafte militärische Konkurrenz in der Stadt und ohne Herrscher keine Daseinsberechtigung. Dass die Prätorianer den ehemaligen Konsul Ti. Claudius, Bruder des Germanicus und Onkel des Gaius, als Kandidaten in ihr Lager holten und letztlich gegen verspätete Gegenvorschläge aus der Gruppe der Senatoren auf dem Kapitol durchsetzten, erscheint auf den ersten Blick einleuchtend, folgte aber einer dynastischen Logik, die sich mit dem Prinzipat, der 27 oder 23 v. Chr. konzipiert worden war, nicht zur Deckung bringen ließ. Dass Claudius *imperium* und tribunizische Amtsgewalt der Familiengarde der Caesaren verdankte, hat er in der Folge sogar auf seiner Münzprägung anerkannt. Sie erhielt eine hohe Zusatzzahlung für ihren Einsatz. Dabei war Claudius nicht einmal ein Julier. Die moderne Rezeption hat diesen sich länger abzeichnenden Wechsel, durch den zunächst über Adoptionen und dann ohne diesen Umweg die Familie der Claudier in das Zentrum der *domus Augusta* trat, durch das Kunstwort einer julisch-claudischen Dynastie wiederzugeben versucht. In den Quellen finden sich eher Reflexe dieser Veränderung als direkte Kommentare. Die Claudius-Regierung hat den fehlenden Bezug zu den Juliern wohl als Schwäche gesehen und stellte besonders den verstorbenen

_{dynastische Logik}

_{julisch-claudische Dynastie}

Bruder Germanicus heraus, der postum zum Bindeglied der unterschiedlichen Teile der *domus Augusta* wurde.

Claudius' Aufstieg zum Prinzipat

Wie bei Gaius komponieren die Quellen auch bei Claudius die Biographie um Zäsuren herum, aus denen der Aufstieg zum Princeps deutlich hervorragt. Claudius hatte bei der Geburt eine Behinderung davongetragen und war von der Familie von bedeutenden Ämtern ausgeschlossen worden. Gaius hatte in seinem Bemühen, seinen Prinzipat als eine Familienherrschaft des Germanicus-Zweigs zu präsentieren, Claudius in die Öffentlichkeit geholt und ihm 37 n. Chr. einen Konsulat zuerkannt. Dennoch sei er stetig Gegenstand des kaiserlichen Hohnes gewesen. Während die Schilderung von Claudius' Leben bis 37 in ihrer widerlichen Verachtung von gehandicapten Menschen die zeitgenössische Diskriminierungspraxis in realistischer Weise widerspiegelt, wirkt die Darstellung der Gaius-Jahre konstruierter. Alle narrativen Quellen deuten die Entscheidung der Prätorianer für Claudius als skandalöse Überraschung. Hinter diese Fassade können wir nicht mehr blicken.

Bindung der Prätorianer und Legionen an den Entscheider

Die Ergebnisse der Krise vom 24./25. Januar wurden in jedem Fall nicht von allen maßgeblichen Kreisen akzeptiert. Claudius war nach den augusteischen Standards für den Prinzipat noch weniger geeignet als Gaius. Zudem musste er allen, die mit Caligula und der Germanicus-Linie der *domus Augusta* in Konflikt geraten waren, als Kontinuitätsversprechen erscheinen. Der Januar 41 hatte denn auch noch ein Nachspiel. Ein Jahr nach diesen Ereignissen wiederholte sich das Szenario der Lepidus-Gaetulicus-Verschwörung. Mitglieder der senatorischen Elite, die in den späteren Jahren des Tiberius prominent gewesen waren und die latente Feindschaft der Germanicus-Familie fürchten mussten, wandten sich an Truppen, um Claudius zu beseitigen. Wiederum blieben die Soldaten, diesmal in der romnahen Provinz *Dalmatia* (in etwa im heutigen Kroatien und angrenzenden Gebieten) den Caesaren treu, sodass auch dieser Versuch, einen Princeps mit militärischen Mitteln zu stürzen, rasch kollabierte. Durch die Krisen von 41/42 wurde ein Sachverhalt vor aller Augen paradiert, der schon zuvor ein offenes Geheimnis gewesen sein muss: Der Prinzipat beruhte in erster Linie auf der Bindung der Prätorianer und Legionen an den Entscheider aus der *domus Augusta*. Die Soldaten waren dem Haus des Augustus verpflichtet, zu dem Claudius gehörte, auch wenn er kein Julier war. Die Abrechnung blieb noch zurückhaltend, und doch muss spätestens jetzt klar gewesen sein, dass das Verhältnis von Herrscher und Elite problematisch bleiben würde. Am Ende soll Claudius für den Tod von 35 Senatoren und mehr als 300 Rittern verantwortlich gewesen sein. Bei wem jeweils die Initiative zu den Gewaltentladungen lag, kann auf der Basis unserer Quellen nicht geklärt werden.

Auch an Claudius' mentaler Eignung für eine verantwortungsvolle Aufgabe haben feindselige Berichterstatter meist späterer Generationen Zweifel geäußert. Seine Unzurechnungsfähigkeit soll sich in seiner nicht sozial priorisierenden Beeinflussbarkeit gezeigt haben. Claudius hatte 41 n. Chr. kein großes Netzwerk senatorischer Freunde. So gewann wie unter Gaius das persönliche Umfeld an Bedeutung, besonders seine Frauen, Valeria Messalina und Agrippina die Jüngere. Messalina und Agrippina wurden von der sich angegriffen fühlenden Männerwelt mit unterschiedlichen Stereotypen gezeichnet, die eine als emotionsgetrieben, die andere als machtbesessen. Da die wiederhergestellte Republik offiziell keinen Kaiser kannte, konnte es noch weniger eine Kaiserin geben. Doch übte die Frau des Princeps gleichwohl in offensichtlicher Form Einfluss aus, auf den Herrscher und seine Freunde, aber mit Stiftungen, Geschenken und eventuell priesterlichen Funktionen auch darüber hinaus. Dies galt als fragwürdig, weil Imperatoren an Männlichkeitsidealen vermessen wurden.

Männlichkeitsideale

Durch den Bedeutungszuwachs des persönlichen Umfelds des Princeps wurde unter Claudius zudem eine weitere Facette der Prinzipatsherrschaft sichtbarer, die nach den augusteischen Vorgaben hätte verborgen bleiben sollen. Augustus hatte wie republikanische Große für sein komplexes Aufgabenprofil ein bunt zusammengesetztes Personal herangezogen. Einen wichtigen Platz nahmen die Sklaven (*servi*) und Freigelassenen (*liberti*) des Princeps ein, die wir mit einer modernen Wortschöpfung *familia Caesaris* nennen. Sie dienten der persönlichen Aufwartung und Prachtentfaltung des Princeps ebenso wie zentralen Aktivitäten der Herrschaftskontrolle, wie etwa der Zusammenstellung der komplizierten Finanzströme, die die Herrscherrolle bündelte. Da Augustus bei seinem Tod entsprechende Dokumente zurückließ und die Freigelassenen benannte, die sie abgefasst hatten, muss der Umstand, dass es ein solches Finanzsekretariat gab, bekannt gewesen sein. Aber weder er noch Tiberius hatten den institutionellen Einfluss solcher sozial deklassierten Personen hervortreten lassen. Unter der Claudius-Regierung änderte sich dies, weil der anders sozialisierte Herrscher aus den Gegebenheiten keinen Hehl machte. Mittelfristig trug die Offenle-

familia Caesaris

gung von kaisernahen Einflusschancen dazu bei, dass solche Positionen aufgewertet und zusätzlich auch mit Rittern besetzt wurden. Claudius' Vergabe von senatorischen Rangprädikaten an Freigelassene galt jedoch als übereilte Übertreibung. Claudius ließ auch sonst seine Palastanlage auf dem Palatin so klar als Machtzentrum hervortreten, wie es danach kaum je wieder bezeugt ist. Er führte dort auch Prozesse, sodass Senatoren von Verhören und Hinrichtungen von Standesgenossen zur gleichen Zeit erfuhren. Diese Praxis hat das Verhältnis des Princeps zur Oberschicht über seinen Tod hinaus belastet.

die starke Stellung von Claudius' Frauen und Freigelassenen

Die ältere Forschung hat aus den Berichten über die starke Stellung von Claudius' Frauen und Freigelassenen auf strukturelle Veränderungen in der Prinzipatsordnung geschlossen. Diese Thesen sind jedoch aufgegeben worden. Die vorgeblich allmächtigen Frauen eines als schwach porträtierten Princeps konnten nach den erhaltenen Darstellungen gleichwohl nicht ohne ihren oder doch einen Mann tätig werden, sodass die Kritik an Messalina und Agrippina mehr auf Sorgen und Ideale der Männerwelt verweist, als dass sie nachhaltige Verschiebungen in der Machtarchitektur zur Grundlage gehabt hätte. Auch die Freigelassenen haben, soweit wir erkennen können, nur informellen Einfluss auf den Herrscher ausgeübt, indem sie Claudius bspw. bei der Diskussion von Fragen berieten, die sonst senatorischen und ritterlichen Freunden etwa im kaiserlichen Rat (*consilium*) vorgelegt wurden. Eine neue Struktur der in der Zentrale angesiedelten Positionen ist nicht belegt. Politik vollzog sich auch weiterhin im Wechselspiel zwischen dem Princeps, den im Senat zusammengefassten aristokratischen Familien und den gerade aktiven hohen Amtsträgern. Es liegen zum Beispiel aus der Zeit des Claudius viele wegweisende Senatsbeschlüsse zu zivilrechtlichen Problemen vor, die anzeigen, dass diese Art der Beschlussfassung mit eigentlich nur beratendem Charakter langsam die Bedeutung von Volksgesetzen annahm.

consilium

Hafen bei Ostia

Wegweisend wurden auch die konstanten Bemühungen der Claudius-Regierung um die Getreideversorgung Roms. Dazu zählten rechtliche Privilegien für Händler und Handelskorporationen. Wichtiger noch wurden die Ausschachtungsarbeiten für einen neuen Hafen bei Ostia, wo über zwanzig Jahre hinweg die imperiale Infrastruktur geschaffen wurde, die für die Millionenstadt Rom notwendig war. Ein innerer und ein äußerer neuer Hafen entstanden, die zwar die Risiken der Belieferung Roms mit Getreide aus dem römischen *Africa* und Ägypten nicht beseitigen, aber gemeinsam mit *Puteoli*/Pozzuoli doch vermindern konnten. Ostia und der Hafen bildeten eine blühende Gemeinde im Schatten Roms, über die wir archäologisch und inschriftlich sehr gut informiert sind. Deutlich wird etwa, wie viele Einzelpersonen in der Folge in die Versorgung Roms eingebunden waren und von ihr profitieren konnten. Gegen Ende des Untersuchungszeitraums treten auch involvierte Gruppen, Kollegien und Korporationen, klarer hervor. So umfangreich und langwierig die Anlage des neuen Hafens war, die Administration in der Hauptstadt hat sie nicht nachhaltig transformiert. Wenn das Claudius-Regime strukturelle Veränderungen angestoßen hat, dann nicht in der Zentrale, sondern eher in der Reichsadministration außerhalb Roms, speziell im Bereich der Finanzen. Augustus hatte seine Kontrolle dieses für die Stabilität der Prinzipatsordnung essentiellen Verwaltungszweigs noch mit einem Patchwork von Personal sichergestellt. Claudius setzte nicht nur anstelle einiger von den senatorischen Statthaltern abhängiger Präfekten in kleineren Gebieten wie *Iudaea* tendenziell unabhängig agierende ritterliche Prokuratoren ein. Er gab anderen Prokuratoren, wohl den Verwaltern kaiserlicher Besitzungen oder auch schon den leitenden Fiskalagenten in den Provinzen, zudem eine klarer definierte Rechtsprechung, deren Ausmaß aber umstritten ist. Diese ursprünglich aus der privaten Geschäftswelt übernommenen Funktionsträger der Herrscher wurden in den folgenden hundertfünfzig Jahren weiter aufgewertet.

3.2.2 Verbindungen zwischen römischer und Reichs-Politik

Dass Claudius nach dem turbulenten Beginn seine Herrschaft dennoch zeitweilig stabilisieren konnte, dürfte viel damit zu tun gehabt haben, dass es ihm noch in den ersten Jahren seiner Regierung gelang, die Erwartungen an einen römischen Imperator demonstrativ zu erfüllen. Dieser Ereignisstrang verdeutlicht die enge Verbindung von stadtrömischer Politik und dem Leben im Reich mit besonderer Klarheit. Wie auch Gaius und Nero bemühte sich Claudius um eine nachholende Untermauerung seines Herrschaftsanspruchs durch einen großen militärischen Sieg. Anders als die beiden jungen Kaiser war er erfolgreich. Seit 42 und dann vor allem 43 n. Chr. zog er vier Legionen sowie Hilfstruppen zusammen, um Britannien anzugreifen und eine Provinzialisierung von Teilen der Insel einzuleiten.

Erwartungen an einen römischen Imperator

Britannien

Der Sinn dieser Unternehmung wurde schon in der Antike angezweifelt. Die Unterwerfung größerer Teile der nur unzureichend bekannten Insel zog sich mit Unterbrechung noch bis zum Ende des 1. Jh. n. Chr. hin, und auch danach blieb das britannische Provinzheer eines der größten, wenn nicht das größte im Imperium. Die Kosten können von den Einnahmen, die auf der Insel abgeschöpft wurden, höchstens gedeckt worden sein. Doch Claudius konnte bei einem Blitzaufenthalt 43 einen Schlachtensieg für sich erringen und trug damit weiter zu der Definition der kaiserlichen Position als der eines stets siegreichen Über-Imperators bei. Nachdem sein Sohn die ersten Jahre mit ihrer damals enorm hohen Kindersterblichkeit überstanden hatte und unter dem Namen Britannicus den Erfolg des Vaters weitertrug, war die Claudius-Regierung deutlich gefestigt.

Mauretanien — Claudius' Regime blieb auch danach auf die Expansion des Imperiums ausgerichtet. Caligula hatte den Herrscher von Mauretanien, einem weitläufigen Gebiet in Westalgerien, Marokko sowie dem heutigen Mauretanien, das seit Augustus bereits durch Koloniegründungen an das Imperium gebunden war, beseitigt und damit die Annexion der Region vorbereitet. Schon 40 kam es zu Kämpfen gegen Loyalisten vor Ort. Doch bedurfte es nach dem Herrscherwechsel in Rom noch eines riskanten Kriegszugs über den Atlas hinaus und weiterer Polizeiaktionen, bis schließlich zwei neue Provinzen, *Mauretania Tingitana* (um Tanger) und *Caesariensis* (um Cherchel), formal in das Imperium integriert werden konnten. Die Kontrolle der schwer zu definierenden Grenzzone dieser Provinzen im Süden blieb in den folgenden Jahrhunderten eine herausfordernde Aufgabe. Auch an der nordfranzösischen Kanalküste war Gaius vor Claudius mit Heeresmacht erschienen. Ob die Claudius-Regierung aber längerfristige Pläne des Vorgänger-Regimes nur noch umsetzte, kann wegen der über Gaius' militärischen Aktionen liegenden Spottschicht nicht mehr geklärt werden.

der Lykische Bund — Zusätzlich wurde unter Claudius der formal noch unabhängige Lykische Bund im Südwesten der heutigen Türkei nach Unruhen (wohl 43) zu einer winzigen Provinz, die erst später, unter Vespasian, mit *Pamphylia* und Teilen Pisidiens zu einer größeren administrativen Einheit zusammengeschlossen wurde. Eine reiche epigraphische Dokumentation verdeutlicht, was römische Herrschaft in diesem Gebiet konkret bedeutet hat. Ein Statthalter regelte nun die Belange der kleinen Küstenregion und kontrollierte die an die neue

Lage angepassten Institutionen des weiter bestehenden Lykischen Bundes. Aus neronischer Zeit hat sich ein Zollgesetz mit einem niedrigen Tarif erhalten. Zumindest anfangs scheint die neue Provinz noch gewisse Privilegien behalten zu haben. Rom ließ zudem Straßen bauen oder instandsetzen und diese Infrastrukturmaßnahmen auch monumental anpreisen. Der Kaiserkult, schon in Ansätzen vorhanden, wurde stärker an die im Reich bestehenden Formen angepasst. Auch das instabile Königreich Thrakien (etwa im heutigen Bulgarien), in der Folge ein wichtiger Lieferant von Rohstoffen und Rekruten, wurde um 45 einem ritterlichen Statthalter unterstellt. 44 zog Claudius auch Judäa (Israel/Palästina), das er zunächst dem König M. Iulius Agrippa I. überlassen hatte, wieder ein. Zu dieser Entscheidung mag beigetragen haben, dass Agrippa diplomatisch recht unabhängig agiert hatte. Zwar behielt ein Herrscher kleinerer Fürstentümer in der Umgebung, M. Agrippa II., Aufsichtsrechte über den jüdischen Tempel in Jerusalem, das Zentralheiligtum der Juden im Reich, einer Bevölkerungsgruppe von mehreren Millionen Menschen. Dennoch bauten sich von diesem Zeitpunkt an die Spannungen zwischen einigen jüdischen Gruppen und dem Imperium langsam auf. Dies betraf nicht nur *Iudaea*, sondern zudem die bei Ägypten liegende Metropole Alexandria mit ihrer großen jüdischen Minderheit, daneben auch Rom selbst, aus dem 49 n. Chr. Juden ausgewiesen wurden, vielleicht nach Konflikten in der Gemeinde zwischen Juden und Judenchristen. Schließlich hat Claudius auch in dem Raum der heutigen Staaten Österreich und Slowenien eingegriffen. Wie in *Iudaea*, den *Mauretaniae* und *Thracia* setzte er auch in *Noricum* einen ritterlichen Prokurator als Statthalter ein und ließ zudem fünf Städte gründen bzw. Siedlungen rechtlich aufwerten. Die Claudius-Regierung hat in ihrem Willen, Erfolge vorzuweisen, viel dazu beigetragen, territorial jenes Imperium entstehen zu lassen, das wir auf den meisten modernen Karten abgebildet finden. Auch das administrative Instrumentarium des Imperiums wurde aus den noch eher bunten Ansätzen der Frühzeit vereinheitlicht. Neben dem im vorhergehenden Abschnitt genannten Beispielen hat Claudius bspw. die ritterliche Offizierslaufbahn im Heer normiert.

Die Phase, in der sich die Claudius-Regierung stabilisieren konnte, endete jedoch abrupt, als die vielleicht wichtigste Schwachstelle des augusteischen Prinzipats durch einen Eklat wieder in das Rampenlicht gezogen wurde. Claudius' Frau Messalina wurde in ein damals wie heute unverständliches Abenteuer verwickelt. Obwohl sie mit Claudius zwei Kinder, darunter den 41 geborenen Britannicus, hatte, wandte sie sich 48 von ihrem Mann ab und einem prominenten Aristokraten namens C. Silius zu. Mit ihm soll sie sogar ohne vorhergehende Scheidung eine neue Ehe eingegangen sein, während sich Claudius in Ostia aufhielt. Dieser überraschende Seitenwechsel muss Gerüchten, sie habe sich nur von ihren Gefühlen leiten lassen, zusätzliche Nahrung geliefert haben. Dass sie sich allerdings den Konsul des Jahres 49 als Mann ausgewählt hat, der bei einer Krise im nächsten Jahr das Heft des Handelns in der Hand gehabt hätte, spricht für mehr Überlegung, als die Quellen erkennen lassen. Claudius war zu diesem Zeitpunkt bereits 58, Britannicus dagegen erst 7. Falls Messalina Zweifel hatte, dass Claudius Britannicus die Herrschaft würde sichern können, hätte sie nur selbst versucht, die gefährliche Generationenlücke in der *domus Augusta* zu schließen. Die boshaften Überzeichnungen ihres Verhaltens bei den antiken Autoren lassen aber keine belastbare Analyse mehr zu. Messalina, Silius und viele andere fanden den Tod.

Agrippina

Die Messalina-Krise führte allen die Verwundbarkeit des Claudius-Regimes vor Augen. Die sich anschließende Heirat des Princeps mit der Mensch-gewordenen julisch-claudischen Dynastie, Agrippina der Jüngeren, Claudius' Nichte, irritiert wegen der deswegen anzupassenden Inzestverbote. Vom machtpolitischen Standpunkt aus war sie jedoch ein kluger Schachzug: Alle Loyalitätsbindungen, über die die Familie von Augustus noch verfügte, wurden so im Haus des Herrschers gebündelt. Agrippinas Ende 37 n. Chr. geborener Sohn L. Domitius Ahenobarbus war drei Jahre älter als Britannicus und daher eine realistischere Nachfolgeoption. 49 wurde er mit der zu diesem Zweck aus dem Familienverband ausscheidenden Claudius-Tochter Octavia verlobt und 50 adoptiert. Von da an trug er den typisch claudischen Namen Nero. Dass er bereits 51 ein *imperium* außerhalb Roms erhielt, zeigt, dass die Claudius-Gruppe die Stabilität der Regierung als noch nicht wiederhergestellt ansah.

Gruppenbildungen um die beiden Prinzen

War damit die Herrschaft des Familienverbandes, der sich auf Augustus zurückbeziehen konnte, abgesichert, entstanden in der Folge Gruppenbildungen um die beiden Prinzen. Je länger Claudius lebte, desto realistischer musste ein Versuch wirken, Britannicus als Princeps zu installieren. Ob die Gerüchte über Claudius' Vergiftung 54 n. Chr. nur auf Gedankenspiele oder auf Taten verweisen, können wir wie immer nicht überprüfen. Wir können lediglich feststellen, dass die Beseitigung des alten Kaisers bemerkenswert offen als bekannt dargestellt wird und die Übernahme des Prinzipats durch Nero mithilfe des Agrippina-treuen Prätorianerpräfekten Sex. Afranius Burrus gut orchestriert gewesen zu sein scheint. Claudius wurde vergöttlicht, doch ging das neue Regime mit dieser Ressource wegen der Ablehnung, die dem verstorbenen Princeps in weiten Teilen des Senatorenstandes entgegengebracht wurde, zurückhaltend um.

3.3 Nero: das Ende der Familienherrschaft

3.3.1 Nero-Bilder aus Rom

Wie für seine Vorgänger liegt auch für Nero ein nachträglich fixiertes Narrativ vor. Zwar haben moderne Studien immer wieder versucht, im Sinne der Herstellung von Multiperspektivität den Quellen einen anderen Nero abzugewinnen, doch setzt die Überlieferung solchen Versuchen enge Grenzen. Aus dieser Konstellation kann die Forschung nur ausbrechen, wenn sie keine stadtromfixierte, sondern eine imperialgeschichtliche Zugangsweise wählt, um nicht einen reinen Elitendiskurs nachzubearbeiten.

    Nero trat seinen Prinzipat unter ähnlichen Voraussetzungen an wie seine Vorgänger. Wie Gaius und Claudius konnte er den augusteischen Anforderungen an einen Imperator nicht genügen. Er war 16, als ihm die Rolle als Entscheider übertragen wurde, wofür ausschließlich seine Herkunft aus der *domus Augusta* sprach. Selbst in dieser Hinsicht hatte er in Britannicus einen Konkurrenten. Aufgrund des hohen Blutzolls der beiden hohen Stände konnte die Erinnerung an Claudius jedoch kaum zum Kristallisationspunkt von Widerstand werden. Britannicus war zudem noch drei Jahre jünger als sein Adoptivbruder. Er konnte daher ohne Probleme beiseitegeschoben werden. Das Quellennarrativ zeigt uns anfangs einen gutwilligen, aber naiven Jüngling Nero, der als Marionette unterschiedlicher Kräfte zunächst ausgleichend gewirkt haben soll und dann über eine Serie von den Historiographen unterschiedlich gesetzter Zäsuren zu einem gleichermaßen lächerlichen wie brutalen Monster geworden sei. Zunächst stand er offenbar unter dem Einfluss seiner Mutter Agrippina, die in für die Zeit unerhörter Weise auf Gold- und Silbermünzen herausgestellt wurde. Agrippina wird von der Männerwelt der Literatur mit anderen Verfemungsmitteln als

ein nachträglich fixiertes Narrativ

augusteische Anforderungen an einen Imperator

Agrippina

bei Messalina zu einem anderen Abziehbild vorgeblicher weiblicher Schwächen, in diesem Fall der Maßlosigkeit, herabgewürdigt. Doch nicht einmal die Historiographen schrieben ihr zu, dass sie, Enkelin, Frau und Mutter eines Princeps, unabhängig agiert hätte. Ihr standen vor allem die Mittel der indirekten Einflussnahme zur Verfügung, und diese verlor sie rasch. Danach treten – je nach Quelle unterschiedlich lange – zwei andere Berater hervor und scheinen die Interaktion mit den römischen Einflussgruppen – Senat, Volk und Garde – lange Zeit gut gestaltet zu haben. Hinter Nero stand der Prätorianerpräfekt Burrus. Mit ihm gemeinsam soll der bekannte Redner L. Annaeus Seneca zum Lenker des jungen Herrschers geworden sein. Schon früh in die Intrigen bei Hof hineingezogen und deswegen lange verbannt, war Seneca auf Betreiben Agrippinas zurückgerufen und Redenschreiber Neros geworden. Anders als bei Burrus wird Senecas Einfluss von folgenden Generationen sehr unterschiedlich gewertet, als heilsam oder aufgrund von Heuchelei und Selbstsucht schädlich. Wo Seneca und Burrus ihre Autorität zur Geltung brachten, in dem wenig formalisierten kaiserlichen Rat, (im Fall Senecas) im Senat oder nur informell im Palast, bleibt unklar. In einzelnen Quellen gelten die Anfangsjahre Neros wegen der sorgfältigen Beachtung senatorischer Rechte als eine Atempause des höchsten Standes, während der nach den Prinzipien der augusteischen Regelung von 23 v. Chr. regiert wurde. Erst der Tod des Burrus 62 n. Chr. wird literarisch zur finalen Zäsur: Ein bereits schuldbeladener Nero sei zu einem Schreckensherrscher in den Händen neuer, zum Teil nicht den traditionellen Eliten entstammender Ratgeber geworden. Die dynastische Katastrophe hatte sich zu dieser Zeit allerdings schon vollzogen. 55 wurde Britannicus beseitigt. Die Tötung der Mutter 59 ging über das schon gewohnte Maß innerfamiliärer Abrechnungen hinaus. Von Octavia, Claudius' Tochter, deren Mitgift die Herrschaft gewesen war, hatte sich der Princeps erst getrennt, um sie 62 verbannen und 63 töten zu lassen. Nero wurde mit seiner neuen Frau Poppaea Sabina zwar 63 Vater einer Tochter, doch starb das Kind noch im gleichen Jahr. Erneut öffnete sich die gefährliche Generationenlücke.

Auf der dunklen Schicht des Familienmörders lagert sich in den Schriftquellen der Generation nach Nero zusätzlich die des Senatsfeindes ab. Nach dem kooperativen Beginn verschlechterte sich das Verhältnis zwischen dem Herrscher und dem führenden Zirkel der Konsulare offenbar zusehends. Ab 62 wurden mehrfach prominente Aristokraten beseitigt. Für die Spätzeit Neros sind dann wieder zahlreiche Klagen gegen Senatoren belegt. Nero scheint dies gebilligt zu haben, doch waren die Prozesse gegen führende Senatoren auch in den sechziger Jahren oft ein Mittel, die inneraristokratische Konkurrenz auszutragen. Der Tod von Mitgliedern bekannter Familien schuf Raum für Aufsteiger, die in der zweiten Regierungshälfte Neros oft zum Konsulat gelangten. 64 kam es zu zwei fanalartigen Begebenheiten in Rom, die das Nero-Bild nachhaltig geprägt haben. Rom brannte mehrere Tage, und wenn sich auch archäologisch keine massiven Schäden nachweisen lassen, so muss die symbolische Wirkung doch stark gewesen sein. In den Kontext des Brandes platziert einzig der Historiograph Tacitus eine Episode, deren Bedeutung sich den Zeitgenossen noch kaum erschlossen haben dürfte, die aber einen weiteren Strang der Nero-Tradition begründen sollte. Verantwortlich für das Feuer habe die Regierung eine Sekte gemacht, die als Christen (oder Chrestianer) bekannt gewesen sei. Viele von ihnen seien zum Tod, bspw. durch Verbrennung, verurteilt worden. Für die christliche Geschichtskonstruktion war die allerdings sehr vage gehaltene Erinnerung an eine Verfolgung durch den postum verfemten Nero später ein Mittel, das eigene Verhältnis zum Imperium zu definieren. Nicht Rom, sondern Tyrannen hätten sich gegen die Christen gewandt. An der Historizität der Verklammerung der Repression mit dem Brand, die die christlichen Autoren meist nicht ansprechen, wird heute auch Zweifel geäußert.

<small>Christen</small>

Neros Wiederaufbau von Rom verlief größtenteils in nachvollziehbarer Weise und müsste eigentlich im Sinne der Bevölkerung gewesen sein. Die Rückschau hat nur einer einzelnen Baumaßnahme größere Aufmerksamkeit zukommen lassen. Auf dem Areal eines bereits wuchtigen, nun verbrannten Vorgängerbaus begann der Kaiser einen Palast zu errichten, der große innerstädtische Gebiete zu einem Privaterholungsgebiet mit Grünanlagen verband: die *domus aurea* (das Goldene Haus). Die Größe dieser Anlage, die unterschiedliche Villentypen zusammenbrachte und viele Stile vereinigte, soll zwischen Palatin, Esquilin und Oppio 50 bis 80 ha betragen haben. An prachtvollen Bauten war Rom nicht arm, aber der Vorwurf, dass hier Bürgergebiet persönlichem Luxusstreben geopfert wurde, scheint verfangen zu haben.

<small>die *domus aurea* (das Goldene Haus)</small>

die größte Verschwörung gegen einen der frühen Principes

In der angespannten Lage nach dem Brand wurde 65 die größte Verschwörung gegen einen der frühen Principes aufgedeckt, deren Existenz die Quellen offen zugeben. Eine erhebliche Zahl von Senatoren und Rittern wollte Nero durch einen gewissen C. Calpurnius Piso ersetzen. Dessen Qualifikation beschränkte sich, soweit erkennbar, darauf, dass er aus einer der patrizischen Familien des Prinzipats, also aus der inneren Kerngruppe der Aristokratie, kam. Die meisten Beteiligten scheinen eher aus dem Umfeld der wenigen Prominenten gestammt zu haben. Ob Seneca Teil dieses Kreises war, wird unterschiedlich überliefert. Jedenfalls fand in der Folge auch der frühere Chefberater Neros den Tod durch erzwungenen Selbstmord. Dass sich auch Tribunen und sogar ein Präfekt der Garde an der Verschwörung beteiligten, muss sie für Nero zu einer existentiellen Herausforderung gemacht haben. Über die Motive der Beteiligten können wir nur Mutmaßungen anstellen. Fasziniert haben spätere Betrachter registriert, dass Seneca und ein später hingerichteter Senator namens P. Clodius Thrasea, der als aufrechter Gegner von Schmeichelei porträtiert wird, Anhänger der stoischen Philosophie waren. Sehen wir hier einen Widerstand der Ethiker? Diese früher geäußerte Vermutung ist heute aufgegeben worden. Die stoische Philosophie der römischen Elite zielte vor allem auf Traditionswahrung. Ihre Vertreter haben bisweilen aus einer konservativen Wertvorstellung heraus Kritik an experimentierenden Kaisern geübt. Eine philosophische Opposition im eigentlichen Sinn des Begriffs gab es dagegen nicht. Die Quellen nennen bei den (angeblichen) Gegnern von Principes oft Motive wie persönlichen Ehrgeiz oder Nähe zu Verlierern in den Konflikten der Zeit. Die Forschung geht dagegen heute meist davon aus, dass Neros Kommunikation erst mit der Oberschicht und dann praktisch mit allen Bürgern aufgrund seiner spektakulären Exaltiertheit zusammengebrochen sei.

stoische Philosophie

Neros musische und sportliche Betätigung

Denn die (Justiz-)Morde, für die Nero verantwortlich gewesen sein soll, werden in Antike und Moderne zumindest zum Teil von einem weiteren, dem wohl überraschendsten Charakteristikum dieses Princeps überlagert. Frühzeitig soll er Ambitionen auf dem weiten Gebiet der musischen und sportlichen Betätigung entwickelt haben. Anders als in Teilen der griechischen Welt sollten die Dicht- und Gesangskunst oder das Wagenlenken in der von den Literaten beschworenen politisch-militärischen Leistungsgesellschaft Roms nur von vielleicht geschätzten, zugleich aber auch verachteten Spezialisten ausgeübt werden. Ein Künstler-Princeps wirkt daher zunächst skurril und könnte die Akzeptanz von Soldaten und Senatoren verloren haben. Nero stand mit seinen Vorlieben allerdings in seiner Zeit nicht allein. Sie werden auch anderen Prominenten, etwa seinem Kontrahenten Piso, zugeschrieben. Gleichwohl hat Neros Dichten und Singen weitere farbenprächtige Details zu der Vorstellung eines spezifischen, durch zu viel Macht ausgelösten Wahnsinns der frühen Caesaren hinzugefügt. Dabei scheint es der fast professionelle Eifer des Princeps gewesen zu sein, der auf Unverständnis stieß. Halbprivate Agone (Wettkämpfe) wie die 59 eingeführten *Iuvenalia* mochten bespöttelt werden, aber lagen im Rahmen der Gestaltungsmöglichkeiten eines Herrschers. Die 66 gestartete Griechenlandtournee, auf der Nero sich als Sieger in zahlreichen Disziplinen bei den großen Wettkämpfen feiern ließ, sprengten diesen Rahmen. Allerdings hatte, als die uns erhaltenen feindseligen Nero-Narrative entstanden, sowohl in der Poesie wie in der Rhetorik und bei der Rezeption anderer künstlerischer Strömungen eine Art konservative Gegenbewegung eingesetzt, die dem Zeitgeist der sechziger Jahre nicht gerecht geworden sein muss.

Dass Nero in einem heutigen, medizinischen Sinn geisteskrank war, unterstellen nicht einmal die feindseligen Quellen. Klar erscheint nur, dass er an der vorherrschenden Rollenerwartung scheiterte. Schlüsselbereich imperatorischer Selbstbeweisung war die erfolgreiche Führung des Heeres. Gerade auf diesem Gebiet hatten weder Gaius noch Claudius noch Nero zu Beginn ihrer Herrschaft „Verdienste" zu verzeichnen. Gerade die jungen Herrscher haben deswegen anscheinend versucht, den Kanon von Tugenden, durch die sich Principes als exzeptionelle Menschen beweisen konnten, zu erweitern. Ob im Falle Neros schon die Wahl musischer Agonalität als entehrend gewertet worden ist, können wir anhand der allein tradierten Retrospektive, die immer schon seinen Sturz miteinkalkulierte, nicht mehr klären.

Nero geistig krank?

3.3.2 Wechselwirkungen zwischen dem Imperium und Rom zurzeit der Nero-Regierung

Die Auswirkungen von Neros Vorlieben beschränkten sich allerdings die längste Zeit über nur auf wenige Menschen. Alle nur Rom in den Blick nehmenden Studien des Princeps analysieren letztlich in der Oberschicht tradierte Parabeln über Normen und Devianz.

die Militärpolitik der Nero-Gruppe

Eine imperialgeschichtliche Perspektive verdeutlicht dagegen, dass die Herrschaft der Gruppe um Nero die Lebensbedingungen vieler der vielleicht 60 Millionen Bewohner des römischen Reichs verändert hat. Zugleich zeitigte die Militärpolitik der Nero-Gruppe starke Rückwirkungen auf Rom. Die Berater des jungen Herrschers hatten aller Wahrscheinlichkeit noch in Erinnerung, dass der Erfolg in Britannien Claudius' Macht gefestigt hatte, während Gaius ein Sieg in Germanien verwehrt geblieben war. Sie trafen frühzeitig eine Entscheidung, die den gesamten Verlauf dieses Prinzipates mitbestimmen sollte. Seit der letzten Generation der Republik war es immer wieder zu Konflikten mit dem östlich des Euphrat liegenden Partherreich gekommen, die mehrfach mit römischen Niederlagen geendet hatten. Augustus, aber auch seine Nachfolger hatten in der Folge große Auseinandersetzungen mit dem Rivalen gemieden und primär mit diplomatischen Mitteln den Status quo gewahrt, zugleich aber mit militärischen Drohungen den römischen Führungsanspruch bekräftigt. Anlässe für Krisen bildeten in der Regel die wechselseitigen Einflussnahmen auf das Königreich Armenien zwischen Ostanatolien und dem Kaspischen Meer. Seit Augustus hatte meist Rom aus der regionalen Führungsschicht einen Herrscher für Armenien ausgewählt. 51 n. Chr. war der prorömische Vertreter jedoch vertrieben worden, und der parthische Großkönig Vologaeses hatte die folgenden Wirren genutzt, um seinen Bruder Tiridates als Monarchen einzusetzen. Armenien galt dem Herrscherhaus der Arsakiden als Teil der Ansammlung von Fürstentümern, die einen wesentlichen Teil des Partherreichs ausmachte. Als Reaktion auf diese Herausforderung gab die neue Regierung in Rom den Kurs einer robust abgesicherten Diplomatie auf. Außer sicherheitspolitischen Erwägungen dürfte zu dieser Entscheidung beigetragen haben, dass der junge Princeps militärische Ehren dringend benötigte. Im Osten wurde daher ein großes Kommando geschaffen und dem prominentesten General der Zeit, Cn. Domitius Corbulo, anvertraut. Angesichts der Risiken des Unternehmens führte Corbulo zunächst eine Art Sitzkrieg. Als 58 n. Chr. der Partherkönig durch eine interne Revolte abgelenkt war, gelang es dem Feldherrn aber, Tiridates zu vertreiben. Dies konnte nur ein temporärer Erfolg sein, der aber in Rom begierig aufgenommen wurde. Die beschlossenen Ehrungen demonstrieren, wie ernst die Gruppe um Nero diese Bewährung nahm.

das Königreich Armenien

Einer der für Neros Herrschaft entscheidenden Zufälle sollte das weitere Geschehen an der Ostfront mitbestimmen. 60/61 erhoben sich im Osten Britanniens erst vor kurzem integrierte tribale Gruppen, die Icener und Trinovanten, gegen Rom. Da der Statthalter gerade mit der Eroberung der Isle of Man beschäftigt war, hatte der Aufstand durchschlagenden Erfolg. Eine Legion (IX.) ging unter, die Kolonie *Camulodunum*/Colchester und die wichtigen Orte *Verulamium* (bei St Albans) und *Londinium*/London wurden zerstört. Die spätere Rezeption dieses Freiheitskampfes wurde bisweilen aufgrund des Umstands, dass an der Spitze der Aufständischen mit Boudicca eine Frau stand, fantasievoll ausgeschmückt. Über sie haben sich allerdings nur wenige Sätze aus maskuliner Siegersicht erhalten. Der Gouverneur Paulinus konnte zwar rasch die Lage wiederherstellen, aber zeitweilig muss in Rom unklar gewesen sein, ob zusätzliche Truppen gebraucht würden. Eine exakte Chronologie lässt sich nicht erstellen, aber es muss in dieser Zeit gewesen sein, dass der parthische Gegenschlag in Armenien erfolgte. Der romtreue König Tigranes wurde vertrieben. In Reaktion darauf wurden die römischen Truppen in den an Armenien angrenzenden Provinzen weiter verstärkt. Als neuer General übernahm ein L. Caesennius Paetus in Kleinasien, während Corbulo auf die Leitung Syriens beschränkt wurde. Die Quellen sind tendenziös, aber es wird doch deutlich, dass Paetus, sicher im Einklang mit seinen Instruktionen, auf einen raschen Erfolg drängte. Doch 62 führte er sein Heer bei Rhandeia am Murat in ein Desaster und musste kapitulieren. In dieser Zeit werden zuerst potentielle senatorische Rivalen Neros beseitigt.

Als Antwort auf das Geschehen in Armenien erhielt Corbulo das letzte überlieferte Kommando über mehrere Provinzen in der Tradition der späten Republik. Corbulo konnte die römische Position auch stabilisieren, hat aber auf größere Kampfhandlungen verzichtet und letztlich den Status quo anerkannt. Dass der parthische Kandidat für Armenien Tiridates seine Königsinsignien in Rom aus der Hand des Princeps erhalten sollte, war eine wohlkalkulierte Geste der arsakidischen Seite, um Nero eine Gesichtswahrung zu ermöglichen. Ungeachtet dessen hatte die parthische Seite ihr Ziel, Armenien in den arsakidischen Einflussbereich zu integrieren, durchgesetzt. Dass Tiridates mit militärischer Begleitung durch das Reich zog, um 66 Nero zu huldigen, war ein zwiespältiges Resultat der römischen Diplomatie. Triumphe über Besucher in Waffen entspra-

---

romtreuer König aus Armenien vertrieben

Boudicca

Rhandeia

Abbruch des Partherkriegs

chen nicht der imperialen Ideologie. Die Regierung hat dieses Schauspiel gleichwohl als Siegesfeier gestaltet. Die Wirkung des Verlusts Armeniens als eines römisch kontrollierten Puffers zeigt sich in der Militärpolitik des Imperiums in Kleinasien. Im Nordosten wurde 64/5 das Königreich *Pontus* eingezogen. Das Corbulo-Kommando blieb trotz des Friedensschlusses weiter bestehen. Nach einer kurzen Phase der Unklarheit ist dann unter den flavischen Principes eine neue Großprovinz *Galatia et Cappadocia* entstanden, deren konsularer Statthalter das Reich gegenüber Armenien mit Legionen absicherte. An die Stelle einer durch viele Übergänge geprägten Region zwischen den Imperien trat eine militärisch gesicherte Grenze. Schließlich hatte sich für Nero die Hoffnung zerschlagen, sein Prestige und seine Akzeptanz durch einen großen Sieg zu erhöhen. Vermutlich zur Kompensation wandte er sich in der Folge verstärkt der musischen und sportlichen Agonalität zu. In die Zeit nach dem Abbruch des Partherkriegs setzen auch die bedeutenden Verschwörungen und die Hinrichtungswellen in Rom ein.

3.3.3 Der Jüdische Krieg

neue Kriegstheater im Osten

Vor diesem Hintergrund sind die im Folgenden bezeugten Bemühungen des Princeps zu sehen, neue Kriegstheater im Osten zu bestimmen. Als Ziele lassen sich Äthiopien und der Kaukasus ausmachen. Militärische Gründe sind gesucht, aber nicht gefunden worden. Nero brauchte Siege, und die Eroberung ferner Länder versprach mythischen Reichtum und imperialen Glanz. Die römische Seite hoffte wohl auch darauf, dass die neuen Feinde kein so starkes Heer wie die Parther mobilisieren konnten. Eine zusätzliche Legion (*I Italica*) wurde ausgehoben. 66 n. Chr. brach der Kaiser nach Osten auf. Die gesamte Griechenlandtour lässt sich als nebensächliches Vorspiel zu den geplanten Kämpfen verstehen: Nero sollte offenbar wie 43 Claudius rasch an die Front gelangen, um an dem erhofften Erfolg persönlich teilhaben zu können. Wiederum störte ein Zufall die kaiserlichen Pläne. Größere Teile der Juden in und um *Iudaea* erhoben sich zeitgleich gegen Rom. Nero musste viele Kontingente der für die Feldzüge nach Äthiopien und in den Kaukasus bestimmten Armeen für diesen Konflikt abstellen.

Judäa

Über den Jüdischen Krieg, der 66 begann, sind wir durch eine ungewöhnliche Quellenlage gut unterrichtet. In ihr nehmen zwei

Werke des jüdischen Historiographen Flavius Josephus (37/8–ca. 100 n. Chr.) einen besonderen Platz ein, eine Monographie zu diesem Krieg und eine größer angelegte Jüdische Geschichte. Josephus hatte selbst in Galiläa an den Kampfhandlungen teilgenommen, war gefangengenommen worden und dann ins römische Lager gewechselt. Die Folgen des Freiheitskampfes für die Juden in der Mittelmeerwelt, die sich speziell in der Zerstörung des Jerusalemer Tempels 70 zeigten, haben dem Geschehen hohe Aufmerksamkeit in der Forschung gesichert. Fast alle Details sind umstritten. Judäa war eines der Gebiete, die zwar frühzeitig vom Imperium kontrolliert, aber wie andere Landschaften in der Umgebung oft durch Könige oder andere Fürsten regiert worden waren. Spätestens seit der Einrichtung der Provinz *Syria* im 1. Jh. v. Chr. waren in Rom die Spannungen in der Region bekannt. Die meisten Stellungnahmen griechisch-römischer Autoren zur jüdischen Religion betonen zwar wertschätzend deren Alter, aber auch die Andersartigkeit, oft in herablassender oder feindseliger Weise. Vielleicht auch aufgrund von Vorbehalten wegen befürchteter Konflikte hatte die Augustus-Regierung Herodes sein Königreich weiterregieren lassen. Nach Herodes' Tod (4 v. Chr.) ging die Stabilität dieses Herrschaftsraum jedoch verloren, sodass größere Teile 6 n. Chr. *Syria* zugeschlagen wurden.

Nach einem Zwischenspiel unter einem König hatte Claudius das jüdische Kerngebiet 44 n. Chr. einem römischen Prokurator unterstellt. Nach Josephus bestand die römische Politik in Judäa in der Folge aus einer langen Kette von Fehlentscheidungen. Ihre lokalen Repräsentanten, Ritter, manchmal Freigelassene, sollen immer wieder grob gegen jüdische Befindlichkeiten verstoßen haben. Hochrangige Römer dagegen entlastet Josephus. Auf der anderen Seite standen in seiner Interpretation jüdische Heißsporne, die bestehende Spannungen absichtlich verschärften. Doch war der in Rom schreibende Historiograph selbst Partei. Und nach Josephus' Darstellung zu schließen, traten die römischen Akteure in *Iudaea* eher zurückhaltender auf als in anderen Regionen. Zudem lassen die von Josephus berichteten Details erkennen, dass die jüdische Bevölkerung tief gespalten war. Beispielsweise konnten sich stadtbasierte (Priester-)Eliten, die oft mit Rom zusammenarbeiteten, und ländliche Bevölkerungsgruppen gegenüberstehen. Die Proteste der Ärmeren richteten sich jedenfalls zunächst oft gegen die eigene Oberschicht.

_{die römische Politik in Judäa}

die jüdische Religion

Die früher vertretene Annahme, dass die jüdische Religion in höherem Maß als die anderer Unterworfener geeignet war, Zusammenhalt gegen Rom zu stiften, wird heute eher skeptisch gesehen. Viele Unterworfene haben sich noch einmal gegen das Imperium erhoben, nachdem die Folgen der Ergebung klar geworden waren. Roms Fußabdruck vor Ort war mit etwa 3000 Soldaten zudem eher klein. Doch lässt sich nicht ganz in Abrede stellen, dass apokalyptische Vorstellungen und ein verbreiteter Messias-Glauben manche jüdischen Gruppen, die die Fremdherrschaft ablehnten, nur darauf warten ließen, dass Rom Schwäche zeigte. Eben dies geschah in den Kriegen gegen die Parther seit 62. Dass sich gerade 66 ein regelrechter Aufstand oder Freiheitskrieg entwickelte, mag Zufall gewesen sein. Josephus' Hinweis auf römische Konfiskationen von Tempelgut verweist aber auf die angespannte Finanzlage des Reichs, dessen Kriege nur Kosten verursacht hatten. Eine solche Provokation kann in einer schon aufgeheizten Stimmung sehr wohl den Anlass für die nun folgenden Gewaltentladungen gebildet haben. Gefährlich wurden die Jerusalemer Unabhängigkeitsbestrebungen erst dadurch, dass der herbeigeeilte syrische Gouverneur C. Cestius Gallus mit Verlusten abgewiesen und zum Rückzug gezwungen wurde. Der einzige Konsular mit Kriegserfahrung in Neros Griechenland-Entourage, T. Flavius Vespasianus, übernahm Teile des Corbulo-Heeres, um den Aufstand niederzuschlagen. Da ein Verwandter Corbulos in eine Verschwörung verwickelt gewesen war, wurde der wichtigste General des vorhergehenden Jahrzehnts dagegen 67 einbestellt und hingerichtet. Vespasian, ein Aufsteiger aus eher einfachen Verhältnissen, erschien wohl nicht als Gefahr für den im Krisenmodus agierenden Nero. Dass Vespasian anscheinend etwa 50 000 Mann erhielt, um den Krieg in Galiläa und Judäa zu beenden, lässt auf die römische Einschätzung des Ernsts der Lage schließen. Vielleicht rechneten nicht nur Teile der jüdischen Bevölkerung mit Hilfe aus dem Osten. Auch hatte Nero seine großen Feldzugspläne nicht aufgegeben und wollte den Aufstand wohl schnell beseitigen.

T. Flavius Vespasianus

Geldmangel

Der Blick auf die Militärpolitik der Nero-Regierung nach 62 lässt einen klaren Befund hervortreten, der helfen kann, die Ereignisse 67–69 besser zu verstehen. Der Name Nero steht in den Quellen für Verschwendung. Aber Geschenke, Bauten und extravagantes Auftreten trugen zusammen nicht näherungsweise die gleichen Summen zu den Ausgaben des Imperiums bei wie die Kosten von

Sold und Militärlogistik. Im Jahr 58, nach einem ersten Sieg, soll Nero darauf gedrungen haben, dass sich die Belastungen im Reich besser verteilten. Seine letzten Jahre stehen in den Quellen dagegen ganz im Zeichen des Geldmangels. Darauf weisen der Diebstahl von Tempelgut in Jerusalem, aber auch eine lange Liste von einschlägigen Vorwürfen in einem Edikt des Präfekten von Ägypten aus dem Jahr 68 hin. Hinzukommt, dass die seit Nero in Rom geprägten Gold- und Silbermünzen, speziell der (Silber-)Denar, seit 64 weniger Gewicht hatten und auch weniger Edelmetall beinhalteten als zuvor. Dies war nicht gleichbedeutend mit einer Inflation, zeigt aber, dass mehr Geld ausgegeben wurde, als Edelmetall vorhanden war. Die Gruppe um Nero hatte auf einen militärischen Erfolg mit großer Beute gewettet. Doch hatte man nur kostenaufwendige Dauerkonflikte und Aufstände geerntet. Die Beute aus dem Jüdischen Krieg sollte später den Flaviern von größtem Nutzen sein. Für die Nero-Regierung kam sie zu spät.

4 Bürgerkrieg und endgültige Fixierung der Regierungsform: die flavischen Herrscher

4.1 Die Rückkehr des Bürgerkriegs als politischer und sozialer Katalysator

Neros Sturz bildet eines der Paradebeispiele in der Diskussion über die Gründe für die vielen gewaltsamen Herrscherwechsel in Rom. Einigkeit besteht, dass die Verwandtenmorde Neros Stellung geschwächt haben. Die kulturhistorische Forschung schreibt sein Ende ansonsten im Einklang mit ihren Grundannahmen einem Kommunikationsversagen zu. Er habe durch die Selbstdarstellung als Künstler die Akzeptanz aller politisch relevanten Gruppen, der Senatoren, des römischen Volks sowie der Garde und schließlich der Legionen, verloren. In diesem Fall wären also vor allem innerstädtische Vorgänge für Neros Scheitern verantwortlich. Quellenbehauptungen, dass unter anderem Teile der stadtrömischen Bevölkerung noch Sympathien für Nero empfunden haben sollen, werden mit Elite-Vorurteilen gegenüber sozial oder kulturell marginalisierten Gruppen erklärt. Solche normativ aufgeladenen Aussagen spiegelten Haltungen der Verfasser, nicht Handlungen konkreter Men-

Gründe für die vielen gewaltsamen Herrscherwechsel in Rom

schen wider. Allerdings erschwert die Quellenlage jede Interpretation, da uns zwar Indizien, aber durch den Erhaltungszustand von Tacitus' Annalen und Dios Römischer Geschichte, die für diese Zeit nur indirekt überliefert ist, keine ausgearbeitete Darstellung der Jahre 67/68 vorliegt. Während die griechischen Autoren (neben Dio auch Plutarch) die These stützen, Neros Regime sei aufgrund seines Auftretens kollabiert, verweisen die lateinischen (Sueton, Rückblicke bei Tacitus) auf ein komplexeres Geschehen.

Fehlen einer Nachfolgeoption

67/8 n. Chr. war Neros Stellung aufgrund des Fehlens einer Nachfolgeoption prekär. Erfolge nach Maßgabe der römischen Leistungsideologie fehlten ihm ganz. Die Feldzüge Richtung Kaukasus und Äthiopien verschlangen schon große Summen, konnten sich aber erst später bezahlt machen. Vielleicht wegen der Truppenkonzentration im Osten scheint die Nero-Gruppe aber von dem sich im Westen formierenden Widerstand überrascht worden zu sein. 68 erhob sich der Statthalter der *Gallia Ludgunensis* (der Raum um Lyon) C. Iulius Vindex gegen Nero. Vindex, aus gallischem Adel, hatte Einfluss in seiner Heimat, war aber in Rom nur eine Randfigur und hatte kaum relevante Truppen. Erst als sich ihm der Statthalter der *Hispania Tarraconensis* (der größte Teil des westlichen Spaniens), Ser. Sulpicius Galba, anschloss, hatten die Aufständischen einen geeigneten Kandidaten für die Herrscherwürde. Galbas Familie war alt und er selbst war im Umfeld von Augustus' Frau Livia und Tiberius groß geworden. Dadurch versprach er eine gewisse Kontinuität. Dass er sich zunächst als General des Senats bezeichnete, ruft Erinnerungen an die kurze Ausnahmezeit nach Caligulas Tod wach. Aber auch Galba kommandierte nur eine Legion, die er rasch mit einer zweiten, unerfahrenen ergänzte. Rebellionen in Gallien niederzuwerfen, war eine Kernaufgabe der Rheinarmeen. Genau dies haben sie getan. In der Schlacht von Vesontio (Besançon) besiegten die Legionen im Mai Vindex' Aufgebot scheinbar erwartungsgemäß. Nero rief Truppen aus dem Osten zurück und stellte aus Flottensoldaten eine neue Einheit auf. Mit den Prätorianern war er Galbas Heer mehr als gewachsen.

Und doch wurde Nero im Juni von seinen Getreuen verlassen, floh und beging schließlich Suizid. Eine mögliche Erklärung für diesen überraschenden Vorgang ist, dass die politisch relevanten Bürgergruppen Neros Interpretation und Kommunikation der Herrscherrolle schon länger mehr oder minder geschlossen ablehnten. Diese Erklärung muss jedoch die Quellen aussortieren, die auf differenzierte Meinungsbilder schließen lassen. Verbindet man sie mit einer imperialgeschichtlichen Perspektive, verweben sich die Handlungen im Westen mit der Kriegspolitik im Osten. Neros Feldzüge hatten nur zu Verlusten geführt. Nach Sueton konnte der Herrscher zuletzt nicht einmal mehr die Soldaten bezahlen. Nach Plutarch haben die Prätorianer Nero verlassen, weil ihnen ihr Präfekt C. Nymphidius Sabinus Geldversprechungen im Namen Galbas gemacht habe. Die Soldaten hätten ihren Eid kaum gebrochen, wenn der Princeps nicht bereits zuvor an Akzeptanz verloren hätte. Dazu könnten Liquiditätsprobleme aber wesentlich beigetragen haben. Der Sturz Neros wäre dann vor allem unterfinanzierten Truppenteilen zuzuschreiben. Nach einer Interpretation mit größerer Nähe zu den Quellen waren der Bürgerkrieg und das Ende Neros nicht einfach Resultat sich aufbauender innerstädtischer Konflikte. Gescheiterte Kriege, deren fiskalische Folgen und Zufälle trugen viel zu diesem Ausgang bei. Eine kontingente Ereignisfolge hatte besonders schwerwiegende Konsequenzen. Die germanischen Legionen hatten ihren Kaiser in der Schlacht bei Besançon loyal unterstützt. Doch hatten sie für den falschen Princeps gesiegt, da Nero kurz darauf dennoch stürzte. Das germanische Heer konnte danach nicht wieder in das Gemeinwesen integriert werden.

<small>Gescheiterte Kriege</small>

Über die Regierungszeiten der folgenden kurzlebigen Kaiser sind wir durch die Geschichtswerke von Tacitus und Dio sowie Biographien von Plutarch (Galba, Otho) und Sueton ungewöhnlich gut unterrichtet. Ein stimmiges Narrativ im politikgeschichtlichen Stil lässt sich aus den Überzeichnungen der Charaktere und den Beschreibungen chaotischer Kampfhandlungen gleichwohl nicht ableiten. Die Kandidaten für die Herrscherwürde stehen für größere sozialgeschichtliche Entwicklungslinien, denen die militärischen Entscheidungen überraschend klar zu entsprechen scheinen. Die Zufälligkeit vieler Ergebnisse der Bürgerkriege von 68–69 wird dadurch allerdings eher verdeckt. Galbas Wahl schien noch den Schriftstellern der nächsten Generation folgerichtig. Die Herkunft aus einer der patrizischen Familien der Republik, also dem geburtsadligen Kern der Senatsaristokratie, galt offenbar bei der Bestimmung eines Princeps als ein wichtiges Kriterium. Wie schon 39 sollte den Juliern und Claudiern durch diese Entscheidung für einen Altadligen ihre Einzigartigkeit abgesprochen werden. Galba knüpfte außerdem an die konstitutionelle Herrschaftsabsicherung des Frühen Prinzipats an. Die dominante Erzählung über den aristokrati-

<small>sozialgeschichtliche Entwicklungslinien</small>

schen Kaiser berichtet von einem erfahrenen General, der an unzeitgemäßer Strenge scheiterte. Zudem ist Galba eines der vielen Beispiele für das entlastende Darstellungsmuster, das Fehler eines Princeps an dessen Freunde auslagert. Unter den bunten Farben moralischer Schuldzuweisungen wird noch deutlich, dass die Gruppe um Galba mit den Folgen der fiskalischen Krise unter Nero zu kämpfen hatte. In den Kassen der *res publica* und Neros *patrimonium* befand sich anscheinend nicht das Geld, um sich Zustimmung etwa bei den Prätorianern zu erkaufen. Galba wollte sich offenbar nicht zwingen lassen, sein eigenes Vermögen zu investieren. Stattdessen ließ er nur den Präfekten Nymphidius beseitigen.

<small>Folgen der fiskalischen Krise unter Nero</small>

Galba war kinderlos. Zur Regelung der Nachfolge adoptierte er keinen seiner Verwandten, sondern einen L. Calpurnius Piso Frugi Licinianus, dessen Stammbaum die bedeutendsten Namen der römischen Aristokratie außerhalb der julisch-claudischen Großfamilie im engeren Sinne integrierte. Piso war unter Nero verbannt gewesen, bediente also das Opfernarrativ in Teilen des Senats. Verdienste im Sinne des augusteischen Leistungsdiskurses hatte er allerdings nicht zu verzeichnen. Sein Gegenspieler in Rom wurde M. Salvius Otho, der selbst gehofft hatte, dass Galba ihn als Nachfolger aufbauen würde. Er war viele Jahre Statthalter der Provinz *Lusitania* (in etwa in Portugal) gewesen. Dieser lange Aufenthalt fern von Rom wird als de facto-Verbannung beschrieben, weil Otho sich durch seine Beziehung zu Neros Frau Poppaea Sabina in unerwünschter Form exponiert hatte. Der Anschluss an Galba gestattete ihm die Rückkehr. Otho stammte aus einer der italischen Familien, die im Frühen Prinzipat durch ihre Nähe zu den julisch-claudischen Principes aufgestiegen waren. Ihr Bezug zu republikanischen Erinnerungsspuren und rechtlichen Feinheiten war vermutlich schwächer ausgeprägt als bei Aristokraten vom Typus eines Galba. Als Argumente für seine Erhebung zum Princeps hatte Otho nur die Beteiligung an Galbas Zug nach Rom und davor die Nähe zu Nero anzubieten. Beide Herrscher hatten ihn jedoch beiseitegeschoben. Nachhaltige Unterstützung fand er nur bei den Prätorianern.

<small>M. Salvius Otho</small>

Für die Familien, die erst im Prinzipat in die Aristokratie aufgestiegen waren, scheinen dagegen vor allem harte Loyalitätsbeweise, Konsulate und militärische Machtmittel einen Herrschaftsanspruch begründet zu haben. A. Vitellius, seit kurzem Kommandeur des niedergermanischen Heeres (um Köln und Xanten), war in diesem Wettbewerb als ehemaliger Konsul und Sohn von Claudius' wich-

<small>Absicherung von Herrschaftsansprüchen</small>

4 Bürgerkrieg und endgültige Fixierung der Regierungsform — 77

tigstem Berater, dem dreifachen Konsul L. Vitellius, viel besser positioniert. Der Prätendent, der schließlich eine neue Dynastie gründen sollte, T. Flavius Vespasianus, stammte zwar aus einfachen Verhältnissen, war aber zumindest Konsul gewesen. Vor allem war er 68/9 der erfolgreiche General des Jüdischen Krieges.

Sozialhistorisch lassen sich also mehr oder minder plausible Gründe für die Gruppenentscheidungen für einzelne Princepskandidaten ausmachen. Die Quellen geben typischerweise persönliche Motive für die aktive Beteiligung am Bürgerkrieg an. Neben dem Versuch, sich gegen Anschläge eines Herrschers zu schützen (wie Galba vor Nero), wird immer wieder Überschuldung angeführt. Kriege ebneten Unterschiede ein und konnten zu einer schnellen Umverteilung von Vermögen führen, die unter anderen Umständen kaum zu erreichen war.

Für sozialgeschichtliche Forschungsperspektiven sind die Reaktionen der Armeen fast noch wichtiger als die Kriterien für die Wahl eines neuen Herrschers. Bis 68/69 waren Versuche, Principes gewaltsam mithilfe von Legionen zu stürzen, nie über die ersten Schritte hinausgelangt. Die meisten Herrscher hatten zwar weiter auf Expansion gesetzt, um ihr Prestige zu mehren, sich aber auf kurze massierte Einsätze über eine längere Vorbereitungszeit zusammengezogener Verbände beschränkt. Die Stimmungen der Soldaten gerieten daher nur selten in den Fokus der Literaten, geschweige dass wir verlässliche Informationen über die Einstellungen der Mehrheit der Legionäre oder gar Hilfstruppen erhalten. Nach der Mitte des 1. Jh. n. Chr. wurden die Bürgertruppen in den Grenzregionen tendenziell seltener in Italien und öfter in den Stationierungsregionen rekrutiert. Sukzessiv ergab sich eine gewisse Verschmelzung von Heeren und ihrem Umfeld. Noch stand dieser Prozess aber ganz am Anfang. Dennoch agierten die Regionalarmeen bereits 68/9 n. Chr. als Blöcke. Die Rheinlegionen trat als Einheit auf. Die Donauarmee hielt Otho die Treue und sicherte Vespasian den Sieg, der von allen Ostlegionen unterstützt wurde. Diese Blockbildung wiederholte sich 97 und 193–197.

Reaktionen der Armeen

Die Kampfhandlungen des Jahres 69 waren nach den Quellen vor allem durch schwache Führung charakterisiert und wurden durch Zufälle entschieden. Otho brachte wenige Prätorianer dazu, Galba und Piso am 15.1.69 zu erschlagen und wurde danach vom Senat als neuer Herrscher anerkannt. Schon zuvor war es bei den beiden germanischen Heeresverbänden des Imperiums am Rhein zu

Galba und Piso erschlagen

gegen Galba gerichteten Unruhen gekommen. Bei diesen beiden größten römischen Armeen übernahmen zwei senatorische Legionslegaten, A. Caecina im Süden und Fabius Valens im Norden, die Führung und bewogen den als unentschlossen geschilderten Kommandeur des niedergemanischen Heeres, A. Vitellius, die ihm angebotene Herrschaft anzunehmen. Galbas Ermordung hat den Griff der Vitellianer nach der Macht nicht mehr aufgehalten. Noch in Niedergermanien hat Vitellius einen Prozess weiter vorangetrieben, der erst Anfang des 2. Jh. zu einem Abschluss kommen sollte. Er wählte als persönliche Gehilfen im Bereich der Kommunikation und der Finanzen statt Freigelassene Ritter, vermutlich, um diesen Akteuren mehr Selbständigkeit zu ermöglichen. Noch blieb dies eine Episode, die sich bezeichnenderweise außerhalb von Rom mit seinem Traditionsballast abspielte.

Griff der Vitellianer nach der Macht

Entscheidend wurde, dass ein milder Winter es gestattete, dass Heeresgruppen aus beiden Rheinarmeen schnell nach Süden vorstoßen konnten. Othos Soldaten hatten kaum Kampferfahrung. Sie sollen zudem allen senatorischen Kommandeuren misstraut haben. Das Tempo der Vitellianer erschwerte, was das Kernanliegen der Generalität Othos hätte sein müssen: das Eintreffen von größeren Detachements der Balkanarmee abzuwarten. So nahmen nur wenige Truppenteile aus dem Donauraum an den Kämpfen teil, verstrickten dadurch aber die ganze Heeresgruppe in die anstehende Niederlage. Denn die othonische Armee ließ sich überraschend schnell auf eine Schlacht ein, die sie gegen die vereinigten germanischen Kolonnen am 14.4.69 bei *Bedriacum* (bei Cremona) verlor. Diese Niederlage hätte den Krieg wohl nicht entscheiden müssen. Doch Otho reagierte mit der einen Tat, die ihm alle Quellen hoch anrechnen. Er tötete sich wenige Tage später und beendete dadurch die zweite Phase des Bürgerkriegs.

Schlacht bei Bedriacum (bei Cremona)

Nachdem die im Imperium stationierten Armeen in die Entscheidung, wer Princeps sein solle, miteinbezogen worden waren, ließ sich diese Entwicklung jedoch nicht mit einer Schlacht wieder stoppen. Es gab keinen spezifischen Grund, warum die Rheinlegionen Kaisermacher sein sollten. Sie waren zusammen der größte militärische Verband im Imperium. Größere Kampfhandlungen gegen äußere Feinde hatte es am Rhein jedoch schon länger nicht gegeben. Die Schlacht gegen Vindex' Gallier war dagegen wegen Neros folgendem Sturz zur Belastung geworden. Unter Otho hören wir dagegen von Kämpfen an der unteren Donau, an der es während des

Legionen als Kaisermacher

4 Bürgerkrieg und endgültige Fixierung der Regierungsform — 79

Bürgerkriegs erneut zu Invasionen kam. Erfolge konnten vor allem die Legionen unter Vespasian vorweisen, der den jüdischen Aufstand langsam, aber stetig auf den Raum um Jerusalem zurückdrängte. Da die Sieger die Charakterschilderungen hinterlassen haben, ist Vitellius in der literarischen Überlieferung zu einem unbeherrschten Nichtstuer, Vespasian dagegen zu einem Sachwalter der römischen *res publica* mit wenigen Eigeninteressen geworden. Als er am 1. Juli 69 die Akklamation zum Princeps akzeptierte, müssen die Vorbereitungen für diese Usurpation (widerrechtliche Machtergreifung) jedoch schon länger im Gange gewesen sein. Eine Gruppe von Amtsträgern und Offizieren aus dem ehemaligen Corbulo-Heer, aus denen der syrische Legat C. Licinius Mucianus herausragt, organisierte diese gewaltsame Bewerbung eines hochrangigen Vertreters Roms im Osten. Die Quellen bringen das glaubhafte Argument, dass für den älteren Vespasian, der ein Aufsteiger war, vor allem sprach, dass er zwei Söhne hatte, die Stabilität verhießen. Doch hatte Augustus den Prinzipat auch um einen Siegesmythos gebaut, an den Vespasian durch seine Erfolge in Judäa anschließen konnte. Krieg und das *imperium* über die Armeen blieben eng verbunden.

Siegesmythos

Noch während im Osten die Vorbereitungen liefen, ergriffen die Legionen der Donauarmee die Initiative. Sie waren in der gleichen Position wie die germanischen Legionen nach Galbas Sieg. Sie hatten für die falsche Seite gefochten und daher keine Belohnung, sondern nur Vorbehalte zu erwarten. Während die senatorischen Provinzstatthalter sich abwartend verhielten, traten auch hier die Kommandeure aus der zweiten Reihe, die Legionslegaten, als die treibenden Kräfte hervor. In der Spätphase Neros hatten solche Positionen kaum noch Senatoren erhalten, die nach den Kriterien der Zeit Aussicht auf eine große Karriere hatten. Wenn unsere Quellen ihnen nun den Versuch zuschreiben, den Bürgerkrieg als Aufstiegschance zu nutzen, ist dies plausibel. In den antiken Berichten erscheinen jedoch vor allem die einfachen Soldaten und die Offiziere aus dem Mannschaftsstand als kaum zu lenkende Treiber des Geschehens. Dies sind zum Teil Standardmotive der Elitenverachtung gegenüber Menschen anderer Herkunft. Aber den Enthusiasmus der Truppen und ihren Willen zum Durchhalten wird man kaum leugnen können. Im August 69 begann im Donauraum die Abfallbewegung von Vitellius, die zu einem ungeordneten Vormarsch von Legionen über Aquileia nach Italien führte. Entscheidend wurde, dass es keine koordinierte Gegenwehr der Vitellianer gab, die quan-

Abfallbewegung von Vitellius

titativ und qualitativ nicht unterlegen waren. Als Hauptakteur der Donautruppen erscheint der Legat der VII. Legion Primus Antonius, der größere Teil der Balkanarmee hinter sich versammeln und die Vitellianer wiederum in der Umgebung von *Bedriacum* entscheidend schlagen konnte (24./25.10). Im Anschluss wurde die reiche Kolonie *Cremona* von den Siegern geplündert, die sich durch das Gemetzel eine Siegesprämie sparen konnten. Noch im Oktober oder November aber bot sich der Vitellius-Gruppe die Chance, mit den an der Rheingrenze verbliebenen Truppen oder auch den britannischen Legionen in Verbindung zu treten. Beides ist nie geschehen. Einen schwer einzuschätzenden Einfluss hatte eine Widerstandsbewegung gegen die vitellianisch-römische Herrschaft, die ihren Ausgang bei batavischen Kontingenten nahm. Die Bataver (in den heutigen Niederlanden), die dem Imperium Elite-Einheiten stellten, banden römische Kräfte im Norden. Der Historiograph Tacitus lässt diese Aktivitäten durch das Mittun gallischer Gruppen, die eine Art Nationalismus entwickelt hätten, zu einem großen antirömischen Krieg werden. Diese Motivzuschreibungen können wir nicht überprüfen. 70 musste jedoch erneut eine große römische Armee gegen die gallisch-batavischen Verbände vorgehen, offenbar erfolgreich. Ein rein innerrömischer Konflikt, der nur zwischen Anhängern unterschiedlicher Prätendenten ausgetragen wurde, war der Bataver-Aufstand daher wohl kaum.

<small>Bataver</small>

Die Vitellianer konnten ihren Widerstand gegen die vorrückenden Flavianer unter Antonius jedenfalls nur in Italien formieren. Aus den letzten Wochen vitellianischer Herrschaft werden zwei Ereignisse von hohem Symbolwert berichtet, deren Deutung viel über das Selbstverständnis der römischen Eliten aussagt. Vitellius versuchte abzudanken. Doch gab es für einen solchen Schritt keine akzeptierten Mechanismen. Zu kompliziert war die Gemengelage der herrschaftsbegründenden Faktoren. Wichtiger noch wurde ein fanalartiges Unglück. In der Stadt befand sich, als Zeichen eines bemerkenswerten Respektes gegenüber Mitbürgern hohen Ranges, als Stadtpräfekt Vespasians Bruder T. Flavius Sabinus. Ende 69 wurde er zur Schlüsselfigur in den Bemühungen, Rom die Gräuel einer Einnahme durch ein römisches Heer zu ersparen. Als diese Hoffnungen scheiterten, musste sich Sabinus mit einigen Getreuen, zu denen auch Vespasians Sohn Domitian stieß, auf den Kapitols-Hügel zurückziehen, in das wichtigste Heiligtum Roms, das des Jupiter Optimus Maximus. Dort wurden sie belagert. Am 19.12.69 brannte das

<small>Einnahme Roms durch die Flavier</small>

Heiligtum zu einer Ruine herunter. Domitian entkam, während Sabinus im Anschluss ermordet wurde. Das Kapitol erscheint hier als Zentrum Roms und des Imperiums. Der Brand hatte daher eine über den Moment hinausgehende Symbolwirkung. Doch auch die kurzfristigen Folgen des schockierenden Geschehens waren immens. Mochte es bis dahin noch die Chance auf eine friedliche Übergabe der Stadt und vielleicht sogar auf einen schonungsvollen Umgang mit prominenten Vitellianern gegeben haben, so war sie nun vertan. Antonius nahm Rom ein. Vitellius wurde in schimpflicher Weise hingerichtet, um seine Unwürdigkeit zu unterstreichen. Als Mucianus kurz darauf als Repräsentant der Flavier in die Hauptstadt kam, waren daher die Maßnahmen, die in besonderer Weise einen Schatten auf das neue Regime werfen konnten, bereits vollzogen. Antonius wurde beiseitegeschoben und mit ihm diese Erinnerungen. Doch Mucian ließ auch Hinrichtungen prominenter Aristokraten folgen. Vespasians Entscheidung, noch bis August 70 in Alexandria zu bleiben, war unter den Umständen ein geschickter Schachzug. In Rom herrschte eine Art Auszeit. Die in dieser Zeit begangenen Untaten wurden dem neuen Princeps nicht zugeschrieben.

das Kapitol

4.2 Zwischen Wahrung und Neubestimmung der Prinzipatsordnung: die Flavier

4.2.1 Die Konsolidierung des Imperiums unter Vespasian und Titus

Die Kampfhandlungen der Jahre 68 und 69 hatten in weiten Teilen des Imperiums Schäden hinterlassen, die die neue Flavier-Regierung beseitigen musste, sollte wieder Stabilität einkehren. Dazu gehörten die symbolträchtigen Brandspuren am römischen Kapitol ebenso wie massive finanzielle Einbußen des Imperiums, das eine fiskalische Krise durchlief. Die siegreichen Truppen erhielten bspw. keine großen Geschenke. Leider sind die als einschneidend beschriebenen Verfügungen Vespasians im Bereich der Besteuerung nur in anekdotischer Evidenz auf uns gekommen und entziehen sich daher einer analytischen Gesamtschau. Die neue Steuer für Juden nach dem Aufstand, die eine spezielle Kasse, den *fiscus Iudaicus*, bediente, wird vor allem als erniedrigend beschrieben, scheint

eine fiskalische Krise

aber auch erhebliche Geldmittel generiert zu haben. Einzelne Gemeinden mussten zumindest kurzfristig mit drastischen Steuererhöhungen für politische Fehleinschätzungen bezahlen. Die direkte Besteuerung von Böden und Personen ließ sich jedoch anscheinend nicht dauerhaft substantiell erhöhen, weil die meisten Reichsbewohner Subsistenzwirtschaft betrieben. Die Steuerquote der Reichen wird heute durchgängig als niedrig eingeschätzt, doch bildeten sie eine sehr kleine Minderheit. Vor diesem Hintergrund gewannen auch Abgaben mit geringen Erträgen (wie die berühmte Steuer auf stadtrömische Urinale) an Bedeutung. Hinzu traten Sparmaßnahmen, die auf dem sonst positiven Bild Vespasians Kratzer hinterlassen haben.

Neuverteilung der Truppenteile — So unklar wie das Verhältnis zwischen Einnahmen und den Ausgaben um 70 ist für uns auch die Informationslage im Umfeld Vespasians. Entsprechend lässt sich über die Motive für viele Beschlüsse, von denen wir nur die Ergebnisse sehen, streiten. Da die Legionen im Bürgerkrieg als Blöcke gekämpft hatten, ergab eine Neuverteilung der Truppenteile zwischen den geographischen Zonen Sinn. Kurzfristig konnten so regionale Loyalitäten abgeschwächt und Verbrüderungen erschwert werden. Die Auflösung von vier Einheiten ist aus fiskalischen Gründen nachvollziehbar, doch war die Zahl der Legionen unter Vespasian dennoch höher als vor Neros Sturz. Vespasian und sein Sohn Domitian verlegten die Truppen dabei noch stärker, als es in der augusteischen Ordnung angelegt war, an die Peripherien, die dadurch stärker durchdrungen und konturiert wurden. Die julisch-claudischen Kaiser hatten

Restrukturierung der Provinzialadministration — den Raum, der unter direkter imperialer Kontrolle stand, deutlich vergrößert. Die Zentrale hatte dieser Expansion in der Fläche und den dadurch veränderten Grenzregimen bis zu diesem Zeitpunkt politisch und militärisch jedoch noch kaum Rechnung getragen. Die flavische Regierung hat solche Anpassungen nachvollzogen. Die Restrukturierung der Provinzialadministration kann ebenso defensiven Zwecken wie der Vorbereitung neuer Offensiven gedient haben. Auffällig ist die Stärkung der Armeen im Donauraum, der zum wichtigsten Schwerpunkt römischer Militärpolitik wurde. Ob dies nur eine Reaktion auf die Grenzkonflikte der Krisenzeit war oder schon die großen Kriege der folgenden Jahrzehnte vorbereiten sollte, können wir nicht entscheiden. Umfangreicher fiel die Reorgani-

die östliche Grenzregion — sation der östlichen Grenzregion aus, die sich in Teilen von den Zonen unterschied, in denen Flussläufe, *ripae*, in linearer Form große

4 Bürgerkrieg und endgültige Fixierung der Regierungsform — 83

Grenzgebiete markierten. Die diplomatischen und strategischen Fäden römischer Politik waren bisher in *Antiocheia* (dem heutigen türkischen Antakya) und damit in der syrischen Großprovinz zusammengelaufen, der angrenzende Gebiete wie Kappadokien oder auch Judäa zumindest zeitweise untergeordnet gewesen waren. Judäa erhielt nach dem Aufstand eine Legionsbesatzung und in der Folge einen senatorischen Statthalter prätorischen Rangs. Kleinasien wurde nach dem nachwirkenden Vorbild des Corbulo-Kommandos unter Nero umgestaltet. Eine Großprovinz *Galatia-Cappadocia* im zentralen und östlichen Anatolien erhielt unter einem senatorischen Legaten mit konsularem Rang zwei Legionen zugewiesen. Damit war vermutlich auch in Reaktion auf die veränderte Lage in Armenien ein neuer militärischer Schwerpunkt entstanden, der mit der syrischen Statthalterschaft konkurrierte. Zugleich wurden kleinere Königreiche wie Kommagene (zwischen Euphrat und Taurusgebirge) und Kleinarmenien provinzialisiert und den römischen Provinzen *Syria* und der nach langer Unterbrechung nördlich der östlichen türkischen Mittelmeerküste wieder neu gebildeten *Cilicia* bzw. *Cappadocia-Galatia* zugeschlagen. Rom war in der Fläche dadurch stärker präsent und gegenüber dem Partherreich offensiv wie defensiv besser aufgestellt. Zugleich wurde die Keimzelle des flavischen Sieges von 69, *Syria*, eingehegt, sodass eine Wiederholung dieser erfolgreichen Usurpation erschwert wurde. Nach den Konflikten der vorhergehenden Zeit war es besonders wichtig, dass diese Umstrukturierungen von verlässlichen Unterstützern durchgeführt wurden. Besonders aktiv im Osten war etwa der loyale Flavier-Sympathisant M. Ulpius Traianus, der damit den Grundstein für den Aufstieg seines Sohnes, des späteren Kaisers Trajan, legte. In dieser, aber auch vielen anderen Gebieten wurde in Infrastruktur investiert, die Grenzregionen mit Forts und Straßen besser erschloss. Im römischen Nordafrika wurde das Zentrum der römischen Militärpräsenz weiter nach Süden verlagert (nach *Theveste*, dem algerischen Tébessa). Zudem wurde in kontinuierlichen Kämpfen die römische Herrschaftszone in Britannien vergrößert, zunächst etwa im heutigen Wales. Angestoßen von den kriegerischen Auseinandersetzungen 68–70 erfolgte auch eine Grenzverschiebung im Bereich des heutigen Deutschlands. Beginnend mit Maßnahmen wie Straßenbau unter Vespasian wurde der umständliche Verlauf der (vagen) Grenzen des Imperiums entlang von Ober-, Hochrhein und Donau sukzessive nach Nordosten verschoben. Die literari-

Grenzverschiebung im Bereich des heutigen Deutschlands

schen Quellen lassen uns bei der Einordnung des Geschehens allerdings weitgehend im Stich. Ein herablassender Kommentar des Historiographen Tacitus über die neu gewonnenen *agri decumates* (vor allem in Baden-Württemberg) als einer Hinterwäldler-Region sollte nicht darüber hinwegtäuschen, dass in diesem Teil des römischen Deutschlands mit der Zeit zahlreiche neue Ortschaften entstanden. Die Grenzzone verlief nach mehreren Etappen der Anlage kleinerer Lager vom Rhein südöstlich über Taunus und Odenwald, folgte aber auch über eine längere Strecke dem Main. Außer an solchen Flusslinien (*ripae*) entstanden zur Absicherung des gewonnenen Gebietes zunächst patrouillierte Grenzwege, die in der Folge unter Hadrian (ab 119) durch Palisaden sichtbarer gestaltet wurden. Die Zwischenschritte sind allerdings schon wegen der schwierigen Interpretation archäologischer Befunde intensiv umstritten. Langsam entstanden jene *limites*, die dem heutigen Weltkulturerbe *limes* seinen oft missverstandenen Ausdruck verliehen. Weder wurde ein Äquivalent zu einer heutigen Staatsgrenze gezogen, noch können die Palisaden auch nach einer sukzessiven Stärkung durch Steinlager als funktionable Verteidigungsanlage interpretiert werden. Sie sollten wohl eher Markierungen römischer Selbstbeschränkungen darstellen. Man kann diese Eingriffe in Grenzregime als unzusammenhängende Reaktionen auf lokale Herausforderungen, als Folgen von Eigendynamiken oder auch als Ergebnisse einer im Umfeld Vespasians beschlossenen Politik deuten, die dann darauf abgezielt hätte, die Gebiete unter direkter Besteuerung zu vergrößern. Schatzungen (Zensus) und interne Grenzziehungen sind jedenfalls öfter belegt.

Weltkulturerbe limes

4.2.2 Die Flavische Herrschaft in Rom zwischen Tradition und Transformation

Anschluss an die Anfänge des Prinzipats

In Rom inszenierten die Flavier ihre Herrschaft zwar als Neuanfang, die gewählten Kommunikations- und Repräsentationsformen standen jedoch eindeutig in der Tradition der augusteischen Zeit. Der Anschluss an die Anfänge des Prinzipats und an die allerdings mehrdeutige Chiffre „Augustus" zeigte sich auf vielen Ebenen, stets mit eigener Akzentsetzung. Im Mittelpunkt stand die Idee eines mit Siegen verknüpften Herrschaftsanspruchs. Die Flavier betonten, dass sie das Reich wieder stabilisiert hatten. Wie schon ähnliche Baukomplexe des ersten Princeps symbolisierte das *templum pacis*,

4 Bürgerkrieg und endgültige Fixierung der Regierungsform — 85

eine Platzanlage in der Nähe des Augustusforum, einen mehrdeutigen Frieden (*pax*), der, im Bürgerkrieg errungen, doch andere Feinde, vor allem die aus römischer Sicht aufständischen Juden, in den Vordergrund stellte. Dieser Frieden bot in der gewünschten Interpretation die Chance zu einer Erneuerung ohne große Brüche. Wie unter den frühen julisch-claudischen Herrschern wurde sodann die Familie, die *domus*, als Stabilisierungsfaktor herausgestellt, während grundsätzlich an der Idee einer wiederhergestellten *res publica* festgehalten wurde. Zum ersten Mal seit den Jahren 14–19 hatte ein Princeps zwei erwachsene Söhne. Vespasian und Titus nahmen für sich in Anspruch, die öffentliche Moral ebenso neu zu beleben, wie sie die Macht des Imperiums wieder festigten. Vespasian erscheint in der offiziellen Repräsentation, wie Augustus, aufgrund seiner Erfahrung als der beste Mann, den es für die schwierige Aufgabe der Wiederherstellung römischer Größe geben konnte. Ob auch die Verlierer überzeugt waren, können wir nicht mehr klären. In der Literatur der folgenden Jahrzehnte bleibt die Bürgerkriegserfahrung allerdings sehr präsent.

die Familie als Stabilisierungsfaktor

Aus politikgeschichtlicher Perspektive bieten die siebziger Jahre ein zwiespältiges Bild. Vespasian scheint nach den brutalen Säuberungen der Anfangszeit aus einer Position der Stärke heraus agiert zu haben. Eine zufällig erhaltene Inschrift, die einen Teil eines in seinen Details intensiv umstrittenen Bestallungsgesetzes für den neuen Princeps festhält, die sogenannte *lex de imperio Vespasiani*, zeigt, dass Vespasian von Senat und Volk rückwirkend summarisch alle Rechte der nicht verdammten früheren Imperatoren übertragen worden sind. Aufgeführt ist auch eine sehr weitreichende Entscheidungskompetenz, deren Ursprung und Zielsetzung umstritten sind. Wann die vielen Einzelbestimmungen, die zusammen die Rolle als Princeps definierten, zum ersten Mal in eine solche umfassende *lex regia* (Gesetz zur Bestallung eines römischen Herrschers) gegossen worden waren, wissen wir nicht. Dies kann, muss aber nicht erst 69 geschehen sein. 37 n. Chr. ist ein plausibler Vorschlag, da in diesem Jahr mit Caligula ein Princeps eingesetzt wurde, dem zuvor keines der einschlägigen Rechte übertragen worden war. Ernstzunehmender Widerstand ist nach 70 nicht mehr belegt. Dass die neue Herrschaftsgruppe die Lage gleichwohl nicht als vollständig stabilisiert ansah, kann man aber an einer der wichtigsten Stellschrauben der Prinzipatsordnung ablesen. Augustus hatte seine Stellung auf der Durchschlagskraft des Konsulats aufgebaut, diese

lex de imperio Vespasiani

Machtbasis aber nach 23 und auch noch nach 19 v. Chr. verschleiert. Schon der späte Nero und dann auch Vitellius haben in der Krise von 68/9 wieder den Konsulat selbst ins Zentrum ihres Herrschaftsanspruchs gerückt. Vespasian und seine Söhne haben den augusteischen Schleier im Anschluss noch deutlicher beiseitegeschoben. Sie übernehmen oft den ordentlichen Konsulat und behielten damit für den Anfang des Jahres zunächst auch die direkte Kontrolle über das politische Geschehen in Rom. Diese Stellung war sehr stark, musste aber auch andere Senatoren irritieren, die ihrerseits die Übernahme des Konsulats, der dem Jahr den Namen gab, anstrebten. Da verdiente Unterstützer der flavischen Sache mit zweiten oder sogar dritten Konsulaten ausgezeichnet wurden, blieb für die meisten erfolgreichen Senatoren nur der Suffektkonsulat, also das Nachrücken nach dem Rücktritt eines Vorgängers. Dass die Flavier auf die Konzentration von Machtmitteln setzten, zeigt sich auch darin, dass Titus zeitweilig als Gardekommandeur agierte. Für einen Senator war dies ungewöhnlich.

Wandel der senatorischen Elite

Der Wandel der senatorischen Elite, der sich schon in der Nero-Zeit beschleunigt hatte, sollte sich unter den Flaviern weiter verstärken. In den inneren Konflikten unter Nero und im Bürgerkrieg hatten die beiden oberen Stände einen großen Blutzoll entrichtet. Vespasian soll nach einer spätantiken Angabe (Aurelius Victor 9, 9) nur noch 200 senatorische Familien vorgefunden und ihre Zahl wieder auf 1000 erhöht haben. Zwar gab es unseres Wissens im Frühen Prinzipat nur etwa 600 aktive Senatoren, doch zeigt diese Notiz, dass Vespasian als Erneuerer des Senatorenstandes in die römische Memorialkultur eingegangen ist. 73/74 übernehmen Vespasian und Titus die altehrwürdige Rolle von Zensoren. Diese Monate wurden für den höchsten Stand zu einer Binnenschwelle. Die sich ausbildende flavische Aristokratie sollte zumindest bis in das 3. Jh. hinein den Kern des Senates bilden. Verdiente Anhänger hatten zum Teil schon ihre Karriere begonnen und erhielten nun einen starken Schub oder wurden überhaupt erst auf einer schon höheren Rangstufe in den Senat aufgenommen (das sogenannte *adlectio*-Verfahren). Beispielsweise wurden die Ulpii Traiani oder die Annii Veri zu Profiteuren des Umbruchs und sollten später Kaiser stellen. Sie ka-

die iberischen Provinzen

men aus südspanischen Orten. Die iberischen Provinzen erhielten insgesamt das latinische Bürgerrecht (*latium*), eine Vorstufe zum römischen Bürgerrecht. Typisch daran ist, dass die Verleihung eines neuen Rechtsstatus aufgrund eines konkreten Anlasses – der Beendigung des Bürgerkriegs – erfolgte. Eine Politik der systematischen Assimilierung auch nur der westlichen Provinzen („Romanisierung") lässt sich zu keiner Zeit nachweisen. Ohnedies nahm die Umsetzung von Vespasians Verfügung noch viel Zeit in Anspruch. Vespasian und Titus förderten aber nicht nur westliche Familien, sondern auch Mitglieder der Oberschicht der reichen Provinzen Kleinasiens, die sich 69 oft sehr schnell den Flaviern angeschlossen hatten. Dadurch nahm die Zahl der Senatoren aus griechischsprachigen Provinzen zwar zu. Das italische Gepräge des Senats wurde aber nicht in Frage gestellt. Die neuen Senatoren hatten kaum noch Beziehungen zu der augusteischen Aristokratie. Über ihre Wertorientierung wird entsprechend auch diskutiert. Galt aristokratische Herkunft überhaupt noch als wichtiges Kriterium für eine Karriere im Dienst von Princeps und Imperium? Von sozialen Aufsteigern dieser Zeit verfasste Schriften werden sehr unterschiedlich interpretiert, demonstrieren aber insgesamt eher Interesse an Tradition und der Fortführung einer kooperativen *res publica*. Wie repräsentativ sie sind, lässt sich allerdings nicht sicher entscheiden.

<small>Senatoren aus der Oberschicht der reichen Provinzen Kleinasiens</small>

Vespasian starb 79 fast siebzigjährig. Die Bestrebungen der Flavier-Gruppe, ihn als Princeps zu etablieren, müssen von Anfang an auch auf seinen älteren Sohn abgezielt haben. Zu Beginn des Bürgerkriegs war Titus noch nicht dreißig Jahre alt. Die Chance zur Etablierung einer stabilen Familienherrschaft war groß, auch wenn Titus noch keinen legitimen Sohn hatte. Sein jüngerer Bruder Domitian diente zunächst als Anker der Familie, deren Ansprüche Titus in Bild und Monument, bspw. mit dem Bau eines Tempels für seinen vergöttlichten Vater, in Rom zur Geltung brachte. Sein Tod durch ein Fieber nach nicht zwei Jahren Herrschaft hat diese Chance auf eine nachhaltige Stabilisierung des Prinzipates zunichte gemacht. In seiner kurzen Herrschaft hat Titus im Wesentlichen die Politik seines Vaters, an der er maßgeblich beteiligt gewesen war, weiterverfolgt. Drei Aspekte der Titus-Zeit haben nachhaltiger gewirkt. Als Partner seines Vaters hatte er Willen zur Macht bewiesen, war aber nach den Quellen auch dem Genuss der Lebensfreuden, die sich einem etablierten Nachfolger in Rom boten, zugetan. Dabei ging es nicht nur um die gleichermaßen erwarteten wie getadelten Gastmähler, die als eine Spezialform von Öffentlichkeit unterschiedlichen Gruppen die Chance auf Zugang zum Machthaber boten, sondern auch um andere, individuellere Formen der Vergnügung. Als Herrscher hat sich Titus darum bemüht, diese Wahrneh-

<small>Titus</small>

mung von sich mit einem neuen Rollenbild (*imago*) zu überschreiben. Der neue Titus sollte für Milde und Großzügigkeit, aber eben auch für Ernsthaftigkeit stehen. Einen Test hat dieses Herrscherbild nicht bestehen müssen. Und so wurde Titus zu einem der ganz wenigen Entscheider mit einem positiven Nachleben in einer politischen Kultur, die mit ihren Monarchen nach deren Tod oft hart ins Gericht ging. Der Vesuvausbruch, der 79 n. Chr. Herculaneum und Pompeji zerstörte, brachte menschliches Leid in Italien und für Titus die Chance, die spezielle Aufgabe, vor die Naturkatastrophen Principes stellten, vorbildlich zu meistern. Pompeji bietet bis heute den Altertumswissenschaften besondere Bedingungen, bspw. Wohnkultur, Wahlkämpfe oder Krankheiten in einer mittelgroßen Stadt anhand von Architektur, Inschriften oder Skeletten zu untersuchen. Schließlich hat Titus seinen Bruder Domitian als wichtigen Teil der Dynastie herausgestellt, aber nicht mit einer herausragenden Karriere auf die Rolle als Entscheider vorbereitet, möglicherweise in Hoffnung auf einen eigenen Sohn. Domitian folgte ihm 81 zwar unangefochten nach, konnte dies aber nicht mit spezifischen Verdiensten begründen. Das machte ihn angreifbar, zumal ein Sohn bereits zu Beginn seiner Regierungszeit verstorben war. Einige Quellen spielen zudem auf die psychologischen Folgen seiner Reservistenrolle vor 81 an. Historisch analysierbar sind solche Charakterstudien nicht.

4.2.2 Domitian: eine doppelte Neubestimmung der Imperatorenrolle

Domitian war Sohn und Bruder von erfolgreichen Principes und konnte sich zudem auf den Beraterstab seiner Vorgänger stützen. Dass er nach dem Urteil der Zeitgenossen dennoch vollständig scheiterte und zum Inbegriff eines schlechten Herrschers wurde, ist bemerkenswert. Von einem antiken Beobachter und auch später wurde er mit Nero verglichen, mit dem ebenfalls eine Familienherrschaft endete. Der Vergleich ist zunächst überraschend, da Nero für eine sehr lebensfreudige Kultur stand und Domitian auf eine auch einzuschärfende Sittenstrenge setzte, die in der dauerhaften Übernahme der Zensur 85 n. Chr. ihren sinnfälligen Ausdruck fand. Beide Principes hatten jedoch Interesse an Literatur und Spielen. Beide waren große Bauherren. Domitian schuf oder prägte die immense Palastanlage auf dem Palatin, die schon die Phantasie der Zeitgenossen, mehr noch die späterer Rezipienten angeregt hat. Sie diente offenkundig der Distanzierung der sozialen Elite und schuf Kommunikationsräume eines neuen, machtbetonenden Stils. Unter beiden *principes* blieb die Politik aber von den Polen Kapitol und Kurie bestimmt.

Weiterführend ist die Parallele zwischen Domitian und Nero jedoch vor allem aus imperialgeschichtlicher Perspektive. Die Zustimmung zu beiden beruhte vor allem auf dem Umstand, dass sie der herrschenden Familie angehörten. Immer deutlicher wurde in diesen Jahren, dass vielleicht das Militär, aber nur sehr bedingt die Machtelite in Rom einen Herrschaftsanspruch akzeptierte, der primär auf Abstammung beruhte. Wie Nero setzte Domitian daher darauf, eine Stellung möglichst rasch durch eigene Verdienste nach Maßgabe römischer Werte abzusichern. Das Resultat war eine Serie von Kriegen mit persönlicher Beteiligung des Princeps. Da sich kaum nachhaltige Erfolge einstellten, trug der ostentativ militärische Habitus des neuen Regimes jedoch nicht zu seiner Stabilisierung bei. Die Rückschau schrieb Domitian kaum positive Züge zu. Dagegen werden zwei negative Eigenschaften des Princeps als dominant hervorgehoben: Geldgier und Brutalität im Umgang mit den Senatoren. Der erste Vorwurf lässt sich plausibel an Domitians Politik zurückbinden. Dabei hatte er anders begonnen und die römische Edelmetallprägung, vor allem die Silberdenare, in Gewicht und Feingehalt beinahe wieder auf das augusteische Niveau gebracht. Zusätzlich stellte Domitian eine neue Legion (*legio I Minervia* in Bonn) auf und ließ den Sold der Legionäre um ein Drittel, den der Offiziere und anderer Truppengattungen entsprechend erhöhen. Diese Mehrkosten setzten die Regierung jedoch unter Druck, so dass rasch die Suche nach Einnahmen zu einem beherrschenden Zug der Domitian-Jahre wurde. Die Münzreform konnte nicht durchgehalten werden. Schon 85 wurden die Silberdenare wieder mit weniger Silberanteil und die (Gold-)*aurei* mit weniger Gewicht ausgegeben. Die von den Flaviern neu eingeführten Steuern für Juden wurden rigoros eingetrieben. Auch Randgruppen des Imperiums sollten der Besteuerung unterworfen werden, was zumindest im Falle der Nasamonen an und südlich der Großen Syrte zu schweren Konflikten führte. Verlorene Einheiten wurden nicht ersetzt. Die Liste ließe sich fortsetzen.

Wie unter Nero, aber sehr viel schneller baute sich unter Domitian daher eine fiskalisch-militärische Spannung auf. Wie unter

[Marginalia:]
imperialgeschichtliche Perspektive

Geldgier und Brutalität im Umgang mit den Senatoren

Fehlen von Nachfolgeoptionen

Nero hatte dies viel damit zu tun, dass Domitian die erhofften Siege nicht erringen konnte. Wie Nero scheint sich Domitian deswegen herausgefordert gefühlt zu haben. In der Tat sind schon bald Verschwörungen gegen ihn bezeugt, deren Hintergründe aber unklar bleiben. Da unter den frühen Opfern des Princeps auch Vespasians Großneffe, der Ehemann von Titus' Tochter, T. Flavius Sabinus, war, entfielen zudem nach dem Tod eines Sohns die wahrscheinlichsten Nachfolgeoptionen schon zu Beginn von Domitians Herrschaft. Damit waren alle Zutaten für die typischen innerrömischen Konflikte vorhanden.

T. Flavius Sabinus

In den ersten Jahren seines Prinzipates hatte Domitian dabei durchaus Erfolge zu verzeichnen. 83 beteiligte er sich persönlich an einem Krieg gegen die Chatten in den Mittelgebirgen des heutigen Hessens. Wie notwendig solche Kriege waren, lässt sich den römischen Quellen nie entnehmen. Für einen neuen Princeps, der Ruhm erwerben wollte, kam dieser jedenfalls gelegen. Domitian nahm ihn zum Anlass, in Rom einen Triumph zu feiern. Wenn es Geländegewinne gegeben hat, blieben sie allerdings bescheiden und fügten sich in das langsame Vorschieben der römischen Einflusszone im heutigen Deutschland ein, das unter Vespasian begonnen hatte und bis zur Mitte des 2. Jh. anhalten sollte. Doch Domitian gab sich als der neue Germanicus und überlegener Feldherr. Noch vier weitere Male sollte er sich in der Folge selbst an die Grenzen begeben (85, 86, 89, 92 n. Chr.). Doch trotz zwischenzeitlicher Siege an der Donau musste der Herrscher vor allem Rückschläge gegen nördlich des Flusses siedelnde kriegerische Verbände hinnehmen. Die einzigen größeren Geländegewinne erzielten römische Verbände ohne den Princeps schon seit den späten siebziger Jahren in Britannien, unter der Leitung des Cn. Iulius Agricola, des Schwiegervaters des Historiographen Tacitus. Der Schwiegersohn hat uns eine Mischung aus Biographie und Totenlob hinterlassen, in der der loyale, aber zurückhaltende Agricola zum Inbegriff eines guten Senators der Kaiserzeit stilisiert wird. Agricola drang weit in das heutige Schottland vor und dehnte die militärische Präsenz des Imperiums bis zum Tay und im Nordosten noch weiter aus, bevor Domitian ihn 83 oder 84 abberief und die Eroberungen einige Jahre später zumindest de facto aufgab. Der Princeps hätte auch die Leitung dieser Kämpfe übernehmen können. Dass er die Siege in Britannien weder zu einer großflächigen Eroberung noch im Stile des Chatten-Triumphes für seine Repräsentation nutzte, könnte mit einer ersten erfolgrei-

Erfolge

der neue Germanicus

Britannien

chen Invasion von Dakern (aus dem heutigen Rumänien) zusammenhängen, über deren Datierung gestritten wird. Dieser dakische Angriff erfolgte andererseits vielleicht schon als Reaktion auf erhöhten römischen Druck auf das imperiale Vorfeld nördlich der Donau. Ob die folgende massive Wendung Roms gegen die Daker auf eine reale Bedrohungslage reagierte, fiskalischen Interessen geschuldet oder eventuell auf Domitians Interpretation der Imperatorenrolle zurückzuführen ist, muss letztlich unklar bleiben.

Daker

85 und 86 brachten die Daker dem Imperium empfindliche Niederlagen bei. Im Zuge dieses Krieges sollte sich mit Decebalus, dessen Zentrum Sarmizegetusa im heutigen Siebenbürgen bildete, ein der kaiserlichen Generalität ebenbürtiger Gegner etablieren, der die dakischen Potentiale oftmals einer einheitlichen Führung unterstellen konnte. 88/9 weiteten sich die Kämpfe in dem Großraum an der Donau in Richtung auf die heutigen Staaten Tschechien und Slowakei aus. Im gleichen Jahr erlitten die römischen Truppen gegen die dort lebenden germanischen Kriegergesellschaften der Markomannen und Quaden, denen sich auch die vor allem für ihre Reiterei bekannten Jazygen zwischen Donau und Theiß anschließen sollten, eine schwere Niederlage. Um die Lage unter Kontrolle zu bringen, musste ein Vertrag mit Decebalus geschlossen werden, der römische Subsidienzahlungen einschloss. Stabilität konnte erst 93 hergestellt werden, und auch dann nicht zu römischen Bedingungen. Zweiundzwanzigmal wurde der Princeps von seinen Truppen als Sieger ausgerufen, doch trugen offenbar Schönungen von riskanten Kämpfen zu diesen Erfolgsmeldungen bei. Der de facto-Verlust zweier Legionen spricht Bände.

empfindliche Niederlagen

Im Verlauf der Kämpfe wurde die römische Großprovinz *Moesia* (vor allem im serbisch-bulgarischen Raum) geteilt (in *Moesia superior* und *inferior*). Der kleine Erfolg gegen die Chatten wurde dazu genutzt, die beiden germanischen Heeresbezirke (mit Kernen in Westdeutschland) in Provinzen umzubenennen. Die Fokussierung auf den Donauraum brachte damit auch ein formelles Ende des römischen Revanchismus am Rhein mit sich.

die germanischen Heeresbezirke

Durch die Rückschläge an der Donau wirkte Domitian anscheinend angreifbar. 87 ist eine weitere Verschwörung belegt, Ende 88 oder 89 erhob sich der Legat Obergermaniens, L. Antonius Saturninus, gegen ihn. Die potentiell gefährliche Rebellion war allerdings stümperhaft vorbereitet und wurde rasch niedergeschlagen. Bei dieser Gelegenheit erwarb der spätere Kaiser Trajan die einzigen

Verschwörungen

militärischen Meriten in seiner Laufbahn, indem er zur Unterstützung Domitians die einzige auf der iberischen Halbinsel stationierte Legion herbeiführte, die aber nicht mehr eingreifen musste. Das Verhältnis zwischen Princeps und vielen Senatoren muss danach sehr angespannt gewesen sein. Die Zahl der Todesurteile, Selbstmorde oder Verbannungen von Senatoren stieg, ohne dass wir die Handlungen der Beteiligten genauer nachvollziehen oder gar Motivlagen aufschlüsseln könnten. Senatorische Ankläger agierten als die Treiber in diesem Geschehen, partiell vermutlich auf eigene Rechnung, um die eigene Karriere voranzubringen, doch kaum gegen den Willen Domitians. Erneut kam es zu Konflikten zwischen einem Princeps und Anhängern der stoischen Philosophie. Philosophen wurden aus Rom vertrieben, prominente Senatoren wegen ihrer Beziehungen zu den stoischen Opfern Neros (und Vespasians!) hingerichtet. Die Philosophie dürfte aber auch in diesem Fall vor allem Argumentationshilfen für den Wunsch nach Traditionsverhaftung geboten haben, die Domitian wachsend aufgab. Dass er sich in den Schutz der Göttin Minerva oder auch Jupiters stellte, hatte noch viele Vorläufer. Aber dass er mit Anreden wie *dominus et deus* (Herr und Gott) spielte, konnte als Grenzüberschreitung gedeutet werden. Sie waren der römischen Welt nicht fremd, konnten aber in einer Gesellschaft, in der Sklaverei eine große Rolle spielte, je nach Kontext hochproblematisch sein. Domitians Auftreten zielte anscheinend auf eine Distanzierung von den politisch relevanten Gruppen in Rom ab. Die senatorischen Toten sind als Märtyrer dieser Selbstüberhöhung in die Erinnerung an die Domitian-Jahre eingegangen. Zwar sind weniger Mitglieder der oberen Stände Prozessen zum Opfer gefallen als noch unter Claudius und Nero. Sozialgeschichtlich zeitigten diese Jahre keine großen Auswirkungen auf die Zusammensetzung der römischen Elite. Kulturhistorisch betrachtet aber hatte Domitians Verhalten, das bisweilen an Kommunikationsverweigerung gegenüber den Senatoren und dem römischen Volk grenzte, große Nachwirkungen, indem es Bilder von einem schlechten und durch Umkehrung einem guten Herrscher prägte. Der Senat der flavischen Jahre war nicht mehr der noch von republikanischen Traditionen geprägte der Anfänge des Prinzipats. Die Senatoren hielten zwar die Erinnerung an die frühere Größe des Gremiums hoch, waren aber bei aller Konkurrenz doch eher um die Eindämmung von Konflikten bemüht. Umso mehr müssen die Abrechnungen dieser Jahre willkürlich gewirkt haben. Ob der

Princeps die Bereitschaft, ihn zu stürzen, wirklich ganz falsch einschätzte, lässt sich aber nicht mehr klären.

Versuche, eine Gegendarstellung zu der Schwarzzeichnung Domitians aus den Jahren nach seinem Tod vorzulegen, finden in einer Bemerkung seines Biographen Sueton (8, 2), Domitian sei ein sehr gewissenhafter Administrator gewesen, einen interessanten Anhaltspunkt. Überprüfen können wir diese Aussage nicht. Der Dauerkonsul Domitian, der als Zensor über die Moral der römischen Oberschicht wachte und Finanzsorgen hatte, kann natürlich die ihm vorliegenden Akten sorgfältig studiert haben. Aus seinem Regierungshandeln lässt sich dies nicht ablesen. Im zivilen Bereich hat er wie die Herrscher vor und nach ihm im Wesentlichen reagiert. Beispielsweise war Domitian noch mit der erwähnten Maßnahme Vespasians befasst, den iberischen Gemeinden, die noch nach eigenen Prinzipien organisiert waren, pauschal das latinische Recht zu verleihen. Diese Gemeinden konnten nun Städte mit einer römisch geprägten Organisationsform werden (*municipia*) und dadurch einen höheren Grad an Rechtssicherheit erreichen. Ihre Amtsträger wurden in der Folge römische Bürger. Die Umsetzung von Vespasians Maßnahme setzte jedoch konkrete Anfragen in und Anordnungen aus Rom voraus, und es dauerte daher lange, bis alle entsprechenden Gemeinden wirklich latinische Munizipien wurden. Andere tradierte administrative Maßnahmen Domitians bleiben für uns Stückwerk.

Regierungshandeln

Ältere politikgeschichtliche Darstellungen haben Domitians Beseitigung als Parabel erzählt, die die Folgen monarchischen Hochmuts verdeutlichen sollte. Kultur- oder imperialgeschichtliche Ansätze sind methodisch anspruchsvoller. Doch zeigt das Ende des Princeps die Grenzen aller analytischen Herangehensweisen auf. Trotz seiner Misserfolge standen die Truppen offenbar mehrheitlich hinter Domitian, sei es wegen der Solderhöhung, sei es wegen der ihnen gezeigten Wertschätzung. Seine auf Distanz gehaltenen Feinde aus den hohen Ständen konnten dem Palast- und Frontkaiser kaum bedrohlich werden. In seinen späten Jahren gelang es dem Herrscher zudem, eine dynastische Perspektive aufzubauen. Die als Nachfolger in Aussicht genommenen Verwandten waren zwei Söhne seines Cousins T. Flavius Clemens, die Domitian in jugendlichem Alter nach Augustus' Vorbild adoptierte. Doch bald darauf, 95, ließ er Clemens beseitigen und seine Frau Domitilla verbannen, beide aufgrund eines Atheismus-Vorwurfs, vielleicht wegen

Domitians Beseitigung

der Übernahme jüdischer Bräuche. Die spätere christliche Inanspruchnahme der beiden Opfer des Herrschers hat kein festes Fundament in der Überlieferung. Für alle wurde so deutlich, dass auch das unmittelbare Umfeld des Princeps nicht vor ihm sicher war.

die Verschwörergruppe   Der Erfolg eines Komplotts konnte deswegen natürlich nicht vorausgesetzt werden. Dass allerdings offenbar die Kaiserin und beide Gardepräfekten eingeweiht waren sowie Freigelassene mit Kaisernähe sich gegen den Herrscher wandten, erhöhte die Chancen, Domitian zu beseitigen, deutlich. Diese Zusammensetzung der Verschwörergruppe legt nahe, dass Domitian wirklich Schrecken verbreitet hat. Ob die bald hervortretenden Senatoren, die Trajan als Herrscher installierten, schon Mitwisser der Attentatspläne waren, wissen wir nicht. Der im Anschluss als Nachfolger installierte M. Cocceius Nerva war eingeweiht, wurde aber offenbar primär ausgewählt, weil er schwach war: Er war kinderlos und bereits fünfundsechzig Jahre alt.

5 Die Jahrhundertwende als Scharnierzeit: das Ende der Frühen Kaiserzeit

Tacitus
Sueton

Zwei Autoren, deren Werke entscheidend zu unserer Kenntnis der Frühen Kaiserzeit insgesamt beitragen, prägen auch in besonderer Weise unser Verständnis des Übergangs zwischen der domitianischen und der trajanischen Zeit: der erfolgreiche Senator Tacitus (ca. 55–120 n. Chr.) und der Biograph Sueton (ca. 70–ca. 130 n. Chr.), der in der ritterlichen Administration aktiv war. Mit beiden im römischen Sinn befreundet war ein weiterer literarisch tätiger Senator, der wie Tacitus aus dem Ritterstand in den ersten Stand aufstieg:

Plinius d. J.   Plinius d. J., von dem sich ein größeres Briefcorpus und eine Lobrede (*Panegyricus*) auf den Kaiser Trajan erhalten haben. Diese drei Kenner der domitianisch-trajanischen Zeit setzen in unterschiedlicher Form mit Domitians Tod einen Bruch an und grenzen damit die Hochphase ihrer literarisch-politischen Aktivität von einer anders wahrgenommenen vorhergehenden Zeit ab. Domitian, aber auch Herrscher wie Caligula und Nero stehen für das Schlechte am Frühen Prinzipat, seine Nachfolger Nerva und Trajan jedenfalls in eindeutigen Aussagen für einen Aufbruch in eine bessere Zukunft. Dass die Spätphase Domitians und der Wechsel zu Nerva und Trajan eine Schwellenerfahrung war, übernehmen viele moderne Behandlungen der Kaiserzeit in ihre Darstellung. Wie repräsentativ die Werke der drei Aufsteiger für die Gedankenwelt der soziopolitischen Elite sind, ist allerdings ebenso schwer zu entscheiden wie die Frage, inwieweit die von ihnen verfassten Retrospektiven primär Analysen ihrer eigenen Gegenwart bieten. In jedem Fall verklammern die drei Autoren durch ihre Rückblicke auch ihre Lebenszeit mit dem vorhergehenden Jahrhundert.

Auch wenn Domitians Ende einen tiefen Bruch darstellte, betrafen dessen Folgen primär einen kleinen Teil der Oberschicht, vor allem die Senatoren. An der Donau war Trajan zumindest mit den gleichen Herausforderungen konfrontiert wie Domitian. Wie ihre Vorgängerin versuchte auch die Trajan-Regierung, ihren Herrschaftsanspruch nachträglich durch Siege abzusichern, die unter dem persönlichen Kommando des Princeps errungen werden sollten.

Diese Interpretation der Imperatorenrolle hatte auch zur Folge, dass sich die Principes immer öfter fern von Rom aufhielten. Zum Teil reagierten sie vermutlich darauf, dass sich seit dem Bürgerkrieg von 68/9 das Verhältnis zwischen dem römischen Zentrum und den provinzialen Peripherien verändert hatte. Zum Teil trugen sie zu der Neuaushandlung dieses Verhältnisses auch bei. Die drei genannten Entwicklungen, die Suche nach der richtigen Positionierung des Herrschers gegenüber der Senatsaristokratie, das persönliche Kommando der Kaiser über große Interventionsarmeen an den Grenzen und der Bedeutungszuwachs des Imperiums gegenüber Rom, machen die domitianisch-trajanische Zeit zu einer von Eigendynamiken geprägten Phase, die ein Scharnier zwischen Früher und Hoher Kaiserzeit bildete.

die Interpretation der Imperatorenrolle

5.1 Die Jahre 96–98: zur Anatomie von Herrscherwechseln

Die Krise des Jahres 96 n. Chr. gibt heutigen Betrachterinnen und Betrachtern einen guten Einblick in die Mechanismen stadtrömischer Machtpolitik und deren Verknüpfung mit den Ressourcen des Reichs. Domitian wurde von Mitgliedern seiner engsten Umgebung ermordet. Ob sein Verhältnis zu den Senatoren und dem stadtrömischen Volk vor der Tat völlig zerrüttet war, ist schwer zu entscheiden. Das neue Regime unter dem kinderlosen, fünfundsechzigjähri-

Nerva

gen Nerva stieß aber jedenfalls nicht auf ungeteilte Zustimmung aller politisch relevanten Gruppen. Während die Prätorianer den neuen Princeps mehrheitlich ablehnten, waren die Sympathien der großen Truppenverbände offenbar geteilt. Die politische Elite hatte ebenfalls unterschiedliche Präferenzen. Detailanalysen der Karrieren prominenter Senatoren und im Reichsdient aktiver Ritter haben in diesem Fall in Rom sichtbar werden lassen, was immer als wahrscheinlich gelten muss. Die Konsensfassaden, die die kaiserlichen Regierungen gerne hochzogen, waren eben dies: Fassaden. Anhänger Domitians setzten 96/7 auf die Fortführung der Herrschaft eines Domitianischen Netzwerks und wollten den prominentesten General des letzten Flaviers, M. Cornelius Nigrinus, gerade Legat in *Syria*, als dessen Nachfolger durchsetzen. Dagegen verbündeten sich andere hochrangige Senatoren und Ritter und bereiteten einen Präventivschlag vor, indem sie den Patrizier M. Ulpius Traianus aus dem südspanischen Italica, einem Gebiet antiken Ölreichtums, zu dem nächstgelegenen Heeresverband in Obergermanien aussandten. Von dort hätte er schnell mit Militär in Rom intervenieren können. Nervas Haltung zu dieser Ernennung bleibt letztlich unklar, doch hat er – freiwillig oder dazu gedrängt – im Oktober 97 Trajan adoptiert. Trajan konnte sich anders als der Putschist gegen Domitian, Saturninus, auch der Unterstützung der niederrheinischen Legionen versichern. Als sich ihm die Donaulegionen anschlossen, war er kaum noch zu verhindern. Nigrinus verzichtete denn auch auf den Versuch, von Vespasians alter Machtbasis aus gewaltsam Princeps zu werden und wurde bald in seine spanische Heimat abgeschoben. Warum die Verschwörer in Rom Trajan auswählten, wissen wir nicht. Bei der Usurpation des Saturninus hatte er Domitian loyal unterstützt. Die iberische Herkunft war so wenig wie bei Nigrinus, der noch dazu Senator der ersten Generation war, ein Nachtteil, aber vermutlich auch kein Pluspunkt. Aus der weiteren Entwicklung wird deutlich, dass Patrizier als innerer Kreis der Senatoren hochgeachtet waren. Trajan hatte diesen seinem Vater zugesprochenen und auf ihn übergegangenen Status noch mit einer sonst unüblichen Karriere außerhalb Italiens ergänzt. Prädestiniert für den Prinzipat war er dennoch nicht.

Trajans Adoption Ende 97 stabilisierte die Herrschaft Nervas, der allerdings schon Anfang 98 starb. Die folgenden Principes sind in die Überlieferung und die Rezeption als gute und starke Monarchen eingegangen. Bis 192 wurde kein Kaiser mehr ermordet. Auch

Senatoren starben nur noch selten eines gewaltsamen Todes. Zudem wurde das Reich 106 noch einmal substantiell erweitert. Die Monarchie schien in Rom angekommen. Politikgeschichtlich kann man die ersten Jahre dieser Phase, 97–106, aber mit einiger Plausibilität auch in einem ganz anderen Licht sehen. Trajan kam zunächst nicht einmal nach Rom, sondern blieb bei den germanischen Legionen und begab sich dann zu den Donautruppen, um sich der Treue dieser Einheiten langfristig zu versichern. Der neue Entscheider wollte wohl auch einen noch von Domitian vorbereiteten, aber erst 97 erfochtenen Sieg gegen Markomannen und Quaden (vor allem im heutigen tschechischen Gebiet) für sich reklamieren. Vielleicht wurde aber auch der folgende Krieg an der unteren Donau in dieser Zeit bereits vorbereitet.

In der bis Ende 99 kaiserlosen Hauptstadt wurden den Personen, denen Trajan den Prinzipat verdankte, Ehren zugestanden, wie sie seit Augustus selten geworden waren. Durch einen Zufall ist eine der unzähligen Reden in überarbeiteter Form erhalten geblieben, die Senatoren vortrugen, die zum Konsulat aufstiegen. Plinius d. J., ein bekannter Redner und eine wichtige Figur des gesellschaftlichen Lebens Roms, pries bereits 100 oder 101 Trajan als besten Kaiser. Dass der später offiziell als *optimus*, der Beste, geehrte Herrscher so früh bereits mit derartigen Attributen versehen wurde, lässt gelegentlich vergessen, dass alle Principes mit solchen Lobreden überschüttet worden sind. Obendrein ist Plinius' *Panegyricus* nicht frei von mehrdeutigen Untertönen. Denn er hebt auch das Prestige anderer Senatoren hervor und verweist so darauf, dass Trajan seinen Aufstieg einflussreichen Männern verdankte, die auch weiterhin die Politik mitbestimmten. 100/1 war Trajan kein besonders durchsetzungsstarker Princeps.

Wie andere Herrscher vor und nach ihm versuchte Trajan, bestehende Akzeptanzdefizite im Krieg und durch die Erweiterung des Reichs auszugleichen. Wie Domitian wählte er als Kriegsschauplatz Dakien, ein Gebiet nördlich der unteren Donau, das östlich von der Theiß über den Olt hinausreichte. Die römischen Quellen beschreiben die dortige Gesellschaft mit ihren kriegerischen Großen, Siedlungen und einer in Ansätzen gegebenen politischen Organisation unter König Decebalus als bedrohlichen Gegner. Wir haben aber keinen Anlass zu glauben, dass die untere Donau damals zu den „shatter zones" des Imperiums gehörte. Umgekehrt gehörte Expansion zur imperialen Mission Roms. Anlässe für eine erneute In-

Randnotizen:
Plinius' *Panegyricus*

Kriegsschauplatz Dakien

tervention mag es gegeben haben, sie ließen sich aber auch leicht aufbauschen oder sogar erfinden.

5.2 Expansion als imperiale Mission: Trajans Alleinregierung

Dakien Provinz

101 begann nach längerer Rüstung Trajans Krieg gegen die Daker, der nach gefährlichen Rückschlägen im nächsten Jahr zu einem ernüchternden Erfolg führte. Zwar gab es Geländegewinne und Unterwerfungsgesten des Decebalus, aber sicher nicht den Erfolg, den die Massierung von nach Schätzungen bis zu 100 000 Soldaten hatten erwarten lassen. So nahm die Entscheidergruppe um Trajan den Krieg nach einer kurzen Pause mit neuen Zurüstungen 105 n. Chr. wieder auf. Die als Begründung herhaltenden Gegenmaßnahmen auf Seiten des Decebalus scheinen eher Präventivschläge gewesen zu sein. Dieses Mal erzielte der Kaiser mit einer vermutlich noch größeren Truppenmacht seinen Prestigeerfolg. 106 fiel Decebalus' Zentralort Sarmizegetusa. Der König tötete sich auf der Flucht. Die Beute war enorm. Das Imperium provinzialisierte dakische Gebiete. Später wurden große Teile dieser Eroberungen in drei Provinzen geteilt. Die dakischen Goldbergwerke trugen auch langfristig zum imperialen Reichtum bei. Doch blieb die Region schwer zu verteidigen, sodass konstant eine hohe Truppenzahl in diesem vorgeschobenen Bollwerk gebunden war. 106 war auch eine neue

Arabia

Provinz *Arabia* (im heutigen Jordanien bis zur Sinai-Halbinsel) um die Felsenstadt Petra, einer wichtigen Drehscheibe des Handels mit der arabischen Halbinsel, in das Imperium integriert worden. In der Folge hat Trajan mit der Zurschaustellung neu gewonnener Territorien und großen Goldmengen die augusteisch-vespasianische Tradition eines guten Kaisers erneut aktualisiert.

Bauprogramme in Rom und Italien

Schon zuvor waren Bauprogramme in Rom und Italien angelaufen, die nun mit vermehrten Mitteln durchgeführt werden konnten. Rom erhielt etwa eine neue Wasserleitung oder einen prachtvollen neuen Typus Thermen (Multifunktionsbäder). Mit dem auf-

Trajansforum

wendig gestalteten Trajansforum war zwar auch allgemeiner Nutzen verbunden, doch wurde nirgendwo deutlicher, dass sich der Princeps mit seiner Prachtarchitektur auch als Imperator schlechtweg verewigen lassen wollte. Dort und damit in der Stadt sollte er, der seine Divinisierung vorwegnahm, auch beerdigt werden. Domitian hatte die Gräber von Vespasian und Titus postum in die Stadt verlagern lassen. Trajan wollte diese Ehrung offenbar in sakralrechtlich bedenklicher Form übertreffen. Die Trajanssäule mit einem Bildbericht über die Kämpfe in Dakien überragte die Anlage. Generell hat die Trajan-Regierung sorgfältig auf die Medialisierung ihrer Sicht auf den römischen Kosmos und die ihn repräsentierende Kaiserfigur geachtet. Trajan ist in die kollektive Erinnerung der Römer denn auch als besonders guter Herrscher eingegangen. Hätte allerdings ein von der senatorischen Literatur verfemter Princeps diese Selbstüberhöhung betrieben, wären wohl auch die das Stadtbild von da an prägenden Bauten anders diskutiert worden. Für Rom mindestens ebenso wichtig wurde das neue Hafenbecken, das der Herrscher nördlich von Ostia bauen ließ und mit dem Tiber verband. Auch im übrigen Italien wurde massiv in Häfen und Straßen investiert. Dass der Wohlstand Italiens ein Kernanliegen Trajan war, wird zudem durch die Weiterführung einer von Nerva begründeten Fürsorge-Institution für freigeborene Kinder deutlich, der sogenannten Alimentarstiftungen. Kaiserliche Darlehen wurden (allen?) italischen Städten übergeben, die sie Grundbesitzern zur Verfügung stellten. Mit deren Zinszahlungen wurden, gestaffelt nach Geschlecht und Ehelichkeit, Kinder gefördert. Die Motive für das aufwendige Programm bleiben umstritten.

das neue Hafenbecken

Alimentarstiftungen

Zum Teil mögen vielleicht die langen Frontaufenthalte das Interesse des Princeps an Italien miterklären, entstand doch mit dem Feldheer und dem umfangreichen Gefolge ein neues Zentrum im Reich, zu dem Ressourcen weitergeleitet werden mussten. Diese Neubestimmung von Zentralität spiegelt sich auch in einem anderen, schon angesprochenen Prozess: Als Leiter der Ressorts für die Kommunikation mit der Außenwelt (*ab epistulis*, mit der Zeit lateinische oder griechische Korrespondenz, und *a libellis*, Bittschriften) sowie die Finanzen (*a rationibus*) wurden seit Trajan wohl endgültig auch Ritter, Mitglieder der Elite, eingesetzt. Ritter konnten selbständiger als Freigelassene agieren, ohne Skandale auszulösen. Das Finanzressort hat der Kaiser der Kriege und Bauten zudem vermutlich in der Spitze verdoppelt. Aber es scheint auch darüber hinaus Debatten über die Entwicklung Italiens gegeben zu haben. Trajan verfügte etwa, dass Senatoren mindestens ein Drittel ihres Besitzes in italischem Landbesitz anlegen mussten.

Neubestimmung von Zentralität

In dem antiken Narrativ bildet neben den Siegen und Baumaßnahmen vor allem die weiterhin konfliktfreie Koexistenz mit dem Senat das Kennzeichen der Trajan-Regierung. Nach dem zweiten

Plinius in Pontus et Bithynia

Dakerkrieg dürfte Trajans Stellung denn auch unangefochten geblieben sein. Für unser heutiges Bild des Imperiums hat sich ein zufällig erhaltener Reflex aus der Provinz als immens wichtig, in seiner Reichweite aber auch schwer einzuschätzen erwiesen. Wohl 111 sandte Trajan den schon angesprochenen Plinius in die Provinz *Pontus et Bithynia* im Nordwesten der heutigen Türkei, um dort für die zerrütteten Haushalte vieler Städte Sorge zu tragen. Plinius kombinierte zu diesem Zweck die Aufgabe als kaiserlicher Vertreter (*legatus Augusti*) und Prokonsul des römischen Volkes, um die maximale Autorität mit der Oberaufsicht über die Finanzen, die einem Legaten nicht zukam, zu vereinen. Das zehnte Buch von Plinius' erhaltener Korrespondenz beinhaltet Briefe an und von Trajan, der als persönlicher Gesprächspartner erscheint. Plinius' Briefe und Trajans Antworten sind trotz vieler Unklarheiten wohl die beste Quelle, die wir für den römischen Herrschaftsstil in den Provinzen besitzen. Plinius' Episteln enthalten neben Schmeicheleien und Versuchen, kaiserliche Patronage zu vermitteln, vor allem Hinweise auf das Zusammenspiel von Gouverneur und lokalen Eliten in seiner Provinz. Aber durch einen großen Zufall hat sich auch eine Anfrage aus dem pontischen Teil der Provinz bei Trajan erhalten, wie

Christen mit angeklagten Christen zu verfahren sei. Bisher hatte Plinius Beschuldigte, die bei ihrem Glauben verharrten, ohne Unterschied hinrichten lassen. Nun fragte er nach möglichen Differenzierungen. Trajan gab die lange Zeit Gültigkeit behaltende Antwort, Christen seien nicht systematisch zu verfolgen, wohl aber nach Anklagen, soweit sie nicht anonym eingingen, bei Beharren bzw. bei Verweigerung des als Test dienenden Opfers hinzurichten. Dass diese Form der Repression auf einem spezifischen Gesetz beruhte, ist nicht ersichtlich und auch nicht wahrscheinlich. Anscheinend war Plinius' Vorgehen von den umfassenden Rechten eines Statthalters zur Aufrechterhaltung der Ordnung gedeckt. Vermutlich handelt es sich um Alltag in den Provinzen, nur dass von den meisten religiösen Gruppen, die mit römischer Härte konfrontiert wurden, keine Zeugnisse zurückgeblieben sind.

die Nachfolge Für die Stadt Rom dürften die Prozesse in Kleinasien belanglos gewesen sein. Relevant wurde weit eher, dass der langfristig als Idealkaiser porträtierte Trajan drei Frauen aus seiner Umgebung, seiner Schwester Ulpia Marciana, seiner Frau Pompeia Plotina und seiner Nichte Matidia d. Ä., große Prominenz in der Öffentlichkeit zubilligte. Mochten sie auch als Frauen altrömischer Prägung dargestellt werden, wurde ihr Einfluss auf den Herrscher doch offen anerkannt. Zu dem Prozess der Institutionalisierung einer „Kaiserwürde" gehörte auch die Akzeptanz der *Augustae*, zu der die Frauen um Trajan viel beigetrugen. Über sie konnte zudem die Nachfolge sichergestellt werden. Trajan hatte keine Kinder und scheint seine Nachfolge auch nur sehr zurückhaltend geplant zu haben. Am ehesten bot sich sein Großneffe P. Aelius Hadrianus, der nach dem Tod des Vaters sein Zögling wurde und seit 100 mit der Tochter seiner Lieblingsnichte Sabina verheiratet war, für diese Rolle an. Er wurde schon mit 32 Konsul (*suffectus* 108), doch danach nicht eindeutig als Nachfolger aufgebaut. Dass der seit 114 offiziell beste aller Principes (*Optimus*) bei diesem so heiklen Aspekt nicht für Klarheit sorgte, überrascht.

die Akzeptanz der *Augustae*

P. Aelius Hadrianus

Problematisch wurde diese Entscheidung, als sich Trajan zu einem unbekannten Zeitpunkt entschloss, den einzigen Nachbarn Roms mit einem Anspruch auf Gleichberechtigung, das multikulturelle und -ethnische Partherreich, anzugreifen und jedenfalls als Imperium auszuschalten. Die Kriegspläne werden für uns 113 offensichtlich, als Trajan einen vom regierenden Partherkönigs Osroes selbstherrlich durchgeführten Herrscherwechsel in Armenien zum Anlass nahm, unmissverständlich einen Konflikt vorzubereiten. Dass im Partherreich durch Vologaeses II. ein weiterer Herrschaftsanspruch erhoben wurde, dürfte zu diesem Entschluss beigetragen haben. Armenien, mit einem von Rom bestätigten König aus dem parthischen Herrscherhaus, lieferte für Willige immer wieder Gründe, einen Krieg zu beginnen. Aber nicht einmal die römischen Quellen wollen in diesem Fall von römischen Defensivbemühungen sprechen, zumal ein Verhandlungsangebot der Gegenseite ausgeschlagen, ja der als Gesandter zu Trajan gereiste armenische König Parthamasiris völkerrechtswidrig getötet wurde. Die Entscheidungselite Roms wollte den Krieg und zog wiederum ein riesiges Angriffsheer zusammen, das wir nicht beziffern können, das aber eher noch größer war als die Expeditionsheere in den Dakerkriegen. Seinem Angriff konnten die Parther anscheinend nicht standhalten, sodass Trajan rasch bis zu deren Hauptstädten in Mesopotamien, *Ktesiphon* und *Seleukeia* (südöstlich von Bagdad), vorstoßen konnte, ohne auf organisierten Widerstand zu stoßen (wohl Ende 115). Neue Provinzen wurden eingerichtet, so *Armenia* (114) und im Norden des heutigen Irak *Mesopotamia* (115), vielleicht auch *Assyria*. Doch hatten sich die parthischen Kontrahenten unter dem Ein-

Trajans Partherkrieg

druck des römischen Angriffskriegs geeinigt und nur aus strategischen Gründen noch weiter zurückgezogen. Etwa zurzeit der Einnahme von *Ktesiphon* setzten ihre Gegenschläge ein, deren Wirkung sich dadurch verstärkte, dass in den besetzten Gebieten Aufstände gegen die römischen Truppen ausbrachen. Zudem erhoben sich 116/7 jüdische Gruppen in der Diaspora, in Ägypten und *Cyrene* (Ostlibyen) und auf Zypern sowie schließlich auch in Palästina gegen ihr griechischsprachiges Umfeld und gegen Rom. Apokalyptische Vorstellungen, die in einigen jüdischen Milieus schon länger verbreitet waren, erlebten neue Höhepunkte. Von beiden Seiten wurden die Kämpfe nach der Überlieferung mit äußerster Brutalität geführt. Gleichzeitig formierte sich in Nordwestafrika (den *Mauretaniae*) und Britannien Widerstand gegen die für den Partherkrieg ausgedünnten römischen Truppen. Und von Rom enttäuschte Kriegergruppen, die Roxolanen und Jazygen, bedrohten Trajans Eroberungen in Dakien. Eine solche Herausforderung hatte das Imperium seit dem Bürgerkrieg von 68/9 nicht erlebt. Im Osten musste die Invasionsarmee eilig immer weiter zurückgenommen werden. Trajan erkrankte 116 und starb 117, offenbar an einem Herzleiden. Er soll zuvor unter dem Einfluss seiner Frau und seiner Nichte Hadrian adoptiert und zum Nachfolger bestimmt haben. Doch geschah dies nicht in der Öffentlichkeit, sodass Zweifel bestehen blieben. Zumindest ein anderer Kandidat wird genannt.

Aufstände gegen die römischen Truppen

Der neue Entscheider konnte den Krieg gegen die Parther auf Basis des Status quo ante einfrieren und durch territoriale Zugeständnisse den Großteil der dakischen Eroberungen halten. Die Kriege im Reich, vor allem den jüdischen Diaspora-Aufstand, haben die rückkehrenden römischen Truppen rasch beenden können. Doch begann der neue Prinzipat aufgrund des pragmatischen Umgangs mit dem trajanischen Erbe mit einer schweren Hypothek. Mochte dem toten Kaiser auch postum ein Triumph über die Parther zugebilligt werden, wurden doch nicht alle von dieser Medialisierung getäuscht. In einer dubiosen Affäre ließ das neue Regime vier ehemalige Konsuln beseitigen. Hadrians Akzeptanz war damit nachhaltig erschüttert.

Hadrians Verzicht auf Expansionspolitik

Nach den ersten Anfängen Hadrians sprechen die Leitquellen für das 1. Jh. v. Chr. nicht mehr zu uns. Der Fokus der meisten Schriftquellen verschiebt sich von der Stadt Rom hin zu provinzialen Kontexten. Schon seit dem Bürgerkrieg von 69 n. Chr. wurde das Verhältnis zwischen Rom, Italien und dem Reich neu ausgelotet.

Bedeutungszuwachs des Imperiums gegenüber Rom

Mögen die Zufälle der Überlieferung diese Entwicklung auch überbetonen, verweist der Gesamtbestand der Quellen doch eindeutig darauf, dass das Reich gegenüber Italien an Bedeutung gewann. Mit Trajans dakischen Eroberungen hatte das Imperium in etwa den Umfang angenommen, den es für die folgenden anderthalb Jahrhunderte beibehalten sollte. Im Zuge des 1. Jh. n. Chr. war zudem der Institutionenapparat ausgebildet worden, durch den das Imperium bis in die zweite Hälfte des 3. Jh. gelenkt werden sollte. Auch die Berufsarmee als wichtigstes Kontrollmittel hatte nach heterogenen Anfängen in der zweiten Hälfte des 1. Jh. festere Gestalt angenommen. Diesen wichtigen Tendenzen des Frühen Prinzipats gelten die folgenden Kapitel.

6 Imperiale Institutionen und ihnen zugeordnete Räume

Politik- und Kulturgeschichte des Imperium Romanum sind in vielen Bereichen nur als Kaisergeschichte zu schreiben, weil die Bild- und Schriftquellen oft die Principes in ihr Zentrum rücken. Darstellungen von sozialem Wandel, etwa von Veränderungen in der Zusammensetzung von politisch relevanten Gruppen, können die Herrscher partiell ausblenden, aber eben nur partiell, da die Entscheidungen für die Aufnahme von Personen in die hohen Stände (Senatoren, Ritter) oder ganzer Regionen in einen favorisierten Rechtsstatus von den jeweiligen Regierungen ausgingen und von den Quellen in der Regel auf konkrete Anlässe zurückgeführt werden. Eine von der Zentralregierung langfristig gestaltete Politik der „Romanisierung" oder Urbanisierung von Provinzen bspw. lässt sich zu keiner Zeit ausmachen. Vermutlich haben allerdings speziell lokale Eliten in den Provinzen römische oder als römisch geltende Praktiken oder auch Vorstellungen bisweilen übernommen und nachgeahmt, eher schon selektiv adaptiert und dadurch deutlich verändert. Doch besteht bis heute weder Einigkeit über das Ausmaß solcher Annäherungen noch über die Begrifflichkeit, mit der sie so beschrieben werden können, dass auch der Handlungsmacht oder dem Widerstandswillen der Provinzialen Rechnung getragen wird.

„Romanisierung"

Das Imperium wurde jedoch nicht nur von konkreten Menschen, etwa Principes, Senatoren in Rom oder einzelnen Gouver-

Institutionen

neuren regiert und zusammengehalten, sondern auch von Institutionen, überpersönlichen Strukturen oder Verhaltensmustern, wie Statthalterschaften, dem Senat oder den patriarchalisch konstruierten römischen Familien. Einige Institutionen wie der Senat waren für das ganze Reich kompetent, anderen waren Räume unterschiedlicher Größe wie Provinzen oder Städte zugeordnet. Das Imperium bestand in der Kaiserzeit aus einer Ansammlung politisch und / oder symbolisch konstruierter Räume, die sich oft überlagerten. Die meisten politisch relevanten Institutionen waren in Rom angesiedelt. Die Tiber-Metropole war *caput*, Haupt, des Imperiums, das heißt deren Zentrum, auch wenn es keine Hauptstadt im heutigen Sinn darstellte. Durch diese Rolle wurde die Megalopolis zu einer Institution eigener Art.

6.1 Rom als Sitz der wichtigsten Institutionen und Institution eigener Art

Rom als imperialer Raum

In der Frühen Kaiserzeit war Rom der imperiale Raum schlechthin. Innerhalb der sakral definierten Stadtgrenze, aber schon seit Augustus auch in den sich anschließenden Vierteln haben Principes der Stadt baulich eine Signatur aufgedrückt. Sie verband oft Elemente der Repräsentation, der Religiosität und infrastrukturelle Reaktionen auf Alltagsprobleme, um die Position der Herrscher als Verkörperung der *res publica* sichtbar werden zu lassen. Berühmt ist Augustus' Aussage, er habe ein Rom aus Backsteinen vorgefunden und es in eine Kapitale aus Marmor verwandelt. Unter ihm begann der Aufbau des Palastensembles auf dem Palatinhügel. Das neue *forum* des Princeps hat die römische Geschichte visuell auf die Julier ausgerichtet und mit dem Tempel des rächenden Mars (*Mars ultor*) seine Siege – offiziell die Verhandlungserfolge über die Parther, indirekt aber auch die Bürgerkriege – präsent gehalten. Augustus' engster Mitarbeiter Agrippa hat aber auch viele Nutzbauten aufgeführt, um die Vorteile des Prinzipats erfahrbar zu machen. Spätere kaiserliche Signaturen folgten diesen Beispielen. Domitians Bauten auf dem Palatin wurden in der Antike und noch mehr in der Rezeption zum Paradigma dafür, was eine Herrscherresidenz ausmachen sollte. Trajans Forum mit vielen Nutzgebäuden diente zugleich der Überhöhung des Dakersiegers. Das folgende Jahrhundert brachte weitere Beispiele dieser Art hervor. Andere Herrscher sind bei dem Versuch, der Stadt ein neues Gepräge zu geben, gescheitert. Neros „Goldenes Haus" trug in seiner Individualität der vorhergegangenen Brandkatastrophe nicht Rechnung und stieß daher auf wenig Zustimmung.

Nicht nur die Repräsentation der Principes war oft rombezogen. Auch die von der kulturhistorischen Forschung oft als entscheidend für den Erfolg eines Prinzipats beschriebene Interaktion mit herrschaftsrelevanten Gruppen fand in der Regel in der Hauptstadt statt. Zu der Bedeutung Roms trug aber auch bei, dass die Stadt in der Frühen Kaiserzeit etwa eine Million Einwohner gezählt haben dürfte. Für die antike Welt war dies eine vollständig überdimensionierte Ansammlung von Menschen, die nicht mehr aus dem Umland, sondern nur aus dem Imperium versorgt werden konnte. Seit der späten Republik wurden gratis Getreiderationen an Bürgerinnen und Bürger ausgegeben. Gedeckt haben diese *frumentationes* die Bedürfnisse vieler Familien nie. In der Kaiserzeit blieben sie bestimmten Gruppen vorbehalten (unter Augustus immerhin 200 000 Personen), als eine symbolische Geste der Bevorzugung. Allein für diese Gratisrationen könnten nach einer plausiblen Schätzung etwa 60 000 000 Sesterzen ausgegeben worden sein, für die Sicherung des Gesamtbedarfs der Stadt an Getreide jährlich mindestens das Fünffache. Da imperiale Dienststellen auch die Zufuhr von anderen essentiellen Lebensmitteln wie Öl und Wein gewährleisteten, waren die Kosten für den Unterhalt der Megalopolis enorm. Der politisch relevante Markt Rom ließ trotz Stützungskäufen der Regierung die Preise ansteigen. Importiert wurden daneben auch viele Luxusgüter, Marmor aus unterschiedlichen Steinbrüchen oder sogar Seide aus China. Nach einigen modernen Modellen hat der Markt Rom die imperiale Ökonomie konstant stimuliert und herausgefordert.

Nicht nur Lebensmittel, auch Menschen zog Rom magnetisch an. Die Zuwanderung wird oft aus dem Umland erfolgt sein, doch gab es auch Migration aus fernen Reichsteilen. Gesandte und Händler haben Rom in großen Zahlen aufgesucht. Viele Menschen brachten zudem eigene kultische Vorstellungen nach Rom, für das vielleicht zeitweilig die sonst eher problematische Idee eines spezifisch religiösen Markts zutrifft. Die Zuwanderung brachte aber auch neue Krankheiten in die Hauptstadt. Der dicht bewohnte städtische Raum mit schlechten sanitären Bedingungen etwa in großen Mietskasernen bot ideale Bedingungen für Erreger. Die Lebenserwartung einfacher Menschen blieb niedrig, vielleicht bei fünfundzwanzig

Jahren. Wer sich separieren und gut ernähren konnte, hatte dagegen bessere Chancen auf ein langes Leben.

6.2 Zentrale Institutionen

„Kaiser" Für die Mehrzahl der Menschen im Reich wurde der Erfahrungsraum Imperium durch die Zuständigkeiten von Richtern oder anderer Funktionsträger strukturiert, also durch Institutionengefüge. Die höchste Position in diesem Institutionengefüge nahm offensichtlich der Princeps ein, den wir nach dem Namensbestandteil *Caesar* „Kaiser" nennen. Aber handelt es sich bei dieser Rolle überhaupt um eine Institution? Wie stark war mit anderen Worten die Rolle des Entscheiders normiert? Die Antworten der Forschung variieren über die Zeit. Lange dominierte ein rechtshistorischer Zugang, der von den Kompetenzen ausging, durch deren Übertragung sich die Herrscher die Initiative in Rom und das Kommando über die Armee sicherten. Ab 12 v. Chr. waren die rechtlichen Machtmittel der Herrscher zwar im Wesentlichen definiert: Der „Kaiser" hatte dauerhaft ein konsulares *imperium*, das er als Prokonsul des römischen Volkes auch in Rom wahrnahm (23/19 v. Chr.). Mit der tribunizischen Amtsgewalt (seit 23 v. Chr.) konnte der Princeps die Geschäfte in Rom auch in zurückhaltenderer Form leiten oder unerwünschte Aktivitäten unterbinden. Seit 12 v. Chr. war er stets oberster Priester, *pontifex maximus*, mit wichtigen sakralrechtlichen Aufsichtsrechten. Zudem war er Mitglied in vielen anderen Priesterkollegien. Wir sehen aber auch, dass die Rechte der Principes noch später an neue Lagen angepasst worden sind. Bei dieser Herangehensweise geht es also darum, einen langen Institutionalisierungsprozess durch die exakte Bestimmung einzelner Rechtsakte nachzuvollziehen. Die sozialhistorische Methodik umging dieses Problem: Für sie war der Kaiser, was der Kaiser tat. In ihren Handlungen erscheinen die Principes als Entscheider, die punktuelle Spannungen in der Gesellschaft auflösten, indem sie an sie herangetragene Fragen klärten, aber selbst kaum je aktiv wurden. Auch bei dieser Deutung handelte es sich bei der „Kaiserwürde" um eine sich langsam ausbildende Institution eigener Art. Kulturgeschichtliche Ansätze nehmen dagegen an, dass schon bald eine voll entwickelte Monarchie etabliert worden sei, die dann in der Tat eine Institution war, die sich nicht mehr als Summe von einzelnen Kompetenzen abbilden lässt. Entsprechend interessieren sich solche Studien nicht für die konkreten Rechte der Herrscher. Der Prinzipat ist nach ihnen gleichbedeutend mit der oft symbolischen Kommunikation der Principes, die je nach Publikum – Senat, Volk von Rom und meist städtische Soldaten – sehr unterschiedlich gestaltet gewesen sei, mit der fast notwendigen Folge vieler Widersprüchlichkeiten. Je konsequenter die These vertreten wird, der Prinzipat sei zeitnah nach Octavians Sieg über Antonius eine typisch-antike Monarchie geworden, desto mehr rücken die Elemente der Herrscherverehrung, der sogenannte Kaiserkult, in das Zentrum der Aufmerksamkeit. Gerade Quellen, die eine Außensicht präsentieren, unterscheiden nicht immer zwischen einzelnen Formen kaiserlicher Machtausübung. Oft handelt es sich bei derartigen Differenzierungen um moderne Hilfsmittel, deren Berechtigung von der Perspektive und der Fragestellung der Forschung abhängt. Eine weitere Form der Annäherung an die Stellung als Princeps setzt beim Oberkommando über die Armee an, für das das *imperium* des Herrschers die Grundlage bildete. Mit seinen variablen Abgaben erhob das Reich bei den Untertanen vor allem die Mittel, um die Truppen zu bezahlen. Die Kontrolle über diesen Komplex, die Soldaten und die für sie benötigten Finanzen, lag in der Tat bei der gebastelten Institution, die wir „Kaiser" nennen. War damit diese große Frage geklärt, blieben doch viele andere offen: Wieweit sollte sich der Princeps bspw. in die alltäglichen Belange Roms und Italiens einmischen? Konflikte sind nach dieser Deutung aus den unterschiedlichen Geschwindigkeiten der Institutionalisierung der Herrscherwürde in Italien und im Reich entstanden.

Die wichtigste Institution neben und unter dem Princeps war der Senat, ursprünglich der Stadtrat Roms, seit 18 v. Chr. wieder mit etwa 600 Mitgliedern. An den Sitzungen nahmen, soweit sie in Rom waren, die gewesenen Magistrate (städtische Amtsträger) teil. Unter ihnen waren Senatoren, die aufgrund ihrer Abstammung oder Priesterämtern große symbolische Macht hatten und sich meist in Italien aufhielten, aber auch fähige Kommandeure mit langer militärischer Karriere auf Zwischenstopp in Rom. Für viele Menschen in Rom, Italien und den Provinzen war der Senat eine Institution von größter Wichtigkeit: Gesandte baten das Gremium nach Naturkatastrophen um Hilfen oder auch um Marktrechte für eine Gemeinde. Principes ließen große Fragen wie Krieg und Frieden ebenso wie tief in die Lebenswelt eingreifende zivilrechtliche Probleme erörtern. Gerade im 1. Jh. n. Chr. regierten die Herrscher oft aus

_{der Senat}

dem Senat heraus. Später wurde das Gremium immer stärker ein Bestätigungsorgan. Die Quellen beschreiben die Geschichte des Senats als Verfalls- und Konfliktgeschichte. Doch muss in diesem Punkt sorgfältig zwischen dem Gremium und den Senatoren unterschieden werden. Senatoren aus alten Familien, die dem Senat noch bis Nero das Gepräge gaben, verloren durch die Etablierung eines Princeps politische Macht. Für viele Aufsteiger, aus Italien und dann Südspanien, Südfrankreich, Westkleinasien oder Nordafrika, lagen die Dinge anders, sie gewannen Partizipationschancen. Zwar war der Senat ohne den Herrscher kaum mehr handlungsfähig. Doch gewann das Gremium de facto gegenüber der Republik an Kompetenzen, etwa als Hohes Gericht oder seit Tiberius als Vor-Wahlorgan der Magistrate. Senatsbeschlüsse wurden Volksgesetzen im Laufe der Zeit angenähert und eines der bevorzugten Mittel der Herrscher, Recht zu setzen. Auch könnten nach einer verbreiteten These die Principes schon seit Augustus die Statussicherheit senatorischer Familien erhöht haben. Sukzessive wurde um den Senat ein erweiterter Kreis, der Senatorenstand (*ordo*), ausgebildet, dem Familien eines ehemaligen Senators, auch ohne einen aktiven Amtsträger zu stellen, noch drei Generationen angehört haben könnten. Diese Interpretation ist allerdings nicht unumstritten. Dass das Verhältnis von einigen Senatoren (und nicht dem Senat) zu den Herrschern gleichwohl eine Konfliktgeschichte wurde, lag unter anderem an internen Rivalitäten, etwa zwischen Aufsteigern und Etablierten. Sie wurden nicht mehr vor dem Volk, sondern vor dem Princeps ausgetragen, oft mit Verrats- oder Beleidigungsvorwürfen. Zudem waren viele Herrscher als Entscheider nicht akzeptiert, weil ihnen nach den Vorstellungen der Aristokratie die rechtfertigenden Leistungen abgingen. Erfolgreiche Aristokraten wurden so gewollt oder ungewollt zu Konkurrenten. Die Schwäche eines Caligula oder Nero musste dabei auch auf die Kaiserherrschaft abfärben. Die Beseitigung einiger Principes etablierte ein Muster, das auch in der Hohen Kaiserzeit nicht in Vergessenheit geriet.

Umstritten ist, wie bedeutsam der Faktor Abstammung im Senat nach den Bürgerkriegen von 68/9 n. Chr. noch war. Für den inneren Kreis von Senatoren, die die meiste Zeit in Rom oder in Italien residierten, behielt aristokratische Herkunft anscheinend ihren Wert bei. Gerade der Patriziat, ein vom Kaiser verliehener und dann erblicher Status, begründete oder stärkte Familientraditionen. Aber auch Senatoren der ersten Generation haben um die Wende

---

Marginalie: der Senatorenstand

vom 1. zum 2. Jh. Vergangenheit und Zukunftsdenken verbunden und dadurch Traditionen bewahrt.

Intern strukturiert war die Gruppe der Senatoren durch die städtischen Ämter (Magistraturen), die an politischem Einfluss, aber nicht den Status verloren hatten. Die hohen Priesterämter (etwa der *pontifices* oder der *augures*) haben gegenüber der Republik eher schon einen Zugewinn an sozialer Macht erfahren. Andere Priesterfunktionen wurden erst eingeführt oder wiederbelebt. Den Zugang zu allen Ämtern regelte in der einen oder anderen Form der Princeps, auch wenn die Magistrate weiterhin vorab vom Senat und nominell auch dem Volk gewählt wurden. Für Rom und Italien blieben speziell die Ämter mit Aufgaben im Gerichtswesen essentiell. Dies gilt besonders für viele der bis zu achtzehn Prätoren. Der fortlaufenden Rechtschöpfung durch den *praetor urbanus* wurde zu Beginn der Hohen Kaiserzeit ein Ende gesetzt, aber das Edikt des Prätors dennoch weiter von Juristen kommentiert.

Magistraturen

Der Diktator Caesar hatte die Zentralkasse, das (nach seinem Sitz im Saturntempel benannte) *aerarium Saturni*, seiner Kontrolle unterstellt. Augustus und seine Nachfolger experimentierten dagegen zunächst wieder mit Magistraten, die nicht ihrer direkten Aufsicht unterstanden, bis Nero senatorische Präfekten einsetzte. Aber das *aerarium* war ebenso wie die 6 n. Chr. geschaffene Versorgungskasse für die Legionsveteranen, das *aerarium militare*, eher eine Verbuchungsstelle und ein Tresor, als dass dort Finanzpolitik gemacht wurde. Gleichzeitig ließ jedoch das stehende Heer den Finanzen eine neue, systemrelevante Bedeutung zuwachsen.

die Zentralkasse

Zu den Magistraten im eigentlichen Sinn des Wortes kamen seit Augustus zahlreiche ähnlich operierende, aber zumeist vom Kaiser, in der Regel im Zusammenspiel mit dem Senat, eingesetzte Beauftragte für spezifische administrative Probleme der Metropole, bspw. mit wechselndem Zuschnitt mehrere oder einzelne *curatores* für die Wasserversorgung oder die Erhaltung der Bausubstanz. Unter Tiberius trat dauerhaft eine Stadtpräfektur hinzu, ursprünglich wohl vor allem, um mit einem beschleunigten Gerichtsverfahren die große Menschenmasse in Rom kontrollieren zu können. Doch gewann die Präfektur stetig an Kompetenzen hinzu und wurde mit der Zeit zu einer Art Aushängeschild der senatorischen Karriere.

curatores

Die Aufgaben der Magistrate und verwandter Ämter wurden mit der Zeit de facto immer mehr auf Rom und Italien beschränkt. Langfristig bedeutsamer wurden die Institutionen, die eine Reichs-

ritterliche Präfekten

perspektive entwickelten, auch wenn diese Dimension nicht immer von Anfang an miteingeplant gewesen war. Die zuerst 2 v. Chr. berufenen ritterlichen Präfekten der Prätorianer, die in der Regel zu zweit agierten, waren zunächst dem Princeps nachgeordnete Offiziere. Der Aufstieg vieler Präfekten zu (meist) loyalen politischen Akteuren im Dienst ihrer Herren, hohen Richtern und einflussreichen Verwaltern war nicht vorhersehbar gewesen, wurde aber zu eine der wichtigsten administrativen Entwicklungen des Prinzipats, die sich aber erst in der Hohen Kaiserzeit klarer abbildet. Während der 6 n. Chr. eingeführte Präfekt der Feuerwehr (*praefectus vigilum*) fast die ganze Kaiserzeit über eine städtische Größe blieb, war die *praefectura annonae*, die von Augustus gegen Ende seiner Regierung geschaffen wurde, von Anfang an damit befasst, die Lebensmittelversorgung Roms aus den Provinzen sicherzustellen. Um die Zustimmung der städtischen Bevölkerung zum Princeps hochzuhalten, war diese Aufgabe essentiell. Dass der Präfekt der *annona* Ritter war, verhinderte Prestigegewinne von Senatoren. Die Lebensmittelpräfektur wurde aufgrund ihrer Kooperation mit Reedern und Dienststellen in den Häfen und vielleicht den Provinzen zu einer Keimzelle des administrativen Ausbaus.

Präfekt der Feuerwehr

Präfekt der annona

Die prominenten Senatoren der letzten Generation der Republik waren Großgrundbesitzer. Ihren diversifizierten Besitz managten sie unter Heranziehung von Freunden, Sachwaltern oder Mitgliedern der eigenen *familia*, also Sklaven und Freigelassenen. Augustus ging ebenso vor, hatte aber durch das Erbe Caesars, Einbehaltung von Beute, Schenkungen etc. bald ein weit größeres Vermögen als alle anderen Senatoren. Entsprechend setzte er auch einen größeren Stab von Helfern ein, der ihn unterschiedslos bei „privaten" wie „öffentlichen" Dienstgeschäften unterstützten, dabei aber idealerweise unsichtbar bleiben sollten. Schon unter Augustus sind Freigelassene belegt, die die Finanzen des Prokonsuls und Großgrundbesitzers Augustus betreuten. Vielleicht entstand schon damals ein spezielles Sekretariat, unter Freigelassenen (*liberti*) mit der Bezeichnung *a rationibus*. Hinzutraten andere Kanzleistellen, bspw. für die Korrespondenz der Principes (*ab epistulis*) oder für die Beantwortung von Bittschriften (*a libellis*). Claudius, der anfangs nur wenige vornehme Vertraute hatte, machte die Bedeutung seiner Helfer sichtbar, hat diese Sekretariate aber weder geschaffen noch substantiell verändert. Da der Einfluss der Freigelassenen in Kaisernähe zu einem Skandal wurde, erhielten sie in einem langen

Sklaven und Freigelassene

Prozess bis Anfang des 2. Jh. n. Chr. Ritter an die Seite gestellt. Unter und neben diesen Dienststellenleitern arbeiteten wie auch auf anderen Feldern weiter Freigelassene und Sklaven der Principes. Oft kennen wir aber nur unspezifische Funktionsbezeichnungen dieses Personals, die über ihre Zahl und Spezialisierung keine Auskunft geben. Von einer frühzeitigen Bürokratisierung des Imperiums auszugehen, bietet sich aber nicht an, da wir von historiographischer Seite hinreichend über die Art des Regierungshandelns informiert sind.

Da es eine Verwaltung im engeren Sinne des Wortes vielleicht für die Stadt Rom, nicht aber für das Reich gab, griffen die frühen Principes zur Erledigung anfallender Aufgaben auf Rollenmuster zurück, die die Gesellschaft bereithielt: die des Militärkommandeurs mit Soldaten, Grundbesitzers mit seinen Freigelassenen oder des Vaters mit seiner *familia* (der Familie mit den Sklaven und Freigelassenen). Wie jeder *pater familias* (Familienvater) besprach sich der Herrscher mit Freunden, bevor er Entscheidungen traf. Dazu berief er einflussreiche Senatoren in einen Rat (*consilium*). Das *consilium* des Herrschers blieb in der frühen Kaiserzeit ein informelles Gremium. Nicht Fachwissen, sondern Prestige bildete das entscheidende Kriterium für die Auswahl der Teilnehmer, die wechselten, wenn es auch feste Größen gegeben haben dürfte. Gegen Ende des Untersuchungszeitraums wurden die ritterlichen Vorsteher wichtiger Sekretariatsstellen und die Prätorianerpräfekten zu häufigen, in der Hohen Kaiserzeit dann ständigen Mitgliedern dieses Gremiums, ein Prozess, der um 200 n. Chr. abgeschlossen war. Aber ein echter Staatsrat wurde das *consilium* nicht oder erst, als sich die Kaiser nur noch selten in Rom aufhielten.

Das *consilium* des Herrschers

Die ältere Forschung, die sich besonders für die republikanischen Traditionen und die Verrechtlichung der Prinzipatsordnung interessierte, hatte die Selbstdarstellung der Principes in Bild und körperlicher Performanz oftmals ausgespart. Die kulturhistorischen Studien der letzten dreißig Jahre haben dagegen den Prunkfassaden auf dem Palatin, die schon unter Augustus republikanische Vorgaben sprengten und unter Domitian Ende des 1. Jh. n. Chr. ihre lange Zeit kanonische Form erhielten, größte Aufmerksamkeit gewidmet. Zu ihnen gesellten sich die allgegenwärtigen Bilder der Herrscher, oft mit Inschriften, die die Einmaligkeit des Princeps betonten. Ein weiteres Zeichen der kaiserlichen Stellung war die große Dienerschaft, die im Palast tätig war. Spektakuläre Luxusentfaltung hob

Hof

die Principes aus der übrigen Elite hervor. In engen Kontakt kamen diese anderen Prominenten mit dem Herrscher bei Morgenempfängen und Gastmählern, das römische Volk bei Spielen. Man kann die unmittelbare Umgebung der Principes als einen Hof deuten. Allerdings darf man die Signifikanz dieser Züge „kaiserlichen" Lebens und Auftretens auch nicht überbetonen. Das Zentrum Roms blieb die Tempelanlage auf dem Kapitol, Politik wurde zwischen Principes, Kurie, prominenten Senatoren und hohen Funktionsträgern ausgehandelt. Einen Hofstaat gab es höchstens im 3. Jh. n. Chr.

6.3 Italien als imperiales Kernland

Integration Italiens

Von den gerade behandelten, in der Zentrale angesiedelten Institutionen waren einige nur für Rom, andere auch für das ganze Provinzialreich zuständig. In manchen Fällen war die Zuständigkeit nicht klar definiert. Italien trat dagegen als Kompetenzbereich in den Hintergrund. Darin spiegelt sich eine für die griechisch-römische Antike ungewöhnliche Entwicklung. Schon lange Zeit hatte sich Rom auf die Machtmittel Italiens, bspw. die dichte Bevölkerung und die variable Landwirtschaft, gestützt, um eine Vorrangstellung in der Mittelmeerwelt zu erringen und zu wahren. Doch war das Verhältnis vieler italischer Städte und Regionen zu Rom nur rechtlich, nicht aber politisch und kulturell präzise bestimmt gewesen. Zahlreiche schwere Konflikte in Italien, der Bundesgenossenkrieg, die Bürgerkriege zwischen Sulla und den Marianern, der Spartacus-Krieg, der Kampf gegen die Catilinarier und die Bürgerkriege seit 49 v. Chr. haben wesentlich zu der Entstehung des Prinzipats beigetragen. Seit den Anfängen der augusteischen Zeit lässt sich dagegen eine andere, friedliche Form der Integration beobachten. Wenn der augusteische Prinzipat eine Erfolgsgeschichte war, dann in und für Italien. Das große Bürgergebiet Roms bildete nun unangefochten die Kernregion des Reichs, die bei geringen Leistungen vom Imperium profitierte. In der politischen Kultur und in der Architektur näherten sich viele Städte weiter an Rom an. Zahlreiche große Bauprojekte sind bezeugt. Italische Städte hatten gleichwohl ihre eigenen Institutionen, die das soziale und politische Leben entscheidend mitbestimmten. Nur bei wichtigen Fragen waren sie auf Rom angewiesen. Aus den Städten Italiens gingen viele Senatoren und Ritter hervor. Im 1. Jh. n. Chr. stellte Italien auch noch viele Legionäre. Ökonomisch wurde Italien von der Megalopolis Rom herausgefordert. Trotz solcher Gemeinsamkeiten blieben wirtschaftlich, sozial und demographisch Differenzen prägend: Italien war römisches Bürgergebiet, aber sicher nicht homogen.

Eine Folge der angesprochenen Entwicklung war, dass für das Italien der Frühen Kaiserzeit keine Ereignisgeschichte im engeren Sinne mehr geschrieben werden kann. Mit Ausnahme kurzer Gewaltausbrüche wie etwa im Bürgerkrieg von 69 war es in der Regel zumindest bis in die Tage Marc Aurels (161–180) ein befriedetes Binnengebiet. Die Sonderstellung Italiens wurde erst in der Hohen Kaiserzeit langsam eingeschränkt. Das Ende dieses Status markiert auch das Ende der Kaiserzeit.

Sonderstellung Italiens

6.4 Provinzen, provinziale Institutionen und Provinzialstädte

In den territorialen Großeinheiten der Administration, den Provinzen (ursprünglich: Aufgaben), war Rom durch einen hohen Beauftragten vertreten, den Statthalter. In der Regel war dies ein Prokonsul. Doch bestand die Kaiserrolle wesentlich darin, dass der Princeps Prokonsul in einem stetig wachsenden Teil des Reichs war. In diesen Provinzen ließ er sich in der Regel durch Legaten (*legati Augusti pro praetore*) vertreten. Die Angaben *proconsul* oder *legatus Augusti pro praetore* geben den Rang im Ämtergefüge, aber nicht den persönlichen Status der eingesetzten Personen wieder: Nur zwei der nach der augusteischen Anfangsphase stets zehn nichtkaiserlichen Prokonsuln, die von *Asia* (Westtürkei) und *Africa* (im tunesisch-algerischen Raum), waren schon Konsuln gewesen. Die großen Militärprovinzen dagegen leiteten ehemalige Konsuln als Legaten im Rang eines Prätors (*pro praetore*), da sie dem Princeps (eben dem Prokonsul der Provinz) unterstellt waren. In kleineren Gebieten agierten zunächst auch andere Typen von Vor-Ort-Entscheidern, wie Präfekten, die dem räumlich nächsten senatorischen Statthalter untergeordnet sein konnten. Der aus den Evangelien bekannte Präfekt Judäas Pontius Pilatus etwa unterstand dem Legaten von *Syria*. Erst Mitte des 1. Jh. n. Chr. wurden die meisten dieser Offiziere durch ritterliche Prokuratoren ersetzt, die dann zumeist eigenständige Statthalter waren oder wurden. Eine Sonderrolle nahm Ägypten ein. Als letzte Bastion des Antonius wurde es seit 30 v. Chr. einem von Senatoren unabhängigen ritterli-

Statthalter

chen Präfekten zugewiesen, dem zahlreiche ritterliche Funktionsträger untergeordnet waren. Anfangs sollten durch die Wahl von Rittern wohl Putsche verhindert werden, doch war das Niltal schon zuvor engmaschig administriert worden. Das dichte Netz von Verwaltern war daher auch an die regionalen Anforderungen angepasst. Die Statthalter waren die höchsten Richter in der Provinz, hatten die Ordnung aufrechtzuerhalten und die lokalen Eliten einzubinden, deren Unterstützung für Rom unverzichtbar war. Sie kommandierten die Truppen, von mehreren Legionen in manchen Provinzen bis hin zu einer einzelnen Hilfstruppeneinheit in befriedeten Gebieten. Einige besonders wichtige (nicht freie) Städte in seiner Provinz suchte der Gouverneur regelmäßig auf, um dort für die Umgebung Recht zu sprechen (das sogenannte „Konvent"-System). Die Zentralorte einer Provinz hatten in der Regel nicht die Funktion von Hauptstädten, sondern waren eher die am meisten genutzten Residenzen der Statthalter. In der Hohen Kaiserzeit sollten die Statthalter in einem sehr langsamen Prozess an Bedeutung verlieren. Die Provinzen wurden sukzessive geteilt und daher kleiner. Eine wachsende Zahl von Rechtsregeln schränkte die Gouverneure ein.

Procurator

Prokonsuln wurden von einem senatorischen Quästor und eventuell zivilen Legaten, die *legati Augusti* in größeren Militärprovinzen von Legionslegaten unterstützt. Beide Typen von Statthaltern hatten nach einer Experimentierphase einen (bisweilen für mehrere Provinzen zuständigen) Beauftragten des Princeps aus dem Ritterstand, den *Procurator*, an ihrer Seite, der für den kaiserlichen Privatbesitz, Land, aber wohl auch Minen, Steinbrüche etc., verantwortlich war. Frühzeitig organisierten diese Prokuratoren in den vom Princeps geleiteten Provinzen zudem die Steuererhebung und die Armeeversorgung. In der Hohen Kaiserzeit scheinen ihnen die Prokuratoren in den zehn Provinzen des römischen Volks darin gleichgestellt worden zu sein. Die Aufgaben der Prokuratoren differenzierten sich mit der Zeit, sodass ihre Zahl langsam wuchs. Doch selbst Mitte des 3. Jh. gab es im ganzen Reich gerade einmal 180 solcher Funktionsträger. Im Alltag kooperierten sie mit den Statthaltern, doch waren sie im Konfliktfall auch ein Instrument der Kontrolle.

„Provinziallandtage"

Diese Funktionsträger wurden in und von Rom ernannt. In *Asia*, der heutigen Westtürkei, und im sich nordöstlich anschließenden *Bithynia* hatten sich schon in republikanischer Zeit auch auf Initiative der Provinzialen Institutionen ausgebildet, die in der Forschung mit einem missverständlichen Ausdruck „Provinziallandtage" genannt werden. In der Zeit selbst hießen sie mit unspezifischen Bezeichnungen oft *koinon* oder, lateinisch, *concilium*, Bund oder Versammlung o. ä. Abgeordnete der Provinzstädte trafen sich auf diesen „Landtagen", um die Göttin *Roma* zu verehren. An diesen *Roma*-Kult konnten Octavian/Augustus und Nachfolger andocken, um der Ausnahmestellung der Imperatoren einen sinnfälligen Ausdruck zu verleihen. Solche Landtage entstanden frühzeitig in den meisten und mit der Zeit in fast allen Provinzen. Zumindest in Gallien (bei *Lugdunum*/Lyon) und den zeitweiligen Eroberungen rechts des Rheins (beim heutigen Köln) scheint ihre Etablierung aber von Rom organisiert worden zu sein.

Eine Interessenvertretung der Provinzialen bildeten die Landtage nur in Ansätzen. Beispielsweise konnten sich Repräsentanten der Städte dort auf eine Klage gegen Statthalter verständigen. Die *koina/concilia* dienten primär der Herrscherverehrung und organisierten begleitend Wettkämpfe. Kultische Ehren wurden auf jeden Fall den verstorbenen Principes dargebracht, die unter die Götter Roms aufgenommen worden waren. Ob auch für die lebenden Kaiser förmliche Kulte eingerichtet worden sind, lässt sich nicht immer entscheiden. Für den Osten muss dies als typisch oder doch wahrscheinlich gelten. Ob die lebenden Principes auch der steigenden Zahl von Bürgern in einigen westlichen Provinzen als Gott gelten sollten, bleibt umstritten.

Herrscherverehrung

Die ersten Städte, die Zentren eines überstädtischen Kaiserkultes wurden, waren Pergamon (Bergama) in *Asia* und Nikomedeia in *Bithynia* (Izmit), während für römische Bürger, für die der vergöttlichte Caesar († 44 v. Chr.) Augustus ersetzte, Ephesos (bei Selçuk) und Nikaia (Iznik) Kulte beheimateten. Auch weiterhin sind *koina* und Kulte in Kleinasien und den angrenzenden Gebieten besonders gut belegt. Dort gab es auch in Regionen unterhalb der Statthalterprovinzen „Landtage", deren Grundlage oft historisch gewachsene Landschaften oder auch Städtebünde bildeten. Eine wachsende Zahl religiöser Spezialisten („Priester") waren mit ihrer Organisation befasst. Anfangs gab es etwa in der Provinz *Asia* einen Erzpriester. Vermutlich ist der bezeugte Ausdruck *Asiarches* (eigentlich Führer Asiens) ein anderer Begriff für diesen Priester. Doch traten mit der Zeit weitere Erzpriester für die einzelnen Tempel des Kaiserkultes hinzu. Seit der Spätphase der Frühen Kaiserzeit konkurrierten die Städte speziell in Kleinasien darum, einen Tempel für das *koi-*

non mit dessen Mitteln errichten zu können. Solche sogenannten Neokorien brachten Prestige, aber durch die vielen Besucher auch ökonomische Vorteile. Diese Konkurrenz sollte die hohe Kaiserzeit prägen. Tempel und Priester bildeten zusammen eine religiöse imperiale Infrastruktur. Aber auch unterhalb der Landtage bildeten sich in den Städten variable Verehrungsformen für die Principes aus. Auf dieser Ebene war die Schwelle, den lebenden Imperator als Gott anzusprechen, noch niedriger.

Städte — Die allermeisten der 50 bis zeitweilig vielleicht 70 Millionen, die die Bevölkerung des Reichs ausmachten, wurden jedoch nur selten mit den genannten imperialen Institutionen konfrontiert. Die meisten lebten auf dem Gebiet von Städten unterschiedlichen Rechts, oft in deren Umland. Unfreie oder Ärmere, die bei Villen oder in Dörfern wohnten, kamen vielleicht nur bei großen Festen oder nie in eine Stadt. Für sie waren Dorfoberhäupter, Grundbesitzer oder ihre Verwalter die gegenwärtigen Entscheider. Einige Gruppen waren auch ganz anders organisiert, jedenfalls außerhalb der Grenzzonen aber oft Städten zugeordnet. Vielleicht 10–20 % der Menschen lebten in oder bei Städten. Zu ihnen gehörten schon die Pendler, die Land bebauten, aber in der Stadt wohnten. Für sie und die Freien der Umgebung bildeten zunächst die städtischen Institutionen, Amtsträger, Stadträte und deren Sicherheitskräfte, die Obrigkeit. Viele Rechtsstreitigkeiten wurden von städtischen Richtern entschieden, auch wenn es Streitgrenzen gab, deren Überschreitung die Einschaltung imperialer Richter notwendig machte. Zudem wurde die Erhebung der wichtigsten Steuern, der Kopf- und Bodensteuern, durch Vertreter der Städte organisiert, eventuell im Zusammenspiel mit den Vorstehern von Dörfern auf ihrem Territorium. Ausnahmen waren Gemeinden, denen unterschiedliche Grade von Freiheit zugestanden wurden. Die Bewohnerinnen und Bewohner durchschnittlicher Städte waren mit ihren Vermögen bzw. ihrer Arbeitskraft auch für die Pflege des Straßennetzes in ihrem Gebiet verantwortlich und mussten das imperiale Nachrichten- und Kommunikationssystem unterhalten. Die städtischen Leitungsfunktionen waren in urbanisierten Regionen die bedeutendsten Repräsentanten des Reichs. Lokale Eliten konnten Positionen zumindest de facto oft vererben und dadurch die Stellung ihrer Familien vor Ort verstetigen. Einige von ihnen stiegen in die Reichselite (Senatoren- und Ritterstand) auf.

Ortschaften unterschieden sich in vielen Aspekten, wie etwa der Größe. Manche hatten von Rom Privilegien erhalten. Anfangs waren jedoch die meisten Gemeinden *stipendiariae*, zu allen Leistungen verpflichtet und ihre Einwohner in der überwiegenden Mehrzahl Nichtrömer (*peregrini*). Sukzessive erhielten viele solcher Gemeinden im Westen vom Imperium vergebene Stadtrechte, was eine Vielzahl von Vorteilen, aber selten volle Steuer- und Abgabenfreiheit mit sich brachte. Wir sind über drei Typen von Städten besonders gut informiert: Römisch oder latinisch organisierte *municipia* sowie *coloniae*, die nach der Ansiedlung von Veteranen nach römischem Vorbild aufgebaut waren. Vor allem in der Hohen Kaiserzeit konnte der Status als Kolonie auch ehrenhalber vergeben werden. Das latinische Recht, eine Art Vorstufe zum römischen, ermöglichte mehr Rechtssicherheit und den Bewohnern einen leichteren Zugang zum Vollbürgerrecht, etwa durch die Bekleidung eines Amts oder, später, bisweilen auch eine Ratsmitgliedschaft. Die Zahl der latinischen *municipia* stieg im Westen stetig an. In Griechenland, großen Teilen Kleinasiens und Syriens dominierten dagegen griechisch geprägte Stadtformen, *poleis*, die um Rat (*boule*), Volk (*demos*) und Amtsträger organisiert waren. Unterhalb der städtischen Gremien bildeten sich unter behördlicher Aufsicht weniger prestigereiche Vereinigungen, Berufsgenossenschaften oder rein religiös ausgerichtete Kollegien. Die in ihnen zusammengeschlossenen Subeliten organisierten sich wie Miniaturstädte und trugen zum urbanen Leben wesentlich bei.

vom Imperium vergebene Stadtrechte

poleis

Einen besonderen imperialen Raum bildete Ägypten, wo es nur wenige griechische *poleis* gab. Ägypten war in über 40 Gaue aufgeteilt, über deren Vororte (*metropoleis*) wir durch Papyrusfunde bisweilen gut informiert sind. Sie waren technisch Dörfer, aber wiesen doch auch Ähnlichkeiten mit griechischen *poleis* auf. Doch agierten in den Gauen von der Zentralregierung eingesetzte sogenannte Strategen und Königliche Schreiber, die für die Metropolen mitzuständig waren. Für diese Organe gab es in anderen gut dokumentierten Provinzen keine Entsprechungen. Erst an der Wende zum 3. Jh. erhielten die Metropolen und Alexandria Stadträte und damit -rechte, aber die Eingriffsmöglichkeiten der Statthalter blieben groß. Andererseits setzte die Zentralregierung in vielen Städten im übrigen Reich etwa seit dem Beginn des 2. Jh. sogenannte *curatores* ein, die deren Finanzgebaren kontrollieren sollten. Dies konnte unter Umständen mit weitreichenden Aufsichtsrechten verbunden

Ägypten

sein. In der Hohen Kaiserzeit gab es also eine gewisse Annäherung zwischen *Aegyptus* und dem übrigen Reich. Dennoch wäre es falsch, die Geschichte der Kaiserzeit primär als einen Verlust städtischer Freiheiten zu deuten.

6.5 Nicht-„staatliche" Institutionen mit Einfluss auf die politische Ordnung

der Staatsbegriff

Bisher wurden Institutionen besprochen, die man heute als „staatlich" charakterisieren würde. Ob der Staatsbegriff mit Gewinn auf die Antike angewandt werden kann, bleibt umstritten. Im deutschen Sprachraum wurde diese Übertragung früher oft abgelehnt. Dieser Sprachgebrauch erhöhe die Gefahr, dass das moderne Staatsverständnis auf die Antike zurückprojiziert werde. Eine solche Angleichung wäre sicher irreführend. In der englischsprachigen Forschung wird dagegen meist ein weiterer Staatsbegriff verwendet, der der ethnologischen Forschung entnommen ist. Die Risiken verfehlter Assoziationen werden daher als viel geringer eingeschätzt. Ein solches Begriffsverständnis überwiegt mittlerweile in fast allen Sprachen.

Der Terminus Institution bezeichnet aber auch dauerhafte Sinn- und Handlungszusammenhänge, die sicher nicht Teil einer staatlichen Ordnung sind oder waren. Dazu zählen etwa kulturspezifische Ausformungen von Groß- und Kleinfamilien oder Phänomene von Sklaverei. Die ältere Forschung hatte angenommen, bis weit in das 2. Jh. v. Chr. ließe sich die römische *res publica* beinahe ohne Rest als Summe von Großfamilien und ihren Klienten deuten. Die mit diesem Modell assoziierte soziale Stabilität wäre dann in den Transformationsphasen der späten Republik und des Frühen Prinzipats in einem beschleunigten gesellschaftlichen Wandel verloren gegangen. Solche generalisierenden Annahmen hat die neuere Forschung vollständig verworfen. (Politischer) Klientelismus wird heute nicht mehr als starres gesellschaftliches Gliederungsprinzip verstanden, sondern als Resultat dynamischer Kommunikationssituationen. Sodann steht, auch bei der Untersuchung aristokratischer Häuser, eher die Kleinfamilie und besonders die Stellung der Frau im Zentrum der Aufmerksamkeit. Allerdings sind fast ausschließlich von Männern formulierte Anforderungen an Frauen tradiert worden. In der Folge wurden immer wieder die meist nur in-

(politischer) Klientelismus

die Kleinfamilie

direkt erschließbaren Spielräume einzelner Aristokratinnen und der *Augustae* vermessen. Das Alltagsleben anderer Frauen bildet sich noch schlechter in den Quellen ab. Die römischen Konzepte von Familie verbreiteten sich mit dem Bürgerrecht sukzessive vor allem im Westen des Reichs, wie speziell die hochkaiserzeitlichen Juristen belegen. Ob die tradierten Rechtsnormen auch soziale Wirklichkeiten abbilden, ist allerdings oft nicht zu klären.

Analoges gilt für alle Phänomene der Sklaverei. Lange Zeit war es Teil der Meistererzählung vom Untergang der Republik, dass die Bauern, die bis in die augusteische Zeit in einem sehr entwickelten Milizwesen das Heer der *res publica* gebildet hatten, durch lange Abwesenheit von ihren Höfen verarmt und durch entstehenden Großgrundbesitz (Latifundien), auf dem Scharen von Sklaven eingesetzt wurden, verdrängt worden seien. Die Forschung hat jedoch zeigen können, dass der Anteil von Sklaven an der italischen Bevölkerung geringer war, als früher oft angenommen, und dass auch die Ausbildung von Latifundien langsamer als gedacht verlaufen ist. Das Römische Reich war im Untersuchungszeitraum kein einheitlicher Rechtsraum. Dennoch konnte Römisches Recht überall angewandt werden, wo römische Bürgerinnen und Bürger lebten, und glichen sich die Rechtsnormen, die die Existenz von Sklaverei regelten, daher an. Historisch sind aber eher die Unterschiede von Bedeutung, die sich im Los von Sklavinnen und Sklaven zeigen. Das gilt regional, etwa zwischen Italien und Ägypten. Aber auch die Lebensbedingungen variierten immens, so zwischen Haus- und Landsklaven, zwischen der extrem grausamen Haltung von Bergwerkssklaven und dem Schicksal von römischen Vätern gezeugter, unfreier Kinder in dessen Haus. Einzelne Sklaven und noch eher Freigelassene im unmittelbaren Umfeld der Principes konnten auch erheblichen politischen Einfluss gewinnen, der allerdings stets als Skandal galt. Auf dem Höhepunkt der sozialgeschichtlichen Fragestellungen und Methodiken sind zahlreiche Studien zur Sklaverei im Imperium und auch eine Art Enzyklopädie von dauerhaftem Wert verfasst worden (das von H. Heinen u. a. herausgegebene Handwörterbuch der antiken Sklaverei, Stuttgart 2017). Zurzeit werden meist speziellere Phänomene etwa juristischer oder ökonomischer Art untersucht. Mag die Bedeutung der Sklaverei für die Wirtschaft Italiens und anderer Regionen heute auch geringer veranschlagt werden als noch vor dreißig Jahren, war die Zahl der Unfreien doch immer noch frappierend hoch. Es bleibt wichtig, prä-

Randnotizen: Sklaverei; Unterschiede im Los von Sklavinnen und Sklaven

sent zu halten, dass viele Menschen im Imperium mit der traumatischen Erfahrung einer Verschleppung und Entrechtung lebten oder dass auch im Haus geborene Sklavinnen zu allen Zeiten mit sexualisierter Gewalt jeder Art rechnen und leben mussten.

7 Die Armeen als imperiale Organisation: Stationierungs- und Rekrutierungsräume

Seit 30 v. Chr. entstanden, ausgehend von schon länger wirksamen Tendenzen des 2. und 1. Jh. v. Chr., neuartige Armeen, in deren Teilstreitkräften zusammen vielleicht 300 000–350 000 Mann dienten. Stehende Heere hat es vereinzelt schon in der griechischen Welt und den hellenistischen Königreichen gegeben. Aber die Größe der frühkaiserzeitlichen Armeen und die Komplexität ihres Aufbaus waren für die antike Welt ungewöhnlich. Im Laufe des 1. Jh. wurden ihre Strukturen zudem vereinheitlicht. Die kaiserzeitlichen Armeen bildeten eine imperiale Organisation eigener Art. Für viele Menschen im Reich dürften die Soldaten des Imperiums dessen sichtbarster Ausdruck gewesen sein. Rom war in gewisser Hinsicht da, wo römische Truppen standen.

7.1 Stationierungsräume

7.1.1 Rom

Durch die langsame Etablierung einer monarchischen Herrschaft wurde die in der Republik entmilitarisierte Stadt Rom zu einem Aufenthaltsraum von Truppen. Augustus behielt auch nach 27 v. Chr. eine Schutzmannschaft von neun Kohorten bei, die er zunächst mit Blick auf die römische Öffentlichkeit noch räumlich verteilt garnisonierte. Nur Teile der Garde waren in oder bei der Stadt präsent, und sie sollten „bürgerlich"-zurückhaltend auftreten. Diese sogenannten Prätorianer (nach dem allgemeinen Wort *praetorium* für Hauptquartier) wurden jedoch schon unter Tiberius in einem Lager außerhalb der offiziellen Stadtgrenze Roms am Viminal zusammengezogen. Wir wissen nicht sicher, wie groß die Garde zu Beginn des Prinzipates war: Neun Kohorten konnten sowohl 4500 wie 9000 Mann stark sein. Für beide Annahmen gibt es Gründe. Neben den

Prätorianer

Prätorianern agierten weitere Einheiten. Dem erst von Tiberius dauerhaft etablierten Stadtpräfekten unterstanden zunächst drei städtische Kohorten. Solche *cohortes urbanae* waren seit der flavischen Zeit auch in *Carthago* (bei Tunis) und in *Lugdunum*/Lyon sowie in Roms Hafen Ostia stationiert. In Rom kamen seit augusteischer Zeit 3500 paramilitärisch organisierte Vigilen hinzu. Diese Feuerwehr wurde aus ehemaligen Sklaven rekrutiert, deren Freilassung noch formalrechtlich eingeschränkt war. Im Frühen Prinzipat unterhielten die Principes öfter germanische Leibwächter in Rom. Hinzu kamen mit der Zeit diverse Spezialeinheiten wie die Elitereiterei der *singulares*. Diese Truppenkörper hatten vermutlich alle ein abweichendes Einsatzprofil, trugen aber zusammen dazu bei, dass der Großraum Rom im Vergleich zu frühneuzeitlichen europäischen Hauptstädten stark garnisoniert war. Die Gesamtstärke der städtischen Truppen wurde sukzessive aufgestockt, doch war dies keine geradlinige Entwicklung. Die Zahl der Prätorianer schwankte über die Zeit. Auch wenn die Garde gelegentlich in Kriegen eingesetzt wurde, war die Kernaufgabe der städtischen Truppen in der Frühen Kaiserzeit die Aufrechterhaltung der Sicherheit in der Stadt und der Schutz des Herrschers. Etwa ab 200 n. Chr. waren in den städtischen Kohorten 6000, bei den Vigilen 7000 Mann aktiv. Zudem wurde zeitweilig eine Legion bei Rom stationiert. Ab dieser Zeit entstand daher bei der Hauptstadt eine Einsatzreserve der Armee. Im Frühen Prinzipat lässt sich ein solches Konzept nicht nachweisen.

<small>Aufrechterhaltung der Sicherheit in der Stadt und Schutz des Herrschers</small>

7.1.2 Die Armeen in den Provinzen

Außerhalb Italiens unterhielt Augustus erst 26 und dann bis 9 n. Chr. 28 Legionen (mit 5000–6000 Mann) unter Waffen, mit den stadtrömischen Truppen mehr als 150 000 Bürgersoldaten. Hinzu trat ungefähr noch einmal die gleiche Zahl sogenannter Hilfstruppen (*auxilia*), meist bei Nichtbürgern ursprünglich mit ihrer spezifischen Bewaffnung rekrutierte Einheiten, die die Legionen taktisch ergänzten und zugleich Unterworfenen Soldaten entzogen. Nach heterogenen Anfängen entwickelten sich standardisierte Einheitstypen: *cohortes* und *alae*, das heißt Fußtruppen und Reiterkontingente mit je etwa 500 Mann, sowie etwas größere gemischte Einheiten (*cohortes equitatae*). Wohl erst in flavischer Zeit traten Kohorten und Alen sowie gemischte Einheiten mit nominell 1000 Mann hinzu. Die nominellen Stärken waren offenbar nur Papiergrößen, aber die

<small>Legionen</small>

<small>Hilfstruppen (*auxilia*)</small>

Berechnung der Soll- und schwankenden Realstärken bleibt schwierig. Auxiliarsoldaten mussten zumindest anfangs länger dienen (sicher fünfundzwanzig Jahre) und erhielten statt einer Abfindung das römische Bürgerrecht. Dass diese Regelung das Bürgerrecht gezielt verbreiten sollte, ist zumindest nicht sicher. In jedem Fall brachte das angesprochene Arrangement der Zentralregierung finanzielle Vorteile. Erst nach der Mitte des 1. Jh. n. Chr. war die Kommandostruktur bei den Hilfstruppeneinheiten stärker normiert. Es entstand eine Laufbahn ritterlicher Offiziere. Sie befehligten mit der Zeit zunächst eine Infanteriekohorte. Danach übernahmen sie meist einen ritterlichen Legionstribunat und schließlich eine Kavallerie-Ala. Doch gab es Kombinationsmöglichkeiten, und viele ritterliche Offiziere haben schon wegen des beschränkten Angebots nur eine Position im Heer bekleidet. Aus dieser Gruppe von Offizieren (um 500–600 Personen?) rekrutierten die Principes oft ihre zivilen ritterlichen Helfer, die Prokuratoren.

Augustus Augustus hat die nach 30 v. Chr. unter Waffen gehaltenen Armeen unmittelbar eingesetzt. Kriegsschauplätze wurden zunächst vor allem die iberische Halbinsel (bis etwa 19 v. Chr.) und Zentral- sowie Südosteuropa. Im Osten waren zunächst vor allem Großsyrien sowie Ägypten Stationierungsräume für römische Legionen. Durch die neuen Eroberungen auf dem Balkan und – zeitweilig – in Germanien verschoben sich die Koordinaten der imperialen Geopolitik. Operierten während der augusteischen Offensiven noch annähernd 70 000 Mann und auch danach noch drei Legionen auf der iberischen Halbinsel, waren es ab 43 n. Chr. in den drei iberischen Provinzen (*Baetica* im Süden, *Lusitania* im Westen, *Tarraconensis* im Zentrum) noch zwei. Nach dem Bürgerkrieg von 68/9 n. stand dort nur noch eine solche Einheit, bei León, das nach dieser Legion heißt. Ähnliche Entwicklungen zeigen sich in anderen Regionen. Die nach dem Krieg gegen Antonius eminent wichtige Provinz *Aegyptus* wurde erst mit drei, unter Tiberius mit zwei Legionen garnisoniert. Mitte des 2. Jh. stand dort nur die *legio II Traiana*. Sie hatte ihr Hauptquartier bei Alexandria, war aber wie in solchen Fällen üblich auch über das Land verteilt stationiert. Das römische *Africa* westlich Ägyptens wurde von nur einer Legion geschützt, die Caligula einem kaiserlichen Legaten unterstellte. Sie ist zunächst im tunesischen *Ammadaera* (Haïdra) und dann im algerischen *Theveste* (Tébessa) bezeugt. Seit etwa 115–120 war sie zumeist in *Lambaesis* (beim Aurès-Gebirge in Algerien) stationiert. Im römischen *Africa* wird besonders deutlich, wie wichtig kleinere Einheiten für die Sicherung des Territoriums waren. Die Legion unterhielt mehrere Lager, Abteilungen von Auxiliareinheiten kontrollierten die Provinz in der Fläche. In nachaugusteischer Zeit lassen sich Truppenkonzentrationen in vier Großgebieten ausmachen: am Rhein, an der Donau, am Euphrat und, seit Claudius, auf Britannien. Nach der Varus-Niederlage 9 n. Chr. standen je vier Legionen mit Hilfstruppen in den beiden schmalen germanischen Heeresbezirken, die die Katastrophe überdauert hatten. Schon im 1. Jh. n. Chr. wurden Legionen von hier wegbeordert, wenn Heere für Invasionen zusammengezogen wurden. Seit Domitian nach einem Minimalerfolg die beiden Heeresbezirke in Provinzen umbenannt hatte, wurde die Grenze des Traumas normalisiert. Im 2. Jh. waren in der Rheinregion nur noch vier Legionen stationiert, in den schon vorher wichtigen Lagern Bonn und bei Xanten (Niedergermanien), bei Mainz und meist bei Straßburg (Obergermanien). Zwar wurden dort nur wenige Kolonien gegründet, wie in Köln (*Colonia Claudia Ara Agrippinensium*) oder bei Xanten (*Colonia Ulpia Traiana*), doch blieb der Anteil des Militärs am Leben in den kleinen Randprovinzen langfristig hoch.

<small>Truppenkonzentrationen am Rhein</small>

Einen größeren Stationierungsraum bildete sodann die Grenzzone mit den Parthern. Wenn nicht ein Mitglied des Kaiserhauses das Imperium repräsentierte, war der konsulare Legat Syriens in *Antiocheia* (Antakya) Roms wichtigster diplomatischer Vertreter in der Region. Die Legionsstandorte im Osten sind vor der flavischen Zeit oder sogar dem 2. Jh. oft nicht gut bezeugt. Anders als im Westen hatten die Legionen ihre Hauptquartiere offenbar öfter in oder bei Städten, etwa bei *Antiocheia*, nach 70 in oder bei Jerusalem oder, vielleicht zeitnah nach der Übernahme von *Arabia* unter Trajan, vielleicht auch erst später in Bostra (Bosra, heute Syrien). Diese Praxis assoziieren die literarischen Quellen mit Disziplineinbußen. Hinzu kamen wichtige Straßenkreuzungen oder Fluss-Übergänge, wie Zeugma am westlichen Euphratufer in *Syria*. Nach dem Verlust der Kontrolle über Armenien unter Nero gewann das anatolische *Cappadocia* an Bedeutung, um den Grenzraum gegenüber dem Nachbarn zu sichern, oft mit Lagern in Satala (Sadak) und Melitene (Malatya). Die Truppen im Osten waren über die Provinzen verteilt stationiert und in der Wahrnehmung sicher präsent, aber vor einer erneuten Expansion an der Wende zum 3. Jh. kein so prägender Faktor wie am Rhein oder an der Donau. Anders wird dies in *Iu-*

<small>die Grenzzone mit den Parthern</small>

daea/Syria Palaestina gewesen sein, wo zeitnah nach Trajans gescheitertem Partherkrieg auf relativ engem Raum eine zweite Legion stationiert wurde (bei *Legio*/Lajjun).

Britannien Frühzeitig militärisch geprägt waren besonders die Stationierungszonen in den dünner besiedelten Gebieten Britanniens und im Donauraum. Seit der Eroberung von Teilen Englands unter Claudius waren vier Legionen mit Hilfstruppen auf der Insel stationiert. In Wellen, nach dem Aufstand von 60, 78–84 und noch einmal 209–211 n. Chr., hat das Imperium versucht, die unwegsameren Teile der großen Insel seiner Kontrolle zu unterwerfen. In Wales ist dies gelungen, beim schottischen Hoch- und schließlich auch Tiefland nicht. In der Hohen Kaiserzeit beschränkte sich Rom zumeist auf eine Linie Tyne-Solway Firth (der sogenannte Hadrianswall). Nach der Eroberung war *Britannia* mit vier, im 2. und 3. Jh. mit drei Legionen garnisoniert, zwischenzeitlich mit Hauptquartieren in *Isca Dumnoniorum* (Exeter) oder *Glevum* (Gloucester), dann vor allem in *Isca Silurum* (Caerleon, Wales), *Eboracum* (York) und *Deva* (Chester). Hier bleiben allerdings Unsicherheiten. Wie wir unter anderem aus Militärdiplomen, Entlassungsurkunden für Auxiliarsoldaten, wissen, war die Zahl der Hilfstruppen in der Hohen Kaiserzeit noch größer als die der Legionäre. Auch weil Eliten des British Empire großes Interesse am römischen Reich entwickelten, ist das römische Britannien sehr gut erforscht, so etwa viele Lager, wie das unter dem Feldherrn Agricola oder seinem Nachfolger von Legionären genutzte und dann aufgegebene *Inchtuthil* in Schottland oder das Hilfstruppenkastell *Vindolanda* in Northumberland, das durch den Fund hölzerner Schreibtafeln von der Wende zum 2. Jh. berühmt geworden ist. Sie lassen einen ungewöhnlichen Einblick in den Alltag römischer Soldaten zu. Schon in römischer Zeit wurde wegen der enormen Kosten der Garnison an dieser Eroberung Zweifel geäußert. Britannien blieb ein „imperial overstretch", der viele Kräfte band.

Der Donauraum Die größte Zahl römischer Einheiten war vor allem seit Ende des 1. und Anfang des 2. Jh. in dem Großraum süd- und nördlich der Donau disloziert. Von Tiberius bis um 200 n. Chr. stieg die Zahl der dauerhaft zwischen den Alpen und dem Schwarzen Meer stationierten Legionen von sechs auf zwölf. Auch bei den Auxiliareinheiten ist ein kontinuierlicher Aufwuchs zu beobachten. Die einzelnen Schritte der römischen Durchdringung dieses Raums sind nicht gut dokumentiert. Octavian hatte von 35 bis 32 v. Chr. die römischen

Ansprüche auf eine Provinz *Illyricum* im südslawischen Gebiet konkretisiert und ausgeweitet. In den Jahren 13–8 v. sind Kämpfe im gesamten Donauraum belegt. Nach einem erneuten „Pannonischen Aufstand" 6–9 n. wurde die immense Westbalkanprovinz *Illyricum* geteilt, mittelfristig in das nördliche *Pannonia* und das südliche *Dalmatia*. 29 v. Chr. war das spätere *Moesia* an der unteren Donau der bestehenden Provinz *Macedonia* (vor allem im nordgriechischen Gebiet) hinzugefügt worden und wurde 44 n. Chr. dauerhaft eigenständig. Auch in *Raetia* und *Noricum* (Alpenvorland, österreichisch-slowenischer Raum) gab es Zwischenschritte, bis dort unter Claudius eigene Gouverneure eingesetzt wurden. Derselbe Princeps hat durch Beseitigung der lokalen Könige auch Thrakien (vor allem im südlichen Bulgarien und nordöstlichen Griechenland) provinzialisiert. Die großen Dakerkriege unter Domitian und Trajan führten dazu, dass die Großprovinzen *Moesia* und *Pannonia* (jeweils in *superior* und *inferior*) geteilt wurden. *Dacia* (im rumänischen Gebiet), das in unterschiedlichen Zuschnitten beherrscht wurde, erhielt als Besatzung zumindest zwei Legionen, später oft mit Hauptquartieren in *Potaissa* (Turda) und *Apulum* (Alba Iulia). Teilt man die römischen Armeen in geographische Blöcke, war danach kein Großverband so kampfstark wie die Donauarmeen. Diese Truppen entschieden die beiden Bürgerkriege von 68–9 und 193–197 n. Chr. Sie trugen aber vor allem im 3. Jh. n. Chr. auch die Hauptlast der römischen Defensive. Der Donauraum war vor den römischen Eroberungen jedenfalls in Teilen wirtschaftlich-infrastrukturell noch nicht so gut erschlossen wie Südspanien oder Kleinasien. Die Stationierung von Legionen, mit ihren vielleicht 5000–6000 Mann, zu denen aber zahlreiche Sklaven, Handwerker, Trossknechte, Händler und bald auch die Familien der Soldaten hinzukamen, führte daher trotz der Verteilung der Soldaten zu Bevölkerungskonzentrationen städtischen Ausmaßes. Aus zivilen Siedlungen bei Lagern entwickelten sich, wie im Falle von *Carnuntum* (bei Petronell in Österreich), in der Hohen Kaiserzeit in der Folge bedeutende Städte, die von Kaisern ein Stadtrecht und unter Umständen den Koloniestatus (bei *Carnuntum* etwa unter Hadrian und Severus) erhielten. Dies konnte aber auch erst nach Abzug der Legionen geschehen, um zurückbleibenden Siedlungen, Festungsvorstädten oder benachbarten zivilen Orten eine Struktur zu geben. Viele heutige städtische Zentren sind entweder bei Lagern entstanden oder haben durch Lager doch einen wichtigen Schub hin zur Urbanität erhalten. Dies gilt etwa für

Aquincum / Budapest, *Singidunum* / Belgrad und (weniger eindeutig) *Vindobona* / Wien. Viele Veteranen siedelten nach Dienstende in der Stationierungsregion. Gerade der Donauraum wurde dadurch ein imperialer Raum eigenen Typs.

Flotten

Von großer Bedeutung für das Imperium als Sicherheits- und Wirtschaftsraum waren schließlich Meere und Flüsse. Zwei große Flotten, stationiert in Ravenna und *Misenum* (bei Neapel), schützten die Seewege im Mittelmeer. Auch wenn es unterschiedliche Angaben über die Sicherheit einzelner Reisenden gibt, waren die Handelsrouten lange Zeit gut vor Piraten und Banditen geschützt. Wie die *classes* des Mittelmeers hatten auch die Provinzialflotten etwa an Rhein und Donau im Frieden vielfältige logistische Aufgaben. Wie wichtig die Kontrolle der Seewege war, zeigte sich im späteren 3. Jh. Der zeitweilige Verlust der alleinigen Hoheit über die Gewässer hatte einen großen Anteil an den militärischen Problemen dieser Zeit.

Die knappe Skizze imperialer Militär-Räume ging von Lagern aus, in denen ganze oder doch größere Teile von Einheiten untergebracht waren. Die Legionen der frühen Kaiserzeit waren noch mobil und wurden oft verschoben. Seit der Frühphase der Hohen Kaiserzeit waren sie dagegen meist in dauerhaft angelegten Steinlagern untergebracht. Die Remobilisierung der Armee im 3. Jh. wurde zu einer kostspieligen Herausforderung, weil Versorgungswege gekappt wurden. Aber Soldaten waren auch zuvor nicht nur in Hauptquartieren stationiert, sondern wurden in kleinen Zahlen bis hin zu Einzelposten verteilt, meist mit Blick auf strategische oder sicherheitspolitische Ziele. Zenturionen konnten bspw. in ägyptischen Dörfern die römische Autorität repräsentieren. In der Hohen Kaiserzeit wurden solche Formen der Präsenz in der Fläche institutionalisiert. Sogenannte *stationarii* schützten auch in Provinzen mit kleinen Besatzungen Kommunikationswege. In vielen Provinzen finden sich seit der Spätphase des in diesem Band behandelten Zeitraums Belege für Netzwerke von Stationen sogenannter *beneficiarii*, „Gefreiter". Sie konnten etwa Wege sichern oder bei der Zollerhebung helfen. Da auch viele Städte Sicherheitskräfte hatten, ist das alte Bild vom Reich als einem weitgehend militärfreien, pazifizierten Raum sicher unzutreffend. Militär wurde zudem zum Aufbau und Erhalt von Infrastruktur wie Kanälen oder zum Abbau und zum Schutz wichtiger Ressourcen herangezogen. Soldaten wurden bspw. in Bergwerken eingesetzt, wegen ihrer technischen Expertise,

Einzelposten

Aufbau und Erhalt von Infrastruktur

aber auch um Erträge zu schützen, so in den unter Trajan eroberten Goldminen Dakiens. Über eine kleinere Bergwerkszone, in *Vipasca* (Aljustrel in Südportugal), sind wir durch zwei Inschriften besonders gut informiert, die erst aus dem 2. Jh. stammen, aber auch auf Zustände der Frühen Kaiserzeit Bezug nehmen. Der lokale Minenprokurator nahm eine Stellung wie die Behörden der Städte ein, hatte aber auch Militär unter sich, wie auch Prokuratoren von Landgütern des Princeps Soldaten zugewiesen erhalten konnten. Domänen oder Minen bildeten aufgrund ihrer hohen patrimonialen oder fiskalischen Bedeutung imperiale Räume eigenen Typs.

Die Präsenz von Soldaten konnte gerade zu Beginn des Prinzipats aber auch ganz andere Formen annehmen. Mehrfach in seiner langen Laufbahn hing Octavians Zukunft von seiner Fähigkeit ab, Veteranen versorgen zu können. Nach der Schlacht von Philippi (42 v. Chr.) hatte er dazu in brutaler Weise Land in Italien enteignet. Nach dem Sieg über Antonius (31/30 v. Chr.) stand Octavian erneut vor dem gleichen Problem. Noch einmal kam es im imperialen Kernland zu Umsiedlungen und Landwegnahmen, aber diesmal auch zu Entschädigungen. Die hohen Beutesummen, die sich der Sieger nach dem Bürgerkrieg aneignete, ermöglichten es, die Gewaltintensität bei der Versorgung der Veteranen zumindest in Italien merklich abzusenken. Die Zahl der Koloniegründungen oder -verstärkungen in Italien war anfangs dennoch hoch, doch kam diese Praxis danach langsam zum Erliegen. Vermutlich wollten die meisten italischen Veteranen weiterhin nach Italien zurückkehren, aber die dicht besiedelte Apennin-Halbinsel bot dazu kaum noch die Möglichkeit. Vor allem aber fehlte den Soldaten nach 30 v. Chr. ein Ansprechpartner, der sich ihre Wünsche politisch hätte zunutze machen können. So akzeptierten sie die Ansiedlung im Reich. Im Imperium stand nach den Bürgerkriegen gutes Land zur Verfügung, da echte oder vorgebliche Feinde enteignet oder zu Bewohnern zweiter Klasse im eigenen Gebiet gemacht worden waren. Ein Schwerpunkt der Ansiedlung war das römische Afrika, inklusive des zunächst nur kurz direkt beherrschten *Mauretania* im Nordwesten. Auch in der *Narbonensis* (der französischen Provence) entstanden Kolonien wie *Forum Julium* (Fréjus) oder *Arausio* (Orange). Auf der iberischen Halbinsel wurden *Barcino* (Barcelona) oder *Emerita Augusta* (Mérida) Kolonien. Im Großraum *Macedonia / Achaia* mit einem Kern im heutigen Griechenland erhielten *Dyrrhachium* (Durrës in Albanien) und *Philippi* (bei Kavala) zwangsumgesiedelte

Italiker zugewiesen. Patras, dem ehemaligen Hauptquartier von Antonius, wurden zwei Legionen zugeteilt. Auf Kreta wurde *Knossos* (bei Iraklion) und auf Sizilien Syrakus zu Kolonien, im heutigen Libanon *Berytus* (Beirut). Kolonien scheinen auch sicherheitspolitischen Zielen gedient zu haben. Die Aufständischen in Britannien griffen 61 n. Chr. vermutlich aus diesem Grund *Camulodunum* (Colchester) an. Allein in und um Pisidien im gebirgigen Südwestkleinasien entstanden acht Kolonien, die das Gebiet pazifizierten. Der Erfolg solcher Gründungen war sehr unterschiedlich. *Antiocheia* bei Pisidien (beim türkischen Yalvaç) etwa blühte und stellte später Ritter und Senatoren. Spätere Kolonien sind oft verkümmert. Latein blieb in einigen lange ein Identifikationsfaktor. In anderen wurde bald vor allem Griechisch verwendet.

Umstritten bleibt, inwieweit die imperiale Regierung einen Überblick über die Gesamtheit aller ihr zur Verfügung stehenden Machtmittel hatte und sie nach strategischen Erwägungen anordnete und einsetzte. Die Quellen lassen verschiedene Antworten auf diese Frage zu.

7.2 Rekrutierungsräume

Legionen

Die Legionen, die Augustus beibehielt, waren größtenteils in Italien rekrutiert worden. Italien war das größte zusammenhängende Bürgergebiet und Kernland des Imperiums. Italiker dominierten auch weiterhin in den stadtrömischen Truppenteilen. In den Provinzialarmeen nahm ihre Zahl im Laufe des 1. Jh. n. Chr. jedoch langsam ab. Dieser Prozess verlief abhängig von unterschiedlichen Faktoren unterschiedlich schnell, aber im ganzen Imperium, sodass im Zuge des 2. Jh. kaum noch Italiker in den Legionen aktiv waren. Eine Ausnahme bildeten für Eroberungskriege neu aufgestellte Einheiten. An die Stelle der Italiker traten zunächst allmählich römische Bürger speziell aus Südfrankreich und -spanien sowie Kleinasien. Zudem behielten gerade die Kolonien der augusteischen Zeit eine militärische Prägung, sodass aus ihnen viele Rekruten hervorgingen. Doch wurde der Bedarf vieler Einheiten in wachsend höherem Maß aus der (allerdings oft sehr weit gefassten) Stationierungsregion gedeckt. Dies galt etwa für das römische Nordafrika, das aufgrund seiner guten Dokumentation oft als Exempel dient, aber auch für Spanien ab 70 n. Chr., wo jeweils nur eine Legion stand. Britannien, die germanischen und Donauprovinzen waren dagegen länger auf Nachschub aus stärker assimilierten Provinzen angewiesen, zumal nur im Balkanraum eine größere Zahl von Kolonien existierte, die junge Männer für das Militär stellten. Im Osten scheint der Prozess, die Legionen mit aus dem Großraum stammenden Rekruten aufzufüllen, schneller verlaufen zu sein, da sich noch weniger Italiker für den Dienst in diesem Reichsteil fanden und es weniger Kolonien gab. Bei den Hilfstruppen waren die Schwankungen in der Rekrutierungspraxis größer als bei den Legionen. Überraschenderweise blieben viele Auxiliarsoldaten anfangs in der Umgebung ihren Heimatregionen stationiert, waren aber auch noch sehr mobil. Ab dem späteren 1. Jh. wurden auch die Alen und Kohorten stationärer. Wurden zunächst noch Männer für ethnisch definierte Einheiten im Umfeld dieser Gemeinschaften ausgehoben, rekrutierte das Imperium ab der flavisch-trajanischen Zeit wie bei den Legionen meist aus der nächsten Quelle, oft in dem Großgebiet um den Stationierungsort. Dadurch wurde die Bindung an die Ethnien, die der Truppe ursprünglich Namen und Gepräge gegeben hatten, schwächer. Doch gab es eine größere Zahl von Ausnahmen als bei den Legionen, wie bspw. das Heer in *Britannia*, das Rekruten sowohl ex- wie importierte. Einige Einheiten blieben zudem ethnisch definiert.

Hilfstruppen

Für römische Bürger und die meisten freien Bewohner des Reichs galt durchgängig Wehrpflicht. Im 1. und auch noch im 2. Jh. n. Chr. konnte das Militär aber oft auf Freiwillige zurückgreifen. Daher ist die Armee oft als Instrument einer gelungenen Integration gedeutet worden. Doch lässt sich ihre Geschichte auch anders schreiben: Der Kriegsdienst scheint stetig an Attraktivität eingebüßt zu haben. Weniger als die Hälfte der Rekruten dürften das Ende ihres Kriegsdienstes erlebt haben. Zuerst verloren offenbar Italiker das Interesse, de facto fünfundzwanzig Jahre in oft schwierigem Klima bei den Feldzeichen zu bleiben. Kolonien und der innere Kreis befriedeter Provinzen konnten den Bedarf der Armeen zunächst decken. Mit der Zeit wurden Veteranen immer seltener gemeinsam in Kolonien angesiedelt, weil kein gutes Land mehr zur Verfügung stand. Nach Hadrian (117–138) sind keine solchen Ansiedlungen mehr bezeugt. Von dieser Zeit an sind auch weniger Römer aus Südfrankreich oder von der iberischen Halbinsel in den Legionen belegt. Ab der Mitte des 2. Jh. kamen dagegen anscheinend immer mehr Rekruten aus der Umgebung der Lager, kleineren Siedlungen oder auch Lagervorstädten, die nicht als Städte organisiert waren,

Integration

auch wenn dieses Umfeld den Bedarf der Einheiten nie decken konnte. Aufgrund einer finanziellen Abfindung standen Soldaten nach Ende der Dienstzeit viele Wege offen. Doch scheint der lange Dienst sie oft mit ihren Stationierungsräumen verbunden zu haben. Soldaten war eine legale Ehe lange Zeit versagt. Dennoch hatten viele an ihren Garnisonsorten Familien. Diese rechtlich nicht abgesicherten Beziehungen wurden de facto toleriert. Nach dem Ausscheiden aus dem Heer konnten Ehen legalisiert werden. Soldaten blieben dann mit ihren lokal verwurzelten Familien im Umland der Lager, das viele Erwerbschancen bot. Aus diesem Milieu scheinen in der Hohen Kaiserzeit viele Rekruten hervorgegangen zu sein. Durch das Heiratsverbot, das zumindest bis Septimius Severus (193–211) galt, waren Söhne aktiver Legionäre allerdings abhängig vom Status der Mutter nicht immer Bürger. Den Peregerinen hätten die Legionen eigentlich nicht offengestanden. Doch scheinen die römischen Dienststellen bei der Rekrutierung pragmatisch verfahren zu sein. In Regionen mit hoher Garnisonsdichte bildeten sich auch auf diese Weise um die Lager Gebiete mit militärischer Prägung. Die Lager wiederum waren oft in breiten Grenzzonen mit Befestigungen und Angriffsstraßen positioniert. Mit einem englischen Ausdruck könnte man diese imperialen Räume als „frontiers" bezeichnen. Sie wiesen auch institutionell einen besonderen Charakter auf. Krieg und Kriegsdienst scheinen daher nach Ende der Frühen Kaiserzeit langsam an ein spezifisches Milieu ausgelagert worden zu sein.

„frontiers"

II Grundprobleme und Tendenzen der Forschung

1 Zur Frühen Kaiserzeit als Unterepoche und Untersuchungsgegenstand

1.1 Prägende ältere Forschung zur Frühen Kaiserzeit

Die Zahl der Darstellungen römischer Geschichte aus dem 19. und 20. Jh., die die Frühe Kaiserzeit zumindest einschließen, ist immens. Einen Überblick über ältere Interpretationen zu geben, ist hier jedoch nicht der Ort. Studierende können zwar auch heute noch von einigen nicht mehr aktuellen, aber oft beeindruckend kenntnisreichen und quellennahen Werken profitieren. Besonders nützlich sind Wiedervorlagen, die in die Gedankenwelt der Autoren einführen, wie dies etwa bei der von H.-J. Gehrke kommentierten, lange Zeit als Standard geltenden Römischen Geschichte von A. Heuß [1.1] der Fall ist. Viele dieser Darstellungen sind jedoch nicht mehr zeitgemäß. Im Folgenden sei nur auf wenige Bespiele verwiesen, in denen sich offenkundig Reflexe der jeweiligen Entstehungszeit erhalten haben. Britische Überblicksdarstellungen waren lange Zeit von E. Gibbons (1737–1794) monumentaler Deutung von Niedergang und Fall des Imperiums beeinflusst [1.1], mit der die Republik und noch die Frühe Kaiserzeit kontrastiert wurden. H. Schiller schrieb im jungen Deutschen Kaiserreich 1883 gegen die Vorstellung an, Kaisergeschichte müsse auch Verfallsgeschichte sein. Noch heute einflussreich sind M. Rostovtseffs (1870–1952) Arbeiten zum römischen Imperium, die von den Erfahrungen des Autors mit dem Russland des frühen 20. Jh. geprägt waren [1.1]. Die gleichen Tendenzen, Kommentare zu Zeitumständen im Gewand römischer Geschichten vorzulegen, zeigen sich auch in enger umrissenen Studien. Im deutschen Sprachraum hat L. Quiddes [1.1] Interpretation der antiken Caligula-Figur vor dem Hintergrund seiner Deutung der Politik Wilhelms II. nachgewirkt. Deutsche Autoren der dreißiger Jahre des 20. Jh. wie W. Weber konnten ihren Führerkult auf Augustus zurückprojizieren. Diese Reihe ließe sich beliebig verlängern.

Paradigmatisch für den Einfluss der Rechtsgeschichte steht der Name Th. Mommsens, aus dessen großem Werk auch in diesem Band

Wiedervorlagen

noch das „Staatsrecht" angesprochen werden wird [1.1]. Eine immer noch hilfreiche Materialsammlung stellt auch das Werk von J. MARQUARDT [1.1] dar.

1.2 Aktuelle sozial-, kultur- und imperialgeschichtliche Forschung

Werke der sozial- und strukturgeschichtlichen Richtung

Von den zahlreichen Werken aus der sozial- und strukturgeschichtlichen Richtung seien hier nur Summenbildungen angegeben [1.2: VITTINGHOFF; ALFÖLDY]. Den Übergang von einer primär rechtsgeschichtlichen Herangehensweise an den Prinzipat zu einem sozial- und strukturgeschichtlichen Zugang markiert das Werk J. BLEICKENS [1.2].

Bedeutungsebenen des Begriffs Kultur

Überblicke über Bedeutungsebenen des Begriffs Kultur in der Alten Geschichte haben L. TACOMA [1.2] und O. HEKSTER [1.2] zusammengestellt. Die Darstellung ist auch der besonders gelungenen Positionsbestimmung der Kulturgeschichte bei A. FLÜCHTER [1.2] verpflichtet.

imperialgeschichtliche Ansätze

Für imperialgeschichtliche Ansätze, die nicht bloß Kurzporträts von historischen Reichen aneinanderreihen, stehen besonders die Werke von W. SCHEIDEL und P. BANG, von denen die wichtigsten in den Literaturteil aufgenommen wurden [1.2: SCHEIDEL; BANG/BAYLY/SCHEIDEL]. Aufsehen hat K. HARPERS Interpretation [1.2] erregt, der die Auswirkungen von Epidemien und eines von ihm diagnostizierten Klimawandels auf die römische Geschichte ins Zentrum seiner Darstellung rückt. Die Frühe Kaiserzeit dient ihm als eine Art weiße Folie. Interessante Perspektiven auf Rom aus den „Postcolonial Studies" hat bspw. ein von J. WEBSTER und N. COOPER edierter Band zum Thema Imperialismus zusammengestellt [1.2]. Neuer sind Ansätze, die sich Formen des Widerstands gegen das Imperium widmen [1.2: JOLOWICZ/ELSNER]. Den zurzeit dominierenden dekolonialen Zugang repräsentiert eine provinzialarchäologisch ausgerichtete Studie von D. MATTINGLY [1.2].

Ordnungsangebote

Die These, die Kaiser hätten als Entscheider auftretende Probleme gelöst, aber kaum je eine eigenständige Politik formuliert, hat F. MILLAR entwickelt [1.2]. Trotz Kritik an dieser Beschreibung als zu reduktionistisch haben zahlreiche Studien MILLARS Annahmen zumindest indirekt rezipiert. In der deutschsprachigen Althistorie dürften zurzeit Ansätze dominant sein, die ihren Ausgang explizit bei E. FLAIGS Prinzipatstheorie nehmen [1.2]. In scharfer Ablehnung aller Versuche, Veränderungen in der staatsrechtlichen Fundierung des Prinzipats nachzuvollziehen, geht Flaig davon aus, dass die Monarchie in Rom schon bald nach ihren Anfängen fest etabliert gewesen, ihr jeweiliger Repräsentant dagegen oft in Frage gestellt worden sei. Mit einem großen Methodenapparat sucht die Studie nachzuweisen, dass die Sicherheit der Kaiser vor allem von der Beherrschung untereinander nur schwer zu vereinbarender Kommunikationsmodi abhängig gewesen sei. Sei es gelungen, die Anforderungen an die Kommunikation mit den Senatoren, dem städtischen Volk und den städtischen Truppen auszubalancieren, seien Herrscher akzeptiert worden. Sie hätten diese Akzeptanz aber jederzeit verlieren können. Flaig scheidet große Teile der Überlieferung aus, da sie nur Normen festschreiben würden, statt Handlungen zu beschreiben. Ebenso spricht er dem in der deutschen Althistorie verbreitet genutzten soziologischen Legitimationsbegriff für die Untersuchung Roms analytisches Potential ab. Zur Einordnung von Flaigs Begriffen und Methoden sind die Herleitungen aus den amerikanischen Politikwissenschaften des 20. Jh. bei L. Tacoma [1.2] besonders hilfreich.

Akzeptanz

Verwandt mit Flaigs Ansatz trotz anderer Methodik ist A. Winterlings Prinzipatsdeutung [1.2: Aula], da auch sie romzentriert ist und ebenfalls Kommunikationsformen in den Mittelpunkt rückt. Winterlings Zugang ist seinen frühneuzeitlichen Anfängen verpflichtet. Er sucht nachzuvollziehen, wie sich in der Kaiserzeit ein Hof als eigentliches Zentrum des Gemeinwesens etablierte. Bei Winterling bleibt klar, dass es sich um einen Hof ohne Hofstaat und -zeremoniell gehandelt hat, eine Einschränkung, die seither oft aufgegeben worden ist.

Hof

Dies zeigt sich etwa in den vergleichenden Studien P. Bangs, der das kaiserzeitliche Rom in diesem Punkt von dem Mogulreich der Frühen Neuzeit kaum unterschieden sieht [1.2]. Charakteristisch für die imperialgeschichtliche Herangehensweise ist, dass Bang ökonomische Fragen in das Zentrum seiner Herangehensweise stellt. Als eine Art Gründungsakte oder doch als ein wichtiges Referenzwerk des quantifizierenden Zugangs kann ein von A. K. Bowman und A. Wilson edierter Konferenzband gelten [1.2]. Wichtige Grundlagen zu dem fiskalgeschichtlichen Ansatz bietet ein neuerer Sammelband von A. Monson und W. Scheidel [1.2]. Anwendungen dieses Paradigmas finden sich bei A. Eich [1.2] und P. Eich [1.2].

imperialgeschichtliche Herangehensweise

Die antiken Erzählungen über die Kaiser nicht wie in der Hochphase der Sozialgeschichte als reinen Steinbruch für in ihnen eher zufällig enthaltene Informationen zu nutzen, sondern sie mithilfe struktur- und kulturgeschichtlicher Ansätze zu kontextualisieren und ihre Eigenzeit ernst zu nehmen, hat bspw. A. WINTERLING [1.2: Strukturgeschichte] gefordert und H. BRANDT [1.2] in allerdings anderer als der hier gewählten Form umgesetzt. Überblicke über aktuelle und ältere Ansätze, historische Zeitlichkeit als Grundgegebenheit menschlichen Handelns zum Gegenstand von Forschung zu machen, bieten U. HÖLSCHER [1.2] und F. ESPOSITO [1.2]. Eine altertumswissenschaftliche Adaption hat etwa P. N. SINGER [1.2] vorgelegt.

historische Zeitlichkeit

1.3 Prägende Quellen für das Konzept einer „Frühen Kaiserzeit"

Überlieferungslage

Die Zeit zwischen dem Übergang von der Republik zum sogenannten Prinzipat („Herrschaft eines Ersten") und den Anfängen des 2. Jh. unserer Zeitrechnung zeichnet sich durch eine ungewöhnliche Überlieferungslage aus. Aus unterschiedlichen Zeitschichten haben sich literarische Werke erhalten, die speziell Rom als politisches Zentrum in den Blick nehmen und die Handlungen der Herrscher in der Hauptstadt, ihr Verhältnis zur Senatsaristokratie, ihre Kommunikation mit dem römischen Volk oder die Einflussnahmen der stadtrömischen Truppenteile wie der Garde teils präzise nachvollziehen, teils durch Anekdoten illustrieren, deren Authentizität oder Plausibilität schwierig zu überprüfen sind. Den Forschungsstand zu den bekannten Autoren und ihren Werken, aber auch Fragmenten oder Fragen der Zuordnung mancher Texte auf wenigen Seiten zusammenzufassen, ist nicht möglich. Allein über Personen, Rollen oder Stimmen der augusteischen Dichter ist eine große Fülle an Literatur publiziert worden [vgl. etwa 1.3: ADLER]. Eine Besprechung aller einschlägigen Quellen würde weite Teile dieses Forschungsteils füllen. Autoren oder Werke, die an spezifischen Stellen der Darstellung Relevanz gewinnen, werden jeweils in den konkreten Abschnitten zu Forschungstendenzen vorgestellt und kontextualisiert werden. Die folgende erste Einführung in die Quellenlage ist vor allem der ganz grundsätzlichen Frage gewidmet, welche Schriften heutige Vorstellungen und Narrative einer Frühen Kaiserzeit prägen. Nach wie vor sind hier drei Autoren zu nennen, Tacitus, Sueton und Cassius Dio. Sie werden im Darstellungsteil mehrfach genannt und lassen sich nicht sinnvoll einem spezifischen Forschungskontext zuordnen.

Ebenso wie T. Livius, der von 59 v. Chr. bis 17 n. Chr. lebte und aus der augusteischen Retrospektive eine Geschichte Roms und Italiens in Form einer Art Bildungsroman verfasste, hat auch L. Cassius Dio Cocceianus (ca. 164–nach 229) eine römische Geschichte von den Anfängen bis zu seiner Zeit zusammengestellt. Leider ist auch Dios monumentales Werk nur fragmentarisch erhalten, doch geben späte und byzantinische Exzerptoren und Zusammenfassungen sowie Autoren, die sich eindeutig auf Dio beziehen, einen verlässlichen Eindruck von den verlorenen Büchern. Die aktuelle Forschung betont vor allem den Quellenwert Dios für seine eigene Lebenszeit, befasst sich aber auch mit seinem Bild der republikanischen Geschichte, weil hier Grundzüge von Dios Geschichtsbild sichtbar werden [Überblick s. 1.3: Madsen/Scott]. Schon wegen des Erhaltungszustandes liefert Dio für größere Teile der Frühen Kaiserzeit zwar wichtige Informationen, ist aber nur selten die Leitquelle. Doch hat sich bei dem severischen Senator unsere einzige längere, zusammenhängende Darstellung der augusteischen Neuordnung der *res publica* erhalten, so dass gerade diesen Büchern größte Bedeutung für die Rekonstruktion der neuen Ordnung zukommt [1.3: Rich].

L. Cassius Dio Cocceianus

(P.?) Cornelius Tacitus (ca. 55–ca. 120), ursprünglich ein Ritter aus dem heutigen Oberitalien oder einer der nordwestlichen Provinzen, der in den römischen Senat aufstieg und 97 n. Chr. Konsul wurde, nimmt wegen seiner detaillierten Darstellung der römischen Politik in der Frühen Kaiserzeit einen zentralen Platz in der modernen Auseinandersetzung mit der Epoche ein. Seine großen Werke, die Historien, die ursprünglich die Zeit 69–96 abgedeckt haben, und die Annalen („Jahrbücher"), die von Tiberius' Regierungsbeginn bis zum Tod Neros reichten, sind wiederum nur fragmentarisch auf uns gekommen. Die Historien etwa brechen bereits im Jahr 70 ab. Auch bei den erhaltenen Büchern bereitet die Textgestaltung viele Probleme [1.3: Pagán]. Drei kleinere Schriften (vor allem *Agricola* und *Germania*, daneben der Dialog über die Redner) tragen zur Rekonstruktion der Übergangsphase zwischen Domitian und Trajan bei. Da Tacitus offensichtlich Senatsakten und andere Historiographen rezipiert und selbst höchste Ämter bekleidet hat, wurde ihm lange große Zuverlässigkeit zugesprochen [1.3: Alföldy; Syme]. An Tacitus' Werk lassen sich jedoch auch viele Probleme antiker Geschichtsschreibung verdeutlichen. Zumeist haben sich Mit-

(P.?) Cornelius Tacitus

glieder einer sehr kleinen soziopolitischen Elite mit Geschichtsschreibung befasst, die literarisch-rhetorisch anspruchsvolle Werke komponierten [1.3: SCHMAL]. Das Dogma der Wissenschaftlichkeit von Geschichte, wie es vor allem im 19. Jh. entstanden ist, war solchen Autoren fremd: Sie erhoben stattdessen einen Wahrheitsanspruch, dessen Berechtigung heute in aller Regel in Zweifel gezogen wird, ja der auf ein heutiges Publikum fast naiv wirkt. Tacitus schrieb aus der Rückschau der trajanischen und vielleicht frühen hadrianischen Zeit über den frühen Prinzipat. Autoren wie er, Plinius d. J. (61/2–um 112/3?), mit dem er Briefe austauschte, oder Sueton verklammern die Zeit des Frühen Prinzipats mit der Wende vom 1. zum 2. Jh. Ihre Werke haben den Zuschnitt dieses Bandes mitbedingt. Ob Tacitus bemüht war, Informationen über den Frühen Prinzipat trotz aller Ablehnung der einzelnen Principes oder ihrer Schmeichler im Kern akkurat wiederzugeben oder nicht eigentlich seine Lebenszeit anhand der jüngeren Vergangenheit kommentiert hat, ist seit langem und gerade in rezenten Studien umstritten (vgl. unten zu 4.1). Meist werden einzelne Bücher von Tacitus oder Auszüge aus seinem Werk kommentiert. Auf eine Auflistung wurde hier verzichtet. Die älteren vollständigen Kommentare von E. KÖSTERMANN [1.3] und H. HEUBNER [1.3] sind heute nur noch von philologischem oder literaturwissenschaftlichem Interesse. Von Tacitus genannte Werke anderer Historiographen, wie die von Plinius d. Ä., Cluvius Rufus oder Fabius Rusticus, lassen sich trotz der Bemühungen der Quellenforschung nicht rekonstruieren. Ihre Erwähnung verdeutlicht aber, in welchem Ausmaß antike Schriften verloren gegangen sind. Auch vollständig erhaltene Werke sind angesichts fehlender Kontexte daher im Grunde Fragmente.

C. Suetonius Tranquillus

C. Suetonius Tranquillus lebte etwa zwischen 70 und 130 n. Chr. und war vermutlich ein Ritter aus den Provinzen, wohl aus *Hippo regius* (beim algerischen Annaba). Sueton stieg mit der Hilfe von Plinius d. J. in der römischen Gesellschaft auf und bekleidete Funktionen in der Umgebung der Herrscher, konkret aufgrund seiner literarischen Ambitionen den Posten als *ab epistulis*, also Chef-Redakteur kaiserlicher Schreiben. Sueton hat viele Werke geschrieben. Sowohl in der antiken als auch in der modernen Rezeption haben seine Biographien römischer Herrscher von C. Iulius Caesar bis Domitian jedoch in besonderer Weise nachgewirkt, stilistisch, durch die Gattungswahl wie in der Periodisierung der Frühen Römischen Kaiserzeit. Zu Sueton ist gleichwohl weniger geforscht worden als zu Tacitus oder Cassius Dio. Die großen Klassiker sind schon vor längerer Zeit verfasst und nicht adäquat ersetzt worden [1.3: Baldwin; Gascou]. Schon sie haben gezeigt, dass Sueton wohl gelegentlich unedierte Schriftstücke der Caesaren vor allem privater Natur konsultiert hat, gerade die Berichte über die Politik der Herrscher aber nicht auf einem Spezialwissen beruhten, das er sich mithilfe seiner Funktion in Kaisernähe durch Einsicht in anderen nicht zugängliche Archive erworben hätte. Kommentare sind jeweils zu den einzelnen Viten verfasst worden und werden im Kontext des Forschungsumfelds zitiert, zu dem sie beitragen. Sueton hat in seinen Charakterzeichnungen dem unmittelbaren Umfeld der Herrscher, ihren Gastmählern und Auftreten weit mehr Bedeutung zugemessen als die zeitgenössische Historiographie im engeren Sinn. Er ist daher in den letzten Jahrzehnten der Leitautor von Forscherinnen und Forschern geworden, die das Rom der Frühen Kaiserzeit entgegen der älteren Position als höfische Gesellschaft deuten [1.3: Wallace-Hadrill].

Auch andere Quellen haben viel einschlägiges Material zu der großen Geschichtserzählung beigetragen, in deren Zentrum die Herrscherfiguren stehen. Dazu zählen das große Oeuvre des Redners und Philosophen L. Annaeus Seneca (1 v.–65 n. Chr.), die perspektivisch ungewöhnliche Römische Geschichte des herrschernahen Aufsteigers Velleius Paterculus (ca. 20/19 v.–nach 30 n. Chr.), die umfangreichen Geschichtswerke des jüdischen, aber durch die Wechselfälle seiner Biographie oft in Rom lebenden Historiographen Flavius Josephus (37/8–ca. 100 n. Chr.) oder einzelne Lebensbeschreibungen des mittelplatonischen Philosophen und Universalgelehrten Plutarch von Chaironeia (um 45–120 n. Chr.). Wie zu Beginn des Abschnitts erläutert, werden die Schriften dieser Autoren in spezifischen Zusammenhängen eingeführt werden; entsprechend soll auch die Forschung zu ihnen in diesen Kontexten behandelt werden. Mit den genannten Namen ist der Reichtum an Schriftquellen jedoch nicht einmal näherungsweise aufgerufen worden. Autoren wie Valerius Maximus mit seiner in tiberischer Zeit verfassten Sammlung von Anekdoten oder die Naturgeschichte des auch historiographisch tätigen C. Plinius d. Ä. (23/4–79 n.Chr.) bieten verstreut eine Vielzahl relevanter Nachrichten, die in einer knappen Einführung aber nicht behandelt werden können. Eine Anzahl von Senatsbeschlüssen ist aus der späteren Rechtsliteratur bekannt und illustriert das typische Regierungshandeln in der Frühen Kaiserzeit

andere Quellen

[1.3: Talbert]. Zu den römischen oder für römische Publika schreibenden Autoren treten die Schriften aus anderen Interpretationsgemeinschaften wie von Christen oder Juden ohne einen so engen Rom-Bezug, wie ihn Josephus zeigt. Auch die Forschung zu ihnen wird in den jeweiligen Sinnzusammenhängen angesprochen werden.

Christliche/jüdische Quellen

Zu den antiken Autoren und Werken treten jene Quellengattungen, zu denen in der Alten Geschichte die sogenannten Grundwissenschaften arbeiten: Inschriften, Papyri oder Münzen. Einzelne Inschriften mit einem dokumentarischen Charakter und hoher Aussagekraft als Einzelzeugnis werden kontrovers debattiert. Diese Debatten werden an den chronologisch passenden Stellen angesprochen werden. Aber gerade seit augusteischer Zeit bilden sich das soziale Leben und zeitspezifische Kulturen in Rom und den Provinzen auch in einer wachsenden Zahl von Inschriften auf Stein oder Metallen ab. In der Regel sind sie jedoch nicht so sehr als einzelne Quelle erkenntnisleitend, sondern in systematischer Auswertung, in Kombinationen oder durch das Aufzeigen von Verteilungsmustern etc. Eine weiterführende Einleitung in die vielfältigen Aussagepotentiale von Inschriften, die stets mit den Monumenten zu denken sind, auf denen sie angebracht gewesen sind, hat etwa A. Cooley vorgelegt [1.3].

Inschriften

Noch reichhaltiger sind die Informationen, die sich auf dem neben Holz wichtigsten Beschreibstoff der Kaiserzeit, Papyrus, erhalten haben. Auf Papyri haben sich Fragmente literarischer Texte ebenso erhalten wie Steuerquittungen u. ä. Allerdings haben Papyri fast nur in den trockenen Zonen Ägyptens überdauert. Autoren der Frühen Kaiserzeit mit und ohne Ägyptenbezug betonen die Andersartigkeit der römischen Provinz *Aegyptus*, die bspw. eine eigene Währungszone bildete. In der Forschung wird eine Debatte darüber geführt, welche der durch Papyri in Ägypten belegten Praktiken und Strukturen nur für diese Provinz typisch und welche im ganzen Reich verbreitet waren, aber durch das weitgehende Fehlen papyrologische Zeugnisse in anderen Regionen nicht oder nur unzureichend dokumentiert sind. Diese Kontroverse kann in einer Einführung in die Frühe Kaiserzeit aber höchstens am Rande gestreift werden. Gute Einführungen in die Papyrologie haben H.-A. Rupprecht [1.3] und E. G. Turner verfasst [1.3].

Papyri

Mindestens ebenso komplex ist die Verwendung von Münzen als Quellen, da sie für ganz unterschiedliche Fragestellungen ausge-

Münzen

wertet werden. Bei Grabungen bieten sie oft die wichtigsten Hinweise auf mögliche Datierungen. Die lokal, aber auch mit regionaler wirtschaftlicher Bedeutung geprägten Münzen von Städten in der griechischsprachigen Reichshälfte und die bis Nero in *Lugdunum* / Lyon ausgemünzten Edelmetalle wie andere Reichsmünzen sind essentielle Quellen für die Wirtschaftsgeschichte des Reichs [1.3: Howgego; Wolters]. Die auf die Reichsmünzen gesetzten Bilder sowie die sie ergänzenden Umschriften verweisen zudem darauf, welche Botschaften der kaiserlichen Zentrale wichtig waren. Sie geben noch einen Eindruck von dem Reichtum an Bildern, mit denen antike Menschen interagierten und die für uns ohne solche Reflexe oft verloren sind.

Durchgängig von größter Wichtigkeit sowohl für unsere Wahrnehmung der frühkaiserzeitlichen Welt wie für die Entwicklung von Fragestellungen an diese Epoche ist die materielle Überlieferung aus der Zeit selbst, zu der auch die Münzen und Inschriften gerechnet werden müssen. Das archäologische Material, das unsere Interpretation der Epoche entscheidend mitträgt, ist außerordentlich diversifiziert und erhellt bspw. sowohl die Wohnkultur Pompejis [1.3: Dickmann] wie die Verbreitung von nach römischem Vorbild errichteten Theatern in Italien [Überblick bei 1.3: Patterson]. Auf archäologische Erkenntnisse wird im Folgenden zwar immer wieder eingegangen, in die Disziplin einführen müssen jedoch Fachvertreterinnen und -vertreter selbst [etwa 1.3: von den Hoff].

die materielle Überlieferung

Allen historischen Fragestellungen und Deutungen unterliegen Angebote und Auswertungen des Quellenmaterials. Die Herangehensweisen sind allerdings sehr unterschiedlich, von der Zusammenführung aller relevanten Zeugnisse für sozialgeschichtliche Studien über intensive Einzelfallanalysen in kulturgeschichtlichen Arbeiten zu den Untersuchungen von Meta-Daten in imperialgeschichtlichen Vogelperspektiven. Einführungen in die Arbeit mit Quellen existieren in großer Zahl, mit ebenfalls variablen Schwerpunkten. Die klassische Quelleninterpretation hat in gelungener Weise K. Meister [1.3] vorgestellt. Der kulturhistorischen Deutung ist die Einführung von A. Möller [1.3] verpflichtet. Stärker die Grundwissenschaften bezieht ein von P. Reinard edierter Band mit ein [1.3].

Quelleninterpretation

2 Die Institutionalisierung des Prinzipats und ihre Rezeption

Rezeption

In dem Jahrhundert zwischen Sullas Diktatur und Tiberius' frühen Jahren wurde die politische Ordnung des Imperiums deutlich umgestaltet. Sehr langsam, mit unterschiedlichen Geschwindigkeiten bei den Sprachstrukturen und Institutionen, im Zentrum und in den Peripherien, ging ein Kernelement der alten Ordnung, die Herrschaft einer Gruppe, verloren. Dieser Prozess ist in unterschiedlichen Zeiten unterschiedlich bewertet worden. Während der Diktator Caesar († 44 v. Chr.) in ganz unterschiedlichen Zeiten große Wertschätzung erfahren hat [2.: WYKES, ein Band der auch kritische Stimmen integriert], haben bei Octavian die Anfangsjahre, etwa mit den Proskriptionen von 43 v. Chr., oft die Rezeption wesentlich mitbestimmt [2.: STAHLMANN; GOODMAN]. Die angesprochene Rezeptionsgeschichte bildet sich auch im Werk der prägenden Gestalt der deutschen Altertumswissenschaft des 19. Jh., Theodor Mommsen (1817–1903), ab, der erst in seinen späten Jahren dem augusteischen Einigungswerk positive Züge abgewinnen konnte. Mommsens Positionen und seinen Einfluss auf die deutschen Altertumswissenschaften hat S. REBENICH [2.] herausgearbeitet. Wie ambivalent die Augustus-Rezeption oft gewesen ist, zeigt sich bspw. darin, dass Faschisten den ersten Princeps als Heilsgestalt deuten konnten, wie I. STAHLMANN [2.] dokumentiert. Auch eine der wirkmächtigsten Analysen der Entstehung der augusteischen Alleinherrschaft im englischen Sprachraum, R. SYMES „Römische Revolution" von 1939 [2.], sah die restituierte *res publica* als eine Art Vorläufer der totalitären, auf Ideologien gegründeten Staaten der ersten Hälfte des 20. Jh. In SYMES Darstellung überwiegen daher die negativen Charakterisierungen der augusteischen Ordnung. Größere Strömungen und Kontexte der britischen und amerikanischen Augustus-Rezeption stellt ein von K. GALINSKY [2.] herausgegebener Band zusammen.

sozial- und strukturgeschichtliche Forschung

Die starken Werturteile der Forschung über einzelne römische Politiker der Übergangszeit wie etwa Octavian ergaben sich auch aus der Dominanz politikgeschichtlicher Ansätze, die oft eng den Quellen folgten und ihren Fokus entsprechend auf Charaktere richteten. Die sozial- und strukturgeschichtliche Forschung seit den sechziger Jahren des 20. Jh. hat die Handlungsmacht von einzelnen Personen weitaus geringer veranschlagt. Noch in F. MILLARS [1.2] großer Monographie zur Kaiserrolle, die dieser Forschungsrichtung zugerechnet werden kann, ist Augustus aber als Ausnahme charakterisiert, da er anders als die späteren Kaiser bei der Errichtung des Prinzipats aktiv gestaltend gewirkt habe, während die Herrscher bis Constantin I. dann nur innerhalb der geschaffenen Strukturen reagiert hätten. Die sozial- und strukturgeschichtlichen Werke haben zeigen können, dass die Etablierung einer Alleinherrschaft ein langer Prozess war und viele Entscheidungen kontingenter Natur waren. Stellvertretend für diese Forschungsrichtung stehen viele Studien von W. Eck, von denen zwei Beitragssammlungen in den Literaturteil aufgenommen wurden [2.: Verwaltung I und II]. Eine Kombination unterschiedlicher Ansätze bietet eine umfassende von A. K. Bowman [2.] herausgegebene Bestandsaufnahme. Zurzeit ist F. Hurlet der wichtigste Forscher in dem Bereich einer auch sozial- und strukturgeschichtlichen Auseinandersetzung mit dem Prinzipat, von dem eine Monographie genannt sei [2.]. Der Autor hat seine Positionen in vielen einschlägigen Aufsätzen nachgeschärft.

Für die neuere kulturgeschichtliche Forschung mit ihrem Schwerpunkt auf Kommunikation und der Konstruktion von Weltbildern bietet die literarische Überlieferung zu Augustus mit der Ausnahme der Dichter keine guten Voraussetzungen, da zumindest in den historiographischen Quellen Krieg und Rechtsfragen im Vordergrund stehen. Prägend hat daher die Monographie von P. Zanker [2.] gewirkt, die bei der Allgegenwart neuer Bilder ansetzt und deren Aussagen, ihren Wandel, vor allem aber Kontinuitäten in den Botschaften herausarbeitet. Viel zitiert wird vor allem wegen des gewählten Themas einer kulturellen Revolution unter Augustus sodann ein von Th. Habinek [2.] edierter Sammelband, doch handelt es sich um eher unzusammenhängende Beiträge, die kaum übergreifende Ergebnisse zeitigen. Inwieweit die augusteischen Dichter unter der Überschrift Selbstdarstellung des Prinzipats oder des Princeps verhandelt werden sollten, bleibt umstritten. Die ältere Forschung hatte zumindest Horaz und Vergil als Propagandisten des Regimes gewertet [2.: Syme]. Diese Begrifflichkeit ist in der Folge historisiert und dadurch problematisiert worden. Unklar bleibt in jedem Fall, wie verbreitet die Dichtkunst rezipiert worden ist. Auch sind immer wieder kritische Passagen bei vielen Augusteern herausgearbeitet worden. Die klassische Abhandlung ist die Studie von A. Parry zu Vergils unterschiedlichen „Stimmen" [2.]. Die Werke der Dichter können daher, wenn überhaupt, nur in einem spezifischen

kulturgeschichtliche Forschung

Allgegenwart neuer Bilder

Kontext wie etwa Horazens *carmen saeculare* bei den Säkularspielen von 17 v. Chr. (vgl. unten zu 2.4.3) als Mittel der Herrscherrepräsentation gedeutet werden. Konkrete Anwendungen kulturhistorischer Paradigmen etwa im Bereich der Interpretation von Geschichtspolitik werden unter 2.4.3 behandelt. Einen Überblick über kulturhistorische Ansätze, die literaturwissenschaftliche, archäologische und historische Methoden verbinden, gibt der Band von STROH/VON DEN HOFF/ZIMMERMANN [2.].

res gestae Divi Augusti

Aus der textuellen Überlieferung nach Ciceros Tod 43 v. Chr. ragen zwei Berichte über die Genese der neuen Regierungsform heraus. Die epigraphisch tradierte Darstellung von Augustus' eigener Sicht auf das Geschehen in Form eines Tatenberichts (*res gestae Divi Augusti*) hat sowohl mit Blick auf die Textgestaltung als auch den Aussagegehalt einzelner Sätze sehr viel Aufmerksamkeit auf sich gezogen. Die einschlägigen Debatten sind durch die Edition, die Übersetzung und den Kommentar von J. SCHEID [2.] zurzeit aber zu einem Endpunkt gekommen. Daneben ist das wohl im zweiten oder dritten Jahrzehnt des 3. Jh. n. Chr. verschriftlichte Narrativ des Senators Cassius Dio (1.3) für unser Verständnis der augusteischen Jahre von größter Bedeutung. Der Kommentar von J. RICH [1.3] zu den Büchern 53–55, 9 ist daher ein wichtiges Hilfsmittel. Weiterführend für die Triumviratszeit ist auch A. GOWINGS Kommentar zu Appians in der Mitte des 2. Jh. n. Chr. entstandener Darstellung der Bürgerkriege [2.]. Neufunde von Inschriften und Münzen können immer wieder Perspektivverschiebungen bewirken. Viel rezipiert wurde bspw. die Publikation eines neuen *aureus* von J. RICH und J. WILLIAMS [2.], weil diese Goldmünze die eigentlich selbstverständliche Erkenntnis, dass die Neuregelung von Octavians Kompetenzen nach Antonius' Tod nicht erst im Januar 27 v. Chr. angegangen wurde, augenfällig macht.

Cassius Dio

Darstellungen der römischen Geschichte

Die Begründung des sogenannten Prinzipats nimmt in allen modernen Geschichten der römischen Kaiserzeit größeren Raum ein, die andererseits in der Regel zur Selektion gezwungen sind. Neuere Darstellungen der römischen Geschichte in deutscher Sprache bieten M. SOMMER [2.: stärker kulturgeschichtlich], A. EICH [1.2: unter Betonung der militärisch-sozialgeschichtlichen Veränderungen] oder H. BRANDT [1.2: umfangreicher und daher umfassender angelegt, aber mit einem kulturhistorischen Ansatz].

Biographien von Augustus

Biographien von Augustus gibt es in großer Zahl. Sie unterscheiden sich nach den gewählten Ansätzen, vor allem aber nach dem Umfang, der jeweils die Schwerpunktsetzungen mitbedingt. W. Eck [2.: Augustus] gibt auf engem Raum Einblicke vor allem in die Politik-, Sozial- und Strukturgeschichte der Zeit. Die Behandlung des augusteischen Prinzipats von K. Galinsky [2.] ist primär kulturhistorisch ausgerichtet und schreibt sich zudem in besonderer Weise in die Forschungsrichtung „Wissen" ein: Augustus habe durch den Rückgriff auf Experten und Kommunikation mit Monarchen der Mittelmeerwelt Wissen für sich reserviert, zu dem vorher nur die Kerngruppe der Aristokraten Zugang gehabt hätte. Lesenswert gerade wegen des umfangreichen Forschungsteils bleibt D. Kienasts Studie [2.], der aber die jüngeren Forschungstendenzen zur Ausgestaltung der augusteischen Herrschaft nicht mehr nachvollziehen konnte.

2.1 Forschung zum Verhältnis von städtischem Recht und imperialen Kriegsressourcen

Die im Darstellungsteil genannten Faktoren, die mit zu der Etablierung eines Alleinherrschers in Rom und dem Imperium beigetragen haben, sollen und können kein vollständiges Bild von den Dynamiken entwerfen, die die Ordnung der Republik in deren Spätphase transformierten. Für eine aktuelle Behandlung der sozialen, kulturellen und politischen Entwicklungen in Italien und den Provinzen im 1. Jh. v. Chr. sei auf den Band zur Republik in dieser Reihe verwiesen. Die kurz angesprochenen Tendenzen, die eine Monarchisierung mitbedingten, wurden als besonders wichtig ausgewählt, aber auch mit Blick auf den Aufbau dieses Bandes priorisiert. Der im Folgenden gesetzte Begriff eines „Entscheiders" für die Kaiserrolle, für die die Quellensprache mehrere unscharfe Worte, oft technisch Namen des Herrschers, kennt, geht auf F. Millar [2.1] zurück. Dass die außerordentlichen Imperien der Späten Republik die Blaupausen für die augusteische Stellung ab 27 v. Chr. bilden, ist offensichtlich. Entwicklungslinien gerade von den Kommanden des Pompeius zu Octavians / Augustus' *imperium* zeichnen etwa J.-L. Ferrary [2.1] oder K. M. Girardet [2.1] nach. Ab 27 v. Chr. vereinigte Augustus in etwa die Provinzialkommanden von Pompeius, Crassus und Caesar der sechziger und fünfziger Jahre des 1. Jh. v. Chr. Die Herrschaftsräume der republikanischen Zeit mit ihren regionalen Dynamiken sowie die finanziellen und politischen Chancen, die sie Statthaltern

soziale, kulturelle und politische Entwicklungen in Italien

boten, diskutieren etwa die Beiträge in zwei von F. KIRBIHLER und N. BARRANDON edierten Bänden. Die strukturellen Bedingungen römischer Herrschaft behandelt R. SCHULZ [2.1].

imperium   Der Begriff *imperium* kann dabei in den Quellen sowohl technisch (in veralteter Sprache „staatsrechtlich") gebraucht werden und meint dann die Machtbefugnisse von hohen Amtsträgern (Prätoren, Konsuln, Diktatoren) als Armeekommandeuren wie auch in der Stadt. Gerade für die „zivilen" Aufgaben der Magistrate wurde oft, aber nicht in klarer Abgrenzung auch der vage Terminus *potestas* gesetzt. Der Begriff *imperium* konnte jedoch ebenfalls untechnisch verwendet werden. Dieser Mehrstimmigkeit der Quellen kann in der Darstellung nicht Rechnung getragen werden. Die rechtliche Dimension von *imperium* behandeln konzise W. KUNKEL und R. WITTMANN [2.1]. Die semantischen Veränderungen des Terminus, der jedenfalls ab der caesarisch-augusteischen Zeit auch einen geographisch zumindest vage begrenzten Herrschaftsraum bezeichnete, vollzieht J. RICHARDSON [2.1] nach. Die konkreten Befehlsgewalten der Triumvirn und von Augustus ab 27 v. Chr. werden im Anschluss in der Besprechung der einzelnen Etappen der Prinzipatswerdung behandelt werden. Einen neueren Überblick bietet P. SAWIŃSKI [2.1].

Bevölkerungszahlen im imperialen Kernland   Unbestreitbar war das langsam zusammenwachsende Italien ein wichtiger Resonanzboden für Verschiebungen in der stadtrömischen Machtarchitektur im 1. Jh. v. Chr. Lange Zeit war es Forschungsüberzeugung, dass die Bevölkerungszahlen im imperialen Kernland seit dem Hannibal-Krieg oder doch im Verlauf des 2. Jh. v. Chr. eher stagniert hätten oder sogar rückläufig gewesen seien. In Zahlenwerken, die auf K. J. BELOCH [2.1] zurückgehen und ihren Niederschlag in der monumentalen Studie von P. BRUNT [2.1] gefunden haben, wird eine Bevölkerung von bis zu 6–7 Millionen Menschen in Italien südlich des Pos angesetzt, mit gerade in der Spätphase einem hohen Anteil von Sklavinnen und Sklaven. Dieser „low count" ist durch eine andere Berechnung der tradierten Zensuszahlen in der Forschung in den letzten Jahrzehnten in Frage gestellt, ja durch einen sogenannten „high count" zum Teil mehr als verdoppelt worden. Viele Forscherinnen und Forscher gehen davon aus, dass in augusteischer Zeit in Italien vielleicht zwischen 12 und 14 oder sogar bis zu 15 oder 16 Millionen Menschen gelebt hätten, von denen Sklavinnen und Sklaven nur einen kleinen Teil ausgemacht hätten. Gemessen an den Produktionsverhältnissen in der damaligen Land-

2 Die Institutionalisierung des Prinzipats und ihre Rezeption — 145

wirtschaft wäre dies eine enorme Zahl von Menschen gewesen. N. MORLEY [2.1] hat aber zeigen können, dass 12–14 Millionen Bewohnerinnen und Bewohner wohl hätten ernährt werden können. Den höchsten genannten Wert hat bei gewissen Schwankungen mehrfach E. LO CASCIO [2.1] vertreten, von dem hier exemplarisch ein Beitrag genannt sei. Die praktischen Folgen dieser Bevölkerungsdichte analysiert besonders eindringlich N. ROSENSTEIN [2.1]. Diese sehr hohen Zahlen haben aber auch Skepsis ausgelöst. Andere Ansätze gehen daher mit S. HIN [2.1] von einem Mittelwert von über 8 Millionen aus, eine Annahme, die sich nicht auf konkrete Belege, sondern eher auf allgemeine Plausibilitätserwägungen stützen kann. Ältere Überlegungen, die Bevölkerungszahl habe stagniert oder die der freien Bewohner sei krisenhaft zurückgegangen, sind in jedem Fall hinfällig. Das Ringen um das römische Bürgerrecht und die sozialen Probleme, die sich aus den gewaltsamen Konflikten in Italien seit dem Bundesgenossenkrieg ergaben, diskutieren etwa S. KENDALL [2.1] oder E. BISPHAM [2.1]. Gegen die Mehrheitsmeinung plädiert F. CARLÀ-UHINK [2.1] dafür, dass der Prozess der Ausbildung einer gemeinsamen „italischen Identität" schon im 2. Jh. v. Chr. abgeschlossen gewesen sei. Die augusteische Zeit wäre dann eher eine Art Nachspiel gewesen. Um diese Position zu halten, ist allerdings der Import von viel Theoriegut notwendig.

<small>gewaltsame Konflikte in Italien</small>

Unzweifelhaft partizipierten auf allen Seiten in den Bürgerkriegen, die ab 49 bis 30 v. Chr. mit Unterbrechungen Italien und die Provinzen bzw. auch Verbündete in Mitleidenschaft zogen, vermehrt Mitglieder lokaler Eliten aus italischen Städten bzw. Regionen, die bis zu diesen internen Konflikten nur selten Zugang zum römischen Machtzentrum gehabt hatten. R. SYME [2.] hatte die durch deren Aufstieg ausgelöste soziale Veränderung suggestiv so gedeutet, dass die Etablierung eines einzelnen Entscheiders gemessen an dem parallel ablaufenden rasanten Elitenaustausch in Rom eher ein Oberflächenphänomen gewesen sei. Zumindest in den Untertönen verglich er diese „römische Revolution" mit Entwicklungen in den totalitären Systemen der dreißiger Jahre des 20. Jh. Diese Interpretation ist heute eher von wissenschaftsgeschichtlichem Interesse [2.1: SELZER/WALTER]. Wichtig bleiben dagegen bis heute die zahlreichen von SYME in der Folge vorgelegten Analysen von Karrieren der Unterstützer Octavians und seiner Konkurrenten [etwa 2.1]. Sie zeigen, dass der soziale und politische Aufstieg italischer Familien, die bis dahin nur in ihren Heimatgemeinden einflussreich gewesen wa-

<small>Aufstieg italischer Familien</small>

ren, ein Teil des Prozesses war, der Italien im 1. Jh. v. Chr. umgestaltete. Wie repräsentativ die besser dokumentierten Karrieren für die Ziele und Einstellungen der italischen munizipalen Eliten in ihrer Gesamtheit waren, lässt sich aber nicht mehr sicher rekonstruieren. Von dem sichtbarsten Profiteur des Aufstiegs Octavians, M. Vipsanius Agrippa, steht nicht einmal fest, ob er überhaupt in Italien geboren worden ist. Seine Rolle und Position werden wegen der noch relativ guten Quellenlage in allen Darstellungen der augusteischen Zeit ausführlich besprochen. Besonders wichtig sind die einschlägigen Arbeiten von F. Hurlet [etwa 2.1]. Andere Unterstützer der dominanten Politiker werden jedoch durch den Quellenfokus auf diese Akteure marginalisiert und daher nur in prosopographischen, also Personengruppen aufschlüsselnden, Studien wie eben von R. Syme [2.1] oder ganz knapp in Biographien von Caesar oder Augustus mitbehandelt.

Ob C. Iulius Caesar, der Sieger im Bürgerkrieg von 49–45 v. Chr., ein politisches Programm hatte, das über die Absicherung seiner Macht hinausging, ist umstritten. M. Gelzer hatte in dieser Beziehung eine von den Quellen nicht getragene Maximalposition entwickelt, nach der Caesars Machtstellung eine Art Entwicklungsdiktatur gewesen sei [2.1]. Von dieser einst verbreiteten Annahme ist wenig übriggeblieben. Für den Umbau der *res publica* ab 48 v. Chr. bleibt M. Jehnes Dissertation die wichtigste Studie [2.1], die der Autor aber in vielen späteren Detailbeiträgen adaptiert hat. Die Frage nach einem regelrechten Programm des Diktators ist eng verknüpft mit seinen Koloniegründungen und Eingriffen in die italischen *municipia*, also Städte römischen Rechts, deren politische Ordnungen im 1. Jh. v. Chr. noch heterogen ausgestaltet waren. Caesar hat gesetzgeberisch in die rechtlichen Grundlagen der italischen Gemeinden interveniert. Dass er eine fast schon revolutionäre Assimilationspolitik betrieben habe, wurde früher häufiger vertreten, wird aber heute mit Skepsis betrachtet, da die Quellen doch nur wenige Schlaglichter auf diese Frage werfen oder fragmentarisch bleiben [2.1: Bispham]. Die politischen Anfänge Octavians unter Caesar und unmittelbar nach dessen Tod werden in der Regel noch in Darstellungen der späten Republik oder Biographien von Augustus (siehe unter 2.) mitbehandelt. Die sehr dicht dokumentierten, chaotischen Vorgänge in Rom und Italien nach Caesars Ermordung hat U. Gotter im Detail analysiert [2.1].

2.2 Die Gruppenherrschaft der Caesarianer

Die Triumviratsjahre werden in den meisten Darstellungen als Zwischenphase gedeutet, die entweder im Nachgang zu Debatten über Transformation oder Ende der Republik behandelt wird, oder, häufiger, als eine Art Vorspiel zum augusteischen Prinzipat im engeren Sinn. Spezifisch die Triumviratszeit als Scharnierzeit fokussiert J. BLEICKEN [2.2], daneben mit einem etwas weiteren Rahmen ein von K. RAAFLAUB und M. TOHER [2.2] herausgegebener Band. Die politisch-militärischen Ereignisse, die zu der Etablierung einer Alleinherrschaft in Rom führten, sind trotz unterschiedlicher Gewichtung einzelner Geschehnisse nicht Gegenstand von Kontroversen. Sie verdeutlichen vor allem, wie lange sich die Ausbildung des Prinzipats hinzog und wie stark offenbar die Gegenkräfte gegen eine Monarchisierung der *res publica* waren.

In der Forschung wurde zuletzt vor allem ein Thema kontrovers diskutiert: die exakten Rechte des neuen Entscheidergremiums gegenüber anderen Amtsträgern und zwar in Rom, gegenüber den Konsuln, vor allem aber in den Provinzen, d. h. gegenüber Prokonsuln. Die meisten älteren Studien vernachlässigen diesen Punkt wegen der machtpolitisch eindeutigen Konstellation, deretwegen sie Rechtsfragen als nebensächlich erachten. Die neuere Forschung hat jedoch neues Licht auf diese Themen werfen können. Die einschlägigen Thesen werden im folgenden Abschnitt zum Jahr 27 v. Chr. vorgestellt werden, da die Forschungsbeiträge in der Regel Octavians / Augustus' Kompetenzen nicht nur mit Blick auf den Triumvirat analysieren, sondern in diachroner Abfolge von 43 bis 19 v. Chr. und in diesem Band die Prinzipatszeit im engeren Sinn im Fokus steht. Dass die Rechte der Triumvirn denen der amtierenden Konsuln nur gleichgestellt waren, betont zurecht J. BLEICKEN [2.2].

<small>Rechte des neuen Entscheidergremiums</small>

Die Kontroverse über die Rechte der Konsuln und Prokonsuln unter den Triumvirn ist ein Ausläufer einer größeren Debatte, die darüber geführt wird, wie ergebnisoffen die Transformation der *res publica* seit den fünfziger Jahren des 1. Jh. v. Chr. verlief. Zwar ist das alte Paradigma einer Dauerkrise der Republik seit 133 v. Chr. schon lange zurückgewiesen worden. Zufall, Kontingenz und den Entscheidungen der einzelnen politischen Größen wird heute weitaus mehr Spielraum zugewiesen. Doch gehen die meisten neueren Abhandlungen zumindest aus dem deutschen Sprachraum davon aus, dass sich die Entwicklungsmöglichkeiten der Republik schon

<small>Ergebnisoffenheit der Transformation der *res publica*?</small>

länger innerhalb eines tendenziell festgelegten Kanals von Optionen bewegten. Die dauerhafte Monopolisierung zumindest der militärischen Machtmittel durch einen einzelnen Machthaber war seit den vierziger Jahren wohl der plausibelste Ausgang der Konflikte im römischen Gemeinwesen. Für die Diskussionen über das Verhältnis von Kontingenzen zu sich verfestigenden Prozessen sei auf einen von K. Hölkeskamp edierten Band [2.2] und eine Monographie von M. Meier [2.2] verwiesen.

Multiperspektivität — Dem Gebot entsprechend, Multiperspektivität auf den Ereignisablauf herzustellen, hat die Forschung immer wieder versucht, Gegner von Octavian wieder aus der Verschattung der Niederlage herauszuholen. Gelungen ist dies für M. Antonius bspw. L. Matijević [2.2]. Auch für den jüngeren Sohn des Cn. Pompeius, Sextus, liegt noch genügend Material für eine biographisch angelegte Untersuchung vor [2.2: Welch]. Die Überlieferung setzt historischen Analysen dieses Typs für die entscheidenden Jahre nach 42 jedoch enge Grenzen. Eine Gesamtschau der Entwicklung der kleineren Fürstentümer in der östlichen Mittelmeerregion kann dazu beitragen, das Risiko abzumildern, dass durch die Konzentration auf die Person Octavian bzw. Augustus eine rein eurozentrische Sicht auf das römische Imperium entsteht. Einen entsprechenden Versuch hat etwa H. van Wijlick [2.2] vorgelegt. Aufgrund der Quellenlage ragt aus den Fürstentümern dieser Region der Herrschaftsraum von Herodes dem Großen heraus, zu dem wegen seiner kulturellen Vielfalt und des komplexen Wechselspiels von imperialen und regionalen Einflüssen in dem und um das jüdische Kerngebiet intensiv geforscht worden ist. Die wichtigste Darstellung stammt von E. Baltrusch [2.2]. Weiterführend sind auch Initiativen, das Handeln Kleopatras VII. vorwiegend aus seinen ptolemäisch-ägyptischen Zusammenhängen heraus zu verstehen [2.2: Pfeiffer]. Der Band Hartmann/Schleicher/Stickler [2.2] zieht das Fenster größer und analysiert mit dem zurzeit vielfältig verwendeten Konzept der Interimperialität den von sich überlappenden imperialen Einflüssen geprägten Raum zwischen dem Römischen und dem Parthischen Reich.

2.3 Die Ausgestaltung des augusteischen Prinzipats

größere Forschungsströmungen — Insgesamt lassen sich vier größere Forschungsströmungen zur augusteischen Zeit ausmachen. Aufgrund der Quellenlage ist die Zeit bis 18 v. Chr. die einzige Phase, bezüglich derer noch ausführlich über die rechtlichen Grundlagen des Prinzipates geforscht wird. Zahlreiche Studien haben sodann die Selbstdarstellung von Augustus beleuchtet. Hinzutreten als Themen seine Interventionen in die städtische und italische Administration sowie die Umgestaltung der Oberschicht. Nach Fronten bzw. Regionen differenziert werden schließlich Gründe für die und Folgen der massiven Eroberungen in Spanien, rechts des Rheins und in Südosteuropa diskutiert. Das Ziel im vorausgegangenen Darstellungsteil war, die lange Entstehungsgeschichte des Prinzipats mit ihren Zufällen und Rückschlägen sowie ihre Rückkopplung an die langanhaltenden kriegerischen Konflikte und Eroberungen abzubilden. Im Forschungsteil kann diese Präsentation nicht durchgehalten werden. Stattdessen werden aus der Überlieferung chronologische Schwerpunkte von Veränderungen abgeleitet und die jeweilige Forschung diesen Schwerpunktsetzungen zugeordnet.

2.3.1 Die Regelung des Jahres 27 v. Chr.

Zu der Ausgangslage des Kompromisses von 27 v. Chr. sowie zu Augustus' Stellung nach den Senatssitzungen vom Januar wird seit langer Zeit intensiv geforscht. Erst jüngere Studien haben die Probleme der konkreten Abgrenzung von Imperien für bestimmte Provinzen (eigentlich: Aufgaben) in den 40er und 30er Jahren des 1. Jh. v. Chr. klarer hervortreten lassen: Neben oder unterhalb der Triumvirn agierten oft Prokonsuln mit je eigenem *imperium* und einer auch sakralrechtlich abgesicherten Befehlsgewalt (Auspizien) [2.3: Drogula: neben; Vervaet: unterhalb]. Die Triumvirn waren in keinem Fall Alleinentscheider in ihren Machtbereichen, sie mussten ihre Machtansprüche mit diesen Prokonsuln aushandeln bzw. sie durchsetzen. Nur mit Neufunden einwandfrei zu klären ist die Frage, ob das triumvirale *imperium* Ende 33 v. Chr. auslief oder von Octavian bis Anfang 27 v. Chr. weitergeführt wurde. Wenn Octavian nach 33 v. Chr. die triumviralen Kompetenzen vollumfänglich beibehalten hat, wäre geklärt, welche Rechte er im Januar 27 v. Chr. abgab. In diesem Sinn haben F. Vervaet [2.3] und A. Dalla Rosa [2.3] argumentiert. Die gegenteiligen Aussagen in den *res gestae divi Augusti* 7 und bei Sueton, Aug. 28, 1 sowie die Inszenierung eines neuen Konsenses im Jahre 32 v. Chr. erklären, kann diese Annahme jedoch nicht. Es ist immer noch möglich, dass Octavian 32 v. Chr. zunächst ohne ein ei-

Abgrenzung von Imperien

genständiges *imperium* agierte, wie es am klarsten R. Syme [2.] formuliert hat. 32 v. Chr. wäre dann eine Art Ausnahmezustand deklariert worden. Die meisten Forscherinnen und Forscher gehen heute aber davon aus, dass Octavian 32 v. Chr. nur ein *imperium* über seine Provinzen behielt, also eine Art Promagistrat wurde [2.1: Ferrary; Girardet; 2.3: Drogula]. Ab 31 v. Chr. war Octavian dann dauerhaft Konsul, sodass sich das Problem der Organisation seiner Vormachtstellung in Rom und Italien nicht stellte. Ob ein amtierender Konsul den Prokonsuln in den Provinzen weisungsbefugt war, ist ebenfalls umstritten [dafür: 2.3: Giovannini], muss aber als unwahrscheinlich gelten [2.: Hurlet], sodass in den Provinzen die Koexistenz von *imperia* fortbestanden haben dürfte. Im Darstellungsteil wurde die Interpretation vorgezogen, wonach Octavian ab 32 v. Chr. nicht mehr vollumfänglich über die triumviralen Kompetenzen verfügte. In diesem Fall hat er 27 v. Chr. seine *provinciae* an den Senat zurückgegeben, um einen großen Teil eben dieser Provinzen sofort in seiner Funktion als Konsul wieder zugewiesen zu erhalten.

Octavian dauerhaft Konsul

Beschaffenheit von Octavians *imperium* ab 27 v.

Die Analyse der rechtlichen Absicherung des augusteischen Prinzipates ab 27 v. Chr. ist seit dem Ende des 20. Jh. von der Forschung auf eine neue Grundlage gestellt worden. Ausgangspunkt ist die endgültige Abkehr von einer falschen Annahme Th. Mommsens [1.1]. Mommsen hatte die These vertreten, dass die Konsuln in den sullanischen Reformen ihr *imperium* für den außerstädtischen Bereich verloren hätten. In der Folge wurde über mehr als hundert Jahre irrig postuliert, dass jeder Konsul, der ab dieser Zeit ein Truppenkommando übertragen erhielt, dazu eines zusätzlichen *imperium proconsulare* bedurft hätte. Viele Forschungsbeiträge sahen daher das Jahr 23 v. Chr. als eine Art Endpunkt der Ausgestaltung des Prinzipats an, da Augustus vorgeblich neben der *tribunicia potestas* auch dauerhaft ein *imperium pronconsulare* erhalten habe. Stellvertretend zitiert sei eine Studie von J. Bleicken [2.2]. Mommsens These ist jedoch nachweislich falsch. Die höchsten Magistrate der *res publica* haben nach unserer Kenntnis im Frühen Prinzipat jedenfalls vor dem großen Bürgerkrieg von 69 n. Chr. formal keine Rechte eingebüßt. Sie wurden nur in deren Ausübung vom Princeps blockiert. Der Begriff *imperium proconsulare* ist zuerst unter Tiberius untechnisch und nicht für den Herrscher belegt (Val. Max. 8, 1, *ambustiones* 2). In dem später bezeugten Sprachgebrauch stellt er einen Versuch dar, den langen Entwicklungsprozess des kaiserlichen Kommandos über die Armeen und eine wachsende Zahl von Provinzen begrifflich zu fassen. Für die Analyse der Regelungen von 27/23/19 v. Chr. sollte er nicht mehr herangezogen werden. Jedenfalls seit 27 v. Chr. lenkte Augustus seine Provinzen als Konsul. Seit 23 v. Chr. verfügte er für sein Provinzialkommando immer noch über ein *imperium consulare* (für seine Provinzen), das er durch Sondervollmacht in Rom, aber als Prokonsul nicht für Rom einsetzen konnte. Daraus ergibt sich erstens, dass die Fundierung des Prinzipates als eine mehrfach anders gestaltete, sukzessiv ausgebaute Kontrolle des konsularen *imperium* zu lesen ist. Zweitens wird deutlich, dass dieser Prozess sich lange hingezogen hat. Weitere zentrale Daten sind 19 v. Chr. und 14 n. Chr. Eine Serie neuerer Studien bildet diesen Forschungsstand ab. Grundlegend ist der schon zitierte Beitrag von J.-L. Ferrary [2.1]. Eine knappe Zusammenfassung der wichtigsten Positionen bietet K.-M. Girardet [2.1]. Weitere wichtige Literatur wird in den folgenden Abschnitten genannt.

2.3.2 Die Regelung des Jahres 23 v. Chr.

Die Regelung des Jahres 23 v. Chr. wird man mit der Mehrzahl der neueren Studien so verstehen müssen, dass Augustus auf einen Teil der Rechte verzichtet hat, die er 27 v. Chr. er- oder behalten hatte [2.: Eck, Augustus; Kienast; 2.1: Ferrary; 2.3: Vervaet; Jones]. Er verlor die volle Amtsgewalt eines Konsuls in Rom, behielt aber das konsulare *imperium* über seine Provinzen, das er als Prokonsul ausübte. Gegenstimmen finden sich vor allem bei Forscherinnen und Forschern, die davon ausgehen, dass die Rechte der Konsuln schon längere Zeit beschränkt waren [2.2: Bleicken; 2.3: Drogula]. Die mit der Amtsgewalt eines Tribuns (*tribunicia potestas*) als Ersatz verliehenen Kompetenzen sowie die Sonderrechte, die Augustus' Initiative in der Stadt absichern sollten, werden nicht kontrovers diskutiert. Anders verhält es sich mit der Frage, ob 23 v. Chr. das Verhältnis des Princeps zu den anderen Prokonsuln neu geregelt wurde. Den meisten älteren Studien galt ein abstraktes *imperium maius*, eine formale Überordnung von Augustus' *imperium* über das aller anderen Statthalter, als eine Art Schlussstein der rechtlichen Absicherung des Prinzipats. Heute besteht weitgehend Einigkeit, dass Augustus 23 v. Chr. eher konkrete Rechte gegenüber präzis bezeichneten Statthaltern erhalten hat, deren Provinzen er auf einer bevorstehenden Reise durchqueren musste. Sein *imperium* könnte unterwegs dem des jeweils die Provinz lenkenden Prokonsuls über-

Augustus wird Prokonsul

tribunicia potestas

(*imperium maius quam*) [2.1: Ferrary] oder auch nur gleichgeordnet gewesen sein (*imperium aequum quam*) [2.: Hurlet]. In jedem Fall scheint dieses spezifische Recht von Augustus und seinen Nachfolgern kaum je genutzt worden zu sein [2.: Hurlet]. Diese Debatte hat durch das Auffinden eines umfangreichen Senatsbeschlusses aus tiberischer Zeit zusätzliche Impulse erhalten [2.3: Eck/Caballos/Fernández]. In diesem Text wird das *imperium* des Princeps Tiberius als dem seines Sohnes und Vertreters Germanicus übergeordnet ausgewiesen, dessen *imperium* wiederum allen anderen Statthaltern übergeordnet gewesen sei. Diese Regelung könnte aus der Spätzeit von Augustus stammen oder sogar erst eine Reaktion darauf sein, dass Germanicus sich 15/16 n. Chr. Anordnungen des Tiberius widersetzt hatte. Spätestens mit ihr war die Ausbildung einer Hierarchie in der Provinzialadministration weitgehend abgeschlossen [2.: Hurlet].

2.3.3 Die endgültige Etablierung eines Entscheiders im Jahr 19 v. Chr.

Parther Augustus' Vorgehen gegen die Parther sowie die Konfliktbeilegung gegen Rückgabe der verlorenen Legionsstandarten werden zumeist aus dem Blickwinkel der innerrömischen Politik betrachtet und daher in den Studien zur Ausbildung des Prinzipats mitbehandelt (siehe unter 2.). Die Folgen der friedlichen Übereinkunft für die Region selbst diskutiert mit einer Langzeitperspektive J. Schlude [2.3]. Die Forschung zu Juden und jüdischem Leben im Reich wird unter 3.3.3 in einem größeren Zusammenhang besprochen.

konsulare Amtsgewalt auf Lebenszeit Bei seiner Rückkehr aus dem Osten 19 v. Chr. ist Augustus nach Dio 54, 10, 5 die konsulare Amtsgewalt auf Lebenszeit übertragen worden. Die ältere Forschung hatte die Tragweite von Dios Feststellung zum Teil deutlich relativiert [2.: Syme; 2.2: Bleicken]. Augustus hatte schon zuvor das konsulare *imperium*, das er als Prokonsul ausübte, in der Stadt weitergeführt. Aufgrund eines Nebensatzes wurde Dio bspw. so gedeutet, dass diese außergewöhnliche Rechtslage ab 19 v. Chr. lediglich symbolisch anerkannt worden sei, etwa durch die Zuweisung von Liktoren (die den hohen Magistraten Rutenbündel, *fasces*, als Abzeichen vorantragenden Amtsdiener). Doch gibt es keinen Grund zur Skepsis gegenüber Dios Kernaussage im Hauptsatz, die in der neueren Forschung in der Regel akzeptiert wird. Entweder wurde das *imperium* des Prokonsuls Augustus in

Rom vollumfänglich anerkannt oder er erhielt noch einmal zusätzliche Rechte [2.1: Ferrary; 2.: Kienast; 2.3: Vervaet; prägend: 2.3: Jones].

Die augusteische Überprägung des Triumphs, der zu einem exklusiven Mittel der Selbstdarstellung des Princeps oder seiner Verwandten wurde, analysiert T. Itgenshorst [2.3] aus dem Blickwinkel der republikanischen Praxis. Ob sich die Monopolisierung des Triumphs durch das Herrscherhaus aus der Einübung der neuen Praxis ergab, sukzessive nur kaiserlichen Legaten größere Feldzüge zu übertragen, oder auch förmlich, durch sakralrechtliche Mittel wie die Hierarchisierung des Rechts, Auspizien (bestimmte Vorzeichen) einzuholen, erzwungen wurde, bleibt umstritten. In die Debatte führt übersichtlich F. Hurlet [2.3] ein. Die Forschung zu Klientelismus-Phänomenen wird unter 6.5 vorgestellt.

die Monopolisierung des Triumphs

2.4 Die politischen Erfolge der Augustus-Regierung nach 19 v. Chr.

2.4.1 Die augusteische Reorganisation der oberen Stände

Die sozial- und strukturhistorischen Studien zum augusteischen Prinzipat, die vor allem das Verhältnis des Princeps zu Senatoren und Rittern, die Entstehung der kaiserzeitlichen Stände (*ordines*) sowie die administrativen Reformen von Augustus analysieren, haben trotz unterschiedlicher Akzentsetzungen unsere Kenntnis der politisch relevanten Eliten auf ein stabiles Fundament gestellt. Die formalen Bedingungen senatorischen Handelns im frühen und mittleren Prinzipat hat R. Talbert [1.3] geklärt. Den Einbezug des Senats in alle wichtigen Entscheidungen von Augustus und Tiberius hat P. Brunt [2.4.1] herausgearbeitet. Die soziale Zusammensetzung des Gremiums in der frühen Kaiserzeit behandeln mehrere Beiträge von W. Eck [2.: Verwaltung I und II], der auch die Informationen zu der Ausbildung eines größeren, über die Mitgliedschaft im Gremium hinausreichenden senatorischen *ordo* historisch kontextualisiert. Dass dieser *ordo* mit der Zeit drei Generationen von Nachfahren des letzten aktiven Senators einschloss, wie W. Eck annimmt, wurde zuletzt von J. Weisweiler [2.4.1] in Zweifel gezogen. Diese Debatte ist noch nicht abgeschlossen. Die augusteische Führungsschicht sozial aufzuschlüsseln, war Teil des Lebenswerks von R. Syme [2. und 2.1]. Zu den handverlesenen Provinzialen, die bereits

sozial- und strukturhistorische Studien

Senat

im Frühen Prinzipat in den Senat aufgenommen wurden, hat N. SCHÄFER [2.4.1] eine Monographie vorgelegt.

die augusteischen Ehegesetze

Bei der augusteischen Gesetzgebung, die auf den Zwang zur Wiederverheiratung abzielte, die Vererbungsrechte Lediger regelte sowie Strafen für Ehebruch festlegte, differenzieren die Quellen nur ungenügend zwischen den frühen *leges Juliae* und der *lex Papia Poppaea* von 9 n. Chr. Angesprochen werden vor allem die Auswirkungen auf die oberen Stände. Ob durch die spätere *lex* eine größere Veränderung, bspw. eine Verschärfung oder Abmilderung, angestrebt wurde, ist kaum zu klären. Neben rechtshistorischen Fragen untersucht A. METTE DITTMANN [2.4.1] speziell das Verhältnis der tradierten Gesetze zueinander. Die maßgebliche Studie zu dem größeren Kontext der julischen Bestimmungen und der *lex Papia Poppaea* stammt von E. BALTRUSCH [2.4.1]. Die augusteischen Ehegesetze hatten eine Verankerung in der Tradition und waren wegen der neuen Durchsetzungsmöglichkeiten gleichwohl die massivste Intervention in das Privatleben, die im frühen Prinzipat bezeugt ist.

Ritter

Aufgrund der Konzentration der kulturhistorischen Forschung auf Fragen der Kommunikation ist zu der Gruppe der Ritter, die als Stand nur bei spezifischen Gelegenheiten eher passiv in den Fokus der Überlieferung geraten, zuletzt seltener geforscht worden. Die wichtigste Grundlagenstudie bleibt das Werk von S. DEMOUGIN [2.4.1]. Die Größe des *ordo* und die administrativen Aufgaben von Rittern in der Kaiserzeit diskutiert G. ALFÖLDY [2.4.1], den Einfluss von Augustus auf den Stand W. ECK [2.: Verwaltung II]. Die sozial- und strukturgeschichtlichen Studien der zweiten Hälfte des 20. Jh. wenden sich gegen die in der älteren Forschung vertretene These, viele Ritter seien Kaufleute und Bankiers gewesen, woraus ein Interessensgegensatz zu den landbesitzenden Senatoren konstruiert worden war. B. SHAW [2.4.1] hat allerdings darauf hingewiesen, dass nur Ritter eines bestimmten Typs häufiger Spuren in den Quellen hinterlassen haben, sodass die ältere Annahme dennoch eine gewisse Berechtigung haben könnte.

das ägyptische Modell der Provinzialadministration

In der neueren Forschung sind vor allem Segmente der politisch-administrativ aktiven Ritter näher untersucht worden. Dies betrifft etwa ritterliche Präfekten, die in Teilen des Provinzialreichs belegt sind. Diese „Unterstatthalter" behandelt bspw. D. FARO [2.4.1]. Auch in Ägypten agierte ein allerdings selbständiger Präfekt. Kontrovers wird nach wie vor diskutiert, inwieweit sich das ägyptische Modell der Provinzialadministration seit 30 v. Chr. von den in anderen Provinzen praktizierten Formen unterschied. Die ältere These, wonach das Niltal Privatbesitz von Augustus geworden sei, kann als endgültig widerlegt gelten [2.4.1: CAPPONI]. Andere Fragen werden weiter diskutiert. In einer stark vereinfachenden Unterteilung lässt sich feststellen, dass Forscherinnen und Forscher, die sich auf das papyrologische Material Ägyptens konzentrieren, eher die Ähnlichkeiten zwischen *Aegyptus* und den anderen Provinzen herausstellen [etwa 2.4.1: JÖRDENS; BOWMAN/RATHBONE], während Studien, die ihren Ausgang bei den Quellen aus den anderen Provinzen nehmen, eher die Unterschiede betonen [2.4.1: Eich; auch R. Haensch hebt zumindest die Fortführung von Traditionen aus der Ptolemäerzeit hervor]. Während man bei grundsätzlich stärker genormten administrativen Bereichen wie der Rechtsprechung der Amtsträger von analogen Funktionsweisen ausgehen kann, stellen die hohe Zahl von ritterlichen Prokuratoren in Ägypten, die vollständige Kontrolle der Finanzen durch Teile dieses Stabs und die klaren Beschränkungen der städtischen Autonomie selbst in den wenigen ägyptischen *poleis* (griechisch geprägten Städten) klare Abweichungen von dem Idealtyp römischer Provinzialadministration dar, dessen Verbreitung man andererseits nicht überschätzen sollte.

2.4.2 Das augusteische Rom und Italien

Die Selbstdarstellung des Augustus-Regimes hat sich über die Jahrzehnte einerseits sehr verändert, andererseits hat sie gerade in späteren Jahrzehnten auf eine Kontinuitätsbotschaft gesetzt. Zu klassischen Studien und neueren Synthesen zu Augustus' Bildsprache siehe oben zu 2. Nicht nur waren Bilder des Machthabers allgegenwärtig, in der Stadt und in den Provinzen explodierte auch die Zahl der Inschriften, die Augustus präsent hielten oder doch seine Macht evozierten [2.4.2: ALFÖLDY]. Die Selbstdarstellung des neuen Regimes wird sonst eher anhand von einzelnen oder Ensembles von Monumenten untersucht. Überblicke über stadtrömische Bauten, Bilder und Interpretationen werden unter 6.1. besprochen werden. Zu dem angesprochenen Fall des *forum Augusti* bleibt die Arbeit von M. SPANNAGEL [2.4.2.] die wichtigste Studie. Die Aussagemöglichkeiten über die augusteischen Bauten auf dem Palatin sind begrenzt, doch ist der Komplex sukzessive erweitert worden: Die Bescheidenheitstopik der literarischen Überlieferung bestätigen die durchgeführten

die Selbstdarstellung des Augustus-Regimes

Bauten auf dem Palatin

Studien nicht [2.4.2: Pensabene]. Zu Recht ist von W. Havener [2.4.2] darauf hingewiesen worden, dass der Fluchtpunkt fast aller vom Regime beeinflusster Repräsentationsformen die Darstellung des Herrschers als Imperator, als siegreicher Feldherr, war. Dieses Ergebnis kann nicht überraschen, aber ist deswegen besonders wichtig, weil Augustus seine Nachfolger auf eine ähnliche Interpretation der Kaiserrolle festlegte. Die augusteische Kontrolle des Triumphs ist schon unter 2.3.3 angesprochen worden.

administrative Neuerungen

Bei den Neuerungen in der Administration, die auf Augustus zurückgehen, hat die jüngere Forschung vor allem die Prozesshaftigkeit der Ausbildung vieler Funktionen herausgearbeitet. Wenn Reformen in einer Studie auf engem Raum zusammengestellt werden, entsteht fast notwendig der Eindruck, die Regierung habe geradlinig auf bestimmte Ziele hingearbeitet. Die 56 Jahre der Herrschaft(-sbeteiligung) Octavians waren jedoch von „trial-and-error"-Vorgehensweisen geprägt. Zunächst scheint der Augustus der Jahre nach 27 v. Chr. versucht zu haben, anfallende Aufgaben mit den Mitteln der spätrepublikanischen Tradition in den Griff zu bekommen, bevor langsam neuartige Konzepte entwickelt wurden, oft in der Folge eines Versagens der älteren Praxis oder in politisch angespannten Phasen [A. Dalla Rosa, Roms städtische Autoritäten unter Augustus, in: 2.4.2: Eich/Wojciech, 51–75].

stadtrömische Administration

Augustus' Neuerungen in der stadtrömischen Administration sind fast alle monographisch untersucht worden. Der erste Princeps hat sukzessive im Zusammenspiel mit dem Senat eigene senatorische Aufgabengebiete für die Verteilung des gratis ausgegebenen Getreides [2.4.2: Virlouvet], die Infrastruktur der Wasserversorgung [2.4.2: Bruun] und die Instandhaltung der öffentlichen Bauten [2.4.2: Kolb, Bauverwaltung, die auch Neubauten miteinbezieht] eingeführt. Unter Tiberius traten nicht nur die *curatores alvei Tiberis* hinzu, die mit den häufigen Überschwemmungen durch den Tiber und dem Kloakenwesen befasst waren [2.4.2: Lonardi], sondern auch die Stadtpräfektur, die zwar Wurzeln unter Augustus hatte, aber erst nach seinem Tod verstetigt wurde [2.4.2: Wojciech]. Diese *curae* bzw. *curationes* oder Präfekturen scheinen rückblickend ein System zu bilden. Die Forschung konnte aber auch bei ihnen zeigen, dass es fast stets einen konkreten Anlass für ihre Einführung gegeben hat [C. Bruun, Der Kaiser und die stadtrömischen *curae*, in: 2.4.2: Kolb, Konzepte, 89–113]. Die Zahl der Kuratoren o. ä. ist in der Folge noch angepasst worden, ohne dass die Aufgabenbereiche grundsätzlich verändert worden sind. Auch erhielten viele dieser *curae* administrative Unterstützung durch kaiserliche Prokuratoren. Wie die Zusammenarbeit konkret gestaltet war, lässt sich nicht mit Sicherheit klären. Leider sind wir nur über die Wasseradministration durch das Ende des 1. Jh. n. Chr. erschienene Werk des Kurators Frontinus [2.4.2: Eck] etwas besser unterrichtet. Unter den genannten Autorinnen und Autoren bestehen oft Kontroversen darüber, ob und wie die bei Frontin erhaltenen Informationen für die anderen *curae* nutzbar gemacht werden können. Analoges gilt für die wenigen inschriftlichen Schlaglichter.

Erst spät in seiner Regierungszeit kreierte der Princeps die großen ritterlichen Präfekturen für die Feuerbekämpfung (den *praefectus vigilum*) und die Lebensmittelversorgung (den *praefectus annonae*) [2.: Eck, Verwaltung II]. Letzterer könnte die mit der Getreideverteilung und der Marktaufsicht (in einem sehr konkreten Sinn) befassten senatorischen Amtsträger de facto in ihrer Zuständigkeit etwas beschnitten haben. Vor allem die Beschaffung ausreichender Mengen von Lebensmitteln, die sich nicht auf die kostenlos ausgegebenen Getreiderationen für eine festgelegte Zahl von Bürgerinnen und Bürgern (ab 2 v. Chr. 200 000) beschränkten, war nur mit einem erheblichen administrativen Aufwand umzusetzen. Mutmaßungen über die Höhe der Ausgaben des Imperiums für die *annona* sind oft angestellt worden. Das Grundlagenwerk stammt von T. Frank [2.4.2]. Neuere Studien bezieht P. Eich [*Pecunia nervus rerum*, in: ders./Wojciech, 167–195] mit ein. Tradierte Preise von Getreide, auf denen die Berechnungen wesentlich beruhen, haben D. Rathbone und S. von Reden [Mediterranean Grain Prices in Classical Antiquity, in: 2.4.2: van der Spek/van Leeuwen, 149–235] zusammengestellt.

ritterliche Präfekturen

Erst im Laufe des 1. Jh. n. Chr. wird für uns das unmittelbare administrative Umfeld der Principes mit seinen unterschiedlichen Aufgaben klarer erkennbar. Dass unter Augustus bereits ein mit den Finanzen befasstes, aus Sklaven und Freigelassenen gebildetes „Sekretariat" existiert hat, ist eindeutig bezeugt (Suet. Aug. 101, 4). Wie umfangreich solche Ressorts schon waren, lässt sich anhand der Überlieferung nicht eindeutig klären, sondern muss aus den Kontexten erschlossen werden. Ohnedies lassen uns die Quellen Sklaven und Freigelassene der Herrscher selten bei ihrer Arbeit sehen. Oft kennen wir nur wenig aufschlussreiche Funktionsbezeichnungen. Für einen erheblichen Umfang schon der frühen Stäbe plädiert R. Haensch [Die Herausbildung von Stäben und Archiven bei

das unmittelbare administrative Umfeld der Principes

zentralen Reichskanzleien einer verschleierten Monarchie, in: 2.4.2: EICH/WOJCIECH, 287–306]. Vieles bleibt aber hinter der Fassade der augusteischen Monarchie verborgen. Große Sammlungen von allen erhaltenen Informationen zu den kaiserlichen Sklaven und Freigelassenen wurden schon vor vielen Jahrzehnten erstellt [2.4.2: BOULVERT; WEAVER]. In der Forschung liegt das Augenmerk in den letzten Jahrzehnten eher auf der Dienerschaft bei Hof und ihren repräsentativen Aufgaben [1.2: WINTERLING]. Die struktur- und sozialgeschichtliche Forschung zum frühkaiserzeitlichen Italien wird unter Abschnitt 6.3 in einem größeren Zusammenhang behandelt werden.

2.4.3 Die sakrale Aura der neuen Ordnung, die *domus Augusta*

Priesterwürden

Der wohl auffälligste Zug der augusteischen Neubestimmung, was Rom und das Imperium sein sollten, war die Sakralisierung von Stadt und Politik durch den Neubau oder die Restitution zahlreicher Kultbauten, von denen der Marstempel auf dem *forum Augusti* angesprochen wurde, aber auch die Zentralität von Priesterwürden in den senatorischen Karrieren. Diese Rückkopplungen des Stadtbildes und der Politik an die römische Religion wurden als traditionsverankert dargestellt. Welchen Anteil erfundene Traditionen [2.4.3: HOBSBAWM/RANGER] an der augusteischen Sakralisierung hatten, muss oft unklar bleiben. Die augusteischen Baumaßnahmen hat zuletzt M. ARNHOLD in langen Entwicklungslinien kontextualisiert [2.4.3]. Zu den Priesterwürden bildet das Werk von J. RÜPKE [2.4.3] die entscheidende Ressource.

antike Zeitvorstellungen

Bei der Sakralisierung von Politik und Festkultur setzen oft auch jene in 1.2 angesprochenen Studien an, die antike Zeitvorstellungen analysieren. Die von der augusteischen Repräsentation reklamierte Wiederherstellung alter Größe wurde auch mithilfe von Zeitmanipulationen erzeugt: Die Transformation der *res publica* wurde in das Gewand eines aus der Vergangenheit hergeleiteten Kontinuitätsversprechens gehüllt und dadurch teilweise verborgen [2.4.3: GILDENHARD/GOTTER/HAVENER und zu den Säkularspielen von 17 v. Chr. 2.4.3: SCHNEGG-KÖHLER]. Diese Manipulationen sollten nicht als verbreitete Zeitdeutungen missverstanden werden [2.4.3: LIANERI]. Zeitvorstellungen untersucht unter anderem auch die einflussreiche Studie von U. WALTER [2.4.3] zu republikanischen Formen der Memorial- oder Geschichtspolitik, die in einem Ausblick deren Vereinnahmung durch das augusteische Regime erörtert. Die Entwicklung einer *domus Augusta* behandeln die unter 2. genannten Studien. Forschung zu der Ausstrahlung der sakralen Aura der *res publica* auf die *domus Augusta* wird 2.5.3 diskutiert werden.

2.5 Das andere Prinzipat des Augustus: Expansion und Nachfolgeprobleme

2.5.1 Die Etablierung der neuen Berufsarmeen

Die kaiserzeitliche Armee war unter Augustus noch im Entstehen begriffen. Einheitstypen und wichtige Entwicklungsschritte werden unter 7. behandelt. Die erhaltenen Daten zur Besoldung stellt R. Duncan-Jones [2.5.1] zusammen. Die langfristigen fiskalischen Folgen der Einführung einer Berufsarmee von anfangs vielleicht 300 000–350 000 Mann haben A. Eich [2.5.1: für die augusteische Zeit] und P. Eich [1.2: für das 3. Jh.] analysiert, die unterschiedliche Geschwindigkeiten bei der Entstehung fiskalischer Probleme veranschlagen. Augustus' Nahverhältnis zu den Soldaten hat in allen Einzelheiten J. Stäcker [2.5.1] untersucht. Die erhaltenen Zahlenangaben zu den Kosten der Berufsarmee dienen oft als Berechnungsgrundlage für die Gesamteinnahmen und -ausgaben des Imperiums. Einen Überblick zum Stand der Forschung zu diesem Thema bietet W. Scheidel [The Early Roman Monarchy, in: 1.2: ders./Monson, 229–267]. Fiskalisch prägend hat in jedem Fall die augusteische Münzpolitik gewirkt, die unter anderem ein festes Wechselverhältnis zwischen dem *denarius* (dem Silbernominal), dem *aureus* (der Goldmünze) und dem in neuer Form ausgegebene *sestertius* (einer Kupfer-Zink-Legierung) vorsah. Eine Korrelation zwischen der Münzreform und dem Übergang zu einer Berufsarmee kann aber nicht hergestellt werden. Die Ausgabe von Münzen erfolgte an ganz unterschiedlichen Orten mit so vielen Variablen, das von einer einheitlichen Geldpolitik keine Rede sein kann [2.: Kienast]. Die maßgebliche Studie zu diesem Themenkomplex hat R. Wolters [1.3] vorgelegt.

Einer der auffälligsten Charakteristika der augusteischen Herrschaft nach 28/7 v. Chr. ist das Wechselspiel zwischen der Betonung des inneren Friedens und der militärischen Erfolge vor allem in West- und Zentraleuropa [2.5.1: Cornwell]. Die *pax Augusta*, die durch Siege erkämpfte Ruhe, die Wohlstand garantieren sollte,

die langfristigen fiskalischen Folgen der Berufsarmee

Münzpolitik

pax Augusta

wird vor allem im Inneren und das heißt primär in Italien als Verdienst des Herrschers herausgestellt, Eroberungen neuer Gebiete sollten die wiedergewonnene Stärke demonstrieren und jedwede (wie immer realistische) Bedrohung Italiens von außen verhindern.

Bewertungen der römischen Expansion — Die Bewertungen der römischen Expansion differieren in der Forschung, auch nach Zeithorizonten. Noch lange nach dem Zweiten Weltkrieg hielt sich die schon von Th. Mommsen vertretene These, Rom habe lediglich sich und Verbündete verteidigt und das Reich daher eher zufällig vergrößert. Im Zeitalter der *postcolonial studies* finden sich solche Behauptungen, die im Grunde einfach die apologetische römische Eigenperspektive reproduzieren, noch in Arbeiten zu einzelnen Kriegen, in den übergeordneten Untersuchungen zur römischen Expansion treten sie in den Hintergrund [2.5.1: BURTON; HOYOS]. Studien, die die augusteische Zeit als Ganzes in den Blick nehmen, gehen heute in aller Regel davon aus, dass das Regime auf großangelegte Eroberungen setzte [2.5.1: ECK; 2.: KIENAST]. Debattiert werden gebietsabhängig nur Ursachen und Anlässe römischer Vorstöße, ob also Expansion ein Programm der Augustus-Gruppe war oder ob lokale Konflikte eine imperiale Befriedung im großen Stil nach sich zogen. Der heute vielleicht strittigste Punkt ist die Frage, ob ökonomische Motive für Eroberungen ausgemacht werden können. C. NICOLET [2.5.1] hat herausgearbeitet, in welchem Ausmaß in augusteischer Zeit Daten in und über die Provinzen erhoben und archiviert worden sind. Das neu gewonnene Datenmaterial diente auch der Etablierung eines zumindest sehr viel exakteren Provinzialzensus'. Die Vermessungen haben unter anderem dazu beigetragen, dass in der caesarisch-augusteischen Zeit die territoriale Dimension der römischen Schlüsselbegriffe *imperium* (Befehlsgewalt) und *provincia* (Aufgabe) klarer hervortrat [2.1: RICHARDSON]. Wie F. HURLET [2.5.1] herausarbeitet hat, lassen sich die *census* (Vermögensschätzungen) aber oft auch mit Aufständen in Verbindung bringen: Dies ist ein wichtiger Indikator für die Wahrnehmung der römischen Datenerhebung in den Provinzen. Von dieser Vermessung der imperialen Welt ausgehend hat A. EICH [2.5.1] die These entwickelt, unter Augustus seien Territorien gerade auch deswegen hinzugewonnen worden, um sie in der Folge fiskalisch zu erschließen und so die Finanzierung der Berufsarmee abzusichern. Diese Herangehensweise bildet aber eher die Ausnahme. In kulturhistorischen Studien, die sich stark auf die Aushandlung des Kaiserbildes im Zentrum fokussieren, werden die Kriege des Regimes in der Regel den Zielsetzungen der Selbstdarstellung untergeordnet: Stellvertretend genannt seien die Werke von C. WENDT [2.5.1] und A. HAVENER [2.4.2]. Daneben werden noch immer oft sicherheitspolitische Motive für römische Offensiven ausgemacht, wie etwa bei der Eroberung des Alpengebietes [etwa 2.5.1: MARTIN-KILCHER].

2.5.2 Die augusteischen Kriege

Nicht nur in der deutschen Forschung kommt Augustus' Kriegen rechts des Rheins besondere Aufmerksamkeit zu, weil die Quellenlage eine exemplarische Diskussion grundsätzlicher Fragen zulässt und das Scheitern von Okkupationsversuchen selten blieb. Ob Augustus und seine Berater eine großangelegte Eroberung Germaniens mit zeitlichem Vorlauf geplant oder eher auf Grenzscharmützel am Rhein wie etwa den Sugambrereinfall von 16 v. Chr. (*clades Lolliana*) mit einer imperialen Pazifizierungsstrategie reagiert haben, wird weiter kontrovers diskutiert. Als Positionen finden sich in der Forschung etwa, dass die Drusus-Kampagnen rechts des Rheins im Wesentlichen der Verteidigung Galliens gedient [D. TIMPE, Zur Geschichte der Rheingrenze zwischen Caesar und Drusus, in: 2.5.2: DERS., 147–170; 2.5.2: WIEGELS] oder dass sie sich aus Eigendynamiken des Kampfgeschehens in der Region ergeben hätten [2.5.2: KÜHLBORN; LEHMANN]. Im Gegensatz dazu vertreten andere Studien die These, dass die Feldzüge unter Leitung von Drusus d. Ä. unabhängig von als Anlässen gedeuteten Einzelereignissen von Anfang an auf die Eroberung von rechtsrheinischen Gebieten abzielten und wohl schon seit Agrippas zweitem Aufenthalt vor Ort 19/18 v. Chr. geplant worden seien [2.5.1: ECK; 2.5.2: BURMEISTER/ORTISI]. Viel hängt dabei von der Chronologie der Errichtung von Legionslagern ab, deren Rekonstruktion sich wegen laufender archäologischer Untersuchungen stetig im Fluss befindet. Die Verlagerung von Truppen an den Rhein scheint aber schon vor 16 v. Chr. nachweisbar zu sein. Eine Zusammenstellung von Ansätzen, die in der Forschung vertreten werden, findet sich bspw. in dem Überblickswerk von B. BLECKMANN [2.5.2], das auch den Kenntnisstand zu den rechtsrheinischen Kriegergesellschaften abbildet. Auch die vom Imperium mobilisierte Truppenzahl spricht dafür, dass die von Drusus geleitete Invasion jedenfalls sehr bald nach Beginn der Kämpfe mehr als nur die Sicherung der Rheingrenze erreichen sollte. Ob und ab wann der eroberte Raum rechts des Rheins eine Provinz wurde, hängt entscheidend

Eroberung Germaniens

von der Definition dieses Begriffs ab. Wenn Provinzialisierung einen einzelnen formalen Beschluss voraussetzt (*lex provinciae*), könnte *Germania* nie Provinz geworden sein. Wenn sich überlagernde Regelungen für römische Amtsträger in der Region sukzessive eine solche Einheit konstituieren konnten, war *Germania* vielleicht schon zeitig Provinz, vielleicht seit 7 v. Chr. [2.5.1: Eck]. Das zuletzt genannte Verständnis von Provinzialisierung überwiegt in der Forschung [2.1: Richardson; 2.5.2: Díaz Fernández], doch ist dieser Konsens jüngst in einer materialreichen Darstellung wieder in Frage gestellt worden [2.5.2: Coudry/Kirbihler].

mögliche wirtschaftliche Motive römischer Angriffe

Dass das rechtsrheinische Germanien zumindest in der Rückschau als ökonomisch unterentwickelter Raum dargestellt wird, hat zu einer Spezifizierung der schon angesprochenen Kontroverse über mögliche wirtschaftliche Motive römischer Angriffe geführt. A. Eich [2.5.1] hatte auch die germanischen Eroberungen Roms mit der Absicht in Verbindung gebracht, die Steuereinnahmen zu erhöhen. G. A. Lehmann [2.5.2] hatte dagegen die Rückständigkeit der tribalen Gesellschaften rechts des Rheins betont, aufgrund derer ausgeschlossen werden könne, dass Rom bei der Eroberung ökonomische Interessen verfolgt habe. Welche Kenntnisse der römische Generalstab um 20 v. Chr. von Zentraleuropa hatte, bleibt allerdings ganz unklar. Da die direkte römische Herrschaft im rechtsrheinischen Germanien in den meisten Gebieten zu kurze Zeit Bestand hatte, können wir den römischen Gestaltungswillen höchstens punktuell und kurzfristig nachvollziehen. Fast alle anderen eroberten Regionen sind jedoch in der Folge binnen kurzem landwirtschaftlich intensiv erschlossen worden. Nach der Replik von A. Eich [2.5.2] können die Eroberer im rechtsrheinischen Germanien ganz ähnliche Ziele verfolgt haben. Archäologische Untersuchungen zeigen zudem, dass die römischen Besatzer auch in dieser Region unmittelbar mit dem Abbau und dem Abtransport vieler wertvoller Ressourcen begonnen haben, namentlich von Blei, Salz und Holzkohle [2.5.2: Rothenhöfer]. Die römische Eroberung der Alpenregionen behandelt übersichtlich S. Martin-Kilcher [2.5.1].

Balkanraum

Zu den beiden anderen großen Kriegsschauplätzen, der iberischen Halbinsel und dem Balkanraum, ist von den Archäologien und historischen Disziplinen der modernen auf diesen Gebieten liegenden Staaten ebenfalls intensiv geforscht worden. Der Balkanraum war bereits während des Prokonsulats des älteren Caesar ab 58 v. Chr. als römisches Expansionsgebiet definiert worden. Zahlreiche archäologische Publikationen haben unsere Kenntnis des römischen Vorgehens verbessert. Ihre Ergebnisse lassen sich aber nicht leicht zu einem Gesamtbild zusammenfügen. An der Systematik der Unterwerfung dieses Raums seit den Feldzügen Octavians 35–33 v. Chr., die die ältere Forschung noch eher als Exerziermaßnahmen gedeutet hat [2.5.2: SCHMITTHENNER], kann aber heute eigentlich kein Zweifel mehr bestehen [2.5.2: STROBEL].

Die Kämpfe in Spanien haben weniger Debatten als die zuvor genannten Konflikte ausgelöst. Sie erscheinen eher als langsamer Unterwerfungsprozess, der nicht durch besondere Wendepunkte geprägt war [2.5.2: CURCHIN]. Immerhin hat Augustus seinem eigenen Oberkommando in Spanien aus der Rückschau große Bedeutung zugemessen [2.5.2: RICH]. Aus dem Nachgang dieser Kämpfe stammt ein wichtiger inschriftlicher Neufund mit einem Edikt des Proconsul Augustus, das viele Debatten, unter anderem über die Stellung des Princeps in den Provinzen, befeuert hat, daneben aber auch zeigt, dass es zeitweilig auf der iberischen Halbinsel eine eigene *provincia transduriana* gegeben hat [2.5.2: ALFÖLDY]. Großes Interesse haben sodann die langfristigen Folgen der Eroberung für die iberische Halbinsel auf sich gezogen, die sich etwa in einer Urbanisierung [2.5.2: HOUTEN], aber auch in anderen Formen der ökonomischen Integration zeigen [2.5.2: HOFFMANN-SALZ, mit einer Langzeitperspektive auf mehrere Provinzen].

Kämpfe in Spanien

Das Verhältnis des Imperiums zum Partherreich wird, da es nicht zu größeren Kampfhandlungen kam, in der Regel aufgrund der sich anschließenden Inszenierung römischer Überlegenheit in den Analysen der Herrschaftsetablierung von Augustus in Rom mitbehandelt (vgl. 2.). Zuletzt hat J. SCHLUDE [2.3] darauf hingewiesen, wie wichtig die Bereitschaft beider Großmächte zu einem Ausgleich für die Entwicklung der Gesamtregion bis zum Ende des 1. Jh. n. Chr. war.

Partherreich

2.5.3 Die Herrscherverehrung in Rom und in den Provinzen

In der zweiten Hälfte von Augustus' Herrschaft werden Annäherungen des Princeps an Gottheiten oder die göttliche Sphäre, die schon frühzeitig zu beobachten sind, auch in der Stadt Rom sichtbarer. Einzelne Bilder oder Monumente werden dabei ebenso variabel gedeutet wie für die vorhergehende Zeit Textstellen bei den augusteischen Dichtern. Unklar ist auch das Verhältnis zwischen den in den

die Initiative für die Verehrung von Augustus

Provinzen belegten Kulten und der Herrscherverehrung in Rom. Gleichwohl lassen sich einige Tendenzen der neueren Interpretation aufzeigen. Hatte die ältere Forschung die Initiative für die Verehrung von Augustus und seinen Nachfahren oder Nachfolgern, inklusive regelrechter Kulte in Analogie zu denen der Götter, den jeweiligen Principes zugeschrieben, wurden in den letzten Jahrzehnten oft Angebote der Ehrenden als kultbegründend ausgemacht. In diese Richtung schreiben sich die meisten im Anschluss zitierten Werke ein. Zweitens sieht die neuere Forschung die in älteren Studien zur Herrscherverehrung angelegte klare Unterscheidung zwischen Westen und Osten nur noch als bedingt hilfreich an. Ältere Thesen gingen davon aus, dass durch eine im Hellenismus eingeübte Praxis die Ansprache des regierenden Herrschers als Gott in großen Teilen des Ostens unproblematisch erschien, während in den Bürgergebieten des Westens (Italien, Kolonien und Munizipien in den Provinzen) anfangs meist erst die sakralrechtliche Versetzung des verstorbenen Herrschers unter die Götter Roms kultbegründend gewirkt habe. In der Tendenz folgen dieser Richtung auch noch die beiden schon stärker differenzierenden Klassiker von D. Fishwick und S. Price [2.5.3]. Dagegen wird heute oft betont, dass Ost und West sich auch gegenseitig inspiriert haben, wie etwa die Beiträge in dem einschlägigen Band von A. Kolb und M. Vitale [2.5.3] oder die Monographie von B. Edelmann-Singer [2.5.3] illustrieren. Auch hinsichtlich des lateinischen Westens wird in neueren Studien der Akzent stärker auf Akteure und Publika der Herrscherverehrung gelegt, anstatt sich auf Vorbehalte zu konzentrieren, die sich aus der Bürgerideologie ergeben konnten. Am weitesten in der Neubestimmung geht M. Clauss [2.5.3], der die Befunde so interpretiert, dass der lebende Princeps auch fast allen römischen Bürgern uneingeschränkt als ein (typisch römischer) Gott galt. Nach I. Gradel [2.5.3] haben nur offizielle Stellungnahmen und die Mehrheit der Mitglieder der politischen Elite noch zwischen dem an die Götter angenäherten lebenden Herrscher und den verstorbenen, unter die Götter versetzten Kaiser (*divi*) differenziert. Ein Mittelweg kann sein, klarer zwischen Kulten, die den Kaiser also als Gott behandeln, und allgemeineren Formen der Verehrung, die sich bspw. eher an das *numen* (die Wirkmacht) bzw. den *genius* (Schutzgeist) des Herrschers richteten, zu unterscheiden. Diese Differenzierung arbeitet besonders klar S. Pfeiffer [2.5.3] in seiner Analyse des allerdings besonderen Falls Ägyptens heraus. Pfeiffer bleibt zugleich bei der konservativeren These, dass in den schon länger römisch beherrschten Gebieten des Westens mit einer höheren Zahl römischer Bürger jedenfalls zunächst vor allem Verehrungsformen belegt sind. M. PEPPEL [Gott oder Mensch? Kaiserverehrung und Herrschaftskontrolle, in: 2.5.3 CANCIK/HITZL] hat dagegen vorgeschlagen, dass mit göttlichen Ehren ein Princeps vielleicht auch auf eine mit diesem Ideal übereinstimmende Regierungspraxis festgelegt werden sollte.

2.5.4 Augustus' Nachfolgeregelungen

Erfolge und Krisen von Augustus' Prinzipat sind nach 18 v. Chr. in der Regel mit der Nachfolgefrage verknüpft. Die grundlegenden Untersuchungen dieser Thematik in den Biographien und Überblicksdarstellungen sind von der Spezialliteratur in den letzten Jahrzehnten eher ergänzt als ersetzt worden [2.5.4: GIBSON]. Gut leserlich ist die auf diese Problematik eingehende neuere Einführung von B. EDELMANN-SINGER [2.5.4]. Viel Aufmerksamkeit hat aufgrund der Quellenlage Agrippas *imperium* auf sich gezogen, dessen Konstruktion und variable Definitionen durch Neufunde klarer, aber nicht klar geworden sind. Auch in seinem Fall stammt die wichtigste Analyse von J.-L. FERRARY [2.1]. Zu der Rechtsstellung der Kollegen von Augustus in einem Amt, von denen Agrippa der prominenteste ist, stellt F. HURLETS Monographie [2.1] die maßgebliche Studie dar. Rolle und Stellung, die Drusus, Tiberius, Gaius, Lucius und Agrippa Postumus in der augusteischen Nachfolgeplanung eingenommen haben, werden nicht kontrovers diskutiert, soweit wir nicht auf reine Mutmaßungen angewiesen sind. Forschung zu den ritterlichen Präfekten wird unter 2.4.2 und 6.2 behandelt.

Agrippas *imperium*

2.6 Zum Prinzipat des Tiberius

Die Forschungsansätze zu dem Prinzipat des Tiberius haben sich in den letzten fünfzig Jahren fast vollständig gewandelt. In den historiographischen Hauptquellen zu diesen Jahren (1.3) dominiert das Thema des Scheiterns der Idee einer wiederhergestellten Republik unter einem Princeps, dessen Freiheitsversprechen nicht ehrlich gemeint gewesen sei. Die daraus resultierende Spannung wird in das Innenleben des Tiberius hineingespiegelt, der als Heuchler ausge-

die ältere Forschung

wiesen wird und grundlos stets um sein Leben gefürchtet habe. Die ältere Forschung hat die Quellenberichte als weitgehend authentische Schilderungen akzeptiert und den Verfall der Organe der *res publica* nachvollzogen oder umgekehrt den Quellentenor relativiert, um Tiberius von einigen Schuldzuweisungen zu entlasten [bspw. 2.6: MARSH]. Detailforschungen beider Art sind noch in die Biographien von B. LEVICK [2.6] und D. SHOTTER [2.6] eingeflossen. Von den jüngeren Studien hat C. WENDT [2.5.1] solche älteren Ansätze für die Analyse der Provinzialpolitik und Diplomatie des Tiberius an aktuelle Standards angepasst.

neuere Forschung

Die neuere Forschung hat den Versuch, eine Persönlichkeit des Tiberius und ihren Einfluss auf die Entwicklung der *res publica* aus den Quellen herauszuarbeiten, als mit historischen Mitteln nicht durchführbar aufgegeben oder auch als für heutige Fragestellungen irrelevant deklariert. Im Vordergrund stehen seit längerer Zeit an den Literaturwissenschaften orientierte Studien der Leitautoren und ihres Tiberius-Bildes [2.6: SCHÖSSLER; BAAR]. Die neueren Ansätze, Literatur- als Kulturwissenschaft schlechtweg zu begreifen, führen in konsequenter Anwendung dazu, dass mit Ausnahme des Zeitgenossen Velleius [2.6: WIEGAND] mit seiner panegyrischen Darstellung der Jahre bis 30 die erhaltenen historiographischen Werke nur als Zeugnisse für die Lebenszeit ihrer Autoren und nicht die des Tiberius verwendet werden können. F. SITTIG [2.6] hat Tiberius in einer diskursanalytischen Studie unter die Kaiser gerechnet, die gegen Ende der Frühen Kaiserzeit als wahnsinnig ausgewiesen wurden, um durch die Rückschau auf Fehlverhalten Paradigmen richtigen kaiserlichen Verhaltens festzuzurren. Ähnlich sind die Tiberius-Bücher von Tacitus als Kommentar zu den Domitian-Jahren gedeutet worden (vgl. 4.1).

die Auswirkungen von Tiberius' Regierung auf das Imperium

Die Auswirkungen von Tiberius' Regierung auf das Imperium oder einzelne Regionen herauszuarbeiten, fällt auch dann schwer, wenn die spätere Überlieferung als zuverlässig angesehen wird. Die meisten erhaltenen Informationen beziehen sich auf die Stadt Rom und das Verhältnis des Herrschers zu seiner Familie, den Senatoren und der Garde. Daher ist Tiberius' Herrschaft stärker als die des Augustus in die Entwicklung des Prinzipatsmodells von E. FLAIG [1.2] eingegangen, in dessen Zentrum die Kommunikation zwischen den Principes und anderen stadtrömischen Akteuren („Akzeptanzgruppen") steht. Dass Tiberius' dreiundzwanzig Regierungsjahre andererseits viel dazu beigetragen haben, augusteische Vorgaben umzusetzen und auf Dauer zu stellen, ist mehr als plausibel, lässt sich aber nur selten konkret nachweisen. Am deutlichsten zeigen sich Verfestigungen bei den stadtrömischen *curae* und der Stadtpräfektur. Die Forschung zu diesen Funktionen wurde unter 2.4.2 angesprochen.

Der Beginn von Tiberius' Alleinregierung wird in der Forschung noch einmal unter dem Aspekt der rechtlichen Fundierung des Prinzipats verhandelt. Tiberius soll nach Ablegung der Eide auf ihn und nachdem er das Kommando über die Prätorianer schon ausgeübt hatte, sich im Senat zunächst geweigert haben, die Kompetenzen von Augustus vollumfänglich zu übernehmen. Diese Nachrichten interpretieren einschlägige Studien abhängig von ihrer Deutung der Rechtsgrundlage von Augustus' Prinzipat (oben 2.3). Forscherinnen und Forscher, die in der Regelung des Jahres 23 v. Chr. den Schlusspunkt der Prinzipatsentwicklung sehen, gehen davon aus, dass Tiberius alle wesentlichen Vorrechte, die Augustus' Stellung ausgemacht hatten, schon vor dessen Tod übertragen worden waren. Sein Auftreten im Senat muss dann als eine Art elaborierte Form von *recusatio imperii*, als übertriebene und missverstandene Bescheidenheitsgeste, interpretiert werden. Diese Position war lange Zeit dominant, wie etwa B. LEVICKS Biographie zeigt [2.6]. In der Zwischenzeit mehren sich aber die Stimmen, dass die Kreation der Stellung eines Princeps 23 v. Chr. nicht abgeschlossen war und die Verleihung eines dauerhaften konsularen *imperium* an Augustus auch für Rom im Jahr 19 v. Chr. eine wesentliche Etappe in diesem Prozess bildete. In der Folge muss auch angenommen werden, dass Tiberius 14 n. Chr. zunächst noch nicht über alle Rechte seines Adoptivvaters verfügte [2.6: WOODMAN, 210; 2.1: FERRARY; 2.3: JONES]. Die Darstellung in Teil I beruht vor allem auf dem taciteischen Narrativ, das betont, dass sich Tiberius zunächst nur auf die *tribunicia potestas* stützte, also *imperium* und *potestas* eines Konsuls in Rom zumindest nicht einsetzte.

rechtliche Fundierung des Prinzipats

Zwei Themen dominieren die Quellen zu der Tiberius-Zeit. Dies betrifft zum einen die hohe Zahl von Prozessen wegen *maiestas laesa*, Majestätsbeleidigung, mit der Folge vieler Verurteilungen prominenter Politiker. Nach unseren Leitnarrativen hat dieser Prozesstypus viel zu einer Destabilisierung des politischen Systems beigetragen. Ob Tiberius ihn als politische Waffe einsetzte, indem er Ankläger ermutigte, oder ob Klagen nicht zu einem erheblichen Teil innersenatorischer Rivalität geschuldet waren, ist umstritten. Die

maiestas laesa, Majestätsbeleidigung

ältere Forschung hatte noch die Quellenschwarzzeichnung des Princeps übernommen und ihm die alleinige Verantwortung für die Majestätsprozesse zugesprochen [bspw. 2.6: Koestermann]. Später wurde öfter auf Eigendynamiken senatorischer Konkurrenz verwiesen [2.6: Levick], zu der die Ankläger, die die Prozesse erst in Gang setzten, wesentlich beigetragen hätten [2.6: Rutledge]. Zu der Umwandlung des Senats in ein Gericht für politisch relevante Fragen bleibt J. Bleickens [2.6] Monographie die maßgebliche Studie.

Auseinandersetzungen um die Nachfolge

Das zweite dominante Thema dieser Jahre sind die Auseinandersetzungen um die Nachfolge des alternden Princeps, speziell nach dem überraschenden Versterben seines Adoptivsohns Germanicus 19 n. Chr. in Syrien. Besonderes Interesse hat der Fund zweier langer Inschriften erregt, die Beschlüsse im Zusammenhang mit dem viele Gerüchte auslösenden Tod des präsumtiven Nachfolgers festhalten. Einige von ihnen sind offenbar überall im Imperium publiziert worden. Die beschlossenen Ehrungen sollten offensichtlich Risse in der *domus Augusta* kaschieren. Die *Tabula Siarensis* (AE 1999, 891) dokumentiert einen Senatsbeschluss zu Ehren des Germanicus, der unter anderem den Rückzug auf die Rheinlinie nach dem Abbruch der Kämpfe 16 n. Chr. einräumt. Das *senatus consultum de Cn. Pisone patre* [2.3: Eck/Caballos/Fernández] machte die Strafen publik, die postum über Germanicus' Widersacher Cn. Piso nach dessen Konflikt mit dem Sohn des Princeps in Syrien und seinem Suizid in Rom verhängt worden waren. Der Fund dieser Inschriften ermöglicht es, offizielle Dokumente mit den literarischen Quellen abzugleichen. Tacitus hat offenbar in diesem Fall über zusätzliche Informationen verfügt [2.6: Eck]. Übersetzt und kommentiert hat diese und andere einschlägige Dokumente B. Lott [2.6]. Da die Figur Germanicus auch wegen seiner außergewöhnlichen Memorierung großen Raum in der Überlieferung einnimmt, wurden ihr zuletzt zahlreiche Publikationen gewidmet. Zitiert sei die Gesamtschau der Quellen von Y. Rivière [2.6].

L. Aelius Seianus

Als Initiatoren der Konflikte dieser Zeit machen die Quellen den Prätorianerpräfekten L. Aelius Seianus aus. Während die ältere Forschung sich noch intensiv mit dem Aufstieg und dem Fall des Präfekten befasst hat, die die Potentiale dieser Funktion im Zeitraffer aufzeigen [etwa 2.6: Hennig], wird der Akteur Seian heute aufgrund des Desinteresses an politikgeschichtlichen Themen primär in Studien zur Entwicklung der Prätorianergarde mitbehandelt. Einschlägige Arbeiten werden unter 7.1.1 behandelt werden. Die

Konflikte zwischen Seian und dem Haus des Germanicus werden v. a. in den schon genannten Tiberius-Biographien diskutiert.

Große Aufmerksamkeit haben in der Forschung die Feldzüge des Germanicus in den Jahren 14–16 n. Chr. auf sich gezogen. Sie zielten darauf ab, die Folgen der Varus-Niederlage abzumildern, vielleicht auch ganz zu revidieren, zumindest aber Rache an allerdings beliebigen Germanen zu nehmen. Neben den schon angesprochenen Schriftquellen (vgl. 1.3) liegen archäologische Funde vor, die einen Vergleich der unterschiedlichen Überlieferungsformen ermöglichen. Es scheint, dass im Zuge der erneuten römischen Offensive verlorene Positionen wieder besetzt worden sind [zur Diskussion von Möglichkeiten: 2.6: BECKER/RASBACH]. Die Ergebnisse von Grabungen und Surveys sowie die literarischen Hinweise auf das Kampfgeschehen lassen sich allerdings nicht zweifelsfrei aufeinander beziehen. Dazu trägt entscheidend bei, dass in den Kampfgebieten keine Münzen gefunden werden, die eindeutig aus den Jahren von Germanicus' Oberbefehl stammen. Unterschiedliche Möglichkeiten, literarisch überlieferte Schlachten zu verorten, diskutieren bspw. R. WOLTERS [2.6] oder G. A. LEHMANN [2.5.2]. Einen Forschungsüberblick bietet ein von S. BURMEISTER und S. ORTISI edierter Band [2.5.2].

die Feldzüge des Germanicus

Da zu Tiberius' dreiundzwanzig Regierungsjahren eine dichte literarische Überlieferung existiert, ist eine beachtliche Zahl von Detailinformationen zu ganz unterschiedlichen Themen beinahe schon beiläufig in die große Erzählung über den Verfall der *res publica* eingestreut. Sie verweisen oft auf Entwicklungen, die für viele Menschen weit höhere Relevanz entfaltet haben dürften als die Spannungen zwischen dem Princeps und seinem Umfeld. Dazu gehören Berichte über eine große Kreditkrise im Jahr 33 (Tac. Ann. 6, 16 f.; Suet. Tib. 48, 1; Cass. Dio 58, 21, 4 f.). Auf der Basis solcher und ähnlicher Stellen wird in der Forschung bspw. diskutiert, welchen Anteil andere Geldformen als Münzen, etwa zeittypische Varianten von Papiergeld, am Wirtschaftsleben hatten, meist mit dem Ziel, den hohen Entwicklungsstand der römischen Gesellschaft nachzuweisen [etwa 2.6: HARRIS]. Forscherinnen und Forscher, die die zukunftsweisenden Züge der imperialen Wirtschaft betonen, verstehen die Vorgänge von 33 als eine von Zinserhöhungen ausgelöste Krise. Vor allem auf dem Grundstücksmarkt sei eine Blase geplatzt [etwa 2.6: TEMIN, 141–143]. Doch haben andere Studien deutlich widersprochen und die beschriebenen Kreditprobleme nicht primär

Kreditkrise im Jahr 33

als Folge eines Marktgeschehens interpretiert, sondern eher in den Kontext von Statuskonkurrenz und Prestigeverlust in der Oberschicht eingeordnet [2.6: ELLIOTT].

fiscus Caesaris

Zudem ist unter Tiberius zum ersten Mal eine kaiserliche Kasse /Verrechnungseinheit mit dem sehr allgemeinen Namen *fiscus Caesaris* belegt [2.3: ECK/CABALLOS/FERNÁNDEZ]. Die Zuständigkeiten der einzelnen Ressorts, d. h. der *aeraria*, des kaiserlichen *patrimonium*, des zentralen kaiserlichen *fiscus*, der jeweiligen *fisci* in den kaiserlichen Provinzen, sind in der Forschung seit jeher umstritten. Offenbar flossen die meisten Steuereinnahmen in der frühen Kaiserzeit in das *aerarium Saturni*, die Zentralkasse der *res publica*, spezifische Steuern seit 5/6 n. Chr. in das *aerarium militare*, aus dem die Abfindungen der Bürgersoldaten bezahlt wurden. Von den Ärarien zu separieren ist das stark anwachsende *patrimonium*, technisch das Privatvermögen der Kaiser, mit dessen Mitteln die frühen Principes immer wieder die öffentliche Kasse stützten. In die einzelnen kaiserlichen Provinzen flossen die Steuern in Untereinheiten des *aerarium Saturni*, die *fisci* hießen. Umstritten ist, ob der zentrale *fiscus Caesaris* überwölbend alle Mittel umfasste, die der Herrscher mit unterschiedlichen Rechtstiteln kontrollierte. In diesem Fall wäre diese Kasse schon rasch die mit Abstand bedeutendste geworden [einflussreich: 2.6 BRUNT]. Dagegen gehen andere Beiträge davon aus, dass der Begriff *fiscus Caesaris* die Verrechnungsstelle oder die konkreten Mittel bezeichnete, die aus dem *patrimonium* generiert wurden [2.6: ALPERS]. Die Herrscher hätten also jedenfalls rechtlich eine stärkere Differenzierung der ihnen zur Verfügung stehenden Einnahmen akzeptiert. Zumindest für das erste Jahrhundert wird diese Interpretation von der Quellenlage gedeckt. Mit den Rechtstexten aus dem späten 2. und frühen 3. Jh. ist sie allerdings nur mit erheblichen interpretatorischen Anpassungen vereinbar, wie umgekehrt die andere Position die frühen literarischen Zeugnisse den späteren Rechtstexten unterordnen muss.

3 Die Versuche einer Monarchisierung des Prinzipats 37–68 n. Chr.

3.1 Zum Prinzipat des Caligula

In der Forschung lassen sich mehrere Phasen der Auseinandersetzung mit den antiken Narrativen über die Unberechenbarkeit und Grausamkeit der Principes nach Augustus ausmachen. Ältere Arbeiten, die im Wesentlichen die Quellen reproduzieren oder für eigene Agenden genutzt haben, können trotz ihres Materialreichtums heute als überholt angesehen werden. Gerade das Thema „Caesarenwahnsinn" hat wohl in der Moderne mehr Aufmerksamkeit erfahren als im Altertum. Aus der Forschungsgeschichte wurde schon L. QUIDDES sehr oft aufgelegte Diagnostik Wilhelms II. angesprochen, die die antiken Berichte zu Caligula als Folie nutzt, um den letzten deutschen Kaiser teils zu kritisieren, teils zu verhöhnen [1.1]. QUIDDES kurze Streitschrift ist ein interessantes Stück Zeitgeschichte, bietet aber keine eigenständige Analyse der Regierungszeit Caligulas. Eine Vielzahl weiterer Werke hat sich von der Topik römischer Autoren leiten lassen und die antiken Verfemungen von Caligula und der folgenden Principes einfach wiederholt. Solche gerade für Studienanfängerinnen und -anfänger problematischen Bücher mit Interesse an Skandalgeschichten erscheinen leider bis heute.

„Caesarenwahnsinn"

Dass die frühen Caesaren, soweit für uns erkennbar, nicht geisteskrank in einem heutigen, medizinischen Sinne waren, hat die jüngere Forschung eindeutig herausgearbeitet. Einen Überblick über die gewählten Ansätze bietet C. RONNING [Zwischen ratio und Wahn, in: 1.2: WINTERLING, Strukturgeschichte, 253–276]. Im deutschen Sprachraum und durch zahlreiche Übersetzungen darüber hinaus ist vor allem die Herangehensweise von A. WINTERLING [3.1: Caligula] intensiv rezipiert worden. WINTERLING sucht, aus einer feindseligen Überlieferung einen kalkulierenden Gaius zurückzugewinnen, der auf die Angriffe aus seiner Umgebung mit Gegenschlägen geantwortet habe. Mit ihnen habe er auf die Wurzeln der aristokratischen Gesellschaft gezielt: Ehrzuschreibungen und aus ihnen abgeleiteter Status. Dass Ehre eine Schlüsselressource der kaiserzeitlichen Gesellschaftsordnung war, hat mit besonderer Klarheit zuvor E. LENDON herausgearbeitet [3.1]. LENDON ist dabei stärker den antiken Konzepten verpflichtet, während WINTERLINGS Leitbegriffe

das Konzept der Kaisergeschichte

Ehrzuschreibungen und aus ihnen abgeleiteter Status

von der Frühneuzeitforschung beeinflusst sind. Nach WINTERLING habe ein strategisch vorgehender Caligula durch die Entehrung der Aristokraten einem neuen Monarchietypus den Weg bereiten wollen. Um diese These plausibel machen zu können, müssen Quellenbeschreibungen allerdings einerseits in erheblichem Umfang umgedeutet und andererseits Handlungen von Caligula aus seiner Persönlichkeit heraus erklärt werden. Die zuletzt erwähnte Vorgehensweise wird in Teilen der Biographik heute problematisiert, oft unter Rückbezug auf einen programmatischen Artikel von P. BOURDIEU [3.1]. WINTERLING hat auf die anhängigen Fragen mit einem Konferenzband geantwortet [1.2: Strukturgeschichte], der dafür wirbt, das Konzept der Kaisergeschichte zu erneuern. Ziel müsse sein, die wegen der beschriebenen Quellenprobleme für historische Analysen nur schwer zugängliche Rolle der Entscheider nicht auszusparen, ohne jedoch reine Biographik zu bieten. Korrigierend müsse ein strukturgeschichtlicher Ansatz hinzutreten, der tradierte Handlungen auf ihre Plausibilitätsbezüge überprüfe. Dieser Vorschlag harmoniert mit der 1.2 angesprochenen neueren Strömung, die zeitliche Dimension auch der Geschichte des Prinzipates wieder klarer hervortreten zu lassen: Römische Autoren konzentrierten sich in ihren Historiographien oft auf die Figur des Kaisers. Die Politik der kaiserlichen Zentrale, speziell die Definition von Kriegszielen, die oft mit Blick auf innerstädtische politische Konstellationen gesetzt wurden [2.5.1: WENDT], hatten dann aber wieder massive Veränderungen im Leben vieler Bevölkerungsgruppen im Reich und an dessen Grenzen zur Folge [1.2: BRANDT]. Die Bedeutung der angesprochenen Empfänge für die politische Kultur Roms analysiert F. GOLDBECK [3.1].

Jüngste Studien sehen Versuche, antike Kaiserbilder zu korrigieren, dagegen mit Skepsis. In dem diskursanalytischen Zugang von F. SITTIG [2.6] etwa sind speziell die nicht-zeitgenössischen Quellen wegen der Unüberprüfbarkeit ihrer Angaben zu vorgeblichem Wahnsinn der Herrscher in keiner Weise mehr hintergehbar, sondern bieten personenunabhängig Devianzfestschreibungen, mit denen Elitenmitglieder Grenzen kaiserlicher Macht fixieren wollten. Für diese Vorgehensweise ist allerdings ein erheblicher Import von französischem (post-)strukturalistischen Theoriegut, speziell aus den einschlägigen Arbeiten von M. Foucault, unabdingbar.

Die sozialgeschichtliche Forschung der vorhergehenden Generation hatte noch darauf abgezielt, den kaiserfixierten Quellenberichten über gewaltförmig ausgetragene Konflikte zwischen Herrschern und einigen Senatoren durch eine sorgfältige Zusammenstellung von personenbezogenen Informationen („Prosopographien") über die Beteiligten neue Facetten abzugewinnen. Prosopographische Studien dieses Typs wurden mit unterschiedlichen Auswahlkriterien in großer Zahl verfasst. Besonders umfassend ist die auch online zugängliche *Prosopographia Imperii Romani* (PIR), die vor allem Daten kaiserzeitlicher Senatoren und Ritter zusammenstellt. Hilfreich sind sodann die diversen Listen von Amtsträgern (sogenannte *Fasti*), die die Quellen zu Konsuln oder Gouverneuren chronologisch anordnen. Ein wichtiges Übersichtswerk hat B. Thomasson [3.1] vorgelegt. Netzwerkanalysen, die sich auf dieses Material stützen, versuchen, die Konflikte der ersten Jahrzehnte des Prinzipats vor dem Hintergrund generationenübergreifender Verhaltensmuster und aristokratischer Verwandtschaftsverhältnisse zu deuten. Eine Übersicht über diese Studien bietet P. Eich [3.1].

Die von Mitgliedern der hohen römischen Stände verfassten Narrative über die irrationale Brutalität Caligulas erschienen der älteren Forschung auch deswegen plausibel, weil zwei jüdische Autoren sie aufgenommen und für ihre Zwecke angepasst haben. Der Theologe und Platoniker Philon von Alexandria bei Ägypten hat eine seiner beiden historiographischen Schriften einer Gesandtschaft an Caligula für die Belange der alexandrinischen jüdischen Gemeinde gewidmet. Philons Darstellung gibt interessante Einblicke in den Ablauf solcher Legationen, schreibt aber auch die Erzählung von einem sprunghaften, konfusen Caligula fort. Ähnliches gilt für die Passagen im Werk des Historiographen Josephos (siehe unter 3.3.3) zu Caligulas Plan, sein Bild im Jerusalemer Tempel aufstellen zu lassen. Diese Episode wird in der Forschung heute weniger im Zusammenhang von Gaius' stadtrömischer Politik als mit Blick auf die regionalen Besonderheiten im römisch dominierten Judäa analysiert. Dort formierte sich lokaler Widerstand gegen die religiöse Verehrung des Princeps, den Caligula offenbar nicht hinnehmen wollte [3.1: Bernett]. Ebenso wird Philons Bericht heute dekonstruiert und in seine lokalen, alexandrinischen Kontexte eingeordnet [3.1: Gruen]. Eine unabhängige Bestätigung der senatorischen Kritik an Gaius bieten Philon und Josephos eher nicht.

Urteile jüdischer Autoren über Caligula

Josephos

Mehrere Beiträge haben sodann das gelungene Attentat auf Gaius und die folgende Ausnahmezeit näher untersucht. Die Quellenbeschreibungen wirken stereotyp: Skepsis wird besonders ge-

das Attentat auf Gaius

genüber den märchenhaft wirkenden Schilderungen geäußert, Claudius sei an einem Tag von einer verachteten Randfigur zum Kaiser geworden. H. Jung [3.1] versucht nachzuweisen, dass Claudius von Anfang an in die Pläne, Caligula zu beseitigen, eingeweiht gewesen sei. Der Beitrag ist allerdings sehr spekulativ. Viele Überblickswerke stehen dem Bericht, einige Senatoren hätten 41 eine Form von Republik einführen wollen, zurückhaltend gegenüber. F. Bernstein vertritt die These, dieses Senatstreffen sei eine Art Winkelzug gewesen, der nicht gegen Claudius gerichtet gewesen sei, sondern ihn gerade hätte unterstützen sollen [3.1]. Weitere mögliche Deutungen, die angesichts der Quellenlage nicht zu sicheren Resultaten führen können, diskutiert A. Barrett [3.1].

3.2 Zum Prinzipat des Claudius

3.2.1 Claudius' Politik in und für Rom

Quellen
Für die Regierungszeit des Claudius stehen uns mehr Quellen als für die des Gaius zur Verfügung, da sich wenigstens Teile von Tacitus' Annalen erhalten haben und dieser Prinzipat auch eine imperialgeschichtliche Dimension aufweist, sodass Quellen aus provinzialen Kontexten stadtrömische Perspektiven ergänzen und korrigieren können. Eine gelungene biographisch angelegte Analyse der Quellenberichte über Claudius bietet B. Levick [3.2.1]. Während diese Lebensbeschreibung einen sozial- und strukturgeschichtlichen Ansatz wählt, ist C. Osgood [3.2.1] vor allem darum bemüht, die Vorurteilsschichten abzutragen, die sich in den meisten literarischen Quellen über Claudius finden.

vorgebliche Beeinflussbarkeit des Herrschers
Zwei Themen dominieren die Darstellung der claudischen Jahre bei römischen Autoren aus der soziopolitischen Elite: die vorgebliche Beeinflussbarkeit des Herrschers durch seine Frauen und Freigelassenen (*liberti*) und, damit eng verbunden, der Bedeutungszuwachs der *domus* des Herrschers, konkret des Palastes auf dem Palatin. Zu der zuletzt genannten Thematik hat A. Winterling [1.2: Aula] die maßgebliche Studie vorgelegt. Mit der größeren Sichtbarkeit einer auch räumlich gedachten *domus* wurde in der älteren Forschung oft die Idee verknüpft, Claudius habe die Zentraladministration um- und ausgebaut. Diese These kann nach einem Beitrag von W. Eck [3.2.1] im Sinne der in Teil I gegebenen Darstellung als

widerlegt gelten. Die *liberti* des Herrschers berieten ihn wie senatorische und ritterliche Freunde des Princeps und wirkten aufgrund ihrer Nahstellung zu Claudius auf ihn ein. Eine Neustrukturierung der zentralen Kanzleien lässt sich dagegen nicht herausarbeiten. Die unterschiedlichen Traditionen zu M. Antonius Pallas als *a rationibus*, d. h. Leiter des kaiserlichen Finanzressorts, tragen aber wesentlich zu den Debatten darüber bei, für welche Mittel der kaiserliche *fiscus* zuständig war (vgl. 2.6). Pallas koordinierte nach Statius (Silvae 3, 3) offenbar Einkünfte aus den kaiserlichen Provinzen und aus den „privaten" Besitzungen der Herrscher, wie M. ALPERS [2.6] überzeugend nachgewiesen hat. Die Entwicklung der Funktion *a rationibus* hat P. EICH [1.2] nachvollzogen. Forschungsgeschichtlich fokussiert ist der Beitrag von K. KŁODZIŃSKI [3.2.1].

Angesichts der Privilegierung des Handelns von Männern in allen Quellen hat die jüngere Forschung die wenigen Nachrichten zu Frauen, denen politischer Einfluss zugeschrieben wird, zuletzt intensiv untersucht. Dabei kommt aufgrund der Überlieferungssituation den Frauen der Imperatoren und speziell Messalina und Agrippina eine besondere Bedeutung zu. Ältere Arbeiten zu Kaiserfrauen blieben oft so nah an den Quellenaussagen, dass sie aus heutiger Sicht bestenfalls noch von forschungsgeschichtlichem Interesse sind. Grundlegend sind die Studien von C. KUNST [3.2.1: Livia; DIES., Matronage] zu Livia und ihren „Matronage"-Möglichkeiten. Die langjährige Gattin des Augustus wurde trotz Kritik männlicher Beobachter zum Vorbild für spätere *Augustae*. Da Messalina durch die Verwendung zeitspezifischer Standardbeschreibungen der Folgen ungezügelter Sexualität verfemt wurde, finden historische Analyseansätze in ihrem Fall allerdings nur wenige Anhaltspunkte in den Quellen, die sich für den Entwurf eines Gegennarrativs nutzbar machen ließen. Dass Agrippinas Darstellung trotz der Betonungen ihrer Maßlosigkeit und Machtbesessenheit tatsächlich eher ihre Abhängigkeit von den Handlungsmöglichkeiten der Männer in ihrer Umgebung belegt, hat Th. SPÄTH [3.2.1] mithilfe poststrukturalistischer Ansätze gezeigt. Wie J. GINSBURG [3.2.1] demonstriert, diente die höhere Sichtbarkeit der kaiserlichen Frauen unter Claudius und Nero vor allem dazu, die feste Verankerung der *principes* in der Dynastie zu unterstreichen, deren Zusammenhalt seit Gaius' Ermordung geschwächt war. Die Frauen an der Seite der Principes sind in den letzten Jahrzehnten mehrfach gemeinsam behandelt worden, um strukturelle Bedingungen für Einflussnahmen und Handlungs-

Messalina und Agrippina

spielräume durch Abgleiche herauszuarbeiten. Den aktuellen Standard repräsentiert ein von A. Kolb [3.2.1] edierter Band.

rechtshistorische und archäologische Ansätze und Methoden

Aussagen über die claudische Regierung jenseits der Verzerrungseffekte der literarischen Quellen ermöglichen vor allem rechtshistorische oder archäologische Ansätze und Methoden sowie Untersuchungen der 41–54 in das Imperium inkorporierten Regionen. Claudius hat eine Vielzahl von Senatsbeschlüssen initiiert, die zu deren Weiterentwicklung zu eigenständigen Mitteln der Rechtsschöpfung wesentlich beitrugen. Diese meist das Privatrecht betreffenden Regelungen hatten Einfluss auf eine Fülle von Lebensbereichen und wurden ein Baustein des sich ausbildenden neuen kaiserlichen Rechts. Sie demonstrieren augenfällig, dass Politik und Administration in aller Regel nicht im Palast, sondern im Zusammenspiel von Principes, Amtsträgern und Senat gestaltet wurden. Für alle anhängigen rechtlichen Fragen ist der Kommentar von G. Buongiorno [3.2.2] maßgeblich. Für eine Kontextualisierung des „neuen" kaiserlichen Rechts des Prinzipats bleibt ein Artikel von A. Schiller [3.2.1] hilfreich. Den kaiserlichen Einfluss auf Normen, die die politische Sphäre ausgestalteten, diskutiert P. Eich [3.2.1].

Claudius' Rede zur Aufnahme von Galliern in den Senat

Besondere Aufmerksamkeit hat seit langer Zeit die bei Tacitus und inschriftlich überlieferte Rede des Claudius im Senat auf sich gezogen, die darauf abzielt, prominenten Vertretern der gallischen Gemeinden aus den von C. Iulius Caesar (†44 v. Chr.) eroberten Teilen des heutigen Frankreichs den Eintritt in den Senat und die Übernahme von römischen Ämtern zu ermöglichen (CIL XIII 1668 = ILS 212; Tac. Ann. 11, 23–24). Die Rede führte ein positives Votum des Senats herbei, doch bleiben alle Details wie etwa, wer die ursprüngliche Anfrage gestellt, welche gallische *civitas* (Gemeinde) neue Rechte erhalten hat sowie welche Privilegien konkret angefragt und erteilt wurden, umstritten. Vermutlich hatten gallische Eliten um den *latus clavus* gebeten, die Vorbedingung, um in den Senat aufgenommen zu werden. Der Begriff meint eigentlich den breiten Purpurstreifen auf der Toga von Mitgliedern des Senatorenstandes. Aufgrund eines Kompromisses scheinen zunächst nur die Häduer (um Autun) dieses ursprünglich einer größeren Zahl von *civitates* zugedachte Recht erhalten zu haben. Eine detaillierte Besprechung bietet H. Jakobsmeier [3.2.1], dessen Studie allerdings nicht in allen Punkten den aktuellen Forschungsstand abbildet. Für alle rechtlichen Fragen ist der Kommentar von P. Buongiorno, 261–271 [3.2.1] maßgeblich.

Der Ausbau des Hafens bei Ostia ist von archäologischer Seite intensiv erforscht worden. Einen Forschungsüberblick, aber auch neue Ergebnisse haben S. Keay, M. Millett und L. Paroli [3.2.1] vorgelegt. Sukzessive scheint die Versorgung Roms tatsächlich besser abgesichert worden zu sein, auch wenn wohl erst die trajanische Zeit in dieser Hinsicht die entscheidenden Veränderungen brachte. Schlüsselbereiche der Hafen-Verwaltung wurden direkt römischen Dienststellen untergeordnet, die Ableger vor Ort hatten [3.2.1: Pavis d'Escurac; Sablayrolles]. Die Hafenanlagen sorgten zugleich für eine Blüte des Küstenorts, der gut erschlossen ist und oft als Fallbeispiel in Studien unterschiedlicher Entwicklungen im Imperium verwendet wird. Dies gilt bspw. für den Handel im Mittelmeer [3.2.1: Terpstra]. Die Notwendigkeit, die Hauptstadt zu versorgen, führte sodann dazu, dass sich mit der Zeit zahlreiche Berufsgenossenschaften bildeten, deren Integration und integrative Wirkung D. Rohde [3.2.1] herausarbeitet. Umfangreich war besonders das Personal der Korporationen, die unmittelbar in die Lebensmittelversorgung der Hauptstadt involviert waren. Für das Verständnis der Funktionsweisen dieser Verbände bleibt der ansonsten veraltete Klassiker von R. Meiggs [3.2.1] nützlich. Solche Berufsgruppen bilden sich aber erst im 2. Jh. klarer in den Quellen ab. Claudius' rechtliche Anreize für den Handel mit Rom behandelt jede Studie der hauptstädtischen Lebensmittelversorgung [speziell 3.2.1: Höbenreich; Sirks]. Seine Reformen im Bereich der ritterlichen Administration werden unter 6.4 und 7.1.2 in einem größeren Zusammenhang besprochen.

Ausbau des Hafens bei Ostia

3.2.2 Verbindungen zwischen römischer und Reichs-Politik

Claudius' zahlreiche Annexionen müssen massive Auswirkungen auf viele Menschen in der Mittelmeerwelt gezeitigt haben. Da die britischen Altertumswissenschaften eine lange Tradition haben und Eliten gerade in den Hochzeiten des britischen Empires das römische Imperium als eine Art Vorläufer galt [3.2.2: Morley], hat die Eroberung von Teilen Englands eine besonders gründliche Aufarbeitung erfahren. Der von A. Plautius geleitete Angriff der Jahre ab 43 wird von mehreren Historiographen beschrieben, bildet sich aber auch in der archäologischen Überlieferung ab und bietet daher gute Ansatzpunkte für eine Falsifizierung bzw. eine Einordnung der literarischen Berichte. Zu den wichtigsten Einzelfragen ist Millett/Moore/Revell [3.2.2] das Standardwerk. Eher populärwissenschaft-

Eroberung von Teilen Englands

lich aufgearbeitet ist der Abgleich der archäologischen und literarischen Zeugnisse bei B. Hoffmann [3.2.2]. Die britische Altertumskunde hat in den letzten Jahren in vorbildlicher Weise archäologische Funde und Befunde, etwa für den Alltag in den römischen Teilen der Insel [3.2.2: Smith u. v. a.], ausgewertet, sodass sich das Leben im römischen *Britannia* mit ungewöhnlicher Klarheit abbildet. Immer noch informativ, aber in Teilen nicht mehr auf Forschungsstand ist der Überblick von P. Salway [3.2.2].

Mauretaniae Die Folgen der Integration der *Mauretaniae* in das Imperium für den Großraum im Nordwesten Afrikas hat zuletzt C. Hamdoune [3.2.2] nachvollzogen. Zahlreiche neue Inschriftenfunde aus Lykien / *Lycia* aus den letzten Jahrzehnten haben unsere Kenntnisse von der Provinzialisierung der kleinen Region im Südwesten der heutigen Türkei deutlich verbessert. Dazu zählen Hinweise auf das Straßennetz [3.2.2: Şahin/Adak] oder auch ein Zollgesetz mit einem niedrigen Hebesatz [3.2.2: Takmer]. Der Lykische Bund bestand auch nach der Provinzialisierung des Gebietes fort. Die Funktionsmechanismen dieses Bundesstaates hat R. Behrwald [3.2.2] analysiert. Auch über den Kaiserkult und andere Kulte in der (Teil-)Provinz sind wir epigraphisch gut unterrichtet. Diesbezüglich ist die Studie von D. Reitzenstein maßgeblich [3.2.2]. Anders als längere Zeit angenommen, wurde *Lycia* trotz seiner geringen Größe erst unter den Flaviern mit dem im Osten angrenzenden *Pamphylia* sowie Teilen Pisidiens zusammengeschlossen [3.2.2: Adak/Wilson]. Die Vorstellung einer Durchschnittsgröße von Verwaltungseinheiten existierte offenbar nicht. Auch die Gegenposition wird aber in der Forschung noch vertreten, so im wichtigsten Überblickswerk zu der Region [3.2.2: Brandt/Kolb].

Lykien / *Lycia*

Noricum *Noricum*, vor allem im heutigen Österreich und Slowenien, war sehr wahrscheinlich schon lange vor Claudius' Prinzipat Teil des römischen Provinzialreichs. Aber erst Claudius scheint dieses Gebiet einem kaiserlichen Prokurator als Statthalter unterstellt zu haben. Warum Claudius in mehreren Provinzen diesen neuen Typus Gouverneur einsetzte, muss letztlich unklar bleiben. Die Forschung lehnt in der Regel alle übergeordneten, für alle betroffenen Regionen Gültigkeit beanspruchenden Erklärungen ab [2.4.1: Faoro]. Da *Noricum* vor allem wegen des Erzvorkommens für das Imperium interessant war, könnten durchaus fiskalische Gründe dafürgesprochen haben, einen Statthalter aus der prokuratorischen Administration zu wählen. Der Prokurator war jedenfalls mit der Bergwerksverwaltung befasst. In einem großangelegten Versuch, wirtschaftliche Partizipationschancen der provinzialen Bevölkerung an imperialen Unternehmungen wie der Erzgewinnung herauszuarbeiten, hat P. ØRSTED *Noricum* als Teil der Region Illyrien mituntersucht [3.2.2]. *Noricum* ist schon wegen der Nähe zu Italien auch als Gegenstand von Studien zu Akkulturationsprozessen (siehe 6.) gewählt worden. Wie M. ZIMMERMANN [3.2.2] zeigt, bilden sich in diesem Gebiet von der regionalen Bevölkerung ausgehende Anpassungen an imperial-römische Verhaltensmuster – Romanisation – besonders deutlich im Inschriftenmaterial ab.

3.3 Zum Prinzipat Neros

3.3.1 Antike und moderne Nero-Bilder

Die Nero-Erzählung der Quellen hat über die Jahrhunderte viele Menschen fasziniert und wird bis heute immer wieder in biographisch angelegten Werken verarbeitet. Viele dieser Biographien greifen die Stimmungen der antiken historiographischen Werke auf, wählen aber keinen geschichtswissenschaftlichen Zugang zu den anhängigen Problemen. Sie werden in diesem Forschungsbericht ausgespart. Aus den vorliegenden Lebensbeschreibungen ragt noch immer die Studie M. GRIFFINS [3.3.1: Nero] heraus, weil die Autorin sehr gute sozialgeschichtliche Kenntnisse mit einer exzellenten Übersicht über die literarische und philosophische Kultur der Zeit verbindet. Eine Einbettung von Neros musischen und sportlichen Interessen in die kulturellen Kontexte Mitte des 1. Jh. n. Chr., die den Princeps weniger als exotischen Sonderling erscheinen lässt, bieten die Beiträge in einem von J. ELSNER und J. MASTERS edierten Band [3.3.1]. Den für die letzten Jahrzehnte typischen revisionistischen Ansatz, der einen vorgeblich „wahnsinnigen" Herrscher als nach Maßstäben der Zeit wertrational handelnd ausweist, hat für Nero E. CHAMPLIN [3.3.1] aufgegriffen. CHAMPLIN verfolgt einseitig kulturhistorische Paradigmen und konzentriert sich daher darauf, die performative Selbstinszenierung Neros zu untersuchen.

Biographien

Die Nero-Erzählung ist sodann ein wichtiger Baustein von E. FLAIGS kulturhistorischer Prinzipatstheorie (vgl. 1.2 und 6.2), nach der ein Herrscher sich kontinuierlich durch die jeweils angemessene Kommunikation gegenüber Senatoren, der stadtrömischen Be-

Akzeptanz

völkerung und den Bürgertruppen Akzeptanz sichern musste, weil nur die Regierungsform Monarchie, nicht aber der sie je ausübende Sachwalter grundsätzlich anerkannt gewesen sei. Diese Kommunikationsmodi seien jedoch durch starke Unterschiede definiert gewesen, mit der Folge einer partiellen Unvereinbarkeit. Interessanterweise stützt sich CHAMPLINS kulturhistorischer Zugang zu Nero, der dessen Popularität in Segmenten des römischen Volks belegen soll, auf einen Quellenbestand, den FLAIG gerade als normative Werturteile aus seiner Analyse aussortiert.

Agrippina

Die Figur Agrippina hat ebenso wie Nero Stoff für zahlreiche populärwissenschaftliche Werke geliefert. Die Forschung zu der Entwicklung der Rolle einer Kaiserin, die es offiziell nicht gab, deren Einflussmöglichkeiten auf den Princeps aber doch offensichtlich waren, wurde schon unter 3.2.1 besprochen. Agrippinas Darstellungen auf den Reichsmünzen und die Aussagepotentiale dieser Bilder und Legenden hat zuletzt J. GINSBURG behandelt [3.2.1].

L. Annaeus Seneca

Da er ein immenses Oeuvre mit Werken zu ganz unterschiedlichen Themenbereichen hinterlassen hat, ist die Forschung zu L. Annaeus Seneca multidisziplinär, umfangreich und unübersichtlich. Der politische Seneca wird in den Darstellungen zu Neros Prinzipat mitbehandelt. Dabei tritt in der Regel die kritische Sicht auf den Finanzspekulanten Seneca bei dem im 3. Jh. schreibenden Historiographen Cassius Dio in den Hintergrund. M. GRIFFINS Biographie [3.3.1: Seneca] ist unübertroffen, da sie zugleich einen guten Einstieg in die römische Stoa mit ihrer Fixierung auf bestimmte ethische Fragen darstellt. Eine Kontextualisierung von Senecas Werk in der Literatur der Zeit unter Einbeziehung von Tendenzen in Architektur und Porträtkunst bietet der von E. BUCKLEY und M. DINTER edierte, allerdings sehr heterogene Companion [3.3.1]. Dass die römische Stoa, wie sie bei Mitgliedern der Oberschicht begegnet, nicht aus philosophischen Überzeugungen im engeren Sinn monarchiefeindlich war, sondern primär bereits bestehende konservative Werturteile stützte, haben P. BRUNT [3.3.1] und B. SHAW [3.3.1: Economy] gezeigt. Eine stoische Opposition, wie sie die im Anschluss exemplarisch angesprochene ältere Forschung als Form einer ethischen Dissidenz ausgemacht hatte, hat es nicht gegeben.

Verbannungen und Hinrichtungen von Senatoren

Zu den Konflikten zwischen der Nero-Regierung und prominenten Politikern der Zeit, speziell den von Tacitus mit kräftigen Farben gemalten Prozessen, Verbannungen und Hinrichtungen von Senatoren, hat die ältere Forschung zahlreiche Beiträge vorgelegt. Solche politikgeschichtlichen Studien zogen ihre Aktualität aus kollektiven Erinnerungen an Verfolgungen in modernen Staaten. Sie befassen sich daher oft mit dem Thema der Verantwortung des Herrschers und der Regierungsform. Typisch ist etwa die Arbeit von A. BERGENER [3.3.1]. Außerhalb des Mainstreams ist die Studie von V. RUDICH [3.3.1] angesiedelt, da der Autor nicht nur eigene Erfahrungen mit einem totalitären Regime einfließen lassen kann, sondern auch in methodisch nicht abgesicherter Form auf psychologische Folgen der politisierten Justiz der Nero-Jahre schließt. Dagegen ist D. MCALINDONS Aufsatz [3.3.1] ein frühes Beispiel dafür, dass senatorischem Konkurrenzstreben ein hohes Maß an Mitschuld an den Prozessen und Hinrichtungen zugewiesen wird. In der Hochzeit der Kulturgeschichte ist das Interesse an den genuin politischen Auseinandersetzungen im Prinzipat, soweit sie nicht primär Fragen der Kommunikation oder doch zumindest Usurpationsversuche betreffen, stark gesunken. In einem der wenigen jüngeren Beiträge vertritt P. EICH [3.1] die These, dass der Personenkreis, in dem es unter Nero zu Verurteilungen und erzwungenen Suiziden kam, in Kontinuität zu den Familien stand, die seit Tiberius immer wieder in Konflikt mit dem Germanicus-Zweig des Herrscherhauses gerieten.

Neros paradigmatischer Bau, das Goldene Haus, ist zuletzt wieder häufiger in primär archäologischen Studien untersucht worden. Die von ihnen nachgewiesene Verbindung mehrerer Typen von Villen, die öffentliches Land im Herzen Roms in eine private, fast extraurbane Landschaft verwandeln sollte, bestätigt zumindest in Teilen die Schilderungen antiker Autoren, die sich aber nur ablehnend äußern [3.3.1: MOORMANN]. Doch tragen die *domus aurea* wie andere Repräsentationsformen Neros auch viele zeittypische Züge, deren Verurteilung aus der Rückschau nicht immer die Rezeption in den Jahren der Neroherrschaft abbilden muss [3.3.1: BERGMANN]. Die Stellung von Schauspielern in der römischen Gesellschaft diskutiert H. LEPPIN [3.3.1: Histrionen].

das Goldene Haus

Ein großes Echo haben die von Tacitus (Ann. 15, 44) und in anderer Form von Sueton (Nero 16, 2) berichteten Hinrichtungen von Christen unter Nero in der Forschung ausgelöst. Im Mittelpunkt steht der lange taciteische Bericht, der die Todesurteile in Verbindung mit dem Brand Roms im Jahr 64 n. Chr. bringt. Tacitus' Beschreibung der Anklage ist dunkel, die Hinrichtung durch Verbrennen weist auf den Vorwurf der Brandstiftung hin, der bei einer religiösen Gruppe, die auf das Ende der Welt wartete, plausibel ge-

Hinrichtungen von Christen

wirkt haben mochte. Die ältere Forschung hat vor allem zu klären versucht, ob im Zuge von Neros Vorgehen eine Rechtsgrundlage für weitere Christenprozesse geschaffen worden sei. Während dies vereinzelt angenommen wurde [3.3.1: MOLTHAGEN: ein *mandatum*, also eine Art Dienstanweisung an diverse Amtsträger], hat die Mehrzahl der einschlägigen Arbeiten betont, dass die spätere Überlieferung keine Belege für eine neronische Verfügung zum Umgang mit Christen enthält. Tertullians Hinweis, *ad nationes* 1, 7, 9, wo ein *institutum Neronianum* erwähnt wird, bezieht sich wohl nicht auf eine Rechtsnorm gegen Christen. Angeführt sei die einflussreiche Monographie von J. MOREAU [3.3.1].

Diese Debatten sind zuletzt nur selten wieder aufgegriffen worden. In rezenten Studien wird dagegen ihre Grundlage in Frage gestellt. B. SHAW [3.3.1: Myth] hält den taciteischen Bericht für eine fehlerhafte Rückprojektion aus der Abfassungszeit der Annalen zu Beginn des 2. Jh. Solide Argumente für diese sehr weitreichende These gibt es allerdings nicht [3.3.1: JONES]. M. MEIER [3.3.1] plädiert dagegen für eine Separierung der Christenprozesse von dem Brand, da die christlichen Schriftsteller der folgenden Generationen diese Verbindung nicht herstellten. Die Inszenierung der Hinrichtung von Christen müsse eher in den Kontext neronischer Selbstdarstellung eingeordnet werden, der sich bei einer solchen Deutung mit seinem Vorgehen gegen die neue Religion als Bollwerk gegen gefährliche Esoteriker präsentiert hätte.

christliche Quellen

Will man nicht Tacitus' und Suetons Angaben zu einem Vorgehen der Nero-Regierung gegen Christen als irreführend zurückweisen, bezeugen die beiden Autoren vom Anfang des 2. Jh., dass in den sechziger Jahren des 1. Jh. bereits eine christliche Gemeinde in Rom existierte. Die Überlieferung zu der neuen Religion setzt in den fünfziger Jahren ein, die vier Evangelien, die später als kanonisch galten, und die Apostelgeschichte wurden in den folgenden Jahrzehnten verschriftlicht. Die Abfassungszeiten werden allerdings kontrovers diskutiert. Einen Überblick über den Forschungsstand bietet der von L. PIETRI edierte einschlägige Teilband des von E. MAYEUR bzw. N. BROX verantworteten Handbuchs [3.3.1]. Fixpunkte bilden oft die Verschriftlichung des Markus- (um 70) und des Matthäus-Evangeliums (um 90). Neben den von der Mehrheitskirche in späterer Zeit in den biblischen Kanon aufgenommenen Texte entstanden zahlreiche andere, die nur für bestimmte Gruppen innerhalb der großen christlichen Bewegung konstitutiv wurden und aus der Rückschau einer sich ausbildenden Orthodoxie („Rechtgläubigkeit") oft als häretisch (ketzerisch) galten. In den Reichtum von Gedanken und Ausdrucksformen dieser Gruppen, die sich selbst (auch) als Christen sahen, führt die Darstellung von H. LEPPIN [3.3.1: Christen] ein. Als eine auch imperiale Religion, die in größeren Teilen des Imperiums Bedeutsamkeit entfaltete, tritt uns das Christentum, hier verstanden als ein Dachbegriff für zahlreiche Varianten des Glaubens an Jesus Christus, erst in der Hohen Kaiserzeit entgegen. Die Forschung zu ihr muss im Kontext einer sich verstärkenden Interaktion mit anderen Religionen und den Vertretern der imperialen Macht behandelt werden.

Die neue religiöse Bewegung hat zwar rasch auch Menschen überzeugen können, die sich außerhalb der jüdischen Milieus der Mittelmeerwelt bewegten. Diese Entwicklung ist besonders mit den Missionsreisen des Paulus von Tarsus assoziiert, der aus heutiger Sicht ein typischer religiöser Unternehmer war [3.3.1: WENDT]. Aber eine klare Separierung von jüdischen und christlichen Gemeinden lässt sich auch nach der Zerstörung des Tempels 70 n. Chr. nicht feststellen [3.3.1: SCHRÖTER/EDSALL/VERHEYDEN; TIWALD]. Die „Trennung der Wege" setzte bei unterschiedlichen Gruppen unterschiedlich schnell ein, wurde aber erst in der Spätantike nachhaltig vollzogen.

„Trennung der Wege"

Schon frühzeitig, bspw. in der als historische Quelle allerdings umstrittenen Apostelgeschichte, werden auch prominente Römer erwähnt, die Christen geworden seien. Typisch war dies für die Frühe Kaiserzeit sicher nicht, doch waren die christlichen Gemeinden sozial offenbar heterogen zusammengesetzt, nicht einfach Zusammenschlüsse von Armen und Deklassierten, wie in Teilen der älteren Forschung noch angenommen worden war [3.3.1: WEIß].

3.3.2 Die imperialgeschichtliche Dimension von Neros Prinzipat

Die in Teil I entwickelte imperialhistorische Perspektive auf die Nero-Regierung wird in vielen unter 3.3.1 aufgelisteten Studien zwar angesprochen, der stadtrömischen aber klar nachgeordnet. In den Vordergrund tritt sie in Werken, die aus parthischer Sicht Interimperialität im Euphratraum behandeln oder in Analysen einzelner militärischer Konflikte dieser Jahre wie des Jüdischen Freiheitskampfes. Die maßgebliche Untersuchung von Neros Kriegen im östlichen Grenzraum stammt von M. HEIL, der alle Bausteine der kaiserlichen Strategie gemeinsam analysiert und dadurch aufzeigen

Neros Kriege im östlichen Grenzraum

kann, wie sie zusammengehören und in welchem Verhältnis sie zu stadtrömischen Entwicklungen stehen [3.3.2]. Besonders wichtig ist Heils Behandlung der Zeugnisse für die geplanten Feldzüge in den Kaukasus und nach Äthiopien, die er in das Bedingungsgefüge der späten Jahre von Neros Prinzipat einordnen kann. Es handelte sich demnach um militärisch nicht notwendige Prestigeprojekte des geschwächten Herrschers, die mit hohen Kosten einhergingen. Die parthische Perspektive hat zuletzt überzeugend E. Dąbrowa [3.3.2] nachvollzogen: Das Herrscherhaus der Arsakiden wirkte seit längerer Zeit auf die Kontrolle Armeniens hin und konnten dieses Ziel unter Nero erreichen. Die kulturhistorische Forschung der letzten Jahrzehnte betrachtet dagegen Neros Krönung des Tiridates oft als gelungene Inszenierung eines de facto-Triumphs, weil der Princeps die Übernahme Armeniens durch die Arsakiden als Erfolg habe kommunizieren können [etwa 3.3.2: Clark]. Die strategische Neuorientierung des Imperiums in den an Armenien angrenzenden Provinzen [3.3.2: Eck], also vor allem die dauerhafte Militarisierung von *Cappadocia*, und die späteren römischen Versuche, Armenien zu provinzialisieren, zeigen, dass diese Annahme von den römischen Eliten nicht geteilt wurde. Die Haltung der Mehrheit der stadtrömischen Bevölkerung zur Armenienfrage können wir wie üblich nicht erschließen. Die Schriftquellen wie Tacitus und Dio schreiben etwaige Erfolge Neros gegen die Parther ohnedies dem General Corbulo zu. Gerade bei Tacitus wird zwischen den Zeilen aber deutlich, dass es auch Kritiker des Generals gab, etwa wegen seiner Zurückhaltung während des Vormarsches von L. Caesennius Paetus 61/62 n. Chr. Die unterschiedlichen Schichten von Tacitus' Corbulo-Bild hat M. Geiser gegeneinander abgegrenzt [3.3.2]. Die sich wandelnden rechtlichen Grundlagen von Corbulos Kommando hat besonders F. Vervaet analysiert [3.3.2]. Sozialgeschichtlich aussagekräftig ist die Zusammensetzung von Corbulos Stab: Es waren unter anderem Generäle dieser Armee, die Vespasians Sache 69 vorantreiben sollten. Corbulos Tochter wurde die Frau des Vespasian-Sohnes Domitian, sollte noch bis 126 leben und als Augusta auch eine weitreichende Matronage ausüben [3.3.2: de Kleijn-Eijkelestam].

Die Erhebung der Icener in Norfolk und Suffolk wird in der unter 3.2.2. vorgestellten Literatur zum römischen Britannien mitbehandelt. Die Figur Boudicca hat angesichts der schmalen Quellenbasis überraschend viele Studien inspiriert. Die wenigen Erwähnungen bei antiken Autoren lassen nur Aussagen darüber zu, wie

3.3.3 Zum Jüdischen Krieg

Ursachen und Anlässe für den Krieg zwischen jüdischen Gruppen und Rom nach 66 werden seit langer Zeit intensiv debattiert. Eng verbunden mit diesen Fragen ist die Diskussion über das Verhältnis der in und um Judäa wohnenden Jüdinnen und Juden sowie der Diaspora zu Rom als imperialer Macht im vorhergehenden Jahrhundert. Nach dem jüdischen Historiker Josephos (37/8–ca. 100 n. Chr.) sollen Agrippa und Augustus (speziell 15/14 v. Chr.) Regelungen zur Wahrung traditioneller Rechte jüdischer Diaspora-Gemeinden zumindest einiger Ostprovinzen erlassen haben. Essentiell für die Untersuchung des Alltags dieser Gemeinden ist, ob die von Josephus wiedergegebenen Beschlüsse als authentisch eingeschätzt werden. Dies wird heute in der Regel angenommen. Die beste Darstellung der Kontexte der augusteischen Verordnungen stammt von E. BALTRUSCH [2.2: Kap. 3, 10–11]. Die für kleinasiatische Diasporagemeinden geltenden Rechte hat M. SCHUOL [3.3.3] im Detail analysiert. Die caesarisch-augusteischen Verordnungen scheinen Grundlagen für eine friedliche Koexistenz bewahrt oder gelegt zu haben. Gleichwohl sind mehrfach punktuelle Spannungen bezeugt. Konflikte unter Caligula wurden schon 3.1 angesprochen.

Ursachen und Anlässe

Die Zahl der Jüdinnen und Juden im Imperium auch nur annähernd zu bestimmen, ist nicht möglich, auch wenn es nicht an Versuchen gefehlt hat. Unterschieden wird in der Regel zwischen dem jüdischen Kerngebiet im heutigen Israel und Palästina, für das meist Zahlen unter einer Millionen Bewohner angesetzt werden, die nicht alle jüdischen Glaubens waren oder ethnisch als Juden galten [3.3.3: GABBA]. Größenangaben für Diaspora-Gemeinden sind zwar vereinzelt überliefert [3.3.3: GRUEN 2/259], doch wirken sie nicht belastbar und können sicher nicht die Grundlage für Hochrechnungen bilden. Allein für die Gemeinde in Rom werden Zahlen von 20 000 bis zu 60 000 Menschen genannt [3.3.3: SOLIN]. Größere jüdische Gemeinden sind auch in anderen Teilen Italiens, in Kleinasien und in *Cyrene* im heutigen Libyen bezeugt, doch waren jüdische Diasporagemeinden sicher sehr viel weiter verbreitet. Einen Überblick über die erhaltenen Hinweise gibt der Klassiker von E. SMALLWOOD [3.3.3].

Jüdinnen und Juden im Imperium

römisch-jüdische Auseinandersetzungen

Ältere Studien sahen die römisch-jüdischen Auseinandersetzungen des 1. und 2. Jh. n. Chr. in unüberbrückbaren kulturellen Differenzen angelegt: Dies gilt etwa für die wegen des Materialreichtums noch immer lesenswerte, in der Regel in der englischen Übersetzung und in Überarbeitung konsultierte Darstellung von E. SCHÜRER [3.3.3]. Die Zuspitzung von 66 n. Chr., bei der der Legat der syrischen Provinz C. Cestius Gallus mit Teilen seiner Armee zurückgeschlagen wurde, sei nur der letzte von einer ganzen Reihe blutiger Zusammenstöße in und um Jerusalem gewesen, die mehr oder minder folgerichtig in einen großen Krieg geführt hätten. Diese Einschätzung ist von der jüngeren Forschung stark relativiert worden:

(Flavius) Josephus

Die von dem in Rom schreibenden jüdischen Historiographen (Flavius) Josephus und in zweiter Instanz einigen Schriften des Neuen Testaments oder dokumentarischen Quellen aneinandergereihten Konflikte hätten kein großes Ausmaß angenommen und nur kleine Teile der Bevölkerung betroffen. Auch akkumuliert hätten sie keinen Anlass zu einem großen Krieg geboten [3.3.3: MASON; GOODMAN, Rome]. Während damit zurecht der verfehlten Vorstellung entgegengewirkt wird, einzelne jüdische Gruppen seien in der hellenistisch-römisch geprägten Welt Fremdkörper geblieben, steht andererseits der Stellenwert der Historiographie des Josephus in Frage, dessen beide großen Werke (der Jüdische Krieg und die Jüdischen Altertümer) kaum als Belege für eine friedliche Koexistenz aller jüdischen Gruppen mit dem Imperium und ihrem Umfeld herangezogen werden können. Die jüngere Forschung hat die Meisterschaft, mit der er Selbsterlebtes und unterschiedliche Quellen verwoben hat, hervorgehoben, aber auch die Überlieferungsprobleme der Manuskripttradition betont. Deutlich wird auch, dass der Autor im Laufe seiner langen historiographischen Tätigkeit viele Details wohl auch in Eigeninteresse unterschiedlich interpretiert oder wiedergegeben hat und dass konkrete Angaben über das Judäa oder Jerusalem seiner Zeit sich archäologisch nicht immer verifizieren lassen. Einen Überblick über neuere Thesen bietet der wie bei Companions typisch sehr heterogene Band von H. HOWELL CHAPMAN und Z. RODGERS [3.3.3]. Zuletzt ist immer stärker der römische, in Rom und für Römer schreibende Autor Josephus in den Fokus geraten, der sich nicht einfach auf den Apologeten bestimmter jüdischer Vorstellungen reduzieren lasse. Josephus habe vielmehr in seinem Werk hybride Positionen ausgehandelt [3.3.3: POPOVIC; DEN HOLLANDER]. Wichtig für das Verständnis von friedlichem Alltag und zeitweiligen Auseinandersetzungen zwischen einigen Gruppen unter den Juden und den Andersgläubigen ist F. MILLAR's Überblick über die Gesamtregion, die unter anderem auch die Folgen später Judaisierungsprozesse in ländlichen Regionen wie Galiläa für die Konfliktgeschichte mit dem Imperium herausarbeitet [3.3.3]. Der Analyse von jüdischem Leben im Imperium vor und nach der Zerstörung des Tempels ist das große Werk M. GOODMANS gewidmet, aus dem exemplarisch eine Zusammenstellung von Detailstudien genannt sei [3.3.1: Judaism]. Juden und Andersgläubige

Zwei Dokumente von erheblichem Umfang haben es der Forschung gestattet, die oft einseitige literarische Überlieferung zu den Reichsfinanzen in neronischer Zeit mit einer anderen Perspektive zu ergänzen. Dazu zählt das Zollgesetz der Provinz *Asia*, das uns in einer unter Nero redigierten Version vorliegt und gute Einblicke in die Entwicklung der Zollprovinz und die Warenflüsse in der Region ermöglicht. Kombiniert man die dokumentarische Überlieferung mit den literarischen Quellen ergeben sich Hinweise, dass die taciteische Tradition, dass die Nero-Regierung in ihren Anfangsjahren auf Erleichterungen für die Abgabepflichtigen gesetzt habe, zutreffend sein dürfte. Das Zollgesetz und die Parallelüberlieferung behandelt der Band von M. COTTIER [3.3.2]. Dagegen zeigt das Edikt des Statthalters von Ägypten (*praefectus Aegypti*) Ti. Iulius Alexander aus dem Jahr 68 n. Chr., dass die Nero-Regierung in ihrer Spätphase offenbar auch zahlreiche illegale Abschöpfungsmöglichkeiten nutzte, um frische Mittel zu generieren. Den dichten Informationsbestand dieses Texts kontextualisieren und historisieren die Edition und der Kommentar von G. CHALON [3.3.2].

Ergänzt wird dieser Befund durch die reiche Evidenz der Münzen. Die Nero-Regierung hat ab 64 in mehreren Schritten das Gewicht und auch den (Silber-)Feingehalt der wichtigsten Reichsmünze, des Denars, reduziert, bis der Trend 68 abrupt revidiert wurde. Der (Gold-)*aureus* war von dieser Politik auch, aber weniger betroffen. Das wichtigste Werk der neueren Forschung, die metallurgische Studie von K. BUTCHER und M. PONTING [3.3.2], hat herausarbeiten können, dass der Denar und mit ihm der Bimetallismus schon länger unter Druck gestanden hatten, jedenfalls seit den späten Jahren des Claudius. Während die Autoren dieser Studie eine Entkopplung der Gewichtsreduktion und der Herabsetzung des Silberstandards von den kurzfristigen Zahlungsproblemen der Nero-Regierung zunächst noch als kapriziös bezeichnen, machen sie am Ende des einschlägigen Kapitels genau diesen Vorschlag und deuten Neros sukzessive Absenkung des Feingehalts als langfristig angelegte Reform der Silbergeldausgabe durch eine Anpassung an die Münzstandards der östlichen Reichshälfte. Diese Argumentation lässt den gesamten Kontext der neronischen Maßnahmen außer Acht und entspricht daher nicht der historischen Methodologie. Die traditionelle Sicht auf die Münzpolitik Neros bieten M. CRAWFORD [3.3.2] und R. WOLTERS [1.3]. WOLTERS behandelt zudem die Verlagerung der Hauptmünze für Edelmetalle von Lyon nach Rom in der Spätphase der Nero-Regierung.

4 Der Bürgerkrieg von 68/9 und die Regierung der Flavier

4.1 Zum Bürgerkrieg von 68/9

die Kampfhandlungen 68/69 n. Chr. Die Kampfhandlungen 68/69 n. Chr. haben sich unterschiedlich in der Überlieferung niedergeschlagen. Zu den Kämpfen, die zu Neros Sturz beitrugen, haben sich nur summarische Aussagen und Retrospektiven erhalten. Ab dem Januar 69 stehen uns nicht nur die Lebensbeschreibungen der Principes bei den Biographen Sueton und Plutarch (Galba und Otho) zur Verfügung, sondern auch Tacitus' chronologisch aufgebaute Historien, die zusammen mit Josephus' im vorhergehenden Abschnitt behandelten Werken und byzantinischen Kurzfassungen aus dem im 3. Jh. schreibenden Historiographen Cassius Dio eine detaillierte Schilderung bis in das Jahr 70 zulassen; in diesem Jahr bricht Tacitus' Darstellung ab. Auch Archäologie und Epigraphik tragen zu unserem Verständnis der Bürgerkriegszeit bei. Ereignisgeschichtlich orientierte Darstellungen der Kampfhandlungen bieten K. WELLESLEY [4.1] und G. MORGAN [4.1]. Beide Werke sind militärgeschichtlich interessant, geben aber oft textnah die Motivzuschreibungen der antiken Autoren wieder, die die neuere kulturhistorische Forschung in der Regel als reine Elitendiskurse noch dazu einer späteren Generation wertet.

„Bürgerkrieg" Da in den Quellen die Kampfhandlungen zumindest des Jahres 69 als Kriege zwischen Bürgern bezeichnet werden, ist diese Terminologie in der Regel auch von den modernen Darstellungen übernommen worden. Die Forschung hat in den letzten Jahren darauf hingewiesen, dass der Terminus „Bürgerkrieg" eine eminent politische Begrifflichkeit darstellt: Wer Konfliktparteien abspricht, einen Bürgerkrieg auszutragen, will heute oft die mediale Aufmerksamkeit reduzieren oder eine Seite bspw. als Terroristen diskreditieren. Wenn 69 Strategien verfolgt worden sind, die jeweilige Gegenseite als bloße Banditen zu diffamieren, so haben sie kaum Spuren hinterlassen. Definitionen unterschiedlicher Typen von Bürgerkriegen hat der Neuhistoriker D. ARMITAGE [4.1] entwickelt, der sich in seinen Herleitungen gerade auch auf römische Beispiele stützt. In ähnlicher Weise hat auch die althistorische Forschung [etwa 4.1: BÖRM] einen Katalog von Kriterien für Bürgerkriege erarbeitet, die die Auseinandersetzungen von 69 erfüllen.

Die Gründe für den Sturz Neros werden kontrovers diskutiert. Die anfangs aufgeführten Überblicksdarstellungen führen ihn in der Regel allgemein auf die Konflikte in der Familie des Princeps und mit prominenten Senatoren zurück. Wie schon erwähnt, ist Neros Ende aber auch eines der Exempel in E. FLAIGS [1.2.] Prinzipatstheorie. Nach FLAIG ergab sich Neros Sturz aus einem innenpolitischen Erosionsprozess (Verlust der „Akzeptanz"), ausgelöst durch das unangemessene Auftreten des Kaisers gegenüber den stadtrömischen Publika („Akzeptanzgruppen"). Spezifisch zu der Macht von Gerüchten, deren Streuung FLAIG für maßgeblich für den Akzeptanzverlust Neros ansieht, wird oft ein vertiefender Einzelbeitrag [4.1: FLAIG, Nero] zitiert. FLAIGS Prinzipatstheorie wird in der deutschsprachigen Forschung breit rezipiert.

Gründe für den Sturz Neros

Die Gegenposition, die die Anfänge des Vertrauensverlusts der Nero-Regierung auf dessen gescheiterte Kriege zurückführt und damit der imperialen Dimension des Geschehens größere Bedeutung zuweist als der städtischen, ist bei M. HEIL [3.3.2] angelegt, wurde aber erst von A. EICH [2.5.1: speziell 591–595] ausgearbeitet. Entscheidend ist, welche der widersprüchlichen Quellenerzählungen als plausibler eingeschätzt wird. Die griechischen Texte, speziell Plutarch in seiner Lebensbeschreibung Galbas, stützen die These eines allgemeinen Akzeptanzverlusts Neros, vor allem Tacitus deutet ein komplexeres Geschehen an. Streitig ist speziell die Rolle des obergermanischen Kommandeurs L. Verginius Rufus, der nach Cassius Dio (63, 24, tradiert bei Xiphilinos, 11. Jh. n. Chr.) mit C. Iulius Vindex, dem Oberhaupt der Aufständischen in Gallien, zu einer Übereinkunft gekommen sei, sodass die Schlacht von Vesontio zwischen Teilen der Rheinlegionen und Vindex' Aufgebot einem Missverständnis oder Zufall geschuldet gewesen sei. Ein Teil der Forschung

imperiale Dimension des Geschehens

wie P. Brunt [4.1] akzeptiert diese Darstellung, während ein anderer die taciteische Tradition favorisiert, die nahelegt, dass Verginius erst nach Neros Sturz zögerlich zu Galba überging. Diese Position hat B. Levick [4.1] als plausibler ausgewiesen; ihr folgt die Darstellung.

sozialgeschichtliche Analysen des Senatorenstandes

Die ungewöhnlich dichte literarische Überlieferung zum Jahr 69 beinhaltet wichtige Informationen für sozialgeschichtliche Analysen des Senatorenstandes dieser Zeit. Dass die Abfolge der Kaiser von Galba zu Vespasian den Übergang von stadtrömischen *nobiles* zu italischen Aufsteigern widerzuspiegeln scheint, ist auffällig, aber doch wohl kontingenten Faktoren geschuldet. Über die römische Macht- bzw. die größere soziale Elite sind wir dann erst aus Plinius' Briefen ab den späteren 90er Jahren des 1. Jh. wieder etwas besser informiert. Ab der Mitte des 1. Jh. n. Chr. steht jedoch auch eine wachsend größere Zahl von Inschriften mit relevanten personenbezogenen Informationen zu Senatoren und Rittern zur Verfügung. Die neue senatorische Führungsgruppe bildet sich daher anders in den Quellen ab als die vor allem aus den Historiographen bekannten Vertreter der julisch-claudischen Zeit. Die methodischen Probleme, die sich aus der heterogenen Quellenlage zu kaiserzeitlichen Senatoren ergeben, diskutieren mehrere Beiträge in einem von W. Eck edierten Band [4.1: Prosopographie]. Den Kenntnisstand über den nach dem Bürgerkrieg neu konstituierten *ordo senatorius* hat W. Eck [4.1: Senatoren] zusammengestellt. J. Geisthardt [4.1], der prosopographischen Studien allen Wert abspricht, versucht, die literarisch tradierten Informationen zu Senatoren in dem Sinne zu deuten, dass zwischen 69/70 und Plinius' und Tacitus' Blüte um und nach 100 n. Chr. eine neue Funktionselite entstanden sei, für die das Kriterium der Abstammung nur noch von sehr geringer Bedeutung gewesen sei. Ob diese wenigen Literaten als repräsentativ für die soziale Elite anzusehen sind, muss aber offenbleiben. Zudem versteht Geisthardt die Rückblicke aus dem späten 1. und frühen 2. Jh. auf die julisch-claudische Zeit als Folien, vor denen sich die Handlungen der Senatoren der Generation von Plinius und Tacitus positiv abheben sollen.

prosopographische Studien

Galba, Otho und Vitellius

Wie die Nero-Erzählung hat E. Flaig [1.2] auch die Usurpationen der drei kurzlebigen Kaiser, die zwischen dem Sommer 68 und dem Dezember 69 regierten, in seine Prinzipatstheorie eingeordnet. Flaigs Ansatz wurde zuvor anhand seiner Deutung von Neros Sturz exemplifiziert. Die Überlieferung zu diesen Kaisern bietet gutes Material für Studien, die zur Beantwortung kulturgeschichtlicher Fragestellungen literaturwissenschaftliche Methoden heranziehen. Die historiographischen Quellen beinhalten ausführliche Charakterskizzen von Galba, Otho und Vitellius, die sich jeweils ähneln, weil sie vermutlich zum Teil einer gemeinsamen, uns unbekannten Quelle folgen [4.1: Morgan]. Analysen der Darstellungsmittel in den Hauptquellen zu den gescheiterten Kaisern haben J. Pigon [4.1] oder P. Schunck [4.1] vorgelegt. Hinzutreten Arbeiten zu den allerdings eher zurückhaltenden Selbstaussagen der jeweiligen Regime auf den Reichsmünzen [4.1: Rabe/Noeske].

Die Chronologie von Vespasians Erhebung wird in allen Darstellungen seiner Herrschaft mitbehandelt, die im nächsten Abschnitt vorgestellt werden. Sie ist nicht streitig. Die Gruppe um Vespasian wurde mehrfach prosopographisch aufgeschlüsselt. C. Licinius Mucianus kann dabei als Bindeglied zu der Offiziersgruppe um Corbulo gelten, die von 54–67 die römische Macht im Osten repräsentiert hatte [3.3.2: DeKleijn-Eijkelestam; Vervaet]. Diese hochrangigen Offiziere haben Vespasians Usurpation getragen und später von ihr profitiert.

Mit der Beendigung des Hauptkriegs gegen die jüdischen Freiheitskämpfer durch die Einnahme Jerusalems 70 verbunden ist das bis heute nachwirkende Fanal, dass der Tempel, der Zentralort der jüdischen Religion, niederbrannte. Der Historiograph Flavius Josephus (vgl. 3.3.3) versucht, den Sohn Vespasians, Titus, von Schuld zu entlasten. Josephus' Motivzuschreibungen klingen unplausibel, können aber historisch nicht überprüft werden. Eine gelungene Einführung in die archäologische, epigraphische und literarische Überlieferung zu Jerusalem und seinen wichtigsten Bauten bietet die Einleitung zu Cotton/Eck/Isaac [4.1: 1–39]. Nach der Einnahme Jerusalems gewann die ebenfalls von Herodes geprägte [4.1: Netzer] römische Residenz *Caesarea maritima* weiter an Bedeutung. Die Stadt wurde unter Vespasian Kolonie und betonte ab dieser Zeit ihre römisch-lateinische Seite. Für unser Verständnis römischer Provinzialadministration besonders wichtig ist, dass sich in *Caesarea* Teile des Statthaltersitzes und der *domus* des Prokurators erhalten haben [4.1: Holum]. Die Kämpfe in Judäa liefen noch nach dem Fall Jerusalems weiter, zunächst unter der Führung des Titus [3.3.3: Mason]. Die hohe Symbolwirkung des anhaltenden Widerstandes der Festung Masada hat zu intensiven Diskussionen über den Zeitpunkt ihres Falls geführt. Einen Überblick über mögliche Daten

Einnahme Jerusalems 70

Caesarea maritima

gibt G. Davis, der das Jahr 74 als die plausibelste Deutung ansieht [4.1].

Bataver-Aufstand

Alle Untersuchungen des Bataver-Aufstands, dem sich mehrere germanische Gruppen und gallische Gemeinden um die Treverer mit einem Zentralort im heutigen Trier anschlossen, sehen sich mit der Problematik konfrontiert, dass nur Tacitus ausführlich über die Kämpfe berichtet. Nach ihm hätte die Aufstandsbewegung ab 70 darauf abgezielt, ein *imperium Galliarum* zu errichten, und sei für Rom daher äußerst gefährlich gewesen. Die übrigen Quellen beschreiben den Konflikt als eher randständig. Die taciteische Darstellung bleibt obendrein Fragment. Archäologisch lassen sich Tacitus' Angaben höchstens zum Teil, anhand der römischen Lager Vetera I und II (bei Xanten), überprüfen. R. Urban [4.1] hat die Kämpfe gerade zu Anfang als innerrömische Auseinandersetzung zwischen Anhängern von Vitellius und Vespasian gedeutet, muss dazu aber sehr frei mit Tacitus umgehen. Diese Herangehensweise ist in der Forschung nicht auf Zustimmung gestoßen. D. Timpe hat den taciteischen Bericht dagegen als Reflexion des Historiographen über Chancen und Risiken der Integration provinzialer Eliten und kulturell fremder Gemeinschaften in das Imperium interpretiert [Tacitus und der Bataveraufstand, in: 2.5.2: Timpe, 318–357]. Das Gefahrenpotential der Rebellion für Rom kann mit einem solchen Zugriff nicht geklärt werden.

4.2 Zur Regierung der Flavier

Überblicksdarstellungen

Einen gut leserlichen Einstieg in die Regierungszeit der Flavier und die wichtigsten Themen dieser Jahrzehnte in Quellen und Forschung hat S. Pfeiffer [4.2] vorgelegt. Mit kulturhistorischen Zugängen führt auch der von A. Zissos [4.2] edierte Companion in die Zeit ein und thematisiert entsprechend primär Kommunikationsformen und die Selbstdarstellung der neuen Dynastie in Wort, Bild und Architektur. Der Beitrag von F. Vervaet [The Remarkable Rise of the Flavians, in: 4.2: Zissos, 43–59] diskutiert aber auch die von den Flaviern initiierten Veränderungen in der politischen Ordnung und der römischen Oberschicht. Die Kommunikationsstrategien der neuen Dynastie illustriert ein gelungener Ausstellungskatalog von F. Coarelli [4.2].

E. FLAIG behandelt in seiner schon mehrfach angesprochenen, im deutschen Sprachraum sehr einflussreichen kulturhistorischen Analyse der Prinzipatsordnung auch Vespasians Usurpation (vgl. 1.2; 6.2). Aus sozial- und strukturgeschichtlicher Perspektive bleiben B. LEVICKS Biographie [4.2] und M. GRIFFINS Überblick [4.2] über die Flavische Zeit die wichtigsten Gesamtschauen der Entwicklungen, die Vespasians Prinzipat zugeordnet werden können. Für eine wirtschaftsgeschichtliche Herangehensweise an das flavische Italien bietet ein von L. COLOGNESI CAPOGROSSI, E. LO CASCIO und E. TASSI SCANDONE edierter Band [4.2] den geeigneten Startpunkt.

4.2.1 Die Reichspolitik unter Vespasian und Titus

Zu den Problemen, die sich bei der Analyse des Verhältnisses zwischen Einnahmen und Ausgaben des Imperiums in der Frühen Kaiserzeit stellen, trägt wesentlich bei, dass uns Vespasians fiskalische Restaurierungsmaßnahmen nur bruchstückhaft und in Anekdoten überliefert sind. In der Lebensbeschreibung Vespasians von Sueton ist die enorme Summe von 40 000 Millionen Sesterzen überliefert (16, 3), die nach dem neuen Princeps zum Wiederaufbau und zur Stabilisierung des Reichs benötigt worden sei. Diese Zahl erscheint überdimensioniert und wird daher in aller Regel als Verschreibung gewertet [etwa 4.2.1: JONES, 98]. Eine Einbettung der Belege für Entwicklungen in den siebziger Jahren in das Gesamtfeld unserer Kenntnis über die imperialen Finanzen nimmt M. GRIFFIN vor [4.2]. Schriftquellen für eine tiefergehende Analyse haben sich wie so oft nur in Ägypten erhalten. Die Papyri geben vor allem Hinweise, wann und wie der kaiserliche Privatbesitz im Niltal reorganisiert wurde, wann also eine neue Verrechnungsstelle, der sogenannte *ousiakos logos*, entstand, doch bleiben auch hier alle Details umstritten. Überzeugend hat zuletzt M. MAIURO [4.2.1] diese Reform mit den finanziellen Herausforderungen der Frühphase Vespasians in Verbindung gebracht.

Einnahmen und Ausgaben des Imperiums

Die flavische Neuordnung des Provinzialreichs hat das Leben von Millionen Menschen nachhaltig beeinflusst. Die neue Dislozierung der Legionen ist nicht umstritten und wird in diachron angelegten Studien zur römischen Armee mitbehandelt (vgl. 7.1.2). Die vielen Eingriffe der flavischen Regierung in Grenzregime und den Zuschnitt von Provinzen werden detailliert in der Spezialforschung zu den jeweiligen Regionen nachvollzogen [Überblick bei 4.2: BOW-

die flavische Neuordnung des Provinzialreichs

MAN]. Die Umstrukturierung Kleinasiens, die sowohl dem Verlust des römischen Einflusses auf Armenien als auch der frühzeitigen Unterstützung der flavischen Sache 69 durch städtische Eliten aus der Region Rechnung trug, hat W. ECK [4.2.1: Anschluss] analysiert. Dass *Lycia* wohl erst unter Vespasian mit dem südlichen Pisidien und *Pamphylia* zusammengeschlossen wurde, ist schon unter 3.2.2 angesprochen worden. In größerer Auflösung vollzieht CHR. MAREK [4.2.1, Kap. 7] die Ostverschiebung der römischen Präsenz in Kleinasien nach.

Umstrukturierung Kleinasiens

Besonders gravierend waren die Folgen der flavischen Provinzialpolitik für das jüdische Kerngebiet, dessen Leitung nun einem prätorischen römischen Statthalter mit direktem Kommando über eine Legion (*legio X Fretensis* bei Jerusalem) übertragen wurde. Die damit verbundenen Veränderungen analysieren viele Einzelbeiträge von W. ECK [4.2.1: Judäa] und die Monographie Chr. WEIKERTS [4.2.1, Kap. 4].

das jüdische Kerngebiet

Verschiebungen in der Verteilung des römischen Militärs in Nordafrika werden zumeist anhand der Zeugnisse für die *legio III Augusta* nachvollzogen. Zu dieser Legion bildet Y. LE BOHECS Studie noch stets das wichtigste Referenzwerk [4.2.1]. Die intensive, meist französischsprachige Forschung der Folgezeit hat D. MATTINGLY [1.2] zusammengestellt. Die reiche epigraphische Überlieferung aus dem römischen Nordafrika liefert immer wieder neue Hinweise auf weitere militärische Installationen, die die Präsenz des Imperiums in der Fläche belegen. Die flavischen Reformen in Nordafrika sind in besonderer Weise mit den fiskalischen Herausforderungen des Imperiums nach den Bürgerkriegen und einem erhöhten Interesse an Ressourcen und Steuersubjekten verknüpft worden [4.2: LEVICK; GRIFFIN]. Außerdem wird seit langem zu der seit Nero belegten Konzentration von nordafrikanischem Land in kaiserlichem Besitz gearbeitet. Standen hier früher administrative Fragen im Zentrum der Debatten [4.2.1: FLACH], werden heute aufgrund der Dominanz der sogenannten New Institutional Economics vor allem die institutionellen Grundlagen wirtschaftlichen Handelns auf den großen Gütern untersucht, über die wir durch mehrere Inschriften gut informiert sind. Ein typisches Beispiel für die Herangehensweise, aus der Konstruktion und Veränderlichkeit zeittypischer Institutionen wie bspw. sozialer oder rechtlicher Normen auf ökonomische Leistungsfähigkeit zu schließen, ist eine Monographie von D. KEHOE [4.2.1]. Generell ist im Zug des Aufstiegs der Postcolonial Studies

Nordafrika

aber auch das Interesse an lokalen Widerstandsformen größer geworden, wie bspw. D. CHERRYS Langzeitstudie demonstriert [4.2.1].

Die langsame Nordostverschiebung des römischen Einflusses im oberrheinischen Gebiet lässt sich nicht Entscheidungen einzelner Kaiser zuordnen. Diese Entwicklung ist offensichtlich langfristiger Art und Datierungen einzelner Schritte müssen stetig im Licht provinzialrömischer Detailforschung hinterfragt werden. Den aktuellen Kenntnisstand bildet K. HAMACHERS einschlägige Monographie ab [4.2.1]. Einen Überblick über die Bedeutungsebenen des Begriffs *limes* und den Verlauf der Grenzzone speziell im deutschen Gebiet hat G. WALDHERR vorgelegt [4.2.1]. Die Termini *limes* und *limites* blieben mehrdeutig und konnten weiterhin vom Militär angelegte Schneisen bedeuten oder auf Kommunikations- oder Aufmarschgebiete hinweisen, aber auch den inneren Verlauf einer dadurch linear markierten Grenzzone bezeichnen.

langsame Nordostverschiebung im oberrheinischen Gebiet

Über die Vergabe des latinischen Rechts an iberische Gemeinden, die bisher als peregrin, also fremd galten, berichtet nur Plinius der Ältere in seiner Naturgeschichte (n. h. 3, 30). Der Fund von mehreren Fragmenten iberischer Stadtrechte vor allem aus der Zeit nach dieser Maßnahme hat einerseits vergleichende Rekonstruktionen dieser Texte ermöglicht, aber auch Debatten über die konkreten Folgen der von Vespasian erlassenen Verfügung ausgelöst. Die Verleihung des *latium* hat jedenfalls nicht unmittelbar zu einer flächendeckenden Munizipalisierung der noch peregrinen iberischen Gemeinden geführt. Ob das ursprüngliche Privileg überhaupt schon das Recht auf einen munizipalen Status beinhaltete und nicht nur auf Einzelpersonen abzielte, wird ebenso diskutiert wie die Frage, ob tatsächlich die ganze iberische Halbinsel das *latium* erhielt. Die erhaltenen, auf Vespasians Anordnung zurückgehenden Stadtrechte sind jedenfalls erst in der Zeit Domitians verliehen worden und gelten für Gemeinden im besonders romanisierten Süden der Halbinsel. Die neuere Forschung geht jedoch in der Regel davon aus, dass alle iberischen Provinzen, auch die stärker rural geprägten Gebiete, und nicht nur die *Baetica* im Süden, unter Vespasian das latinische Recht erhielten und dieses Privileg mit dem Anrecht auf einen munizipalen Status des Hauptortes einer *civitas* (Gemeinde) einherging [2.5.2: HOUTEN, Kap. 2; 4.2.1: PINTADO]. In einen größeren Kontext imperialer Städteförderung hat G. ALFÖLDY [1.2, Kap. 5] die Privilegierung der iberischen Gemeinden eingeordnet.

Vergabe des latinischen Rechts an iberische Gemeinden

4.2.2 Die Flavische Herrschaft in Rom

Flavische Selbstdarstellung — Die im Darstellungsteil getroffenen Aussagen zur Flavischen Selbstdarstellung folgen den Arbeiten eines der führenden Kulturhistoriker, O. HEKSTER [4.2.2: Fighting; 1.2: Emperors]. Spezifisch die Aussagekraft des *templum / forum pacis* hat C. NOREÑA [4.2.2] herausgearbeitet. Weitere einschlägige Titel wurden schon 4.2 aufgelistet. Das achte Jahrzehnt des 1. Jh. n. Chr. bildet sich in historiographischen Werken weniger gut ab als die julisch-claudische Zeit. Die intensiven Kämpfe des Jahres 69 haben jedoch in der Dichtung der flavischen Zeit (etwa bei Statius, Silius Italicus oder Valerius Flaccus) große Resonanz gefunden, wie die Beiträge in dem einschlägigen Band von L. DONOVAN GINSBERG und D. KRASNE [4.2.2] herausarbeiten.

innere Konflikte — Innere Konflikte haben offenbar die Diskurse über die *res publica* der Prinzipatszeit wesentlich mitgeprägt. Der Zugang, die Themen Gewalt und Kriegserfahrungen zu historisieren, hat dabei die Herangehensweise abgelöst, mit einer historisch-anthropologischen Methodologie Phänomene wie „Angst" in der Oberschicht zu untersuchen [4.2.2: BARGHOP].

lex de imperio Vespasiani — Die Inschrift mit dem Gesetz, durch das Vespasian die (alle?) „kaiserlichen" Vollmachten übertragen worden sind, die sogenannte *lex de imperio Vespasiani*, ist ein einzigartiges Dokument und hat entsprechend eine breite Forschungsdiskussion ausgelöst. Da der Anfang des Texts verloren ist und im erhaltenen Teil zumeist sehr spezifische Rechte der Entscheider aufgelistet werden, kann sie zu der Debatte über die Grundlagen der Herrschaftsordnung, die Augustus geschaffen hatte, nur indirekt beitragen. Oft wird angenommen, dass im verlorenen Teil der Inschrift (oder auf einer weiteren Tafel?) das „kaiserliche" *imperium* und die tribunizische Gewalt aufgeführt und definiert waren [4.2.2: CRAWFORD, Nr. 40], doch ist auch diese These schon aus unterschiedlichen Gründen in Zweifel gezogen worden [4.2.2: BRUNT; LEVICK]. Besondere Aufmerksamkeit hat die

die diskretionäre Klausel — sogenannte diskretionäre Klausel in Paragraph 6 auf sich gezogen, die dem Herrscher eine pauschale Entscheidungskompetenz zu übertragen scheint, die mit unserer sonstigen Kenntnis des Prinzipats nicht leicht zu vereinbaren ist. Im deutschen Sprachraum hat die Deutung der Klausel von A. PABST [4.2.2] viel Zustimmung gefunden. PABST hat auf republikanische Wurzeln dieser Formel hingewiesen und damit auf die Kontinuität zwischen der starken Stellung von Konsuln oder Prokonsuln im Feld und dem Princeps mit seinem konsularen *imperium*. Andererseits könnte es sich bei diesem

Paragraphen um einen Zusatz aus den Jahren 68/9 n. Chr. und damit um einen Krisenreflex handeln, wie B. Levick [4.2.2] diskutiert. Streitig bleiben muss auch die Frage, wann die Stellung als Princeps zuerst nicht in einzelnen Komponenten, sondern durch ein einheitliches Gesetz übertragen worden ist. P. Brunt [4.2.2] hat vorsichtig das Jahr 37 n. Chr. erwogen, da Caligula bei Tiberius' Tod noch keine der Kompetenzen erhalten hatte, die die Rolle als Entscheider ausmachten. In diesem Kontext der Etablierung eines neuen Princeps ohne *auctoritas* könne auch die diskretionäre Klausel entstanden sein.

Vespasian und Titus haben unmittelbar nach ihrer Usurpation und sodann 73/4 als Zensoren zahlreiche Männer aus neuen Familien in den Senat aufgenommen. Die bekannten neuen Senatoren stellt B. Levick [4.2] zusammen. Die langfristigen Auswirkungen der flavischen Rekrutierungspolitik auf die Zusammensetzung des Senatorenstands hat K. Strobel [4.2.2] nachvollzogen. Inwieweit dieser personelle Umbruch auch die Einstellungen der politischen Elite zum Prinzipat und zur *res publica* der Prinzipatszeit insgesamt verändert hat, wird kontrovers diskutiert. Nach der von der Erinnerungsforschung inspirierten Studie von J. Leithoff [4.2.2] lässt sich in flavischer Zeit ein bewusstes Anschließen an eine als wirkmächtig empfundene Vergangenheit ausmachen, das für das Selbstverständnis der Senatoren in der Folgezeit prägend blieb. Vespasian imitierte den Bürgerkriegssieger Augustus und ließ wie er einen Sieg gegen (aufständische und dadurch) externe Feinde und seinen Sieg in einem inneren Konflikt darstellerisch ineinander übergehen. Senat, Ritter und Volk erhielten trotz des großen Blutzolls wieder den Platz zugewiesen, den sie nach der Deutung der Zeit in der augusteischen Ordnung eingenommen hatten. Durch diese Kontinuitätsvorgabe entstand in gewisser Hinsicht erst jene Taktung der Prinzipatszeit, die wir heute noch vornehmen: die Flavier erscheinen noch als Teil der Frühen Kaiserzeit. Diese Interpretation spiegelt sich aber erst bei den Autoren der folgenden Generation (Plinius, Sueton, Tacitus, vgl. 1.3). Die Ergebnisse von Leithoff sind mit der Untersuchung der Selbstdefinition von Senatoren der ersten Generation wie Plinius d. J. von S. Page [4.2.2] vereinbar. Dagegen deutet J. Geisthardt [4.1] die taciteischen und plinianischen Schriften so, dass eine neue Funktionselite entstanden sei, die über die Zugehörigkeit zum ersten Stand hinaus kaum noch Bezug zu der augusteischen oder gar republikanischen Nobilität gehabt habe.

Marginalien: neue Senatoren; Einstellungen der politischen Elite zum Prinzipat

Titus — Die Politikgeschichte der Titus-Jahre wird in aller Regel in den Studien zu Vespasian oder Domitian mitbehandelt. Die im Darstellungsteil hervorgehobenen Aspekte seiner Regierungszeit wurden anhand von Schwerpunktsetzungen in der Forschung ausgewählt. In Suetons Lebensbeschreibung (7) markiert der Übergang zu einer **Gastmähler** fröhlich-zurückhaltenden Form von *convivia* (Gastmählern) Titus' Wandel von einem umstrittenen Nachfolger zu einem seriösen Princeps. Das Thema kaiserlicher Bankettkultur wird von den biographisch ausgerichteten Quellen eigentlich stets aufgegriffen und ist von der neueren Forschung intensiv bearbeitet worden. Während fast alle tradierten Zahlen, die Ausgaben oder Opfer von Herrschern beziffern sollen, heute in Zweifel gezogen werden, akzeptiert die Forschung Behauptungen, Principes hätten außerordentlich viel Zeit bei Gelagen verbracht, die alle anderen Tätigkeiten marginalisiert hätten, oft wörtlich. Zumeist werden die *convivia* als Ausdruck einer dezidiert höfischen Kultur gewertet oder doch als Indikator eines kulturellen Wandels gedeutet, durch den das Politische zu einer symbolischen Kommunikationssphäre unter anderen geworden sei [1.2: Winterling; 4.4.2: Stein-Hölkeskamp]. Kontinuitäten und lange Linien kulturellen Wandels zeigt der Vergleich des kaiserzeitlichen Bankettwesens mit Vorläufern der hellenistischen Zeit auf, den K. Vössing [4.2.2] vorgelegt hat.

Pompeji und Herculaneum — In Titus' Regierung fällt der Ausbruch des Vesuvs, der Pompeji und Herculaneum zerstörte. Ph. Deeg [4.2.2] hat die literarischen Darstellungen kaiserlicher Reaktionen auf Katastrophenfälle näher untersucht, die von antiken Autoren oft zum Bewertungsmaßstab für gutes oder schlechtes Regierungshandeln gemacht wurden. Pompeji bietet aber vor allem archäologisch wie epigraphisch reiche Befunde. Zu den lokalen Wahlen bleibt die Monographie von H. Mouritsen [4.2.2] maßgeblich. Die Aussagekraft der Skelette von Menschen, die durch den Vesuvausbruch ums Leben gekommen waren, kontextualisiert W. Jongman [4.2.2].

4.2.3 Zum Prinzipat Domitians

Domitians Regierungszeit kann politikgeschichtlich kaum mehr sinnvoll analysiert werden, weil das dominante Quellennarrativ ihm zugeschriebene Fehler aus einer psychologischen Disposition zu übergroßem Ehrgeiz ableitet, dem überdies von Vespasian und Titus kein Spielraum gelassen worden sei. Vermutungen dieser Art entziehen sich der wissenschaftlichen Überprüfung. Zudem stehen uns im Fall von Domitian weniger Detailinformationen zu einzelnen Regierungsakten als etwa für die Jahre unter Tiberius oder Nero zur Verfügung. Das Handeln des Princeps auf Zielsetzungen und Stringenz hin zu untersuchen, fällt entsprechend schwer.

In unterschiedlich konzipierten Studien haben B. JONES [4.2.3] – biographisch – und J. GERING [4.2.3] – mit einem Fokus auf Herrschaftsstrukturen – jeweils revisionistische Darstellungen von Domitians Prinzipat vorgelegt. Beide versuchen, das Handeln des letzten Flaviers im Lichte der von Sueton hervorgehobenen Gewissenhaftigkeit des Kaisers in administrativen Fragen (Dom. 8) neu oder anders zu werten. Besonders GERING relativiert auch stark die Quellenangaben, Domitian habe eine sakrale Selbstüberhöhung angestrebt. Zu diesem Themenkomplex bleibt die breiter angelegte Kontextualisierung von R. FEARS [4.2.3] lesenswert. Nachhaltig gewirkt hat ein Artikel von K. WATERS [4.2.3], der eine Kontinuitätslinie von Domitian zu Trajan zu ziehen sucht, die sich eher in den Quellenbewertungen als im Handeln unterschieden hätten. Diese These ist mit Blick auf das Verhalten der Principes gegenüber den stadtrömischen „Akzeptanzgruppen" [1.2: FLAIG] zu Recht kritisiert worden [4.2: GRIFFIN]. In der Reichspolitik standen beide Herrscher gleichwohl vor ähnlichen Herausforderungen, die vergleichbare Reaktionen ausgelöst und ähnliche Dynamiken in den Provinzen gezeitigt haben [4.2.2: STROBEL]. J. LEY [4.2.3] konzentriert seine Domitian-Studie auf das kulturhistorische Paradigma der Kommunikation des Kaisers mit den unterschiedlichen Gruppen der stadtrömischen Machtfiguration. Domitian sei nicht an konkreten Handlungen, sondern an seiner Haltung zu diesem essentiellen Bereich kaiserlicher Aktivität gescheitert, da er sich der Kommunikation oft geradezu verweigert habe. Ob die Retrospektiven auf den verfemten Princeps diese Aussagen tragen können, ist allerdings schwer zu überprüfen. Durch ihre methodische Vorsicht überzeugen die Untersuchungen der Herrschaft Domitians von M. GRIFFIN [4.2] und K. STROBEL [4.2.2].

Darstellungen von Domitians Prinzipat

Die genannten Studien analysieren auch die konkreten Konflikte zwischen Senatoren oder Senatoren und Domitian sowie tradierte Motive. Die wichtigsten erhaltenen lateinischen Autoren, die Einblicke in Politik und Kultur des kaiserzeitlichen Roms geben, Plinius und Tacitus, sind vor dem Ausbruch des Bürgerkriegs von 69 n. Chr. geboren worden und erlebten ihre literarische Blüte in trajanischer Zeit. Während sich Autoren wie Velleius mit seiner emphati-

Plinius und Tacitus

schen Bejahung von Tiberius' Prinzipat oder das vielgestaltige Werk des jüngeren Seneca, der sich an griechischen Vorbildern abarbeitete, für Untersuchungen von Gruppendynamiken in der Elite nur begrenzt eignen, bieten die Schriften von Tacitus und Plinius, die auch aufeinander bezogen werden können, diesbezüglich reiches Material. Die jüngere Forschung hat mit literaturwissenschaftlichen Methoden, der Diskursanalyse oder auch Ansätzen der Rollensoziologie dieser Konstellation Rechnung getragen. Die Werke der beiden Autoren sind zuletzt so ausgelegt worden, dass sie gleichermaßen die Schreckenserfahrung unter Domitian fixieren und dadurch ähnliche Szenarien für die Zukunft bannen, zugleich aber auch das Akzeptanzverhältnis [1.2: FLAIG] zwischen den Herrschern und dem senatorischen Stand neu definieren wollten. So seien sowohl die Haltung der kaiserzeitlichen Senatoren älterer Generationen zur Republik [4.2.2: PAGE] wie zu früheren Principes [4.2.3: BLOCHMANN] als Folien und Filter genutzt worden, um ein neues senatorisches Selbstbewusstsein zu kreieren. Dieses Selbstbewusstsein habe sich auf unterschiedlichen Feldern und in variablen Rollen, im Dienst an einer kaiserlichen *res publica* oder in literarischer Betätigung ohne Rechtfertigung im Sinne eines Sallusts, zeigen können. Idealkaiser und Idealaristokrat fanden dadurch literarische Vorprägungen, die das harmonische Miteinander des 2. Jh. grundgelegt hätten [4.1: GEISTHARDT; 4.2.2: PAGE; 4.2.3: SEELENTAG]. Weiterhin hohe Konkurrenz mit kontingenten Folgen unter noch wenig definierten Interaktionsbedingungen hätten zwar gleichwohl viele Unsicherheiten geschaffen [4.2.3: KÜNZER]. Die Senatoren hätten jedoch kontinuierlich versucht, destabilisierende Momente einzudämmen. Dazu konnte Zurückhaltung bei der Austragung von Konflikten ebenso beitragen wie eine Disposition zur Hinnahme der kaiserlichen Überlegenheit, wenn geeignete Kommunikationsformen für politische Rückzüge zur Verfügung gestanden hätten [4.2.3: BLOCHMANN]. Gemeinsam ist S. BLOCHMANN, J. GEISTHARDT und I. KÜNZER, dass sie die sozialgeschichtlichen Ansätze der vorhergehenden Phase mit Skepsis sehen und nur noch punktuell Dokumente, Rechtstexte oder die Ergebnisse prosopographischer Studien für ihre Forschung heranziehen, sodass eine starke Fokussierung auf die rombezogene literarische Quellenlandschaft zu beobachten ist.

Das andere bestimmende Thema dieses Prinzipats bilden Domitians Kriege. Die unterschiedlichen Kampagnen an der Donau hat über die Jahrzehnte K. STROBEL mit unübertroffener Detailkenntnis in ihre historischen und geographischen Zusammenhänge eingeordnet [2.5.2; 4.2.2; 4.2.3]. Ob die Feldzüge Domitians auf Bedrohungen der Provinzen reagierten, durch eine aktive, auch fiskalisch begründete Politik der Vorraum-Beherrschung initiiert wurden oder vielleicht dem Versuch des Princeps geschuldet waren, Prestige als Feldherr zu erwerben, bleibt aber umstritten [4.2.3: STEFAN; JONES; GERING]. Nach den ersten Rückschlägen entwickelten die Kämpfe aus römischer Perspektive sehr wahrscheinlich eine Eigendynamik.

Der Chattenkrieg Domitians war dagegen nur eine Episode in dem Prozess des langsamen Vorschiebens des römischen Einflussgebietes nordöstlich des Rheins (siehe unter 4.2.1.). Domitians Selbstdarstellung als Germanensieger hat zuletzt K. HAMACHER diskutiert [4.2.1], die auch auf die schwierige Quellenlage für die Einrichtung der Provinzen Ober- und Untergermanien eingeht. Die *Germania* von Tacitus ist wohl auch als Kommentar zu Domitians Krieg zu lesen, doch besteht keine Einigkeit, welche Aussagen der Historiograph über den verfemten Princeps treffen wollte [zur Diskussion: 4.2.3: ANDREWS]. Agricolas Feldzüge werden in den unter 3.2.2 genannten Werken mitbehandelt.

Chattenkrieg Domitians

Die Finanzprobleme der Domitian-Regierung, die sich aus den Kriegen ergaben, werden von den Quellen teils explizit angesprochen oder lassen sich aus den im Darstellungsteil genannten Gründen sicher erschließen. Die Gold- und Silbermünzen, insbesondere die angesprochene Erhöhung und dann erneute Reduktion des Feingehalts der Denare, belegen die von den Schriftquellen nahegelegten Entwicklungen, wie I. CARRADICE [4.2.3] gezeigt hat. In metallurgischer Hinsicht haben die Analysen der Münzen von K. BUTCHER und M. PONTING [3.3.2] unseren Kenntnisstand deutlich verbessert. Ihre historische Interpretation der strukturellen Kontexte der einzelnen Maßnahmen, die die Ausgabenseite der Geldpolitik Domitians weitgehend ignorieren oder doch relativieren, stellt einen Rückschritt dar.

Finanzprobleme der Domitian-Regierung

Der große Palast Domitians auf dem Palatin ist intensiv erforscht worden. Die heute noch stehenden Teile von *domus flavia* und *augustana* geben höchstens einen ersten Eindruck von der antiken Wirkung, die in der Zeit selbst beschrieben worden ist (vor allem bei Martial 7, 56, 2; 8, 36, 5 und Statius, Silvae 4, 2). Aus den Dimensionen dieses Ensembles ist auf politische Funktionen geschlossen worden, so etwa bei K. STROBEL [4.2.2] oder im Vergleich mit Han China von C. NOREÑA [Die Stadt Rom als System sozialer Kontrolle,

Palast Domitians

in: 2.4.2: Eich/Wojciech, 225–251]. Nachweisbar sind Büros o. ä. aber nicht. Zu den administrativen Räumlichkeiten im kaiserzeitlichen Rom hat R. Färber [4.2.3] die maßgebliche Studie vorgelegt. Die Entwicklung des Palasts und die Grenzen des Aussagepotentials der archäologischen Befunde diskutieren mehrere Beiträge in einem von A. Winterling, N. Sojc und W. Wulf-Rheidt edierten Band [4.2.3]. Beachtung hat zuletzt auch die körperliche Performanz der Herrscherrolle gefunden, die von der jeweiligen architektonischen Umgebung mitbeeinflusst wurde [4.2.3: Meister].

frühkaiserzeitliche Stadtgeschichte in den Westprovinzen

Unter Domitian erhielten in Folge von Vespasians Verleihung des latinischen Rechts an alle noch peregrinen (also „fremden") Gemeinden auf der iberischen Halbinsel offenbar eine Reihe von Städten den Status eines *municipium* oder doch ein neues Statut. Die Forschung zu der Verleihung des *latium* ist unter 4.2.1. angesprochen worden. Der Fund mehrerer Fragmente städtischer *leges* (Statute) hat zur Folge, dass wir in Spanien eine einzigartige Quellenlage für die frühkaiserzeitliche Stadtgeschichte in den Westprovinzen vorfinden. Die Forschung konzentriert sich dabei oft auf das Verhältnis von lokalen Besonderheiten zu imperialen Normen. Die beste Einführung in unseren Kenntnisstand zu den römischen Stadtrechten stammt von J. Edmondson [4.2.3]. Gut zugänglich auch für Studierende ist das längste Stadtrechtfragment, die *lex Irnitana* mit größeren Teilen des Stadtrechts von Irni, in der Ausgabe von J. G. Wolf [4.2.3]. Imperial-römische Vorgaben und spezifische Eigenheiten von Kolonien und *municipia* latinischen wie römischen Rechts im religiösen Bereich behandeln R. Raja und R. K. Rieger [Sanctuaries, Places of Communication and Memory in the Roman Religion, in: 4.2.3: Rüpke/Woolf, 61–106]. Soziale Folgen der flavischen Stadtrechtsverleihungen für die lokalen Oberschichten zeigt L. A. Curchin [4.2.3] auf.

Atheismus-Vorwürfe gegen Clemens und seine Frau Domitilla

Hinsichtlich des Problems, was sich hinter den Atheismus-Vorwürfen gegen T. Flavius Clemens und seine Frau Domitilla verbergen könnte, stellen die zu Beginn des Abschnitts genannten übergeordneten Studien zu Domitian das Sagbare zusammen. Dio (67, 14, 2) erwähnt die Möglichkeit, dass die Übernahme jüdischer Bräuche der Grund für die Hinrichtung von Clemens gewesen sein könnte. Die Existenz einer späten sogenannten Domitilla-Katakombe und ähnlich vage Hinweise haben wohl die Tradition mitbegründet, dass diese beiden Opfer kaiserlicher Gewalt Christen gewesen sein könnten. Belastbar sind diese Indizien nicht [3.3.1: Weiß].

5 Die Scharnierzeit an der Wende vom 1. zum 2. Jh. n. Chr.

Nach Domitians Tod ändert sich die Quellenlage und mit ihr der Fokus der Forschung. Suetons Lebensbeschreibungen enden mit der Vita Domitians. Tacitus' kleinere Werke wie vor allem der Agricola decken noch den Übergang zu Nerva und Trajan ab. Ein Narrativ bieten sie nicht mehr. Die Forschung zu dieser besonderen Quellenlage wurde bereits unter 1.3 sowie im vorhergehenden Abschnitt besprochen. Leitautoren für die imperiale wie die kaiserliche Geschichte werden der für diese Zeit nur indirekt, über byzantinische Zusammenfassungen erhaltene Cassius Dio sowie ab 117 das eigenwilligste historiographische Werk der Antike, die *Historia Augusta*, eine Biographiensammlung der Kaiser ab Hadrian. Für die Regierungen von Nerva und Trajan steht noch das Werk von Plinius d. J. zur Verfügung. Die Rekonstruktion der trajanischen Herrschaftsphase hängt wesentlich von der Deutung seines *Panegyricus* und seiner Briefe ab. Über Plinius kann aus einer umfangreichen, seine Leistungen und Ehrungen auflistenden Inschrift und den zitierten Werken genügend personenbezogenes Material gewonnen werden, um Lebensbeschreibungen über ihn zu verfassen. Diese Biographien [5.: GIBSON; WINSBURY] zeigen, dass alle Annahmen über die Chronologie von Plinius' Karriere bis hin zu seiner Statthalterschaft in *Bityhnia et Pontus* unsicher bleiben müssen. Auch das Verhältnis des Redners zu Domitian, den Plinius nach dem Tod des Kaisers als seinen Feind beschreibt, kann unterschiedlich interpretiert werden. Die Bücher 1–9 von Plinius' Briefen liefern aber auch eine Fülle von stilisierten Hinweisen auf das Leben der Oberschicht in Rom, etwa auf Vorträge, die Güterverwaltung oder senatorische Aktivitäten als Richter oder Ankläger. Die Biographien werten diese Informationen gemeinsam aus. Sie sind aber auch in zahlreiche Spezialstudien eingegangen [etwa 4.2.2: VÖSSING oder 5.: ANDERMAHR]. Wegen des Materialreichtums hilfreich bleibt der schon ältere Kommentar zu Plinius' Briefen von A. SHERWIN-WHITE [5.]. Eine Sonderstellung nimmt in der Forschung das 10. Buch der Briefe ein, das größtenteils Schreiben aus der Provinz und Antworten Trajans enthält. Es bildet daher eine wichtige Grundlage für alle Arbeiten zur Provinzialadministration (vgl. 6.4.). Die beiden Christenbriefe (10, 96/97) finden in allen Darstellungen der imperialen Repression gegen die Anhänger dieser Religion einen zentralen Platz [3.3.1: Moreau; Molthagen]. Chr. Ronning [5.] bettet Plinius' schon mehrfach erwähnte Rede auf Trajan in die Entwicklung der Panegyrik in der Kaiserzeit ein (1, 1–4) und untersucht ausführlich Plinius' Programmatik (1, 5–6). Die große Inschrift des Plinius mit der ungewöhnlichen Titulatur, die auf seinen Status in der Provinz *Pontus et Bithynia* schließen lässt, hat detailliert W. Eck analysiert [5.].

5.1 Die Herrscherwechsel 96 und 98

Nerva Die kurze Regierungszeit Nervas ist noch sehr gut dokumentiert. Die politischen Kontroversen nach Domitians Tod haben W. Eck [5.1: Trajan] und K. Strobel [4.2.2: Kaiser] untersucht und durch den sorgfältigen Abgleich von inschriftlichen Zeugnissen mit der Darstellung von Plinius (vor allem im *Panegyricus*) herausarbeiten können, wer Trajans Unterstützer der ersten Stunde waren. Ihre Studien ermöglichen den im Darstellungsteil angesprochenen Einblick in Rivalitäten zwischen Mitgliedern der Machtelite. Umstritten muss die Chronologie bleiben: Ab wann die Trajan-Gruppe den Coup des späteren Herrschers vorbereitete, schon vor Domitians Tod (Strobel), unmittelbar danach bzw. in Reaktion auf Nigrinus' Ambitionen (Eck), ist letztlich nicht zu entscheiden.

Aufgrund der guten Quellenlage haben sich aus diesen Monaten viele potentiell wichtige, aber nur unzureichend kontextualisierte Einzelnachrichten erhalten, die die Forschung in die spannungsgeladene Phase des Herrschaftsübergangs einzuordnen versucht. Sex. Iulius Frontinus' Werk über die Wasserversorgung Roms bietet wichtige Informationen zur städtischen Administration besonders in augusteischer und claudischer Zeit (vgl. 2.4.2), aber ist auch als ein politischer Kommentar zu Nervas Regierungsbeginn und dem Versprechen eines Neuanfangs gelesen worden [5.1: Peachin]. Nerva scheint sodann die Belastungen der italischen Gemeinden durch die ihnen auferlegten Verpflichtungen für das Kommunikations- und Nachrichtensystem, die *vehiculatio*, verringert zu haben. Seine Herangehensweise bleibt allerdings umstritten [5.1: Eck, Organisation, 94–96; Kolb]. Vermutlich ging es um die Übernahme finanzieller Belastungen durch eine kaiserliche Kasse.

Sex. Iulius Frontinus

das Kommunikations- und Nachrichtensystem

5.2 Zur Prinzipat Trajans

Mit Trajans Adoption beginnt im engeren Sinn die Phase des Prinzipats, die bis heute oft als „Adoptivkaisertum" bezeichnet wird. Eine gut leserliche Einführung hat O. SCHIPP [5.2] vorgelegt. Das Konzept einer Adoption des Besten, das Plinius in seinem *Panegyricus* für Trajan entworfen hat, ist von der älteren Forschung zwar nicht akzeptiert worden. Doch wurde oft ausführlich diskutiert, inwieweit es einen ideellen Grundgedanken des Prinzipats der folgenden Jahrzehnte bildete [schon ablehnend 5.2: CHRIST]. Für neuere Studien spielt es dagegen kaum noch eine Rolle, da die Herrscher vor Marcus Aurelius (161–180) keine Söhne hatten und die adoptierten Nachfolger nach Trajan aus einem größeren Netzwerk von Familien aus dem Umfeld der Principes stammten. Dass die Kaiser des 2. Jh. ihre Herrschaft auch dynastisch absichern wollten, demonstriert eine Monographie von O. HEKSTER [1.2], der unterschiedliche Medialisierungen des dynastischen Arguments untersucht, die er an die jeweils adressierten Publika zurückkoppelt. Großen Raum nimmt in HEKSTERS Studie auch die Repräsentation der kaiserlichen Frauen in Rom und den Provinzen ein.

— „Adoptivkaisertum"

Zu Trajans Regierungszeit liegt die exzellente Biographie von K. STROBEL [4.2.2] vor. STROBELS Studie widmet sich allen Aspekten des kaiserlichen Handelns, legt aber ihren Schwerpunkt auf die Politik- und Sozial- und Strukturgeschichte. Komplementiert wird sie durch die Monographie von G. SEELENTAG, der mit einem dezidiert kulturhistorischen Zugang dominante Diskurse der Zeit untersucht. Das Buch stellt die sich wandelnden Selbstaussagen des Princeps den senatorischen Erwartungen und Forderungen gegenüber. Auch zu Trajans Bauten in Rom bildet SEELENTAGS Monographie [4.2.3] die wichtigste historische Studie.

— Trajans Regierungszeit

In den erzählenden Quellen dominieren zwei Themen die Regierungszeit Trajans: sein Verhältnis zu den Senatoren und die Kriege gegen Daker und Parther. Nach dem Domitian-Erlebnis spiegelt sich gerade in den Werken von Plinius und, meist indirekt, Tacitus eine Art Selbstfindungsprozess der Senatoren dieser Generation. Diese beiden Oeuvres bilden denn auch den Kernbestand der unter 4.2.3 und zu Beginn des Abschnitts 5. angesprochenen jüngeren Literatur zum Senatorenstand um das Jahr 100. Zeitbezüge expliziert Tacitus speziell in seinem biographisch angelegten Totenlob für seinen Schwiegervater Agricola (wohl im Jahr 98). Für die Beschäfti-

— Trajans Verhältnis zu den Senatoren

gung mit diesem Werk bildet der Kommentar von A. J. Woodman und C. S. Kraus [5.2] eine gute Grundlage. Die neueren Forschungsbeiträge gehen zudem oft von der Annahme aus, dass gerade Tacitus' Annalen weniger aussagekräftig für den gewählten Darstellungszeitraum (14–68 n. Chr.) als für die Lebenszeit des Historiographen, speziell die Jahre 100–120, sein könnten [4.2.1 und speziell 4.1: Geisthardt]. Diese Annahme wurde bereits in einem noch immer wichtigen Klassiker, R. Symes umfangreicher Studie zu Tacitus [1.3], diskutiert, die aber den Quellenwert der Annalen für die Rekonstruktion der julisch-claudischen Zeit nicht in Frage stellte.

Trajans Kriege

Knapper werden in den Quellen Trajans Kriege verhandelt. Aus imperialgeschichtlicher Perspektive sind ihre Auswirkungen aber wesentlich bedeutsamer als die Selbstbespiegelungen einer kleinen literarischen Elite. Die Dakerkriege hat erneut K. Strobel mit großer Genauigkeit untersucht [2.5.2; 4.2.2]. Nicht abschließend zu klären ist die Frage, wie exakt die schmalen auf Cassius Dio zurückgehenden Nachrichten über das Kampfgeschehen mit dem Bildbericht auf der Trajanssäule zur Deckung gebracht werden können. Einen plausiblen, dabei aber auch sehr weitgehenden Abgleich hat Strobel in seiner Trajan-Monographie [4.2.2] durchgeführt. Es ist in Einzelfällen immer auch möglich, abweichende Deutungen zu entwickeln oder die Bildsprache des Monuments ohne Rückbezüge zu den Textzeugnissen zu interpretieren. Eine multiperspektivische Analyse der Trajanssäule bieten die Beiträge in einem von F. Mitthof und G. Schörner [5.2] edierten einschlägigen Band (inklusive eines Artikels von K. Strobel). Als Motive für die römischen Angriffe werden heute zumeist Sicherheitsinteressen und kaiserliches Prestigestreben angeführt. Seltener wird die These vertreten, dass die römischen Vorstöße auch auf die Kontrolle der dakischen Goldreichtümer abzielten, wie etwa A. Stefan [4.2.3] annimmt. Anders als im dakischen Fall wird die Annexion von *Arabia* in den Leitquellen nicht kommentiert. Neuere Studien haben aber dokumentarische Quellen und literarische Reflexe gegen die ältere Forschung [etwa 5.2: Bowersock] so gedeutet, dass die Annexion des nabatäischen Königreichs nicht konfliktfrei verlaufen ist [5.2: Al-Otaibi]. Der papyrologische Befund aus der Region gibt bisweilen Aufschluss über die Haltung der lokalen Bevölkerung zu den neuen imperialen Machthabern. Das erhaltene Material haben W. Cockle, F. Millar und H. Cotton [5.2] zusammengestellt.

die Dakerkriege

die Annexion von Arabia

Zum Partherkrieg Trajans stehen nur Fragmente und indirekt erhaltene Quellen zur Verfügung. Über die chronologische Platzierung einiger Fragmente lässt sich keine Einigkeit erzielen. K. STROBEL [4.2.2: Kaiser] stellt auch für diesen Krieg das Sagbare zusammen. Die Belege für den Diaspora-Aufstand, inklusive archäologischer Zeugnisse, die etwa auf die Zerstörung römischer Straßen verweisen, behandelt konzise M. PUCCI BEN ZE'EV [5.2]. Dass Trajans Angriff auf das Partherreich einen Bruch mit einer meist von Diplomatie geprägten Vergangenheit markiert, zeigt J. SCHLUDE [2.3].

Partherkrieg Trajans

Hinsichtlich der zivilen Administration der Trajan-Regierung stellt die noch von Nerva angestoßene Einrichtung einer institutionalisierten Unterstützung für freigeborene italische Kinder, der Alimentarstiftung, das größte Forschungsproblem dar, weil eine ausführliche zeitgenössische Kontextualisierung der inschriftlichen Zeugnisse fehlt. Die antiken Erklärungen für diese in ihrer Dimension ungewöhnliche Maßnahme fallen zeitspezifisch aus. Plinius begründet in seiner Lobrede auf Trajan die Etablierung der *alimenta* unter anderem mit dem traditionsreichen, aber wenig plausiblen Argument (26–28), dass so die Rekrutierung für die Legionen sichergestellt werde. Italiker dienten in dieser Zeit jedoch primär in den stadtrömischen Einheiten und in für Eroberungen neu aufgestellten Legionen (siehe unten unter 7.1). Rekrutierungsprobleme waren in Italien daher nicht zu erwarten. Die sozialhistorische Forschung hatte die These aufgestellt, die italische Landwirtschaft habe sich in einer Krise befunden, auf die die Regierung mit einer Unterstützung der Bedürftigen reagiert habe. Solche älteren Positionen diskutiert etwa P. GARNSEY [5.2]. Die unterliegende wirtschaftshistorische Annahme wird heute im deutschen Sprachraum fast einstimmig verworfen. Die kulturhistorische Forschung fokussiert die Repräsentation des Princeps, der sich mit der Stiftung als Überpatron stilisiert habe [4.2.3: SEELENTAG; 4.2.2: STROBEL]. Die spärlichen Quellen lassen sich aber auch so deuten, dass die *alimenta* eine Art Äquivalent zu den stadtrömischen Getreideverteilungen sein sollten [5.2: LO CASCIO]. Italien wäre dann noch stärker als *territorium* Roms behandelt worden. Die klarste Stellungnahme in den Quellen zu den Zielen der *alimenta*, in der spätantiken *Epitome de Caesaribus* 12, gibt explizit Sozialvorsorge als Grund für deren Einführung an. Die auch die Vorläufer und technische Fragen der neuen Stiftung gut aufschlüsselnde Arbeit von R. LAURENDI [5.2] erwägt daher auch wieder (149–156), dass sich die Nerva-Trajan-Regierung von Motiven

Alimentarstiftung

dieser Art leiten ließ, während kulturhistorische Ansätze die Epitome wegen ihrer späten Zeitstellung beiseiteschieben. Letztlich bleiben die Motive der Regierung für die sehr umfangreichen Hilfen von freigeborenen Kindern für uns unklar. Die maßgebliche Studie zu den Funktionsträgern, die die *alimenta* überwachten, bleibt die Monographie von W. Eck [5.1: Organisation]. Offenbar waren neben den neu eingeführten Präfekten der Alimentarinstitution die schon existenten senatorischen Straßenkuratoren mit deren Aufsicht befasst.

Portus Die beste archäologische Aufarbeitung der Grabungen auf dem Areal von Trajans neuem Hafen bei Ostia stammt von S. Keay, M. Millet und L. Paroli [3.2.1]. Dass Trajans Infrastrukturprogramm im Kernland einen Ausgleich dafür schaffen sollte, dass seine großen Kriege Ressourcen von Italien abzogen, ist die These von A. Eich und P. Eich [5.2].

6 Imperiale Institutionen

der Begriff Institution Der Begriff Institution wird von unterschiedlichen Disziplinen und Studien unterschiedlich definiert mit erheblichen Folgen für sein Erklärungspotential. Dem Darstellungsteil unterliegt eine weite, inkludierende Bestimmung von Institution. Die Vorteile dieser Herangehensweise hat etwa K. Acham [6.] ausgeführt. In der althistorischen Forschung, speziell im Bereich der Wirtschaftsgeschichte, werden dem Terminus aber auch speziellere Bedeutungen zugeschrieben, die sich weniger leicht mit dem allgemeinen Sprachgebrauch vereinbaren lassen. Solche Unterschiede in den Wortbedeutungen müssen stets präsent gehalten werden.

Räume Politischen und administrativen Institutionen wurden in römischer Zeit meist spezifische Räume zugeordnet. Zu den allgemein akzeptierten Erkenntnissen der kulturwissenschaftlichen Wenden in den Geschichtswissenschaften (hier des „spatial turn") gehört, dass Räume nicht einfach vorab existente Container mit Kulissencharakter darstellen, sondern in der Regel von Menschen gemacht oder doch stark beeinflusst sind und daher als Konstrukte gedeutet werden müssen [6.: Schmidt-Hofner/Eich/Ambos]. Gerade kulturell kodierte Räume lassen sich dabei nicht trennscharf gegeneinander abgrenzen. Auch die Aufgabenbereiche römischer Amtsträger wurden oft erst mit der Zeit in räumlicher Hinsicht klarer definiert [2.1: Ri-

CHARDSON]. Gute Einführungen in die Geschichte der römischen Provinzen hat mehrfach G. WESCH-KLEIN [6.] vorgelegt, von denen die neueste zitiert sei. Antike Städte hatten dagegen schon frühzeitig klar abgegrenzte Territorien.

Sehr kontrovers wurde zeitweilig diskutiert, wie die Nachahmung römischer Artefakte, Namen oder Verhaltensmuster in den Provinzen zu deuten sei, die sich auf Inschriften und in der materiellen Kultur abbildet oder abzubilden scheint. Die ältere Forschung war oft davon ausgegangen, dass die Reichsregierung nicht nur die Aneignung römischer Praktiken aktiv gefördert, sondern zu diesem Zweck auch das Bürgerrecht gezielt verteilt habe. Diese Vorstellung unterlag dem oft nicht näher charakterisierten modernen Begriff einer „Romanisierung". Sie gilt heute aber als überholt. Eine systematische Politik der beschriebenen Art ist nicht nachweisbar. Sie wird zudem mit Konzepten aus der Zeit der europäischen Kolonialherrschaft assoziiert, die Forscher des 19. und der ersten Hälfte des 20. Jh. auf Rom, das als eine Art Vorläufer europäischer Reiche interpretiert wurde, zurückübertragen hätten. Anhänger findet dagegen noch eine Interpretation, die die Initiative zu der Übernahme von imperial-römischen Vorbildern oder Angeboten den lokalen Eliten in den je eroberten Gebieten zuschreibt. Im Deutschen wird dieser Erklärungsansatz im Unterschied zu der gerade angesprochenen top-down-Deutung bisweilen mit dem Begriff Romanisation wiedergegeben, doch gibt es für diese Differenzierung in den anderen Wissenschaftssprachen der Alten Geschichte keine Entsprechung [6.: ALFÖLDY; 3.2.2: ZIMMERMANN]. Diese Akzentverschiebung wird von anderen Forscherinnen und Forschern aber ebenfalls kritisiert. Auch sie gehe von pauschalen Motivzuschreibungen aus und ignoriere variable Formen des Widerstands gegen römische Einflussnahmen [6.: MATTINGLY]. Keiner der zahlreichen Erklärungsversuche für die wirtschaftlichen und kulturellen Transformationsprozesse in den Provinzen stößt zurzeit auf breitere Zustimmung. Die Debatte wird mittlerweile vor allem in den archäologischen Disziplinen geführt [6. SCHÖRNER].

„Romanisierung"

Romanisation

6.1 Rom als Zentrum des Imperiums

Die Stadt Rom ist in der Forschung aus unterschiedlichen Perspektiven so intensiv behandelt worden, dass die Literatur zu den vielen

Überblicksdarstellungen

relevanten Aspekten architektonischer, medizinischer, politischer, sozialer oder religiöser Art eine eigene Bibliographie füllen kann. Die im Folgenden erwähnten Werke sind daher gerade auch wegen ihres Charakters als Überblicksdarstellungen ausgewählt worden. Für Studierende bietet der von A. Claridge und C. Holleran edierte Companion einen niedrigschwelligen Einstieg in fast alle für das antike Rom wichtige Themen [6.1]. Komplexer und kohärenter ist die Abhandlung von F. Kolb [6.1], die alle wichtigen Teilbereiche urbanen Lebens auf Forschungsstand vorstellt und diskutiert. Die Forschung zu den archäologischen Stätten Roms hat kein anderer Autor so geprägt wie F. Coarelli [6.1]. Der in das Literaturverzeichnis aufgenommene Band bietet eine häufig neu aufgelegte Zusammenfassung seiner Ergebnisse.

Bedeutung der heiligen Stadtgrenze

Die Bedeutung der heiligen Stadtgrenze Roms als einer rituell definierten Scheidewand zwischen außen und innen blieb auch in der Frühen Kaiserzeit hoch. Kontinuitäten und Wandel in der Vielzahl von Zuschreibungen an das *pomerium* in Republik und Früher Kaiserzeit diskutiert J. Rüpke [6.1]. Die möglicherweise ursprünglich unterliegende Vorstellung, das *pomerium* grenze einen befriedeten Raum von einer potentiell feindlichen Umwelt ab, entsprach offensichtlich nicht mehr seinen politisch-kulturellen Funktionen in der Frühen Kaiserzeit. M. Koortbojian [6.1] hat etwa zeigen können, dass die Präsenz eines Oberbefehlshabers in der Stadt, der auch eine Garde kommandierte, zu einer Neuverhandlung des Verhältnisses zwischen der zivilen und der militärischen Sphäre geführt hat.

Die angesprochenen Bauvorhaben wurden so ausgewählt, dass der historische Kontext ihrer Errichtung schon in den Kapiteln 1–5 vorgestellt worden ist. Andere Beispiele für Monumente, die mit Repräsentationsabsichten verbunden waren, wurden ebenfalls behandelt (vgl. 2.4.2; 3.2.1; 4.2.2; 5.2), zahlreiche weitere werden in den genannten Überblicken diskutiert.

Verwaltung der Stadt Rom

Zu der Verwaltung der Stadt Rom stellen die Kapitel in einem von K. Wojciech und P. Eich [2.4.2] edierten Band den Forschungsstand zusammen. Die Versorgung Roms ist unter 3.2.3 thematisiert werden. Die Begrifflichkeit, es habe im Reich einen „religiösen Markt" gegeben, auf dem sich Konsumentinnen und Konsumenten hätten bedienen können, ist in der Vergangenheit zwar oft verwendet worden, wird heute in der Regel jedoch als nicht weiterführend abgelehnt. Die Forschung legt den Fokus eher auf die Angebotsseite und betont, dass die allzu moderne Idee eines Marktplatzes der Religionen den gruppeninternen Dynamiken bei der Verbreitung religiöser Vorstellungen nicht gerecht werden kann [etwa 6.1: BECK]. Die hohe Sterblichkeit in der Millionenstadt Rom ist unbestritten. Den Standard für demographische Berechnungen, die auch die Lebensbedingungen in Städten miteinkalkulieren, hat W. SCHEIDEL [6.1] gesetzt. Argumente für und gegen das „urban graveyard"-Modell, wonach die Sterblichkeit in Städten stetige Zuwanderung notwendig machte, finden sich bei A. ZUIDERHOEK [6.1].

demographische Berechnungen

6.2 Zentrale Institutionen

Die römische „Kaiserwürde" zu charakterisieren, fällt aufgrund des von Augustus gewählten Verfahrens, sie aus unterschiedlichen rechtlichen und kulturellen Sphären entnommenen Komponenten zu basteln, schwer. TH. MOMMSENS These [1.1: speziell 745–763], Kernstück der von uns Kaiser genannten Stellung sei eine Magistratur, also ein neuer Typus Amt gewesen, an den bspw. der Kult der Herrscher nur angedockt habe, ist zwar durch Verkürzungen oft entstellt worden [6.2: WINTERLING]. Aber auch MOMMSENS ursprüngliche, komplexere Darlegung trifft sicher nicht das Richtige. Die exakte Bestimmung der rechtlich fixierten Kompetenzen der Principes ist von der kultur-, aber auch zuvor schon der sozialhistorisch geprägten Geschichtswissenschaft im deutschen und englischen Sprachraum mehr oder minder aufgegeben und als Untersuchungsgegenstand einer enggefassten Rechtsgeschichte zugewiesen worden. In den französischen und italienischen Fachkulturen sind die älteren Thesen zu den rechtlichen Fundamenten des Prinzipats dagegen in den letzten Jahrzehnten weiterentwickelt und aktualisiert worden. Einen gelungenen Überblick über den Forschungsstand in diesem Bereich bietet ein sehr guter, von J.-L. FERRARY und J. SCHEID [6.2] edierter Band. Die Ergebnisse solcher Studien sind in die Darstellung zur Genese des augusteischen Prinzipats eingegangen (vgl. I.2.3).

„Kaiserwürde"

Die die Rechtsgeschichte ersetzenden oder ergänzenden größeren Forschungsströmungen zur Konstruktion des Prinzipats aus dem 20. und 21. Jh. sind bereits unter 1.2 angesprochen worden. Die sozial- und strukturgeschichtlichen Untersuchungen versuchten, die „Kaiserwürde" durch die Beschreibung möglichst aller überlieferten Handlungen von Herrschern zu charakterisieren [1.2: MILLAR], während kulturgeschichtliche Studien die Repräsentation und Kommunikation mit relevanten Gruppen als mit Abstand wichtigste Aufgaben der Principes privilegieren [1.2: Flaig; 6.2: Ando]. Wieder andere Ansätze legen Schwerpunkte auf die Militär- und Fiskalpolitik oder Priesterrollen [1.2: Eich; in Mischform: 2.4.2: Havener; 6.2: Scheid]. Sozial- und strukturgeschichtliche Beiträge tendieren dazu, den Bereich des Kaiserkults eher als eine Sondersphäre zu behandeln. In kulturgeschichtlichen Studien, die den Prinzipat als uneingeschränkte Monarchie sehen, wird die Unterscheidung zwischen Machtquellen meist aufgegeben. Diese Entwicklung spiegelt sich auch in der Forschung, die primär die Herrscherverehrung untersucht. Wurde auf diesem Gebiet lange betont, dass in den Bürgergebieten des Westens Vorbehalte gegen die Ansprache der lebenden Herrscher als Gottheiten bestanden hätten und zugleich hervorgehoben, dass auch in den hellenistisch geprägten Regionen der östlichen Mittelmeerwelt die Verehrung der lebenden Principes viele Formen annehmen konnte, sind solche Differenzierungen in den letzten Jahrzehnten oft weitgehend aufgegeben worden. Die Forschung zum Kaiserkult wurde unter 2.5.3 anhand des prägenden Beispiels von Augustus behandelt, während Beiträge zu der Haltung von Herrschern, die sich vom augusteischen Beispiel zu lösen suchten, unter den jeweiligen Einträgen zu diesen Prinzipaten aufgeführt worden sind (vgl. 3.1; 4.2.2). Der Fokus lag dabei auf dem besonderen politischen Raum Rom. Studien zu der Entwicklung in den unterschiedlichen Reichsteilen werden unter 6.4 diskutiert werden.

Nächst dem Kaiser hat die Überlieferung zu keiner anderen römischen Institution so reiches Material hinterlassen wie zum Senat bzw. den von Senatoren übernommenen Ämtern. Hinzu treten andere Aufgaben von Senatoren wie etwa die als Großgrundbesitzer. Eben diese Fülle von Hinweisen zu dem Wirken des Gesamtgremiums, vor allem aber zu den Ansichten, der Selbstdarstellung und dem administrativen Wirken von Senatoren hat dazu beigetragen, dass es eine einzelne Studie, die zumindest als Bestandsaufnahme unseres Kenntnisstandes über Senat und Senatoren dienen kann, nicht gibt und auch nicht geben kann. Die formalen Regularien, die für den Senat galten, hat R. Talbert [1.3] zusammengestellt. Ergänzt wird dieses Werk durch neuere rechtshistorische Studien zu Senatsbeschlüssen [etwa 6.2: Buongiorno/Camodeca]. Die Neukonstitution des Gremiums im Frühen Prinzipat ist hinreichend von W. Eck erforscht worden, aus dessen Werk zwei Zusammenstellungen von Artikeln zitiert seien [2.: Verwaltung I und II]. Einen Überblick über weitere sozial- und strukturgeschichtliche Zugänge zu den Handlungsfeldern von Senat und Senatoren gibt P. Eich [3.1]. *sozial- und strukturgeschichtliche Zugänge*

Neuere kulturhistorische Studien sind oft als Kommentare zu den bedeutendsten erhaltenen Schriften von Senatoren, das heißt den literarischen Werken von Plinius und Tacitus, konzipiert. Der dokumentarischen Überlieferung sprechen sie dagegen meist wenig Aussagekraft zu. Die wichtigsten Arbeiten dieser Richtung sind unter 4.2.3 vorgestellt worden [etwa Künzer; Blochmann]. Dass selbst diese klare Fokussierung die in den literarisch ausgefeilten Elitendiskursen angelegten Mehrdeutigkeiten nicht einfach aufheben kann, verdeutlicht der Umstand, dass J. Geisthardt [4.1] aus Tacitus und Plinius herausliest, dass sie die Reduktion von Konkurrenz unter den Senatoren als ein Verdienst ihrer Zeit sehen, während I. Künzer [4.2.3] die gleiche Zeit als „Kultur der Konkurrenz" beschreibt. Die neueren deutschsprachigen Studien unterlegen ihren Ausführungen oft eine Untersuchung von K. Hopkins und G. P. Burton [6.2] zur Weitergabe des senatorischen Status innerhalb von Familien. Hopkins und Burton waren zu dem Schluss gekommen, dass nach den ersten Anfängen der Kaiserzeit die Herkunft aus einer aristokratischen Familie für eine erfolgreiche senatorische Karriere weitgehend irrelevant gewesen sei. Diese Schlussfolgerungen harmonieren aber weder mit den großen prosopographischen Analysen des Senatorenstandes der Kaiserzeit [besonders 4.1: Eck, Senatoren und 6.2: Alföldy) noch mit der auf soziologischen Ansätzen basierenden Untersuchung der römischen Aristokratie von Chr. Badel [6.2]. Nach den Studien von F. Chausson [6.2] und Chr. Settipani [6.2] genossen Werte wie Familientraditionen noch im 3. Jh. n. Chr. hohes Ansehen. So wichtig die literaturwissenschaftlich angelegten Untersuchungen von Plinius und Tacitus sind, können sie nur mit Zurückhaltung verallgemeinert werden. *kulturhistorische Studien*

Herkunft

Nach zeitgenössischen Vorstellungen kam der angemessenen Pflege der *sacra publica* größte Bedeutung für den Fortbestand der *res publica* zu. Entsprechend groß war das Prestige, dass Princeps und Senatoren aus Priesterämtern ziehen konnten. Die Schlüsselstudie zu ihnen stammt von J. Rüpke [2.4.3]. Den kaiserlichen Oberpontifikat behandelt R. Stepper [6.2]. Die stadtrömischen Magistraturen der Kaiserzeit sind aufgrund ihrer Entpolitisierung fast nur *Priesterämter*

stadtrömische Magistraturen

noch als inhaltlich belanglose Karrierestufen angesehen worden. Die einschlägige Literatur wurde im vorhergehenden Abschnitt zitiert. In ihrer Monographie zu den Ädilen hat A. DAGUET-GAGEY [6.2] die Kaiserzeit miteingeschlossen. Zu der Rechtsprechung der Konsuln in der Kaiserzeit hat M. PEACHIN [Die neue Gerichtsbarkeit der Konsuln und Prätoren in der Frühen Kaiserzeit, in: 2.4.2: EICH/WOJCIECH, 79–94] einen wichtigen Beitrag vorgelegt. Dagegen ist die unter Tiberius dauerhaft etablierte Stadtpräfektur gerade unter rechtshistorischem Aspekt, also mit Schwerpunkt auf der Entwicklung ihrer jurisdiktionellen Kompetenzen und der Abgrenzung ihrer Aufgaben von denen anderer Funktionen, zuletzt mehrfach untersucht worden. Die Standardstudie stammt von K. WOJCIECH [2.4.2].

curae (Aufgabenbereiche) und *praefecturae*

Allen stadtrömischen *curae* (Aufgabenbereichen) und *praefecturae* sind Monographien gewidmet worden, die jeweils unseren Kenntnisstand abbilden, wenn auch Detailfragen in der Spezialforschung weiter kontrovers diskutiert werden. Die wichtigsten Werke wurden schon im Zusammenhang mit der Etablierung dieser Funktionen unter Augustus unter 2.4.2. vorgestellt. Sehr bedauerlich ist, dass sich kaum Informationen über die Funktionsmechanismen der beiden großen Kassen der *res publica*, *aerarium Saturni* und *aerarium militare*, erhalten haben. Für formale Fragen von Zuständigkeiten und die Auswahl der Amtsträger bildet noch immer die Monographie von M. CORBIER [6.2] das Grundlagenwerk. Eine gelungene Fallstudie zu den Aufgaben und Möglichkeiten der Präfekten des *aerarium Saturni* hat D. RATHBONE [Nero's Reform of *vectigalia* and the Inscription of the *lex portorii Asiae*, in: 3.3.2: COTTIER, 251–278] anhand der Befunde aus neronischer Zeit vorgelegt. Zu den Präfekten der Vigilen und der *annona* bleiben die Arbeiten von R. SABLAYROLLES [3.2.1] und H. PAVIS D'ESCURAC [3.2.1] maßgeblich. Für die Prätorianerpräfektur liegt keine Monographie vor, die der Vielschichtigkeit dieser Funktion gerecht wird. M. ABSILS Arbeit [6.2] ist nur prosopographisch mit Gewinn zu konsultieren. Die einzelnen Präfekten werden in den politikgeschichtlichen Abhandlungen zu den Principes, unter denen sie aktiv waren, mitbehandelt.

der kaiserliche Rat

Der kaiserliche Rat ist zuletzt kaum noch erforscht worden, weil die Quellen für eine umfangreiche Neubehandlung nicht tragen. Er war offensichtlich kaum formalisiert und auch nicht in Gremien mit unterschiedlicher Expertise unterteilt. Den Forschungsstand bilden mehrere Beiträge von W. ECK ab [2.: Verwaltung II]. Die ritterlichen Teilnehmer am Rat, die seit dem Ende des Untersuchungszeitraums belegt sind, und den langsamen Zuwachs an juristischer Expertise im *consilium* in der Hohen Kaiserzeit diskutiert J.-P. Coriat [6.2].

Die zentralen Sekretariate in Herrschernähe sind aus unterschiedlichen Blickwinkeln untersucht worden. Die in den Quellen zumindest unterstellte Einflussnahme freigelassener Kanzleivorsteher auf hochpolitische Entscheidungen wird in politik- oder sozialgeschichtlichen Arbeiten zu den einzelnen Principes wie Claudius (vgl. 3.2) mitbehandelt. Den Prozess, im Zuge dessen diesen Freigelassenen ritterliche Prokuratoren an die Seite gestellt wurden, vollzieht P. Eich [6.2] nach. Das Profil dieser Funktionen tritt erst nach dieser Reform klarer hervor, weil die Quellen nicht mehr primär an von Freigelassenen ausgelösten Skandalen interessiert sind. Der unter 1.3 angesprochene Wechsel im Quellenfokus im 2. Jh. trägt entscheidend dazu bei, dass die Funktionen *ab epistulis* und *a libellis* im 2. und 3. Jh. in der Forschung eher unter administrativen Gesichtspunkten behandelt werden. Die wichtigste neuere Studie stammt von T. Carboni [6.2]. Carbonis Untersuchung ist unter anderem deswegen weiterführend, weil sie einen strukturgeschichtlichen Zugang, statt des oft dominierenden rechtshistorischen Ansatzes zu diesen Positionen wählt. Die Prokuratorenstelle *a libellis* des 2. und 3. Jh. ist in der römisch-rechtlichen Forschung lange Zeit als fast schon in eigenständiger Form rechtsetzende Institution behandelt worden. Viel rezipiert, aber auch kontrovers diskutiert wurde die Methodik T. Honorés [6.2], der die kaiserlichen Antworten auf Bittschriften aufgrund stilistischer Kriterien den je bekannten *a libellis* zuordnet und deren Rechtsauffassung rekonstruiert. Die beste historische Kontextualisierung der kaiserlichen Praxis, reaktiv zu regieren, indem auf Bittschriften konkrete Antworten formuliert wurden, die in der Folge aber Allgemeingültigkeit gewinnen konnten, bleibt F. Millars [1.2] monumentale Studie der Herrscherrolle, die die ganze Kaiserzeit einschließt. Die im Wesentlichen aus der Hohen Kaiserzeit stammende dokumentarische Überlieferung zu den administrativen Praktiken der kaiserlichen Kanzlei hat T. Hauken [6.2] im Detail besprochen. Die Bedeutung und zeitliche Abfolge der Kanzleisignaturen auf Antworten werden aber auch weiterhin umstritten bleiben.

Diese Ressorts unterstützten die Principes in Rom und in der Reichspolitik. Aus imperialgeschichtlicher Perspektive besonders bedeutsam wurde das Finanzsekretariat, *a rationibus*, da hier die

die zentralen Sekretariate

ab epistulis und *a libellis*

a rationibus

Mittel und Zahlen, die das Berufsheer betrafen, gebündelt wurden. Grundlegend für das Verständnis dieses Ressorts ist ein Beitrag von M. CHRISTOL und S. DEMOUGIN [6.2]. M. ALPERS [2.6] hat die Zuständigkeit der *a rationibus* für Mittel des *patrimonium* und Gelder der *res publica* schon im 1. Jh. nachgewiesen, P. EICH [1.2] ihre sukzessive Einbindung in die Administration zwischen dem 1. und dem 3. Jh. analysiert.

Hof   Die bisher aufgeführten Titel behandelten meist einzelne Dienststellen. Der langsame Bedeutungszuwachs dieser und weiterer Ressorts in der Umgebung der Herrscher in ihrer Gesamtheit bildet einen wichtigen Baustein in A. WINTERLINGS [1.2] Prinzipatsinterpretation, nach der in der Kaiserzeit in Rom, einer sonst tendenziell staatenlosen Gesellschaft, ein Hof ohne Hofstaat entstanden sei. Diese Position wird heute auch von imperialgeschichtlichen Arbeiten, die eine Vogelperspektive wählen, geteilt [1.2: BANG], während sozial- und strukturgeschichtliche Untersuchungen zurückhaltend bleiben.

6.3 Das frühkaiserzeitliche Italien

Vielfältigkeit italischen Lebens   In politikgeschichtlicher Hinsicht tritt Italien im Frühen Prinzipat aus dem Quellenfokus. Reiche archäologische, epigraphische und numismatische Befunde ermöglichen aber sozial- und wirtschaftsgeschichtliche Einblicke. Sie demonstrieren, wie unterschiedlich die Entwicklungen von Regionen, Mikroregionen oder Städten verlaufen sind. Beschleunigten Akkulturationsprozessen und rechtlichen Angleichungen stehen sehr fragmentierte oder doch differenzierte soziale und ökonomische Tendenzen gegenüber. Einen guten Einstieg in die Vielfältigkeit italischen Lebens in der Kaiserzeit stellt ein von A. COOLEY edierter Companion dar [6.3].

Nach dem Ende des sogenannten Bundesgenossenkriegs 91–89 v. Chr. (oder 87 v. Chr.) wurde Italien zunächst südlich des Pos in einem sehr konflikthaften Prozess praktisch zum Territorium der überdimensionierten *urbs* Rom. Während Mittelitalien zu diesem Zeitpunkt bereits weitgehend in eine kulturell und wirtschaftlich von Rom dominierte Welt integriert war, nahm die nachhaltige Eingliederung des Nordens und Südens längere Zeit in Anspruch. Rechtlich wurden die bis dahin heterogenen politischen Systeme der unterschiedlichen Gemeinden schon vor der augusteischen

Herrschaft an römische Vorlagen angepasst, auch wenn die augusteische Zeit diesbezüglich noch einmal einen Schub gebracht haben dürfte [2.1: BISPHAM]. Im Zuge der Bürgerkriege seit 49 v. Chr. wurde zudem eine wachsende Zahl von italischen Unterstützern der römischen Machthaber in den Senat oder doch in die Gruppe der Ritter aufgenommen [2.: SYME]. Diese Entwicklung hielt in der Frühen Kaiserzeit an. Mit der augusteischen Zeit verstärkte sich auch die kulturelle Annäherung zwischen Italien und Rom noch einmal deutlich. Viele italische Städte orientierten sich bspw. in der Architektur, bei Tempeln, Theatern oder Aquädukten, an Rom [6.3: JOUFFROY; GROS/TORELLI]. Dazu trug bei, dass gerade in der Frühen Kaiserzeit Principes, ihre Familienmitglieder und italische Senatoren oft Vermögen in die Bauten und die Infrastruktur einzelner Städte investiert haben, um sich repräsentativ in Szene zu setzen, aber auch den Wohlstand der Zeit zu dokumentieren [6.3: ENGFER].

In der Frühen Kaiserzeit lässt sich auch eine Blüte der politischen Kultur vieler Städte Italiens beobachten, die ebenfalls gleichermaßen von gemeinsamen wie individuellen Zügen geprägt war. Eine Langzeitperspektive auf typische Formen städtischer Politik, die die Vitalität von Institutionen und kulturellen Praktiken bis in die Spätantike herausarbeitet, hat L. TACOMA [1.2] vorgelegt. Bis zum Vesuvausbruch 79 bilden Pompeji und seine Umgebung aufgrund der einzigartigen Quellenlage oft ein privilegiertes Exempel der Forschung [bspw. 4.2.2: MOURITSEN]. Für politisch bedeutsame Entscheidungen, Gerichtsurteile und administrative Akte waren die italischen Städte allerdings auf die römischen Institutionen, zunächst vor allem die Magistrate und den Senat, angewiesen. Darin spiegelte sich das Privileg, Zentrum des Imperiums zu sein, doch müssen auch die Nachteile dieses Arrangements spürbar gewesen sein, da die stadtrömischen Strukturen anerkannter Weise sehr schwerfällig waren [5.1: ECK, Organisation]. Langsam gewannen daher in der Hohen Kaiserzeit die Gerichtshöfe der Stadt- und der Prätorianerpräfekten an Bedeutung [1.2: EICH; 2.4.2: WOJCIECH].

politische Kultur

Für ganz Italien gilt, dass es von der überdimensionierten Konsumentenstadt Rom [6.3: MORLEY] herausgefordert und stimuliert wurde. In der Frühen Kaiserzeit lässt sich daher trotz aller Variationen eine signifikante wirtschaftliche Integration der Halbinsel ausmachen [1.3: PATTERSON]. In schon angesprochenen zahlreichen Neubauten spiegelt sich eine Blüte, die wohl auch auf die Abschöpfung der Reichtümer des Imperiums zurückgeht [6.3: MAIURO]. Römische

wirtschaftliche Integration

Bürger waren schon länger von Kopf- und Bodensteuern befreit. Zu zahlen hatten freie Italiker lediglich unregelmäßig erhobene Abgaben, von denen nur die Freilassungssteuer von 5 % auf den Wert des Sklaven und die Erbschaftssteuer, die ebenfalls bei 5 % lag, besser dokumentiert sind [6.3: Günther]. W. Jongman [6.3] hat postuliert, dass dieser Reichtum auch bei den durchschnittlichen Bürgerinnen und Bürgern des Kernlandes angekommen sei. Seine Thesen sind jedoch nicht unwidersprochen geblieben [6.3: Scheidel]. Lange Zeit galt es als Forschungskonsens, dass die ökonomische Blüte Italiens schon seit dem späteren 1. Jh. n. Chr. einem langgezogenen Niedergang gewichen sein [1.2: Bleicken]. Neuere Studien betonen dagegen, dass sich nicht einmal die oft als Beispiel dienende Region Etrurien einheitlich entwickelt hat. Unterhalb der ganz allgemeinen Tendenzen blieb die italische Ökonomie durch lokale Varianzen geprägt [6.3: Pasieka; zusammenfassend 1.3: Patterson]. Im Zuge der hohen Kaiserzeit lassen sich aber gleichwohl Konzentrationsprozesse ausmachen, die sich bspw. in einem Bedeutungszuwachs mittlerer Städte gegenüber kleineren zeigen.

das kaiserliche patrimonium

Ein wichtiger ökonomischer Mitspieler wurde schon seit augusteischer Zeit das kaiserliche *patrimonium*, technisch der Privatbesitz der Herrscher, dessen Vertreter aber schon wegen der Dimension des *patrimonium* sicher keine privaten Marktteilnehmer waren. Die Verbreitung kaiserlicher Besitzungen aller Art (Ländereien, Wälder, Herden, Ziegeleien etc.) dokumentiert ein von D. Pupillo herausgegebener Band [6.3]. Dass der kaiserliche Landbesitz in Italien Marktfaktor, Lieferant von Lebensmitteln für Rom und Kontrollinstrument der Principes zugleich war, hat zuletzt M. Maiuro [6.3] gezeigt. Zu den kaiserlichen Landgütern traten zahlreiche senatorische Güter, die oft, etwa um Rom (dem *suburbium*), Cluster bildeten. Die Belege für senatorischen Grundbesitz hat A. Andermahr [5.] zusammengestellt.

6.4 Institutionen des Provinzialreichs

Statthalter

Für die meisten Bewohnerinnen und Bewohner der römisch beherrschten Welt wurde das Imperium von den Vertretern der *res publica* bzw. des Princeps in den Provinzen repräsentiert, das heißt vor allem den Statthaltern, meist Prokonsuln oder *legati Augusti pro praetore*, seltener Präfekten oder, seit Claudius, Prokuratoren.

Die große Masse des einschlägigen Quellenmaterials hat die analytische Beschäftigung mit dem gesamten Spektrum der Aufgaben der Provinzialadministration aber eher erschwert als erleichtert. Der heterogene Charakter der tradierten einschlägigen Zeugnisse, der Papyri, Inschriften, bildlichen Darstellungen, Schlaglichter in der Historiographie, juristischen Texte sowie der Grabungsbefunde etwa an Statthaltersitzen, hat dazu geführt, dass die Forschung zu den Gouverneuren sehr unterschiedliche Ansätze verfolgt. Der Versuch von A. Bérenger [6.4], einen systematischen Überblick über die Aktivitäten der Gouverneure zu geben, ist bei einer oberflächlichen Zusammenstellung von Handlungsfeldern stehengeblieben. Mit einem typisch kulturhistorischen Zugang, d.h. mithilfe dichter Beschreibungen exemplarischer Kommunikationssituationen, hat E. Meyer-Zwiffelhoffer [6.4] die Materialmenge eingegrenzt. Seine Studie bildet eine wichtige Grundlage für die Analyse des Austauschs imperialer Funktionsträger mit provinzialen Eliten. Die aus abkommandierten Soldaten (*officiales*) gebildeten Stäbe, die zunächst vor allem die kaiserlichen Legaten und auch Präsidialprokuratoren unterstützten, hat in vielen Beiträgen R. Haensch erforscht, von denen seine umfangreiche Abhandlung der Quellen zu den Statthalterresidenzen genannt sei [6.4: Capita]. Historisch besonders zielführend ist eine aus dem Buch ausgelagerte Untersuchung des langsamen Ausbaus der Statthalterarchive [6.4: Haensch, Statthalterarchiv]. Meisterlich ist die Behandlung der Prokonsuln und vor allem ihres Verhältnisses zum Princeps durch F. Hurlet [2.], der zahlreiche weitere Detailstudien zu diesem Themenkomplex vorgelegt hat. Kontrovers bleibt, wie die Präfektur von Ägypten in das Spektrum der kaiserzeitlichen Statthalterschaften einzuordnen ist. A. Jördens [2.4.1] betont, dass sich diese ritterliche Position von den senatorischen Prokonsulaten und Legationen kaum unterschieden habe. Dies gilt für einige reichsweit geregelte Tätigkeitsbereiche (Armeekommando; Teile der Rechtsprechung), weniger für die Finanzadministration. Nach unserer Kenntnis waren auch Prokonsuln nicht so intensiv mit dieser essentiellen Aufgabe befasst. Für einige der in Ägypten belegten Prokuratoren gibt es keine Entsprechung in anderen Provinzen.

die Präfektur von Ägypten

Maßgeblich für unser Verständnis der prokuratorischen Administration in Früher und Hoher Kaiserzeit bleiben nach wie vor die Studien von H.-G. Pflaum (6.4: Procurateurs; Ders., Carrières). Obwohl zwischen den Rittern als soziopolitischer Gruppierung und

Patrimonial- und Fiskalprokuratoren

Rittern im Dienst des Kaisers sorgfältig unterschieden werden muss, bildet S. DEMOUGINS [2.4.1] Analyse des frühkaiserzeitlichen Ritterstandes eine wichtige Ergänzung zu PFLAUMS Arbeiten. Neuere Literatur zu diesen Grundlagenwerken trägt C. DAVENPORT nach [6.4]. Das Verhältnis der Patrimonial- und Fiskalprokuratoren zu den senatorischen Statthaltern diskutiert P. EICH [1.2].

kaiserliche Domänen und Minen

Dass kaiserliche Domänen und Minen im Besitz des Herrschers imperiale Sonderzonen bilden konnten, zeigt A. EICH [Die Verwaltung der kaiserzeitlichen Armee, in: 6.4: DERS., 9–35]. Den Forschungstand zu der Administration von Minen hat A. HIRT [6.4] mehr zusammengetragen als ergänzt. Die Verwaltung der kaiserlichen Landgüter ist leider keiner umfassenden Analyse unterzogen worden. Zumeist bilden Inschriften aus dem Bagradastal in Tunesien, von denen zwei vom Anfang des 2. Jh. stammen, den Ausgangspunkt für Analysen der ökonomischen Bedeutung von Patrimonialgütern sowie der Stellung ihrer Manager. Die beste Gesamtschau der Aussagepotentiale dieser Texte bleibt eine Monographie von D. KEHOE [4.2.1].

Provinziallandtage

Die Grundlagenstudie zu den Provinziallandtagen ist noch immer die Abhandlung von J. DEININGER [6.4]. Inwieweit neben der Organisation der Herrscherverehrung von Anfang an auch andere Interessen deren Ausgestaltung mitbestimmten, ist umstritten. Sicher konnten sich Abgeordnete der Gemeinden bei der Gelegenheit der Feierlichkeiten auch darüber austauschen, ob ein Gouverneur verklagt werden sollte. Gewaltausübung, Erpressung oder Unterschlagung sind auch im Frühen Prinzipat häufig belegt [6.4: BRUNT]. Daneben hat B. EDELMANN-SINGER [2.5.3] zuletzt die *concilia/koina* auch als Mittel gedeutet, ökonomische Netzwerke zu pflegen.

Kaiserkulte und Herrscherverehrung

Jenseits dieser „Landtage" sind schon frühzeitig zahlreiche individuellere Formen der Verehrung von Principes bezeugt, so durch Städtebünde oder auf der Ebene einzelner Städte bis hin zu Ehrungen durch Privatpersonen. Die ältere Forschung hat auch bei der Betrachtung provinzialer Kontexte der Herrscherverehrung lange Zeit die Unterschiede zwischen Westen und Osten betont. In vielen griechischsprachigen Provinzen zeige sich eine hellenistisch prästrukturierte Offenheit für Kulte lebender Herrscher. Im lateinischen Westen hätten sich römische Bürgerinnen und Bürger etwa in Kolonien oder Munizipien tendenziell eher eines breiten Spektrums unbestimmter Formen der Herrscherverehrung bedient, statt den Princeps explizit als Gott anzusprechen. Diese Differenzierung wird gelegentlich, aber nicht durchgängig durch die sprachliche Unterscheidung zwischen Kaiserkulten und einer vageren Herrscherverehrung zum Ausdruck gebracht [2.5.3: Pfeiffer]. Für den Westen des Imperiums grundlegend ist noch heute die immense Materialsammlung und -kommentierung von D. Fishwick [2.5.3]. Fishwick differenziert zwar auch zwischen offiziellen Stellungnahmen der Reichsregierung und öffentlichen Kulten sowie lokalen Angeboten an die Principes. Einzelne Ehrende, aber auch Stadtvertreter in Italien oder im Reich haben den Herrschern offensichtlich frühzeitig eine uneingeschränkte Göttlichkeit zugeschrieben. Grundsätzlich hält Fishwick aber an der Interpretation fest, dass die lebenden Herrscher römischen Bürgerinnen und Bürgern anfangs nicht als Gottheiten zu gelten hatten. Selbstvergottungstendenzen, wie sie etwa bei Caligula belegt sind, hätten politisch relevante Teile der Bevölkerung als unakzeptable Grenzüberschreitungen gedeutet. Dagegen interpretieren neuere Studien inschriftliche Zeugnisse aus Italien und dem Westen [2.5.3: Clauss] oder auch Bildmaterial [2.5.3: Gradel] so, dass sich die früher betonte Zurückhaltung römischer Bürger gegenüber kultischen Ehrungen der lebenden Herrscher schon rasch, wenn überhaupt, höchstens in einer kleinen Sondersphäre stadtrömischer Öffentlichkeit ausgewirkt habe.

Westen des Imperiums

Die Untersuchung der Kaiserkulte in den hellenistisch geprägten Provinzen hat eine Monographie von S. Price [2.5.3] auf ein neues Fundament gestellt. Zwar ist Prices unreflektiert vergleichende Herangehensweise seither aufgegeben worden, die Ergebnisse dieser Studie waren jedoch in vielfacher Hinsicht wegweisend. Nach Prices Interpretation waren jedenfalls in Kleinasien Rituale mit kultischen Komponenten nicht nur Beiwerk militärisch abgesicherter Herrschaftsverhältnisse, die sie höchstens verdeutlicht hätten, sondern hätten selbst einen signifikanten Teil kaiserlicher Macht dargestellt. Sie hätten es den griechischen Eliten in den Provinzen aber auch erlaubt, über solche Angebote in einen Aushandlungsprozess über die Bedeutung von imperialer Macht für ihre Regionen oder Städte einzutreten. Die Differenzierung zwischen kultischen und anderen Formen von Herrschaft ist in der Folge mehrfach als irreführend ausgewiesen worden [6.2: Ando; 6.4: Burrell].

hellenistisch geprägte Provinzen

Price [2.5.3] hatte sodann darauf hingewiesen, dass Herrscherverehrung und Kaiserkult in den Landtagen, in einzelnen *poleis* (griechisch geprägten Städten) oder bei unterhalb dieser Ebene organisierten Feierlichkeiten ganz unterschiedlich gestaltet gewesen

Vielgestaltigkeit der Kaiserkulte

sind. Detailanalysen des einschlägigen inschriftlichen, numismatischen und archäologischen Quellenmaterials haben seither noch klarer herausgestellt, dass die Formen der Verehrung der lebenden und der divinisierten Herrscher keiner Normung unterlagen. In der Regel werden sie heute zur Betonung dieser Heterogenität daher in der Pluralform wiedergegeben [KOLB/VITALE: 2.5.3]. PRICE hatte allerdings auch aufgrund dieser Vielgestaltigkeit auf einen Versuch verzichtet, die religiöse Dimension der einschlägigen Rituale u. ä. bestimmen zu wollen. Diese Zurückhaltung ist weitgehend aufgegeben worden. Die aktuelle Forschung geht zumeist davon aus, dass den Herrschern verbreitet Göttlichkeit zugeschrieben worden ist. Neuere Studien stellen daher auch die lange Zeit als gesetzt geltende Unterscheidung zwischen östlichen und westlichen Formen von Kult und Verehrung in Frage. Das Augenmerk liegt mittlerweile eher auf Interaktionen und Beeinflussungen zwischen den Regionen [6.4: BURRELL; 6.2: ANDO; 2.5.3: KOLB/VITALE].

Die maßgebliche Studie zu allen Fragen, die den von der kaiserlichen Regierung verliehenen Status als *neokoros*, d. h. also das Recht, einen (sub-)provinzialen Kaisertempel bauen und unterhalten zu dürfen, betreffen, stammt von B. BURRELL [6.4]. BURRELL untersucht auch die gegen Ende der Frühen Kaiserzeit besser dokumentierte Konkurrenz um diesen Rang, die die Monographie von A. HELLER [6.4] noch weiter in der zeitgenössischen Politik griechischer Städte in Westkleinasien kontextualisiert. Die städtischen Kaiserpriester in *Asia* behandelt G. FRIJA [6.4].

munizipale Funktionsträger

Zu den munizipalen Funktionsträgern im Reich liegt wie zu den Statthaltern ein solcher Reichtum an Material vor, dass nur einzelne Fallstudien zu Ämtern und Amtsträgern durchgeführt oder solche Detailanalysen in abstrahierender Form zusammengefasst werden können. Hilfreiche Einführungen in die unterschiedlichen Stadttypen in West und Ost stellen die Kapitel von M. GLEASON [6.4] und J. EDMONDSON [4.2.3] dar. F. KOLB [6.4] und A. ZUIDERHOEK [6.1] haben typische Züge griechischer und römischer Städte herausgearbeitet. KOLB bezieht in seiner Gesamtschau auch den mesopotamisch-syrischen Großraum mit ein. ZUIDERHOEK weist nachdrücklich darauf hin, dass entgegen pessimistischer Annahmen in der älteren Forschung viele Städte in der Kaiserzeit durchaus finanzielle Spielräume gehabt hätten.

poleis

Durch die reiche epigraphische Überlieferung Kleinasiens sind die städtischen Gremien und Amtsträger kaiserzeitlicher *poleis* in dieser Großregion besonders gut dokumentiert. Einen souveränen Überblick über Ergebnisse zahlreicher Detailstudien zu kleinasiatischen Städten hat CHR. MAREK [4.2.1] vorgelegt. Die Inschriften bieten eine Fülle von Hinweisen auf städtische Funktionen, Formen der Selbstdarstellung von Amtsträgern, ihre Kommunikation mit Statthaltern und Principes sowie familiäre Machterhaltungsstrategien lokaler Eliten. Weniger wissen wir leider über die Kompetenzen der einzelnen Ämter, Stadträte und anderer Gremien. Ihr Zusammenspiel diskutiert S. Dmitriev [6.4].

Die papyrologische Evidenz bietet sodann reiches Quellenmaterial für die Untersuchung der Organisation der ägyptischen Gaumetropolen. Für die Gaue, aber auch deren Zentralorte ohne Stadtrechte waren bis zum Beginn des 3. Jh. n. Chr. die von Alexandria eingesetzten Strategen und Königlichen Schreiber die bestimmenden Funktionsträger. Die vielfältigen Aufgaben der Königlichen Schreiber schlüsselt die durch ihre Materialbeherrschung herausragende Studie von TH. KRUSE [6.4] auf. Hilfreich ist auch die Untersuchung der Strategen von H.-C. DIRSCHERL [6.4]. Forschung und Überblicke zu den munizipalen Funktionsträgern auf der iberischen Halbinsel, in Britannien und Italien sind bereits an anderen Stellen vorgestellt worden (vgl. 2.5.2: 3.2.2; 6.3). Zu den Vereinigungen (*collegia*) und ihren unterschiedlichen rechtlichen Statuten wird zumeist mit regionalem Fokus geforscht. Aufgeführt sei die einflussreiche Studie von N. TRAN [6.4] zu Italien und Gallien und die überregionale Arbeit von P. HARLAND [6.4].

ägyptische Gaumetropolen

6.5 Nicht-„staatliche" Institutionen mit Einfluss auf die politische Ordnung

Nutzen und Nachteile der Herangehensweise, die Begriffe Staat bzw. „state" in althistorischen Kontexten zu verwenden, diskutieren bspw. die Beiträge in dem von P. BANG und W. SCHEIDEL edierten einschlägigen Handbuch [6.5]. Wegen des gemessen an den Standards der Moderne weit geringeren Regelungsanspruchs antiker Gemeinwesen ist die Entwicklung der Institution Familie in allen ihren Erscheinungsformen auf das engste mit der Geschichte der jeweiligen politischen Systeme verbunden. Zugleich bietet sich der Forschung auf diesem Feld ein Reichtum an Phänomenen und Differenzierungen, der Behandlungen nur in eigens diesem Thema gewidmeten

Staat bzw. „state"

die Entwicklung der Institution Familie

Monographien oder in Studien von erheblichem Umfang erlaubt. Ein guter forschungsbasierter Einstieg in alle relevanten Aspekte dieser Thematik ist das von P. J. Du Plessis, C. Ando und K. Tuori [6.5] edierte Handbuch.

rechtliche und soziale Stellungen von Frauen

In einer älteren Meistererzählung über das republikanische Rom nahmen aristokratische Großfamilien, *gentes*, breiten Raum ein. In der Frühen Kaiserzeit hätten diese *gentes* ihre Bedeutung dann weitgehend eingebüßt. Dieses Konzept einer starren Clanstruktur der römischen Sozialordnung ist heute weitgehend aufgegeben worden. Zwar konnten auch im 1. Jh. n. Chr. Heiraten politische Allianzen begründen. Auch in der *domus Augusta* sind zudem entferntere Verwandte wie etwa Germanicus (vgl. 2.5.4) oder Hadrian (vgl. 5.2) als Garanten der familiären Kontinuität aufgebaut worden. Aber insgesamt ist doch wie schon in dem Klassiker von S. Treggiari [6.5] weit eher die römische Kleinfamilie in das Zentrum der Aufmerksamkeit gerückt. In jüngster Zeit richtete sich das Forschungsinteresse vermehrt auf die rechtliche und soziale Stellung, die Frauen in der Familie und der Gesellschaft einnehmen konnten. Eine gut lesbare, populäre Darstellung dieser Thematik hat P. Chrystal vorgelegt [6.5]. Leider sind mehr oder minder alle Schriftquellen zum Familienleben in römischer Zeit von Männern verfasst worden, sodass wir vor allem Rollenbilder und Erwartungen greifen. Sie bewegen sich in sehr traditionellen Bahnen. Zudem stammt viel relevantes Material aus der Literatur der späten Republik, etwa aus den Werken Ciceros oder Sallusts. Ob die von ihnen beschriebenen Normen und Handlungen Entsprechungen in der Frühen Kaiserzeit fanden, kann oft nicht sicher geklärt werden. In den Fokus der literarischen Quellen treten danach vor allem die Frauen an der Seite der Principes (vgl. 3.2.1). Inwieweit in Rom und bei römischen Aristokratenfamilien gültige soziale und rechtliche Normen, die die Verhältnisse in Familien regelten, auch in anderen Teilen der imperialen Welt Beachtung fanden, ist in der Regel selbst für Kolonien nicht überprüfbar. Immerhin lassen inschriftliche Zeugnisse doch

Rollenerwartungen

auf verbreitete, länger wirksame Rollenerwartungen schließen, die an Frauen herangetragen wurden [6.5: Hemelrijk]. Wie eine andere klassische Studie zeigt [6.5: Foxhall], liefern die Quellen wohl Material für traditionelle (auf männlichen Perspektiven beruhende) Frauengeschichte, aber kaum für Gender Studies im eigentlichen Sinn des Wortes. Zwar blühen zurzeit Studien zu Empire und Gender in anderen Fachdisziplinen, aber für die Römische Geschichte bleiben einschlägige Arbeiten doch meist auf die metaphorische Ebene beschränkt.

In der älteren Forschung bildeten zudem die Begriffe Patron und Klient sowie diverse Abwandlungen oft Schlüsselkonzepte bei der Deutung der römischen Gesellschaftsstruktur. Die lateinischen Termini *patronus* und *cliens* sind in den zeitgenössischen Quellen jedoch bei weitem nicht so verbreitet wie ihre modernen Ableitungen vermuten lassen [6.5: EILERS]. Grundlegend für das Verständnis des römischen Patronage-Konzepts ist jetzt die Studie von A. GANTER [6.5]. Patronage-Netzwerke diskutiert der Band von A. WALLACE-HADRILL [6.5]. *Patronage*

In der antiken Mittelmeerwelt und den angrenzenden Regionen, die in den Blick griechisch-römischer Autoren traten, waren Formen der Sklaverei vermutlich allgegenwärtig. Aber nur für besser dokumentierte Gesellschaften wie einige griechische *poleis* (Stadtstaaten) oder eben die römische *res publica* liegt uns genügend Quellenmaterial vor, um die rechtlichen, sozialen, materiellen etc. Bedingungen des Lebens von Sklavinnen und Sklaven differenzierend analysieren zu können. Wenn eine solche Diagnostik möglich ist, werden die großen Unterschiede zwischen den untersuchten Untergruppen deutlich. Der Mittelmeerraum und die angrenzenden Regionen waren in der Frühen Kaiserzeit kein einheitlicher Rechtsraum. Und die sozialen Praktiken waren wie stets noch unterschiedlicher als die Normen. *Formen der Sklaverei*

Ein weiterer Baustein der Meistererzählung über die Entwicklung Roms war, dass vor allem seit dem Zweiten Punischen Krieg (218–201 v. Chr.) viele Sklaven nach Italien verbracht worden seien. Ihr massierter Einsatz habe freie Familien unter Druck gesetzt und oft verdrängt. Das langsame Versiegen der Quellen für unfreie Arbeit im Prinzipat habe dann eine andere ökonomische Krise Italiens ausgelöst [zusammenfassend 1.2: BLEICKEN]. In neueren Berechnungen der italischen Bevölkerung zwischen 100 v. Chr. und 100 n. Chr. wird der prozentuale Anteil von Sklavinnen und Sklaven dagegen oft niedriger veranschlagt (vgl. 2.1). Ebenso wird meist bestritten, dass es eine einheitliche italische Wirtschaft gab, die als Ganzes analysiert werden könnte [1.3: PATTERSON; 6.3: PASIEKA]. Zuletzt wurde jedoch auch wieder die These vertreten, Wirtschaftswachstum habe es in Italien primär in der Phase der Expansion vom 3. Jh.–1. Jh. v. Chr. gegeben, da Eroberungen neben Steuern auch Beute und Sklavinnen und Sklaven in das Kernland gebracht hätten [6.5: KAY]. *Sklaverei und Wirtschaft*

Die großen politikgeschichtlichen Darstellungen vom Aufstieg und Niedergang Roms aus dem 19. und 20. Jh. beschrieben zwar das harte Los von Sklavinnen und Sklaven oft mit überraschendem Realitätssinn, waren aber im Regelfall nicht an dem Alltagsleben von Unfreien interessiert, soweit diese nicht in Kaisernähe agierten. Aber auch konzise aktuelle Abhandlungen der römischen Geschichte wie auch dieser Band folgen dem Quellenfokus, der Sklavinnen und Sklaven oft toten Winkeln zuweist [6.5: BINSFELD/GHETTA]. Anders war dies in den Hochzeiten der sozialgeschichtlichen Ansätze (1.2.), die gerade nicht Politikgeschichte bieten wollten und Verbindungen zur Alltagsgeschichte oder Historischen Anthropologie [6.5: WINTERLING] hatten. Diese Strömung erreichte ihren Höhepunkt etwa an der Wende zum 21. Jh. [etwa 6.5: HERRMANN-OTTO, Ancilla]. Die vielen gewonnenen Detailerkenntnisse wurden schließlich in ein umfassendes Handbuch zusammengeführt [6.5: HEINEN u. a.]. Mit solchen enzyklopädischen Werken ist die sozialgeschichtliche Forschung in vielen Aspekten bereits an Grenzen gelangt, da der Materialreichtum weitgehend ausgeschöpft wurde. Sie zeigen zugleich die Differenziertheit sozialer und kultureller Kontexte im Zusammenleben von Sklavinnen und Sklaven mit Freien, sodass pauschalisierende Zusammenfassungen kaum noch möglich erscheinen. Nur in drei Forschungszusammenhängen wird zurzeit noch intensiver zu Formen und Folgen der Sklaverei geforscht. Wirtschaftshistorisch wird diskutiert, inwieweit die Institution Sklaverei zu Wachstum und Integration beitragen oder sie hemmen konnte [exemplarisch 6.5: HERRMANN-OTTO, Landbevölkerung]. Sodann werden weiter Phänomene römischer Sklaverei mit klarer umrissenen Grenzen analysiert, wie sie sich etwa bei den Gemeindesklaven Roms und anderer Städte oder bei kirchlichen Leitungspositionen ziehen lassen [6.5: LUCIANI; SHANER]. Schließlich wird der Reichtum an Forschungsergebnissen aus der vorhergehenden Generation heute vermehrt für globalgeschichtlich ausgerichtete Vergleiche von Formen der Unfreiheit genutzt [z. B. 6.5: BISCHOFF/CONERMANN]. Rückwirkungen dieser komparativen Herangehensweise auf die Disziplin der Alten Geschichte stehen erst in Zukunft zu erwarten.

7 Die kaiserzeitlichen Armeen

Überblicksdarstellungen über die kaiserzeitlichen Armeen existieren in großer Zahl. Sie sind allerdings oft sehr knapp gehalten und beinhalten nur wenige Informationen, sodass für alle Detailfragen auf Spezialstudien zurückgegriffen werden muss. Hilfreich sind die Einführungen von C. Mann oder P. Cosme [7.]. Die etappenweise Etablierung einer Berufsarmee ist im Darstellungs- und Forschungsteil der Behandlung des ersten Prinzipats zugeordnet worden, weil diese Entwicklung aufs engste mit der Entstehung einer neuen Regierungsform verbunden war (vgl. 2.5.1). Die Militärgeschichte im engeren Sinn bildet ein eigenes Feld, auf das hier nur hingewiesen werden kann. Der herausragende Forscher auf dem Gebiet des römischen Militärwesens der letzten Jahrzehnte ist M. A. Speidel. Eine Anzahl seiner exzellenten Fallanalysen sind in einem Band zusammengestellt [7.]. Die interne Verwaltung der Armeen hat K. Stauner [7.] mit größter Präzision nachgezeichnet. Für das kultische Leben in römischen Lagern bildet die Studie von C. Schmidt Heidenreich [7.] den besten Ausgangspunkt.

Überblicksdarstellungen

Militärgeschichte

7.1 Stationierungsräume der kaiserzeitlichen Armeen

7.1.1 Rom als Stationierungsraum

Die Garnison bei Rom ist wegen ihrer politischen Bedeutung immer wieder behandelt worden. Wiederholt haben gerade die sogenannten Prätorianer auch Anlass zu politisch problematischen oder romanhaften Darstellungen gegeben. A. Passerinis [7.1.1] Studie aus den dreißiger Jahren des letzten Jahrhunderts steht offenbar unter dem Eindruck von Mussolinis (später) Rombegeisterung. Die Zahl und den Sold der Prätorianer hat zuletzt S. Bingham [7.1.1] einer soliden Untersuchung unterzogen, die zurecht darauf hinweist, dass alle diesbezüglichen Aussagen wegen widersprüchlicher Quellenangaben unsicher bleiben müssen. Binghams Annahme, dass die Prätorianerkohorten von Anfang an *cohortes milliariae* gewesen, also eine Sollstärke von 1000, zusammen 9000 Mann gehabt haben dürften, muss aber als plausibel gelten. A. Busch [7.1.1] behandelt die bildlichen Darstellungen der städtischen Truppen, insbesondere auch die Unterschiede zwischen dem „zivilen", d. h. die Bewaffnung

Prätorianer

eher kaschierenden innerstädtischen Auftreten der Prätorianer und der Paradierung der Waffen bei anderen Gelegenheiten. Den Effekt des Zusammenziehens der Kohorten am Viminal hat zuletzt C. VACANTI in seiner Seian-Monographie diskutiert [7.1.1].

die städtischen Kohorten

Die städtischen Kohorten sind erst unter Tiberius dauerhaft dem Stadtpräfekten zugeordnet worden. Belegt sind sie vor der Wende zum 3. Jh., als Konflikte zwischen ihnen und den Prätorianern bezeugt sind, vor allem als Wachmannschaften im Theater oder Zirkus. Zu ihrer Entwicklung unter dem Kommando des Stadtpräfekten haben H. FREIS [7.1.1] und K. WOJCIECH [2.4.2] die erhaltenen Informationen und den Forschungsstand zusammengestellt. Die Vigilen (Feuerwehr) sind erschöpfend von R. SABLAYROLLES [3.2.1] behandelt worden. Die nicht zur Armee gehörenden *Germani corporis custodes* (germanische Leibwächter der Principes) nehmen in der Geschichte des Frühen Prinzipates mehrfach kurzzeitig einen prominenten Platz ein. Wir wissen aus inschriftlichen Zeugnissen, dass viele dieser sogenannten Germanen bei den Batavern und einige auch bei den Ubiern (heutige Niederlande bzw. um Köln) rekrutiert worden sind. Aber nicht einmal ihre genaue Zahl ist bekannt (500?). Die *equites singulares* als den Prätorianern beigeordnete Kavallerieeinheit sind zunächst in den Dakerkriegen Trajans bezeugt, doch gab es zumindest Vorläufer. Mitte des 2. Jh. scheint die Einheit 1000, um 200 n. Chr. 2000 Mann umfasst zu haben. Die wichtigsten Studien zu den Germanen und den *singulares* stammen von H. BELLEN [7.1.1] sowie M. P. SPEIDEL [7.1.1].

Germani corporis custodes

7.1.2 Stationierungsräume der Provinzialarmeen

Truppenstärke in augusteischer Zeit

Die Truppenstärke in augusteischer Zeit zu berechnen, ist nicht möglich, weil wir bei den meist bei Nichtbürgern im Reich rekrutierten Hilfstruppeneinheiten (*auxilia*) dieser Phase noch nicht die Standardisierung späterer Jahrzehnte voraussetzen können. Ansatzpunkt für Berechnungen ist meist Tacitus, Annalen 4, 5, nach dem 23 n. Chr. Legionen und *auxilia* kombiniert jeweils etwa gleich stark gewesen seien. Die Zahl von etwa 300 000–350 000 Soldaten ohne die Flottenbesatzungen hat sich als Mehrheitskonsens etabliert [etwa 7.1.2: CAMPBELL, 161–163]. Nach der Provinzialisierung von *Galatia* (in Zentralanatolien) 25 v. Chr. fügte Augustus zwei neue Legionen hinzu, doch verlor das Imperium im Arminius-Aufstand 9 n. Chr. drei Legionen. Dieser Verlust wurde sukzessive wieder ausge-

glichen. Im Zuge des 1. Jh. wurden weitere Legionen aufgestellt.
Gleiches gilt für die Auxiliareinheiten, die zudem langsam stärker   die Auxiliareinheiten
vereinheitlicht wurden, ohne dass Besonderheiten der Bewaffnung
deswegen stets aufgegeben worden sind. In der besser dokumentierten Zeit nach der Mitte des 1. Jh. n. Chr. waren die Infanterie-Kohorten und Reiter-Alen zwar offiziell 500 Mann stark, während die gemischten Kohorten etwas größer waren. Später sind auch Einheiten belegt, in denen nominell 1000 Mann dienten (*milliariae*). Da aber durch Inschriften und Papyri Mannschaftsstärken tradiert sind, ist klar, dass diese Zahlen höchstens vage Richtwerte bildeten. Kohorten und Alen könnten etwa Sollstärken von 480 Mann gehabt haben. Wie niedrig die Soldatenzahl in den Hilfstruppen in Friedenszeiten und wie hoch sie im Krieg typischerweise war, bleibt umstritten. Den damals bekannten Faktenbestand zu den Hilfstruppeneinheiten hat P. HOLDER [7.1.2] zusammengetragen. Unsere Kenntnisse der Kohorten und Alen hat J. SPAUL [7.1.2: Cohors; Ala] zu kleinen Einheitsgeschichten verwoben, die ihre Beteiligung an großen Kriegen und bekannte Stationierungsorte dokumentieren. I. HAYNES [7.1.2] hat allerdings nicht zu Unrecht betont, dass die in solchen Werken herausgearbeiteten Tendenzen der Armeegeschichte, etwa mit Bezug auf die Bewaffnung oder Rekrutierung, oft auf riskanten Verallgemeinerungen weniger Befunde basieren.

Claudius hat die Kommandoebene der Hilfstruppen einer von   die Kommandoebene
Sueton in seiner Claudius-Vita (25, 1) angesprochenen Reform unter-   der Hilfstruppen
zogen. In der Zeit danach entwickelte sich eine Art von Laufbahn ritterlicher Offiziere. Idealtypisch sollten sie zuerst als *praefectus cohortis*, dann als Tribun einer Legion und schließlich als Präfekt einer *ala* dienen. Selten trat noch das Kommando über eine Einheit von nominell 1000 Mann hinzu. Doch gab es Ausnahmen und Dopplungen und viele Ritter konnten oder wollten nur eine solche Stelle bekleiden. Die ritterlichen Offizierskarrieren zusammenzustellen und die Ergebnisse auszuwerten, war das Lebenswerk von H. DEVIJVER, dessen Nachschlagewerke unsere Kenntnisse der frühkaiserzeitlichen römischen Funktionselite deutlich verbessert haben [Beispiel: 7.1.2].

Erkenntniszuwachs hinsichtlich der Hilfstruppen haben vor allem zahlreiche Neufunde sogenannter Militärdiplome geliefert, durch die die Bürgerrechtsverleihungen an ehrenvoll ausgeschiedene Veteranen sowie weitere Privilegien verbrieft wurden. Diese Dokumente haben es unter anderem erlaubt, die Zahl der Einheiten nachzuhalten und gezeigt, dass sie stetig wuchs und das römische Heer daher bereits Mitte des 2. Jh. um 400 000 Mann stark war [W. ECK, Friedenssicherung und Krieg in der römischen Kaiserzeit, in: 6.4: A. EICH, 87–109]. Die wichtigsten monographischen Publikationen von Militärdiplomen hat M. ROXAN [7.1.2] verantwortet.

Geschichte der Legionen

Für die Rekonstruktion der Geschichte der Legionen ist auch nach hundert Jahren der Artikel von E. RITTERLING in Paulys Realencyclopädie der classischen Altertumswissenschaften [7.1.2] ein unverzichtbares Hilfsmittel. Aktualisiert wird RITTERLINGS Grundlagenwerk durch drei von Y. LE BOHEC [7.1.2] herausgegebene Bände. Kurzdarstellungen der einzelnen Legionsgeschichten bieten N. POLLARD und J. BERRY [7.1.2]. Untersuchungen der Flotten diskutieren zahlreiche technische Fragen der antiken Seefahrt. Gelungene Überblicksdarstellungen über die vielen anhängigen Probleme haben H. VIERECK [7.1.2] und M. REDDÉ [7.1.2] vorgelegt. Beide Werke behandeln auch die Aufgaben der Marine bei der Sicherung von Transportwegen und in der Logistik.

Aufgaben jenseits des Kriegsdiensts

Soldaten hatten in der Kaiserzeit aber auch vielfältige Aufgaben jenseits des Kriegsdiensts im engeren Sinn [6.4: EICH]. Dass römische Soldaten auch einzeln oder in kleinen Gruppen über die Provinzen verteilt stationiert waren, ist vor allem durch Inschriften und Papyri bezeugt, die zumeist wenig Kontext liefern. Die Belege für die wohl primär der Aufrechterhaltung der Ordnung dienenden *stationarii* hat M. PETRACCIA LUCERNONI [7.1.2] zusammengestellt. Sie setzen in der Spätphase des Untersuchungszeitraums dieses Bandes ein. Inwieweit diese zeitliche Verteilung zufällig ist bzw. ob es weniger standardisierte Vorläufer gab, muss unklar bleiben. Gleiches gilt für einen zweiten Typus solcher Dislozierungen von einzelnen oder wenigen Soldaten, den unterschiedlichen Arten sogenannter Beneficiarier. *Stationes* von *beneficiarii* sind in größerer Zahl bspw. in den germanischen und Balkanprovinzen, aber auch wieder papyrologisch in Ägypten, vereinzelt aber auch in vielen anderen Regionen bezeugt. Erklärungen für diese Form der Dislozierung haben sich nicht erhalten. Maximalinterpretationen wie die von CHR. FUHRMANN [7.1.2], der die unterschiedlichen Militärs, die sich über die Provinzen verteilten, als eine Art imperiale Bürokratie versteht, überfordern das Material. Dagegen verzichtet der beste Kenner, R. HAENSCH [6.4], aus methodischer Vorsicht auf Deutungsversuche. Neuere Arbeiten wie mehrere Aufsätze in einem von J. FRANCE und J. NELIS-CLÉMENT edierten Band [7.1.2] schließen aus dem Verteilungs-

beneficiarii

muster der *stationes* und den wenigen erhaltenen Informationen darauf, dass diese Kräfte in sehr unterschiedlicher Form zur Durchsetzung römisch-imperialer Interessen eingesetzt wurden. Als Beispiel sei Unterstützung bei der Zollerhebung genannt. Die Sicherheitsorgane der kleinasiatischen Städte, die uns aufgrund der dichten epigraphischen Überlieferung in dieser Region besser bekannt sind, hat C. BRÉLAZ [7.1.2] näher untersucht. Sie waren offenbar zahlreich. Anders als die ältere Forschung noch angenommen hatte, konnte das Imperium anscheinend nicht auf Ordnungskräfte verzichten, um den eigenen Binnenraum dauerhaft zu befrieden.

Die augusteischen Koloniegründungen hat D. KIENAST [2.: Kap. 7, 2] übersichtlich zusammengestellt, der mit Recht darauf insistiert, dass nicht immer klar ist, ob eine Kolonie von Caesar oder Augustus angelegt oder ob eine von Caesar gegründete Kolonie von Augustus verstärkt worden ist. In neueren Abhandlungen wird hervorgehoben, dass die Kolonien vielleicht aus rechtlicher, nicht aber aus sozialgeschichtlicher Perspektive als Einheit aufgefasst werden dürften. Solche Studien betonen den variablen Umgang mit der ursprünglichen Bevölkerung, die integriert oder exkludiert werden konnte. Auch sei Latein in Kolonien, die in einem griechischsprachigen Umfeld angelegt worden waren, sehr unterschiedlich lange als Sprache offizieller Dokumente verwendet worden. Typisch sind etwa die Beiträge in den von A. BARONI, A. RAGGI und G. SALMERI edierten Konferenzakten [7.1.2]. Mehrere Kapitel in diesem Band weisen auch darauf hin, dass wir kaum je belegen könnten, dass Veteranen noch militärisch aktiv wurden, um ihr Umfeld unter Kontrolle zu halten. Die oft angeführte Angabe bei Tacitus, Agricola 16, 1 (schon anders Tac. Ann. 14, 31–32) zur claudischen Kolonie *Camulodunum*/Colchester steht eher isoliert (vgl. 3.2.2). Allerdings ist dies auch ein Überlieferungsproblem, da kleinere Gefechte nicht tradiert worden sein müssen. Neue Kolonien erhielten schon unter dem älteren Caesar Statute, die wesentlich vom Entscheider beeinflusst waren und offensichtlich Gemeinsamkeiten aufwiesen. Wie stark diese politischen Ordnungen bereits in augusteischer Zeit vereinheitlicht waren, lässt sich aber nicht sicher entscheiden [7.1.2: GALSTERER].

Koloniegründungen

Nur sehr selten werden Studien vorgelegt, die untersuchen, ob es zeitweise eine übergeordnete Gesamtstrategie des Imperiums gegeben habe. E. LUTTWAKS [7.2] Werk wird heute zumeist auf seine Aussagen zu Veränderungen in den Grenzregimen des Reichs reduziert, die eher als Kommentar zur amerikanischen Geostrategie im

Gesamtstrategie?

20. Jh. und vor allem im Zeitraum um den Vietnam-Krieg verstanden werden. Diesen Partien von Luttwaks Studie wird daher nur noch wissenschaftsgeschichtliches Interesse zugemessen. Hilfreich ist die Analyse von B. Isaac [7.2] zum römischen Nahen Osten, der vor allem Luttwaks Annahme einer Gesamtstrategie zurückweist, aber auch die gängige Annahme, die römischen Truppendislozierungen hätten primär defensiven Charakter gehabt, überzeugend in Zweifel zieht. A. Eich [2.5.1] greift auf andere Komponenten von Luttwaks Konzept, konkret die Anordnung der einzelnen Elemente der gesamten Machtarchitektur, zurück: Dieser Beitrag stellt entsprechend Hinweise zusammen, dass das Imperium schon in augusteischer Zeit zu geringe Einnahmen generiert habe, um die professionelle Armee zu finanzieren, weswegen Eroberungen vor allem der Erhöhung der Steuereinnahmen gedient hätten.

7.2 Die Rekrutierungsräume der frühkaiserzeitlichen Armeen

Ein wichtiger Indikator für sozialen Wandel auf imperialer Ebene sind die teils belegten, teils erschlossenen Veränderungen bei der Rekrutierung. Alle genannten Studien zu einzelnen Einheiten oder Typen von Einheiten stellen hierzu Informationen zusammen (7.1.1; 7.1.2). Gesamtdarstellungen der Rekrutierung für die Legionen haben G. Forni [7.2] und J. C. Mann [7.2] vorgelegt. Auf Mann und die von ihm übernommene Tradition geht die These zurück, dass mit der Zeit, vor allem im 2. Jh., immer intensiver im Umland der Armeen, bspw. in den Lagervorstädten, rekrutiert wurde. Die dem Militär unterstehenden *canabae* wie die zivilen Siedlungen in der Umgebung der Lager (*vici*) sind bisher nicht gemeinsam, sondern in vielen Einzelstudien untersucht worden. Grundlagenarbeiten wurden von F. Vittinghoff vorgelegt, dessen wichtigste Beiträge in einem von W. Eck herausgegebenen Band zusammengestellt sind [7.2]. Vittinghoff bestreitet allerdings aus grundsätzlichen Erwägungen, dass aus den *canabae* oder *vici* viele Rekruten hervorgegangen seien. I. Haynes [7.1.2] gründet seine Skepsis gegenüber allen generalisierenden Beschreibungen der römischen Aushebungspraxis darauf, dass die Zahl der Belege für eine statistische Auswertung nicht ausreiche. Die vorgestellte Entwicklung in der Rekrutierung stellt also eher eine plausible Hypothese als ein sicheres Ergebnis dar. Die Stadtgeschichten ehemaliger *canabae* und *vici* bildeten sich erst im

Lagervorstädte

2. Jh. in den Quellen ab. Die Sozialgeschichte solcher Orte im Vergleich zu anderen Siedlungsformen haben in gelungener Weise Arbeiten zu der Förderung von Städten unter Hadrian [7.2: BOATWRIGHT] und Severus [7.2: BERTOLAZZI] nachvollzogen. Die wichtigste Studie zu den Charakteristika der Grenzregionen des Imperiums stammt von C. WHITTAKER [7.2]. Über den Alltag der Soldaten, auch in Grenzzonen, geben speziell die erhaltenen Schreibtafeln aus Vindolanda und Vindonissa Auskunft. Die Editionen und Kommentare von A. K. BOWMAN und J. D. THOMAS sowie M. A. SPEIDEL [7.1.2] haben unsere Kenntnis des typischen Lebens an Standorten auf ein neues Fundament gestellt.

Alltag der Soldaten

III Quellen und Forschungsliteratur

A Quellen

Im Folgenden werden Schriftquellen aufgeführt, die im Darstellungsteil ex- oder, seltener, implizit genannt worden sind. Eine vollständige Liste aller für die Geschichte der Frühen Kaiserzeit relevanten Autoren zusammenzustellen, ist in diesem Rahmen weder sinnvoll noch möglich. Werke, die in die Literatur der Frühen Kaiserzeit einführen, werden unmittelbar im Anschluss an diese Vorbemerkung angegeben. Im Quellenteil werden jeweils eine kritische, also nach wissenschaftlichen Prinzipien erstellte Ausgabe, und eine Übersetzung bzw. ein zweisprachiger Text gelistet. Kommentare und Einführungen in Werkgruppen werden als Forschungsliteratur behandelt. Wenn in Teil II. auf Forschung zu Autoren Bezug genommen wird, ist den Autorennamen in Klammern ein Hinweis auf die entsprechende Ebene hinzugefügt. Kommentierte Editionen von Inschriften, Papyri oder Münzen werden wiederum der Forschung zugerechnet. Ansonsten werden bei Inschriften und Münzen nur die Zusammenstellungen (Corpora) aufgelistet, in denen die allermeisten einschlägigen Quellen herausgegeben worden sind. Bei Papyri wäre dieses Verfahren wegen der Zersplitterung der Publikationslandschaft nicht zielführend. Bei dieser Grundwissenschaft wurden nur essentielle Internetressourcen aufgeführt. Auch eine Zusammenstellung archäologischer Funde kann in diesem Kontext nicht geleistet werden. Besprechungen einzelner Monumente oder Diskussionen von Befunden, die im Darstellungsteil angesprochen wurden, wurden im Forschungsteil aufgeführt.

1 Überblicke über die antike Literatur der Frühen Kaiserzeit

D. Flach, Römische Geschichtsschreibung. 4. Aufl. Darmstadt 2013.
M. von Albrecht, Geschichte der römischen Literatur. Von Andronicus bis Boethius und ihr Fortwirken. 2 Bde. 3. Aufl. Berlin 2012.
B. Zimmermann/A. Rengakos (Hrsg.), Handbuch der griechischen Literatur der Antike 3.1. Die pagane Literatur der Kaiserzeit und Spätantike. München 2022.

2 Quellenzusammenstellungen

V. Arangio-Ruiz/G. Baviera/S. Riccobono (Hrsg.), Fontes iuris romani antejustiniani. 3 Bde. 2. Aufl. Florenz 1968–1972.
B. Campbell, The Roman Army, 31 BC–AD 337. A Sourcebook. London 1994.
W. Eck/J. Heinrichs, Sklaven und Freigelassene in der Gesellschaft der römischen Kaiserzeit. Darmstadt 1993.
V. Ehrenberg/A. H. M. Jones, Documents Illustrating the Reigns of Augustus and Tiberius. 2. Aufl. Oxford 1955.
H. Freis, Historische Inschriften zur Römischen Kaiserzeit von Augustus bis Konstantin. 2. Aufl. Darmstadt 1994.
P. Guyot/R. Klein, Das frühe Christentum bis zum Ende der Verfolgungen. Eine Dokumentation. Übers. und Komm. 2 Bde. Darmstadt 1993-4.
B. Levick, The High Tide of Empire. Emperors and Empire AD 14–117. 2. Aufl. Cambridge 2023.
M. McCrum/A. Woodhead, Selected Documents of the Principate of the Flavian Emperors. 2. Aufl. Cambridge 1966.
J. H. Oliver, Greek Constitutions of Early Roman Emperors from Inscriptions and Papyri. Philadelphia 1989.
E. Smallwood, Documents Illustrating the Principates of Gaius, Claudius, and Nero. Cambridge Ndr. 1984.
E. Smallwood, Documents Illustrating the Principates of Nerva, Trajan and Hadrian. Cambridge 1966.

3 Literarische Quellen

Die Namensangaben sind dem Lexikon „Der Neue Pauly" entnommen: Der Neue Pauly. Enzyklopädie der Antike. Brill's New Pauly: https://referenceworks.brill.com/display/db/npog (23.01.2025)

Appianos [1.3]

Appiani Historia Romana. Hrsg. von P. Viereck/J. E. van Niejenhuis/E. Gabba, 3 Bde. Leipzig 1905–1939.
Appian. Roman History. Ed. and Transl. by B. McGing. 5 Bde. Cambridge/London 2019–2020.

Aurelius Victor [4.2.2]

Sexti Aurelii Victoris Liber de Caesaribus. Rec. F. Pichlmayr. Leipzig 1911.
Aurelius Victor. Historiae Abbreviatae. Ediert, übers. und komm. von M. Nickbakht/C. Scardino. Paderborn 2021.

Cassius Dio [1.1.3; 2.; 2.3.3; 4.1; 5.; 5.2]

Cassii Dionis Cocceiani historiarum Romanarum quae supersunt. 3 Bde. Hrsg. von U. P. Boissevain, Berlin 1895–1901.

Dio's Roman History. With an Engl. Transl. by E. Cary. 9 Vol. London/Cambridge 1914–1927.

Epitome de Caesaribus [5.2]
B. Bleckmann/B. Court/A. Knöpges, Profane Zeitgeschichte des ausgehenden 4. und frühen 5. Jh. Ediert, übersetzt und kommentiert. Paderborn/Boston/Leiden u. a. 2023.

Flavius Josephus [3.3.3]
Flavii Josephi opera edidit et apparato critico instruxit B. Niese. 7 Bde. Berlin 1885–1895; für die Antiquitates: 2. Aufl. Berlin 1955.
Josephus. With an Engl. Translation by H. Thackeray/R. Marcus/L. Feldman. 10 Bde. London 1926–1981.

Horatius [1.3; 2.]
Quintus Horatius Flaccus. Opera. Hrsg. v. D. R. Shackleton Bailey. 4. Aufl. Stuttgart 2001.
Horaz. Sämtliche Werke. Lat./dt. Hrsg. von B. Kytzler. Verbesserte und aktualisierte Neuausgabe. Stuttgart 2006.

T. Livius [1.3]
T. Livi ab urbe condita. Rec. J. Ogilvie (1–5); C. Walters/R. Conway (6–10/21–25); R. Conway/S. Johnson (26–30); A. H. McDonald (31–35). Oxford 1919–1985.
T. Livi periochae omnium librorum. Fragmenta Oxyrhynchi reperta. Iulii Obsequentis prodigiorum liber. Ed. O. Rossbach. Leipzig 1910.
T. Livius, Römische Geschichte. Lt./dt. Hrsg. von H. J. Hillen/J. Feix. Darmstadt 1974–2000.

Martialis
M. Valerii Martialis epigrammata. Ed. D. Shackleton Bailey. Stuttgart 1990.
M. Valerius Martialis: Epigramme. Ausg., eingel. und komm. von U. Walter. Paderborn 1996.

P. Ovidius Naso [1.3; 2.]
P. Ovidi Nasonis, Fastorum libri sex. Rec. E. H. Alton/D. E. W. Wormell/E. Courtney. 4. Aufl. Ndr. München-Leipzig 2005.
P. Ovidi Nasonis Tristia. Ed. J. B. Hall. Stuttgart/Leipzig 1995.
P. Ovidius Naso. Die Fasten. Hrsg., übers. u. komm. von F. Bömer. 2 Bde. Heidelberg 1957–1958.
P. Ovidius Naso, Tristia. Hrsg., übers. und erkl. von G. Luck. 2 Bd. Heidelberg 1967–1977.

Philon [3.1]
Philonis Alexandrini opera quae supersunt. Ed. L. Cohn/P. Wendland/S. Reiter. 7 Bde. Berlin 1896–1930. Ndr. Berlin 1962–1963.

Philo. In Ten Volumes. With an Engl. Transl. by F. H. Colson/G. H. Whitaker. 10 Bde. mit 2 Supplement-Bänden. London/Cambridge 1929–1962.

Plinius d. Ä. [1.3]
C. Plini Secundi naturalis historiae libri XXXVII. Rec. K. Mayhoff. 6 Bde. Stuttgart/ München 1892–1909. Ndr. 1967–2002.
C. Plinius Secundus d. Ä. Naturkunde. Lat./dt. Hrsg. und übers. von W. Glöckler/R. König/J. Hopp u. a. 32 Bde. München/Zürich 1973–2004.

Plinius d. J. [4.1; 5.2]
C. Plinii Secundi Epistularum libri decem, rec. R. Mynors. Oxford 1963.
XII Panegyrici Latini. Rec. R. Mynors. Oxford 1973.
The Epistles of Pliny. Hrsg. von R. Gibson/Chr. Whitton. Oxford/New York 2016.
Plinius der Jüngere. Panegyrikus. Lobrede auf den Kaiser Trajan. Hrsg., eingel. und übers. von W. Kühn. 2. Aufl. Darmstadt 2008.

Plutarchos [1.3; 4.1]
Plutarchi vitae parallelae. Hrsg. von K. Ziegler/H. Gärtner/C. Lindskog, 4 Bde., unterschiedliche Auflagen Stuttgart/Leipzig 1960–2002.
Plutarch's Lives. With an English Transl. by B. Perrin. 11 Bde. Cambridge/London 1901–1912.

Seneca d. J. [3.3.1]
L. Annaei Senecae ad Lucilium epistulae morales. Rec. L. D. Reynolds. 2 Bde. Oxford 1965.
L. Annaei Senecae Apokolokyntōsis. Ed. R. Roncali. Ndr. Berlin/New York 2010.
L. Annaei Senecae de beneficiis libri VII/de clementia libri II. Rec. C. Hosius. Leipzig 1914.
L. Annaei Senecae Dialogorum libri duodecim. Rec. L. D. Reynolds. Oxford 1983.
L. Annaeus Seneca. Apokolokyntosis. Lat./dt. Hrsg. und übers. von G. Binder. Düsseldorf 1999.
L. Annaeus Seneca. Philosophische Schriften. 1. Bd. Dialoge I-VI. Lat. Text von A. Bourgery/R. Waltz. Übers., eingel. und mit Anm. vers. von M. Rosenbach. Ndr. 5. Aufl. Darmstadt 1999.
L. Annaeus Seneca. Philosophische Schriften. 2. Bd. Dialoge VII–XII. Lat. Text von A. Bourgery/R. Waltz. Übers., mit Einl. und Anm. versehen von O. Apelt. Hrsg. von M. Rosenbach. Ndr. 2. Aufl. Darmstadt 2011.
L. Annaeus Seneca. Philosophische Schriften. 3. Bd. Briefe an Lucilius. 1. Teil: Brief 1–69. Lat. Text von F. Préchac. Übers., mit Einl. und Anm. von M. Rosenbach. Ndr. 2. Aufl. Darmstadt 2011.
L. Annaeus Seneca. Philosophische Schriften. 4. Bd. Briefe an Lucilius. 2. Teil: Brief 70–124. Übers., mit Einl. und Anm. versehen von M. Rosenbach. Darmstadt 1984.
L. Annaeus Seneca. Philosophische Schriften. 5. Bd. Über die Milde/Über die Wohltaten. Lat. Text von F. Préchac. Übers., mit Einl. und Anm. versehen von M. Rosenbach. Ndr. 2. Aufl. Darmstadt 2011.

Silius Italicus [4.1]
Sili Italici Punica. Rec. J. Delz. Stuttgart 1987.
T. Catius Silius Italicus. Punica. Das Epos vom Zweiten Punischen Krieg. Lat. Text mit Einl., Übers., kurzen Erläut. Hrsg. v. H. Rupprecht. 2 Bde. Mitterfels 1991.

Statius [4.1]
P. Papini Stati Achilleis. Hrsg. von A. Klotz. Leipzig 1902.
P. Papini Stati Silvae. Hrsg. von E. Courtney. Oxford 1990.
P. Papini Stati Thebaidos libri XII. Hrsg. von D. Hill. Leiden 1983.
Publius Papinius Statius. Achilleis. Das Lied von Achilles. Lat. Text mit Einl., Übers., kurzen Erläut. von H. Rupprecht. Mitterfels 1984.
Statius. Silvae. Das lyrische Werk in neuer Übersetzung von H. Wissmüller. Neustadt a. d. Aisch 1990.
P. Papinius Statius. Der Kampf um Theben. Übers. von O. Schönberger. Würzburg 1998.

Suetonius [1.3; 2.3.1; 2.6; 3.3.1; 4.1; 4.2.1; 4.2.2; 4.2.3; 5.; 7.1.2]
C. Suetonii Tranquilli. Vol. 1. De vita Caesarum libri VIII. Rec. M. Ihm. Stuttgart 1908.
Sueton, Die Kaiserviten, lat./dt. Hrsg. von H. Martinet. Düsseldorf 1997.

Tacitus [1.1.3; 2.6; 3.2.1; 3.2.2; 3.3.1; 3.3.2; 4.1; 4.2.2; 5.; 5.2; 6.2]
Cornelii Taciti libri qui supersunt. Ed. S. Borzsák/K. Wellesley. Leipzig/Stuttgart 1986–1992.
Cornelii Taciti libri qui supersunt. Germania, Agricola, Dialogus de oratoribus. Iterum ed. E. Koestermann. Leipzig 1964.
Cornelius Tacitus. Annalen. Lat./dt. Hrsg. von E. Heller, Einf. von M. Fuhrmann. 3. Aufl. München 1997.
Tacitus. Agricola, Germania, Dialogus. Transl. by M. Hutton. Rev. E. H. Warmington/E. Winterbottom/R. M. Ogilvie. Cambridge 2006.
Cornelius Tacitus. Historien. Lat./dt. Eingel., übers. und komm. von A. Städele. Darmstadt 2014.

Tertullianus [3.3.1]
Quinti Septimi Florentis Tertulliani ad nationes libri duo. Ed. J. G. P. Borleffs. Leiden 1929.
A. Schneider, Le premier livre ad nationes de Tertullien. Introduction, texte, traduction et commentaire. Rom 1968.

Valerius Flaccus [4.1]
C. Valeri Flacci Setini Balbi Argonauticon libri octo. Rec. W.-W. Ehlers. Stuttgart 1980.
C. Valerius Flaccus. Argonautica. Die Sendung der Argonauten. Lat./dt. Hrsg., übers. und komm. von P. Dräger. Frankfurt 2003.

Valerius Maximus [1.3]
Valeri Maximi facta et dicta memorabilia. Hrsg. von J. Briscoe. 2 Bde. Stuttgart 1998.

Valerius Maximus. Memorable Doings and Sayings. Hrsg. von D. Shackleton Bailey. 2 Bde. Cambridge 2000.

Velleius Paterculus [2.6]
Vellei Paterculi Historiarum ad M. Vinicium consulem libri duo. Hrsg. von W. S. Watt. Stuttgart 1998.
Velleius Paterculus. Lat./dt. M. Giebel, Stuttgart 1989.

Vergilius [1.3; 2.]
P. Vergilius Maro. Opera. Rec. R. Mynors. Ndr. Oxford 1983.
P. Vergilius Maro. Aeneis. Hrsg. und übers. von G. Fink. Düsseldorf/Zürich 2005.
P. Vergilius Maro. Bucolica, Georgica / Hirtengedichte, Landwirtschaft. Lat./dt. Hrsg. von N. Holzberg/B. Zimmermann, übers. von N. Holzberg. Berlin 2016–7.

4 Hilfsmittel und Corpora der Epigraphik

Das wichtigste Nachschlagewerk für publizierte Inschriftensammlungen (Corpora) bildet:
F. Bérard u. v. a., Guide de l'épigraphiste. Bibliographie choisie des épigraphies antiques et médiévales. 4. Aufl. Paris 2010.

Die wichtigsten Suchmaschinen für einzelne Inschriften, deren Zitation bereits bekannt ist, sowie Metadaten oder typische Wortverbindungen sind:
Epigraphik-Datenbank Clauss-Slaby (EDCS), http://www.manfredclauss.de (23.01.2025).
Epigraphische Datenbank Heidelberg (EDH), http://edh-www.adw.uni-heidelberg.de (23.1.2025).
Searchable Greek Inscriptions (Packard Humanities Institute), http://epigraphy.packhum.org/inscriptions (23.01.2025).

Die bedeutendsten Sammlungen (Corpora) von lateinischen Inschriften sind:
CIL = Corpus Inscriptionum Latinarum. Sammlung von weit über 100.000 lateinischen Inschriften. Bd. I^2: Inschriften aus der römischen Republik bis 44 v. Chr.; die Bände II – XVII beinhalten Inschriften aus der Kaiserzeit. Das CIL wird seit einiger Zeit aktualisiert. Schon erschienen sind die neuen Bände CIL II^2 5; 7; 14, 1.; CIL VI 8, 2 und 3. Für aktuelle Informationen siehe https://cil.bbaw.de/hauptnavigation/das-cil/aktuelles (05.02.2025).
ILS = Inscriptiones Latinae Selectae oder, nach dem Herausgeber, (H.) Dessau (= D.). 3 Bde., Berlin 1892–1916, ND 1962. Sammlung von ca. 10.000 Inschriften vor allem aus der Kaiserzeit.
AE = L'Année épigraphique, begründet von R. Cagnat. Paris 1888 ff.: Jährliche Zusammenstellungen neu publizierter lateinischer Inschriften, Berichte über Neufunde und Neulesungen sowie Auswertungen der epigraphischen Literatur.

Die wichtigsten Corpora griechischer Inschriften mit Relevanz für die Frühe Kaiserzeit sind:

IGR(R) = Inscriptiones Graecae ad res romanas pertinentes. Hrsg. von R. Cagnat/G. Lafaye, Bd. I, II und IV. Paris 1906–1927, Ndr. Rom 1964: Sammlung von griechischen Inschriften aus der Zeit der römischen Herrschaft im östlichen Mittelmeerraum.

SEG = Supplementum Epigraphicum Graecum. 1923 ff.: Jährliche Zusammenstellung neu publizierter, z. T. verstreut edierter griechischer Inschriften, Hinweise auf Neulesungen und epigraphische Forschungliteratur.

5 Hilfsmittel der Papyrologie

Wichtige Internetressourcen der Papyrologie:
https://www.trismegistos.org (23.01.2025).
Vor allem für die Papyrologie bedeutendes Portal, in dessen Zentrum ägyptische Quellen stehen.

http://papyri.info/search (23.01.2025).
Die wichtigste digitale Textzusammenstellung von griechischen und lateinischen dokumentarischen Papyri.

6 Hilfsmittel und Corpora der Numismatik

Wichtige Publikationen zur frühkaiserzeitlichen Numismatik:
Onlinekataloge und Einführungen:
Katalog des Münzkabinetts der Staatlichen Museen zu Berlin: https://ikmk.smb.museum (23.01.2025).
Ein interaktiver Katalog, der hilft, eine der bedeutendsten numismatischen Sammlungen zu erschließen.

Online Coins of the Roman Empire (OCRE): http://numismatics.org/ocre (23.01.2025).
Das wichtigste Portal für die Recherche und die Bestimmung unter anderem von frühkaiserzeitlichen Reichsprägungen.

Eine gelungene Einführung mit vielen weiterführenden Informationen bietet die Plattform:
https://pecunia.zaw.uni-heidelberg.de/NumiScience/antike-numismatik (23.01.2025).

Die wichtigsten einschlägigen, auch im Druck vorliegenden Zusammenstellungen frühkaiserzeitlicher Münzen sind:

Roman Imperial Coinage (RIC). Nach wie vor die Standardzusammenstellung der
    Reichsmünzen. Genannt werden nur die Bände zur Frühen Kaiserzeit:
C. Sutherland, Augustus bis Vitellius (31 v. Chr.–69 n. Chr.). 2. Aufl. London 1984.
I. Carradice/T. Buttrey, From AD 69–96. Vespasian to Domitian. 2. Aufl. 2007 (RIC 2, 1).

Roman Provincial Coinage (RPC): https://rpc.ashmus.ox.ac.uk (23.01.2025).
Die wichtigste Zusammenstellung der in den Provinzen geprägten Münzen. Die Online-Version ist aktueller als die publizierten Bände.

B Im Forschungsteil besprochene Fachliteratur

Die im Anschluss aufgelisteten Titel bilden nur einen kleinen Ausschnitt aus der reichen Forschung zur Frühen Kaiserzeit. Zu allen behandelten Themen und anderen Aspekten, die nicht angesprochen werden konnten, existieren weit mehr einschlägige Studien. Sie können mithilfe zahlreicher Bibliographien gesucht werden.

Gnomon Bibliographische Datenbank (GBD), https://www.gdb.digital/gbd/
    (05.02.2025).
L' Année Philologique. Seit 1928 ff.
Propylaeum – Fachinformationsdienst Altertumswissenschaften, http://www.propylaeum.de (23.01.2025).

Einen Überblick über die große Zahl weiterer Hilfsmittel bietet die Einführung von:
M. Schröter, Erfolgreich recherchieren. Altertumswissenschaften und Archäologie. Boston/Leiden 2017.

1.1 Ihre Zeit prägende ältere Forschungstitel
E. Gibbon, The History of the Decline and Fall of the Roman Empire. Hrsg. von D. Womersley, 3 Bde. London 1994.
A. Heuß, Römische Geschichte. Neu hrsg. von H.-J. Gehrke. Paderborn 2016.
J. Marquardt, Römische Staatsverwaltung. 3 Bde. Leipzig 1881–1885. Ndr. 1957.
Th. Mommsen, Römisches Staatsrecht II 1–2, Leipzig 1875–1887. Ndr. 3. Aufl. 1963.
L. Quidde, Caligula. Eine Studie über Cäsarenwahnsinn. 17. Aufl. Leipzig 1894.
M. Rostovsteff, A History of the Ancient World. 2 Bde., 2: Rome. Oxford 1927.
H. Schiller, Geschichte der Römischen Kaiserzeit. Bd. I 1. Gotha 1883.
W. Weber, Princeps. Stuttgart 1936.

1.2 Aktuelle sozial-, kultur- und imperialgeschichtliche Forschung
G. Alföldy, Römische Sozialgeschichte. 4. Aufl. Stuttgart 2011.
P. Bang, The Roman Bazaar. A Comparative Study of Trade and Markets in a Tributary Empire. Cambridge 2008.

P. Bang/C. Bayly (Hrsg.), The Oxford World History of Empire. 2 Bde., 2: The History of Empires. Oxford 2021.

J. Bleicken, Verfassungs- und Sozialgeschichte des Römischen Kaiserreiches. 4. Aufl. Paderborn 1995.

A. K. Bowman/A. Wilson (Hrsg.), Quantifying the Roman Economy. Methods and Problems. Oxford 2009.

H. Brandt, Die Kaiserzeit. Römische Geschichte von Octavian bis Diokletian 31 v. Chr.–284 n. Chr. München 2021.

A. Eich, Die römische Kaiserzeit. Die Legionen und das Imperium. 2. Aufl. München/Darmstadt 2018.

P. Eich, Zur Metamorphose des politischen Systems in der römischen Kaiserzeit. Die Entstehung einer „personalen Bürokratie" im langen dritten Jahrhundert. Berlin 2005.

F. Esposito (Hrsg.), Zeitenwandel. Transformationen geschichtlicher Zeitlichkeit nach dem Boom. Göttingen 2017.

E. Flaig, Den Kaiser herausfordern. Die Usurpation im Römischen Reich. 2. Aufl. Frankfurt 2019.

A. Flüchter, Einleitung. Der transkulturelle Vergleich zwischen Komparatistik und Transkulturalität, in: W. Drews (Hrsg.), Monarchische Herrschaftsformen der Vormoderne in transkultureller Perspektive, Berlin/Boston 2015, 1–31.

K. Harper, The Fate of Rome. Climate, Disease and the End of an Empire. Princeton/Oxford 2017.

O. Hekster, Emperors and Ancestors. Roman Rulers and the Constraints of Tradition. Oxford 2015.

L. Hölscher, Zeitgärten. Zeitfiguren in der Geschichte der Neuzeit. Göttingen 2020.

D. Jolowicz/J. Elsner (Hrsg.) Articulating Resistance under the Roman Empire. Cambridge 2023.

D. Mattingly, Between Sahara and Sea. Africa in the Roman Empire. Ann Arbor 2023.

F. Millar, The Emperor in the Roman World. 2. Aufl. London 1992.

A. Monson/W. Scheidel (Hrsg.), Fiscal Regimes and the Political Economy of Premodern States. Cambridge 2015.

W. Scheidel (Hrsg.), State Power in Ancient China and Rome. Oxford/New York/Auckland u. a. 2015.

P. N. Singer, Time for the Ancients. Measurement, Theory, Experience, Berlin/Boston 2021.

R. Tacoma, Roman Political Culture. Seven Studies of the Senate and City Councils of Italy from the First to the Sixth Centuries AD. Oxford 2019.

F. Vittinghoff (Hrsg., unter Mitarb. von J. H. D'Arms), Europäische Wirtschafts- und Sozialgeschichte in der römischen Kaiserzeit. Stuttgart 1990.

J. Webster/N. Cooper (Hrsg.), Roman Imperialism. Post-colonial Perspectives. Leicester 1996.

A. Winterling (Hrsg.), Zwischen Strukturgeschichte und Biographie. Probleme und Perspektiven einer neuen Römischen Kaisergeschichte zur Zeit von Augustus bis Commodus. München 2011.

A. Winterling, Aula Caesaris. Studien zur Institutionalisierung des römischen Kaiserhofes in der Zeit von Augustus bis Commodus (31 v. Chr.–192 n. Chr.). München 1999.

1.3 Prägende Quellen für das Konzept einer „Frühen Kaiserzeit"

E. Adler, Vergil's Empire. Political Thought in the Aeneid. Lanham, MD 2003.
G. Alföldy, Bricht der Schweigsame sein Schweigen?, in: MDAI(R) 102, 1995, 251–268.
B. Baldwin, Suetonius. Amsterdam 1983.
A. Cooley, The Cambridge Manual of Latin Epigraphy. Cambridge/New York/Melbourne u. a. 2012.
J.-A. Dickmann, Pompeji. Archäologie und Geschichte. 4. Aufl. München 2023.
J. Gascou, Suétone historien. Paris 1979.
H. Heubner/W. Fauth, P. Cornelius Tacitus, Die Historien. Kommentar. 5 Bde. Heidelberg 1963–1982.
C. Howgego, Ancient History from Coins. London 1995.
E. Koestermann, Cornelius Tacitus, Annalen. Erl. u. mit Einl. vers. Heidelberg 1963–1968.
J. Madsen/A. Scott, Introduction. Reviewing Cassius Dio, in: dies. (Hrsg.), Brill's Companion to Cassius Dio. Leiden/Boston 2023, 1–18.
K. Meister, Einführung in die Interpretation historischer Quellen. 2 Bde. Paderborn 1997–1999.
A. Möller, Quellen der Antike. Paderborn 2020.
V. E. Pagán, A Companion to Tacitus. Malden 2012.
J. Patterson, Landscapes and Cities. Rural Settlement and Civic Transformation in Early Imperial Italy. Oxford 2006.
P. Reinard (Hrsg.), Werkzeuge der Historiker*innen. Stuttgart 2023.
J. Rich, Cassius Dio. The Augustan Settlement (Roman History 53–55, 9). Warminster 1990.
H.-A. Rupprecht, Kleine Einführung in die Papyruskunde. Darmstadt 2005.
S. Schmal, Tacitus. Darmstadt 2005.
R. Syme, Tacitus. 2 Bde. Oxford 1958.
R. J. A. Talbert, The Senate of Imperial Rome. Princeton 1984.
E. G. Turner, Greek Papyri. An Introduction. Princeton 2015.
R. von den Hoff, Einführung in die Klassische Archäologie. München 2019.
A. Wallace-Hadrill, The Roman Imperial Court. Seen and Unseen in the Performance of Power, in: T. Artan/J. Duindam/M. Kunt (Hrsg.), Royal Courts in Dynastic States and Empires. A Global Perspective. Leiden/Boston 2011, 91–102.
R. Wolters, Nummi signati. Untersuchungen zur römischen Münzprägung und Geldwirtschaft. München 1999.

2 Die Institutionalisierung des Prinzipats und ihre Rezeption

A. K. Bowman (Hrsg.), The Cambridge Ancient History 10. The Augustan Empire, 43 B. C.–A. D. 69. Cambridge 1996.
W. Eck, Augustus und seine Zeit. 6. Aufl. München 2014.
W. Eck, Die Verwaltung des römischen Reiches in der hohen Kaiserzeit. Ausgewählte und erweiterte Beiträge. 2 Bde. Basel 1995–1998.
K. Galinsky (Hrsg.), The Cambridge Companion to the Age of Augustus. Cambridge 2005.

K. Galinsky, Augustan Culture. An Interpretive Introduction. Princeton 1998.
P. J. Goodman (Hrsg.), Afterlives of Augustus, AD 14–2014. Cambridge 2018.
A. M. Gowing, The Triumviral Narratives of Appian and Cassius Dio. Ann Arbor 1992.
Th. Habinek (Hrsg.), The Roman Cultural Revolution. Cambridge 1997.
F. Hurlet, Le Proconsul et le Prince d'Auguste à Dioclétien. Paris/Bordeaux 2006.
D. Kienast, Augustus, Prinzeps und Monarch. 5. Aufl. Darmstadt 2014.
A. Parry, The Two Voices of Virgil's Aeneid, in: S. Commager (Hrsg.), Virgil. A Collection of Critical Essays. New Jersey 1966, 107–123.
S. Rebenich, Theodor Mommsen. Eine Biographie. München 2002.
J. Rich/J. Williams, *Leges et iura r. p. restituit*. A New *aureus* of Octavian and His Settlement of 28/7, in: NC 159, 1999, 169–213.
J. Scheid, Res gestae divi Avgvsti = Hauts faits du divin Auguste. Texte établi et trad. Paris 2007.
M. Sommer, Römische Geschichte 2 Bde., 2: Rom und sein Imperium in der Kaiserzeit. 2. Aufl. Stuttgart 2014.
I. Stahlmann, Imperator Caesar Augustus. Studien zur Geschichte des Principatsverständnisses in der deutschen Altertumswissenschaft bis 1945. Darmstadt 1988.
W. Stroh/R. von den Hoff/M. Zimmermann, Divus Augustus. Der erste römische Kaiser und seine Welt. München 2014.
R. Syme, The Roman Revolution. Oxford 1939.
M. Wykes (Hrsg.), Julius Caesar in Western Culture. Malden/Oxford/Melbourne 2006.
P. Zanker, Augustus und die Macht der Bilder. 3. Aufl. München 1997.

2.1 Das Verhältnis von städtischem Recht und imperialen Kriegsressourcen

N. Barrandon/F. Kirbihler, Les gouverneurs et les provinciaux sous la République romaine. Rennes 2011.
N. Barrandon/F. Kirbihler (Hrsg.), Administrer les provinces de la République romaine. Rennes 2010.
K. J. Beloch, Die Bevölkerung der griechisch-römischen Welt. Leipzig 1886.
E. Bispham, From Asculum to Actium. The Municipalization of Italy from the Social War to Augustus. Oxford 2007.
P. A. Brunt, Italian Manpower. 225 B. C.–A. D. 14. Oxford 1971.
F. Carlà-Uhink, Filippo, The „Birth" of Italy. The Institutionalisation of Italy as a Region, 3rd–1st century BCE. Berlin 2017.
J.-L. Ferrary, A propos des pouvoirs d'Auguste, in: CCG 12, 2001, 101–154.
M. Gelzer, Caesar. Der Politiker und Staatsmann. Ndr. 6. Aufl. Wiesbaden 1983.
K. M. Girardet, Zur Diskussion um das *imperium consulare militiae* im 1. Jh. v. Chr., in: CCG 3, 1992, 213–220.
U. Gotter, Der Diktator ist tot! Politik in Rom zwischen den Iden des März und der Begründung des Zweiten Triumvirats. Stuttgart 1996.
S. Hin, The Demography of Roman Italy. Population Dynamics in an Ancient Conquest Society 201 BCE-14 CE. Cambridge 2013.
F. Hurlet, Les collègues du prince sous Auguste et Tibère. De la légalité républicaine à la légitimité dynastique. Rom 1997.
M. Jehne, Der Staat des Diktators Caesar. Köln/Wien/Weimar 1984.

S. Kendall, The Struggle for Roman Citizenship. Romans, Allies, and the Wars of 91–77 BCE. Piscatay 2013.
W. Kunkel/R. Wittmann, Staatsordnung und Staatspraxis der Römischen Republik. München 1995.
E. Lo Cascio, The Size of the Roman Population. Beloch and the Meaning of the Augustan Census Figures, in: JRS 84, 1994, 23–40.
F. Millar, L'empereur romain comme décideur, in: C. Nicolet (Hrsg.), Du pouvoir dans l'antiquité: mots et réalité, in: CCG 1, 1990, 207–220.
N. Morley, The Transformation of Italy, 225–28 B. C., in: JRS 91, 2001, 50–62.
J. Richardson, The Language of Empire. Rome and the Idea of Empire from the Third Century BC to the Second Century AD. Cambridge 2008.
N. Rosenstein, Rome at War. Farms, Families, and Death in the Middle Republic. Chapel Hill 2004.
P. Sawiński, Holders of Extraordinary *imperium* under Augustus and Tiberius. A Study into the Beginnings of the Principate. Milton Park 2021.
R. Schulz, Herrschaft und Regierung. Roms Regiment in den Provinzen in der Zeit der Republik. Paderborn/München/Wien u. a. 1997.
Chr. Selzer/U. Walter (Hrsg.), R. Syme, Die römische Revolution. Machtkämpfe im antiken Rom. Aus dem Engl. übers. von F. Eschweiler und H. Degen. Stuttgart 2003.
R. Syme, The Augustan Aristocracy. Oxford 1986.

2.2 Die Gruppenherrschaft der Caesarianer

E. Baltrusch, Herodes. König im Heiligen Land. Eine Biographie. München 2012.
J. Bleicken, Zwischen Republik und Prinzipat. Zum Charakter des Zweiten Triumvirats, Göttingen 1990.
U. Hartmann/F. Schleicher/T. Stickler (Hrsg.), Imperia sine fine? Der römisch-parthische Grenzraum als Konflikt- und Kontaktzone. Stuttgart 2022.
K.-J. Hölkeskamp (Hrsg.), Eine politische Kultur (in) der Krise? Die „letzte Generation" der römischen Republik. München 2009.
K. Matijević, Marcus Antonius, Consul – Proconsul – Staatsfeind. Die Politik der Jahre 44 und 43 v. Chr. Rahden 2006.
M. Meier, Caesar und das Problem der Monarchie in Rom. Heidelberg 2014.
S. Pfeiffer, Die Ptolemäer. Im Reich der Kleopatra. Stuttgart 2017.
K. Raaflaub/M. Toher (Hrsg.), Between Republic and Empire. Interpretations of Augustus and His Principate. Berkeley 1990.
H. van Wijlick, Rome and the Near Eastern Kingdoms and Principalities, 44–31 BC. A Study of Political Relations During Civil War. Boston 2020.
K. Welch, Magnus Pius. Sextus Pompeius and the Transformation of the Roman Republic. Swansea 2012.

2.3 Zu den 27, 23 und 19 v. Chr. an Augustus übertragenen Rechten

A. Dalla Rosa, Cura et tutela. Le origini del potere imperiale sulle province proconsolari. Stuttgart 2014.

F. Drogula, Commanders & Command in the Roman Republic and Early Empire. Chapel Hill 2015.

W. Eck/A. Caballos/F. Fernández (Hrsg.), Das Senatus consultum de Cn. Pisone patre. München 1996.

A. Giovannini, Les pouvoirs d'Auguste de 27 à 23 av. J.-C. Une relecture de l'ordonnance de Kymè de l'an 27 (IK 5, No 17), in: ZPE 124, 1999, 95–106.

F. Hurlet, La suprématie auspiciale du prince en question(s). Une nouvelle hiérarchie, in: CCG 26, 2015, 289–235.

T. Itgenshorst, Tota illa pompa. Der Triumph in der römischen Republik. Göttingen 2005.

A. H. M. Jones, The *imperium* of Augustus, in: Ders., Studies in Roman Government and Law, Oxford 1960, 1–17.

J. M. Schlude, Rome, Parthia, and the Politics of Peace. The Origins of War in the Ancient Middle East. London/New York 2021.

F. J. Vervaet, The High Command in the Roman Republic. The Principle of the „summum imperium auspiciumque" from 509 to 19 BCE. Stuttgart 2014.

2.4 Die politischen Erfolge der Augustus-Regierung nach 19 v. Chr.

2.4.1 Die augusteische Reorganisation der oberen Stände

G. Alföldy, Die Stellung der Ritter in der Führungsschicht des Imperium Romanum, in: Chiron 11, 1981, 169–215.

E. Baltrusch, Regimen morum. Die Reglementierung des Privatlebens der Senatoren und Ritter in der römischen Republik und frühen Kaiserzeit. München 1989.

A. K. Bowman/D. Rathbone, Cities and Administration in Roman Egypt, in: JRS 82, 1992, 107–127.

P. Brunt, The Role of the Senate in the Augustan Regime, in: CQ 34, 1984, 423–444.

P. Brunt, Princeps and equites, in: JRS 73, 1983, 42–75.

L. Capponi, Roman Egypt. London 2011.

S. Demougin, L'ordre équestre sous les Julio-Claudiens. Rom 1988.

P. Eich, Die Administratoren des römischen Ägyptens, in: R. Haensch/J. Heinrichs (Hrsg.), Herrschen und Verwalten. Der Alltag römischer Administration in der Hohen Kaiserzeit. Köln 2007, 378–399.

D. Faoro, Praefectus, procurator, praeses. Genesi delle cariche presidiali equestri nell'Alto Impero Romano. Florenz 2011.

R. Haensch, Die Provinz Aegyptus. Kontinuitäten und Brüche zum ptolemäischen Ägypten, in: I. Piso (Hrsg.), Die römischen Provinzen. Begriff und Gründung, Cluj-Napoca 2008, 81–105.

A. Jördens, Statthalterliche Verwaltung in der römischen Kaiserzeit. Studien zum praefectus Aegypti. Stuttgart 2009.

A. Mette-Dittmann, Die Ehegesetze des Augustus. Eine Untersuchung im Rahmen der Gesellschaftspolitik des Princeps. Stuttgart 1991.

N. Schäfer, Die Einbeziehung der Provinzialen in den Reichsdienst in augusteischer Zeit. Stuttgart 2000.

B. D. Shaw, Social Status and Economic Behavior. A Hidden History of the Equites?, in: AncSoc 50, 2020, 153–202.

J. Weisweiler, The Heredity of Senatorial Status in the Principate, in: JRS 110, 2020, 29–56.

2.4.2 Das augusteische Rom und Italien

G. Alföldy, Augustus und die Inschriften: Tradition und Innovation, in: Gymnasium 98, 1991, 289–324.

G. Boulvert, Esclaves et affranchis impériaux sous le Haut-Empire romain. Rôle politique et administratif. Neapel 1970.

C. Bruun, The Water Supply of Ancient Rome. A Study of Roman Imperial Administration. Helsinki 1991.

W. Eck, Die Gestalt Frontins in ihrer politischen und sozialen Umwelt, in: Frontinus Gesellschaft (Hrsg.), Wasserversorgung im antiken Rom. Sextus Iulius Frontinus, curator aquarum. München 2013, 111–150.

P. Eich/K. Wojciech (Hrsg.), Die Verwaltung der Stadt Rom in der Kaiserzeit. Paderborn 2018.

T. Frank, An Economic Survey of Ancient Rome. 5 Bde., 5: Rome and Italy of the Empire. Paterson 1959.

W. Havener, Imperator Augustus. Die diskursive Konstituierung der militärischen „persona" des ersten römischen „princeps". Stuttgart 2016.

A. Kolb (Hrsg.), Konzepte, Prinzipien und Strategien der Administration im römischen Kaiserreich. Berlin 2006.

A. Kolb, Die kaiserliche Bauverwaltung in der Stadt Rom. Geschichte und Aufbau der *cura operum publicorum* unter dem Prinzipat. Stuttgart 1993.

A. Lonardi, Cura riparum et alvei Tiberis. Storiografia, prosopografia e fonti epigrafiche. Oxford 2013.

P. Pensabene (Hrsg.), Il complesso di Augusto sul Palatino. Nuovi contributi all'interpretazione delle strutture e delle fasi. Rom 2021.

M. Spannagel, Exemplaria Principis. Untersuchungen zu Entstehung und Ausstattung des Augustusforums. Heidelberg 1999.

R. J. van der Spek/B. van Leeuwen/J. L. van Zanden (Hrsg.), A History of Market Performance. From Ancient Babylonia to the Modern World. London 2015.

C. Virlouvet, Tessera frumentaria. Les procédures de distribution du blé public à Rome à la fin de la République et au début de l'Empire. Rom 1995.

P. R. C. Weaver, Familia Caesaris. A Social Study of the Emperor's Freedmen and Slaves. Cambridge 1972.

K. Wojciech, Die Stadtpräfektur im Prinzipat. Bonn 2010.

2.4.3 Die sakrale Aura der neuen Ordnung und die *domus Augusta*

M. Arnhold, Transformationen stadtrömischer Heiligtümer während der späten Republik und Kaiserzeit. Turnhout 2020.

I. Gildenhard/U. Gotter/W. Havener u. a. (Hrsg.), Augustus and the Destruction of History. The Politics of the Past in Early Imperial Rome. Cambridge 2019.

E. Hobsbawm/T. Ranger, The Invention of Tradition. Cambridge 1992.

A. Lianeri (Hrsg.), Knowing Future Time in and Through Greek Historiography, Berlin/Boston 2017.
J. Rüpke, Fasti sacerdotum. Die Mitglieder der Priesterschaften und das sakrale Funktionspersonal römischer, griechischer, orientalischer und jüdisch-christlicher Kulte in der Stadt Rom von 300 v. Chr. bis 499 n. Chr. 3 Bde. Stuttgart 2005.
B. Schnegg-Köhler, Die augusteischen Säkularspiele. München/Leipzig 2002.
U. Walter, Memoria und res publica. Zur Geschichtskultur im republikanischen Rom. Frankfurt 2004.

2.5 Das andere Prinzipat des Augustus: Expansion und Nachfolgeprobleme

2.5.1 Die Etablierung der neuen Berufsarmeen

P. J. Burton, Roman Imperialism. Leiden/Boston 2019.
H. Cornwell, Pax and the Politics of Peace. Republic to Principate. Oxford 2017.
R. Duncan-Jones, Money and Government in the Roman Empire. Cambridge 1994.
A. Eich, Der Wechsel zu einer neuen grand strategy unter Augustus und seine langfristigen Folgen, in: HZ 286, 2009, 561–611.
D. Hoyos (Hrsg.), A Companion to Roman Imperialism. Leiden 2013.
F. Hurlet, Rejeter le contrôle de Rome. Les formes de résistance aux structures fiscales et administratives de l'Empire romain, in: S. von Reden/P. Derron (Hrsg.), Économie et inégalité. Ressources, échanges et pouvoir dans l'antiquité classique. Vandoeuvres 2017, 197–225.
S. Martin-Kilcher, Römer und *alpinae gentes* im Konflikt. Archäologische und historische Zeugnisse des 1. Jh. v. Chr., in: G. Moosbauer (Hrsg.), Fines imperii – imperium sine fine. Römische Okkupations- und Grenzpolitik im frühen Prinzipat. Rahden 2011, 27–62.
C. Nicolet, L'inventaire du monde. Géographie et politique aux origines de l'Empire romain. Paris 1988.
J. Stäcker, Princeps et miles. Studien zum Bindungs- und Nahverhältnis von Kaiser und Soldat im 1. und 2. Jh. Hildesheim 2003.
Chr. Wendt, Sine fine. Die Entwicklung der römischen Außenpolitik von der späten Republik bis in den frühen Prinzipat. Berlin 2008.

2.5.2 Die augusteischen Kriege

G. Alföldy, Das neue Edikt des Augustus aus El Bierzo in Hispanien, in: ZPE 131, 2000, 177–205.
B. Bleckmann, Die Germanen. Von Ariovist bis zu den Wikingern. München 2009.
S. Burmeister/S. Ortisi (Hrsg.), Phantom Germanicus. Spurensuche zwischen historischer Überlieferung und archäologischem Befund. Rahden 2018.
M. Coudry/F. Kirbihler, La lex Cornelia, une lex provinciae de Sylla pour l'Asie, in: F. Kirbihler/N. Barrandon (Hrsg.), Administrer les provinces de la République romaine. Rennes 2010, 133–169.
L. A. Curchin, Roman Spain. Conquest and Assimilation. London 1991.
A. Díaz Fernández (Hrsg.), Provinces and Provincial Command in Republican Rome. Genesis, Development and Governance. Zaragoza 2021.

W. Eck, Köln in römischer Zeit. Geschichte einer Stadt im Rahmen des Imperium Romanum. Köln 2004.

A. Eich, Warum Germanien? Überlegungen zu den Motiven der augusteischen Expansionspolitik, in: HZ 306, 2018, 31–70.

J. Hoffmann-Salz, Die wirtschaftlichen Auswirkungen der römischen Eroberung. Vergleichende Untersuchungen der Provinzen Hispania Tarraconensis, Africa Proconsularis und Syria. Stuttgart 2011.

P. Houten, Urbanisation in Roman Spain and Portugal. Civitates Hispaniae of the Early Empire. London/New York 2021.

J.-S. Kühlborn, 2000 Jahre Römer in Anreppen, in: ders. (Hrsg.), Rom auf dem Weg nach Germanien. Geostrategie, Vormarschtrassen und Logistik. Mainz 2008, 1–5.

G. A. Lehmann, Imperium und Barbaricum. Wien 2011.

J. Rich, Cantabrian Closure. Augustus' Spanish War and the Ending of his Memoirs, in: C. Smith/A. Powell (Hrsg.), The Lost Memoirs of Augustus and the Development of Roman Autobiography. Swansea 2009, 145–172.

P. Rothenhöfer, Die Wirtschaftsstrukturen im südlichen Niedergermanien. Untersuchungen zur Entwicklung eines Wirtschaftsraumes an der Peripherie des Imperium Romanum. Rahden 2005.

W. Schmitthenner, Octavians militärische Unternehmungen in den Jahren 35–33 v. Chr., in: Historia 7, 1958, 189–236.

K. Strobel, Südosteuropa in der Zeit von Republik und Principat: Vorgeschichte, Etablierung und Konsolidierung römischer Herrschaft, in: F. Mitthof/P. Schreiner/O. Schmitt u. a. (Hrsg.), Handbuch zur Geschichte Südosteuropas, Bd 1. Herrschaft und Politik in Südosteuropa von der römischen Antike bis 1300. Berlin/Boston 2019, 131–324.

D. Timpe Römisch-Germanische Begegnung in der späten Republik und frühen Kaiserzeit. Voraussetzungen – Konfrontationen – Wirkungen. Gesammelte Studien. München 2006 [1975].

R. Wiegels, Römische Germanenpolitik in nachcaesarischer Zeit, in: ders. [Hrsg.], Die Varusschlacht, Wendepunkt der Geschichte? 2. Aufl. Stuttgart 2009, 50–64.

2.5.3 Die Herrscherverehrung in Rom und in den Provinzen

H. Cancik/K. Hitzl (Hrsg.), Die Praxis der Herrscherverehrung in Rom und seinen Provinzen, Tübingen 2003.

M. Clauss, Kaiser und Gott. Herrscherkult im römischen Reich. Stuttgart 1999.

B. Edelmann-Singer, Koina und Concilia. Genese, Organisation und sozioökonomische Funktion der Provinziallandtage im römischen Reich. Stuttgart 2015.

D. Fishwick, The Imperial Cult in the Latin West. Studies in the Ruler Cult of the Western Provinces of the Roman Empire, 2 Bde. Leiden 1987–1991.

I. Gradel, Emperor Worship and Roman Religion. Oxford 2002.

A. Kolb/M. Vitale (Hrsg.), Kaiserkult in den Provinzen des Römischen Reiches. Organisation, Kommunikation und Repräsentation. Berlin/Boston 2016.

S. Pfeiffer, Der römische Kaiser und das Land am Nil. Kaiserverehrung und Kaiserkult in Alexandria und Ägypten von Augustus bis Caracalla (30 v. Chr.–217 n. Chr.). Stuttgart 2010.

S. R. F. PRICE, Rituals and Power. The Roman Imperial Cult in Asia Minor, Cambridge 1984.

2.5.4 Augustus' Nachfolgeregelungen

B. EDELMANN-SINGER, Das Römische Reich von Tiberius bis Nero. Darmstadt 2017.

A. GIBSON (Hrsg.), The Julio-Claudian Succession. Reality and Perception of the „Augustan Model". Leiden 2013.

2.6 Zum Prinzipat des Tiberius

M. ALPERS, Das nachrepublikanische Finanzsystem. Fiscus und Fisci in der frühen Kaiserzeit. Berlin/New York 1995.

M. BAAR, Das Bild des Kaisers Tiberius bei Tacitus, Sueton und Cassius Dio. Stuttgart 1990.

A. BECKER/G. RASBACH (Hrsg.), Waldgirmes. 2 Bde. Darmstadt 2015.

J. BLEICKEN, Senatsgericht und Kaisergericht. Eine Studie zur Entwicklung des Prozessrechtes im frühen Prinzipat. Göttingen 1962.

P. BRUNT, The ‚fiscus' and its Development, in: JRS 56, 1966, 75–91.

W. ECK, Die Täuschung der Öffentlichkeit oder: Die „Unparteilichkeit" des Historikers Tacitus, in: A&A 46, 2000, 190–206.

C. P. ELLIOTT, The Crisis of A. D. 33, Past and Present, in: JAH 3, 2015, 267–281.

W. V. HARRIS, The Nature of Roman Money, in: DERS., The Monetary Systems of the Greeks and Romans, Oxford 2006, 174–207.

D. HENNIG, L. Aelius Seianus. Untersuchungen zur Regierung des Tiberius. München 1975.

E. KOESTERMANN, Die Majestätsprozesse unter Tiberius, in: Historia 4, 1955, 72–106.

B. LEVICK, Tiberius the Politician. London 1976.

B. LOTT, Death and Dynasty in Early Imperial Rome. Key Sources with Text, Translation, and Commentary. Cambridge 2012.

F. MARSH, The Reign of Tiberius, Cambridge 1959.

Y. RIVIÈRE, Germanicus. Prince romain 15 av. J.-C.-19 apr. J.-C. Paris 2016.

S. H. RUTLEDGE, Imperial Inquisitions. Prosecutors and Informants from Tiberius to Domitian. London 2002.

A. SCHÖßLER, Tiberius im taciteischen Narrativ. Gewaltarme Aushandlungen zwischen Tiberius und der senatorischen Oberschicht in den Annalen des Tacitus. Darmstadt 2021.

D. SHOTTER, Tiberius Caesar. 2. Aufl. London 2004.

F. SITTIG, Psychopathen in Purpur. Julisch-claudischer Caesarenwahnsinn und die Konstruktion historischer Realität. Stuttgart 2018.

P. TEMIN, The Roman Market Economy. Princeton 2013.

I. WIEGAND, *Neque libere neque vere*. Die Literatur unter Tiberius und der Diskurs der res publica continua. Tübingen 2013.

R. WOLTERS, Die Schlacht im Teutoburger Wald. Arminius, Varus und das römische Germanien. 2. Aufl. München 2009.

A. J. WOODMAN, Velleius Paterculus. The Caesarian and Augustan Narrative 2.41–93. Ed. with a Comm. Cambridge 1983.

3 Die Versuche einer Monarchisierung des Prinzipats 37–68 n. Chr.

3.1 Zum Prinzipat des Caligula

A. Barrett, Caligula. The Corruption of Power. London 1989.

M. Bernett, Der Kaiserkult in Judäa unter den Herodiern und Römern. Untersuchungen zur politischen und religiösen Geschichte Judäas von 30 v. bis 66 n. Chr. Tübingen 2007.

P. Bourdieu, L'illusion biographique, in: Actes de la recherche en science sociales 62/63, 1986, 69–72.

F. Bernstein, Von Caligula zu Claudius. Der Senat und das Phantom der Freiheit, in: HZ 285/1, 2007, 1–18.

P. Eich, Aristokratie und Monarchie im kaiserzeitlichen Rom, in: H. Beck/P. Scholz/U. Walter (Hrsg.), Die Macht der Wenigen. Aristokratische Herrschaftspraxis, Kommunikation und „edler" Lebensstil in Antike und Früher Neuzeit. München 2008, 125–151.

F. Goldbeck, *Salutationes*. Die Morgenbegrüßungen in Rom in der Republik und der frühen Kaiserzeit. Stuttgart 2010.

E. Groag/A. Stein/L. Petersen u. a. (Hrsg.), Prosopographia Imperii Romani saec. I. II. III. 2. Aufl. Berlin/Leipzig, dann Berlin/Boston 1933–2015.

E. Gruen, Caligula, the Imperial Cult and Philo's *legatio*, in: Ders., The Construct of Identity in Hellenistic Judaism. Essays on Early Jewish Literature and History. Berlin/Boston 2016, 397–409.

H. Jung, Die Thronerhebung des Claudius, in: Chiron 2, 1972, 367–386.

J. E. Lendon, Empire of Honour. The Art of Government in the Roman World. Oxford 1997.

B. E. Thomasson, Laterculi Praesidum. Göteborg 1972–1990.

A. Winterling, Caligula. Eine Biographie. München 2003.

3.2 Zum Prinzipat des Claudius

3.2.1 Claudius' Politik in und für Rom

P. Buongiorno, Senatus consulta Claudianis temporibus facta. Una palingenesi delle deliberazioni senatorie dell'età di Claudio (41–54 D. C.). Neapel 2010.

W. Eck, Die Bedeutung der claudischen Regierungszeit für die administrative Entwicklung des römischen Reiches, in: V. Strocka (Hrsg.), Die Regierungszeit des Kaisers Claudius. Umbruch oder Episode? Mainz 1994, 23–34.

P. Eich, Wie hielt es der Kaiser mit den Normen?, In: T. Itgenshorst/Ph. Le Doze (Hrsg.), La norme sous la République et le Haut-Empire romains. Bordeaux 2017, 333–353.

J. Ginsburg, Representing Agrippina. Constructions of Female Power in the Early Roman Empire. Oxford/New York 2006.

E. Höbenreich, Annona. Juristische Aspekte der stadtrömischen Lebensmittelversorgung im Prinzipat. Graz 1997.

H. Jakobsmeier, Die Gallier-Rede des Claudius aus dem Jahr 48 n. Chr. Historisch-philologische Untersuchungen und Kommentar zur *tabula Claudiana* aus Lyon. München 2019.

S. Keay/M. Millett/L. Paroli u. a. (Hrsg.), Portus. An Archaeological Survey of the Port of Imperial Rome. London 2005.

K. Kłodziński, The Office of *a rationibus* in the Imperial Government. A Historiographical Controversy, in: Eos 102, 2015, 95–128.

A. Kolb (Hrsg.), Augustae. Machtbewusste Frauen am römischen Kaiserhof? Berlin 2010.

C. Kunst, Matronage. Handlungsstrategien und soziale Netzwerke antiker Herrscherfrauen. Rahden 2013.

C. Kunst, Livia. Macht und Intrigen am Hof des Augustus. Stuttgart 2008.

B. Levick, Claudius, 2. Aufl. London/New York 2015.

R. Meiggs, Roman Ostia. 2. Aufl. Oxford 1973.

J. Osgood, Claudius Caesar. Image and Power in the Early Roman Empire. Cambridge 2011.

H. Pavis D'Escurac, La préfecture de l'annone, service administratif impérial d'Auguste à Constantin. Paris 1976.

D. Rohde, Zwischen Individuum und Stadtgemeinde. Die Integration von „collegia" in Hafenstädten. Mainz 2012.

R. Sablayrolles, Libertinus miles. Les cohortes de vigils. Paris 1996.

A. A. Schiller, Bureaucracy and the Roman Law, in: Seminar 7, 1949, 26–48.

B. Sirks, Food for Rome. The Legal Structure of the Transportation and Processing of Supplies for the Imperial Distributions in Rome and Constantinople. Amsterdam 1991.

Th. Späth/B. Wagner-Hasel (Hrsg.), Frauenwelten in der Antike. Geschlechterordnung und weibliche Lebenspraxis. Stuttgart 2000.

T. Terpstra, Trading Communities in the Roman World. A Micro-Economic and Institutional Perspective. Leiden/Boston 2013.

3.2.2 Forschung zu den Verbindungen zwischen römischer und Reichs-Politik

M. Adak/M. Wilson, Das Vespasiansmonument von Döşeme und die Gründung der Doppelprovinz *Lycia et Pamphylia*, in: Gephyra 9, 2012, 1–40.

R. Behrwald, Der lykische Bund. Untersuchungen zu Geschichte und Verfassung. Bonn 2000.

H. Brandt/F. Kolb, *Lycia et Pamphylia*. Eine römische Provinz im Südwesten Kleinasiens, 2. Aufl. Mainz 2005.

Chr. Hamdoune, *Ad fines Africae Romanae*. Les mondes tribaux dans les provinces maurétaniennes. Bordeaux 2018.

B. Hoffmann, The Roman Invasion of Britain. Archaeology versus History, Barnsley 2013.

M. Millett/A. Moore/L. Revell (Hrsg.), The Oxford Handbook of Roman Britain. Oxford 2016.

N. Morley, The Roman Empire. The Roots of Imperialism, London/New York 2010.

P. Ørsted, Roman Imperial Economy and Romanization, Kopenhagen 1985.

D. Reitzenstein, Die lykischen Bundespriester. Repräsentation der kaiserzeitlichen Elite Lykiens. Berlin 2011.
S. Şahin/M. Adak, Stadiasmus Patarensis. Itinera Romana provinciae Lyciae. Istanbul 2007.
P. Salway, Roman Britain. Oxford 1984.
A. Smith u. v. a., Life and Death in the Countryside of Roman Britain. London 2018.
B. Takmer, Lex Portorii Provinciae Lyciae. Ein Vorbericht über die Zollinschrift aus Andriake aus neronischer Zeit, in: Gephyra 4, 2011, 165–188.
M. Zimmermann, Romanisation und Repräsentation in Noricum. Bonn 2017.

3.3 Zum Prinzipat Neros

3.3.1 Antike und moderne Nero-Bilder

A. Bergener, Die führende Senatorenschicht im frühen Prinzipat 14–68 n. Chr. Bonn 1965.
M. Bergmann, Der Koloss Neros, die Domus Aurea und der Mentalitätswandel im Rom der frühen Kaiserzeit. Mainz 1994.
P. Brunt, Stoicism and the Principate, in: PBSR 43, 1975, 7–35.
E. Buckley/M. T. Dinter (Hrsg.), A Companion to the Neronian Age. Chichester 2013.
E. Champlin, Nero. Cambridge 2003.
J. Elsner/J. Masters (Hrsg.), Reflections of Nero. Culture, History & Representation. London 1994.
M. Griffin, Nero. The End of a Dynasty. London 1984/2000.
M. Griffin, Seneca. A Philosopher in Politics. Oxford 1976.
C. P. Jones, The Historicity of the Neronian Persecution: A Response to Brent Shaw, in: New Testament Studies 63, 2017, 146–152.
H. Leppin, Die frühen Christen von den Anfängen bis Konstantin. 2. Aufl. München 2021.
H. Leppin, Histrionen. Untersuchungen zur sozialen Stellung von Bühnenkünstlern im Westen des Römischen Reiches zur Zeit der Republik und des Principats. Bonn 1992.
J.-M. Mayeur, dt. Ausg. von N. Brox (Hrsg.), Die Geschichte des Christentums. Religion, Politik, Kultur, darin Bd. 1, L. Pietri (Hrsg., dt. Ausg. Th. Böhm), Die Geschichte des Christentums. Die Zeit des Anfangs bis 250. Freiburg 2002.
D. McAlindon, Senatorial Opposition to Claudius and Nero, in: AJPh 77, 1956, 113–132.
M. Meier, Die neronische Christenverfolgung und ihre Kontexte. Heidelberg 2021.
J. Molthagen, Der römische Staat und die Christen im zweiten und dritten Jahrhundert. 2. Aufl. Göttingen 1975.
E. M. Moormann, Nerone, Roma e la *domus aurea*. Rom 2020.
J. Moreau, Die Christenverfolgung im Römischen Reich. Berlin 1961.
V. Rudich, Political Dissidence under Nero. The Price of Dissimulation. London 1993.
J. Schröter/B. A. Edsall/J. Verheyden (Hrsg.), Jews and Christians. Parting Ways in the First Two Centuries CE? Reflections on the Gains and Losses of a Model, Berlin/Boston 2021.
B. Shaw, The Myth of the Neronian Persecution, in: JRS 105, 2015, 73–100.
B. Shaw, The Divine Economy. Stoicism as Ideology, in: Latomus 64, 1985, 16–54.

M. Tiwald, Frühjudentum und beginnendes Christentum. Gemeinsame Wurzeln und das Parting of the Ways. Stuttgart 2022.

A. Weiß, Soziale Elite und Christentum. Studien zu *ordo*-Angehörigen unter den frühen Christen. Berlin/Boston 2015.

H. Wendt, At the Temple Gates. The Religion of Freelance Experts in the Roman Empire. New York 2016.

3.3.2 Die imperialgeschichtliche Dimension von Neros Prinzipat

E. Adler, Valorizing the Barbarians. Enemy Speeches in Roman Historiography. Austin 2011.

K. Butcher/M. Ponting, The Metallurgy of Roman Silver Coinage from the Reform of Nero to the Reform of Trajan. Cambridge 2014.

G. Chalon, L'édit de Tiberius Julius Alexander. Etude historique et exégétique. Olten 1964.

Th. Clark, Processing into Dominance. Nero, the Crowning of Tiridates I, and a New Narrative of Rome's Supremacy in the East, in: JAH 9, 2021, 269–296.

M. Cottier u. v. a. (Hrsg.), The Customs Law of Asia. Oxford 2008.

M. Crawford, Ancient Devaluations. A General Theory, in: S. Sorda (Hrsg.) Les „dévaluations" à Rome. Epoque républicaine et impériale. Bd. 2. Rom 1978, 147–158.

E. Dąbrowa, Parthian-Armenian Relations from the 2nd Century BCE to the Second Half of the 1st Century CE, in: Electrum 28, 2021, 41–57.

G. de Kleijn-Eijkelestam, C. Licinius Mucianus, Vespasian's Co-ruler in Rome, in: Mnemosyne 66, 2013, 433–459.

W. Eck, Die politisch-administrative Struktur der kleinasiatischen Provinzen während der hohen Kaiserzeit, in: G. Urso (Hrsg.), Tra Oriente e Occidente. Indigeni, Greci e Romani in Asia Minore. Pisa 2007, 189–207.

M. Geiser, Personendarstellung bei Tacitus am Beispiel von Cn. Domitius Corbulo und Ser. Sulpicius Galba. Remscheid 2007.

M. Heil, Die orientalische Außenpolitik des Kaisers Nero. München 1997.

F. Vervaet, Domitius Corbulo and the Rise of the Flavian Dynasty, in: Historia 52, 2003, 436–464.

3.3.3 Zum Jüdischen Krieg

W. den Hollander, Josephus, the Emperors, and the City of Rome. From Hostage to Historian. Leiden/Boston 2014.

E. Gabba, The Social, Economic and Political History of Palestine 63 BCE–CE 70, in: W. Horbury/W. D. Davies/J. Sturdy (Hrsg.), The Cambridge History of Judaism III. The Early Roman Period. Cambridge 1999, 94–167.

M. Goodman, Judaism in the Roman World. Collected Essays. Leiden/Boston 2007.

M. Goodman, Rome and Jerusalem. The Clash of Ancient Civilizations. London/New York 2007.

E. S. Gruen, Diaspora. Jews amidst Greeks and Romans. Cambridge/London 2002.

H. Howell Chapman/Z. Rodgers (Hrsg.), A Companion to Josephus. Chichester 2016.

S. Mason, A History of the Jewish War. A. D. 66–74. Cambridge/New York 2016.

F. Millar, The Roman Near East 31 BC – AD 337. Cambridge 1993.

M. Popovic, The Jewish Revolt against Rome. History, Sources, and Perspectives, in: Ders. (Hrsg.), The Jewish Revolt against Rome. Interdisciplinary Perspectives. Leiden/Boston 2011, 1–25.

E. Schürer, The History of the Jewish People in the Age of Jesus Christ (175 B. C.–A. D. 135), 3 Bde., 1. Edinburgh 1973.

M. Schuol, Augustus und die Juden. Rechtsstellung und Interessenpolitik der kleinasiatischen Diaspora. Frankfurt 2007.

E. Smallwood, The Jews under Roman Rule. From Pompey to Diocletian. Leiden 1981.

H. Solin, Juden und Syrer im westlichen Teil der römischen Welt. Eine ethnisch-demographische Studie, in: ANRW 2, 29, 2, Berlin/Boston 1983, 587–789.

4 Der Bürgerkrieg von 68/9 und die Regierung der Flavier

4.1 Zum Bürgerkrieg von 68/9

D. Armitage, Civil Wars. A History in Ideas. New York 2017.

H. Börm, Civil Wars in Greek and Roman Antiquity. Contextualising Disintegration, in: ders./ M. Mattheis/J. Wienand (Hrsg.), Civil War in Ancient Greece and Rome. Contexts of Disintegration and Reintegration. Stuttgart 2016, 15–30.

P. Brunt, The Revolt of Vindex and the Fall of Nero, in: Latomus 18, 1959, 531–559.

H. M. Cotton/W. Eck/B. Isaac u. v. a. (Hrsg.), Corpus Inscriptionum Iudaeae/Palaestinae, Bd. 1: Jerusalem, Teil 1. Berlin/Boston 2010.

G. Davis, Under Siege. The Roman Field Works at Masada, in: Bulletin of the American School of Overseas Research 362, 2011, 65–83.

W. Eck (Hrsg.), Prosopographie und Sozialgeschichte. Studien zur Methodik und Erkenntnismöglichkeit der kaiserzeitlichen Prosopographie. Köln/Wien/Weimar 1993.

W. Eck, Senatoren von Vespasian bis Hadrian. Prosopographische Untersuchungen mit Einschluss der Jahres- und Provinzialfasten der Statthalter. München 1970.

E. Flaig, Wie Kaiser Nero die Akzeptanz bei der Plebs urbana verlor. Eine Fallstudie zum politischen Gerücht im Prinzipat, in: Historia 52, 2003, 351–372.

J. Geisthardt, Zwischen princeps und res publica. Tacitus, Plinius und die senatorische Selbstdarstellung in der Hohen Kaiserzeit. Stuttgart 2015.

K. Holum (Hrsg.), Caesarea Papers 2. Herod's Temple, the Provincial Governor's Praetorium and Granaries, the Later Harbor, a Gold Coin Hoard, and Other Studies. Ann Arbor 1999.

B. Levick, L. Verginius Rufus and the Four Emperors, in: RhM 128, 1985, 318–346.

G. Morgan, 69 A. D. The Year of Four Emperors. Oxford 2006.

E. Netzer, The Architecture of Herod, the Great Builder. With the Assistance of R. Laureys-Chachy. 2. Aufl. Grand Rapids 2009.

J. Pigon, Der Kaiser und sein Heer. Zum Bild des Vitellius in den Historien des Tacitus, in: Hermes 145, 2017, 210–223.

B. Rabe/H.-Chr. Noeske, The Issues from Galba to Trajan (AD 68–117). Based on Documentation and Preparatory Studies by F. E. Koenig and D. Boschung. Bonn 2016.

P. Schunck, Studien zur Darstellung des Endes von Galba, Otho und Vitellius in den Historien des Tacitus, in: SO 39, 2008, 38–82.

R. Urban, Der „Bataveraufstand" und die Erhebung des Iulius Classicus. Trier 1985.

K. Wellesley, The Long Year A. D. 69. 2. Aufl. Bedminster 1989.

4.2 Zur Regierung der Flavier

A. K. Bowman (Hrsg.), Cambridge Ancient History 11. The High Empire, A. D. 70–192. Cambridge 2000.
F. Coarelli (Hrsg.), Divus Vespasianus. Il bimillenario dei Flavi. Mailand 2009.
L. Colognesi Capogrossi/E. Lo Cascio/E. Tassi Scandone (Hrsg.), L'Italia dei Flavi. Rom 2016.
M. Griffin, The Flavians, in: A. K. Bowman (Hrsg.), Cambridge Ancient History 11. The High Empire, A. D. 70–192. Cambridge 2000, 1–83.
B. Levick, Vespasianus. London 1999.
S. Pfeiffer, Die Zeit der Flavier. Vespasian, Titus, Domitian. Darmstadt 2009.
A. Zissos (Hrsg.), A Companion to the Flavian Age of Imperial Rome. Chichester 2016.

4.2.1 Die Reichspolitik unter Vespasian und Titus

D. Cherry, Armed Resistance to Roman Rule in North Africa. From the Time of Augustus to the Vandal Invasion, in: Small Wars & Insurgencies, 31:5, 2020, 1044–1057.
W. Eck, Judäa – Syria Palästina. Die Auseinandersetzung einer Provinz mit römischer Politik und Kultur. Tübingen 2014.
W. Eck, Der Anschluss der kleinasiatischen Provinzen an Vespasian und ihre Restrukturierung unter den Flaviern, in: L. Capogrossi Colognesi/E. Tassi Scandone (Hrsg.), Roma, Vespasiano e l'impero dei Flavi. Rom 2012, 27–44.
D. Flach, Inschriftenuntersuchung zum römischen Kolonat in Nordafrika, in: Chiron 8, 1978, 441–492.
K. Hamacher, Germania capta. Germanien als Faktor der Repräsentations- und Legitimationsstrategie der Flavier. Berlin/Heidelberg 2021.
B. W. Jones, Suetonius, Vespasian. Ed. with an Introd., Comm. and Bibl. London 2000.
D. Kehoe, The Economics of Agriculture on Roman Imperial Estates in North Africa. Göttingen 1988.
Y. Le Bohec, La troisième légion Auguste. Paris 1989.
M. Maiuro, Vespasiano tra Egitto e Danubio, in: L. Capogrossi Colognesi/E. Tassi Scandone (Hrsg.), Vespasiano e l'impero dei Flavi, Rom 2012, 45–69.
C. Marek, Geschichte Kleinasiens von der Steinzeit bis zum Imperium Romanum. Mit einem Beitrag von P. Frei. München 2010.
J. Pintado, Edictum, municipium y lex. Hispania en época Flavia (69–96 d. C.). Oxford 2004.
G. Waldherr, Der Limes. Kontaktzone zwischen den Kulturen. Stuttgart 2009.
Chr. Weikert, Von Jerusalem zu Aelia Capitolina. Die römische Politik gegenüber den Juden von Vespasian bis Hadrian. Göttingen 2016.

4.2.2 Die Flavische Herrschaft in Rom

D. Barghop, Forum der Angst. Eine historisch-anthropologische Studie zu Verhaltensmustern von Senatoren im Römischen Kaiserreich. Frankfurt 1994.
P. Brunt, *Lex de imperio Vespasiani*, in: JRS 67, 1977, 95–116.
M. Crawford, Roman Statutes. 2 Bde. London 1996.
Ph. Deeg, Der Kaiser und die Katastrophe. Untersuchungen zum politischen Umgang mit Umweltkatastrophen im Prinzipat (31 v. Chr.–192 n. Chr.). Stuttgart 2019.

L. Donovan Ginsberg/D. A. Krasne (Hrsg.), After 69 CE. Writing Civil War in Flavian Rome. Berlin/Boston 2018.
O. Hekster, Fighting for Rome. The Emperor as Military Leader, in: L. de Blois/E. Lo Cascio (Hrsg.), The Impact of the Roman Army (200 B. C.–A. D. 476). Economic, Social, Political, Religious and Cultural Aspects, Leiden/Boston 2007, 91–105.
W. Jongman, Gibbon was Right. The Decline and Fall of the Roman Economy, in: O. Hekster/G. de Kleijn/D. Slootjes (Hrsg.), Crises and the Roman Empire. Proceedings of the 7th Workshop of the Int. Network Impact of Empire, Leiden/Boston 2007, 183–199.
J. Leithoff, Macht der Vergangenheit. Zur Erringung, Verstetigung und Ausgestaltung des Prinzipats unter Vespasian, Titus und Domitian. Göttingen 2014.
B. Levick, The *lex de imperio Vespasiani*. The Parts and The Whole, in: L. Capogrossi Colognesi/E. Tassi Scandone (Hrsg.), La Lex de imperio Vespasiani e la Roma dei Flavi. Rom 2009, 11–22.
H. Mouritsen, Elections, Magistrates and Municipal Élite. Studies in Pompeian Epigraphy. Rom 1988.
C. F. Noreña, Medium and Message in Vespasian's Templum Pacis, in: Memoirs of the American Academy in Rome, 48, 2003, 25–43.
A. Pabst, „... ageret faceret quaecumque e re publica censeret esse". Annäherungen an die lex de imperio Vespasiani, in: W. Dahlheim (Hrsg.), Festschrift Robert Werner zu seinem 65. Geburtstag. Konstanz 1989, 125–148.
S. Page, Der ideale Aristokrat. Plinius der Jüngere und das Sozialprofil der Senatoren in der Kaiserzeit. Heidelberg 2015.
E. Stein-Hölkeskamp, Das römische Gastmahl. Eine Kulturgeschichte. München 2010.
K. Strobel, Kaiser Traian. Eine Epoche der Weltgeschichte. 2. Aufl. Regensburg 2019.
K. Vössing, *Mensa regia*. Das Bankett beim hellenistischen König und beim römischen Kaiser. München 2004.

4.2.3 Zum Prinzipat Domitians

G. Andrews, Domitianus Germanicus. Tacitus's Germania and the Memory of Domitian, in: ICS 44, 2019, 408–429.
S. Blochmann, Verhandeln und entscheiden. Politische Kultur im Senat der frühen Kaiserzeit. Stuttgart 2017.
I. Carradice, Coinage and Finances in the Age of Domitian, A. D. 81–96. Oxford 1983.
L. A. Curchin, The Local Magistrates of Roman Spain. Toronto 1990.
J. Edmondson, Cities and Urban Life in the Western Provinces of the Roman Empire, 30 BCE–250 CE, in: D. Potter (Hrsg.), A Companion to the Roman Empire, Malden/Oxford/Melbourne 2006, 250–280.
R. Färber, Römische Gerichtsorte. Räumliche Dynamiken von Jurisdiktion im Imperium Romanum. München 2014.
J. R. Fears, Princeps a diis electus. The Divine Election of the Emperor as a Political Concept at Rome. Rom 1977.
J. Gering, Domitian, dominus et deus? Herrschafts- und Machtstrukturen im Römischen Reich zur Zeit des letzten Flaviers. Rahden 2016.
B. W. Jones, The Emperor Domitian. London/New York 1992.

I. Künzer, Kulturen der Konkurrenz. Untersuchungen zu einem senatorischen Interaktionsmodus an der Wende vom ersten zum zweiten Jahrhundert n. Chr. Bonn 2016.

J. O. Ley, Domitian. Auffassung und Ausübung der Herrscherrolle des letzten Flaviers. Berlin 2012.

J. B. Meister, Der Körper des Princeps. Zur Problematik eines monarchischen Körpers ohne Monarchie. Berlin 2010.

J. Rüpke/G. Woolf (Hgg.), Religion in the Roman Empire, Stuttgart 2021.

G. Seelentag, Taten und Tugenden Traians. Herrschaftsdarstellung im Principat. Stuttgart 2004.

A. S. Stefan, Les guerres daciques de Domitien et de Trajan. Architecture militaire, topographie, images et histoire. Rom 2005.

K. Strobel, Die Donaukriege Domitians. Bonn 1989.

K. H. Waters, Traianus Domitiani Continuator, in: AJPh 18, 1969, 385–405.

A. Winterling/N. Sojc/U. Wulf-Rheidt (Hrsg.), Palast und Stadt im severischen Rom. Stuttgart 2013.

J. G. Wolf, Die Lex Irnitana. Ein römisches Stadtrecht aus Spanien. Lat./dt. Darmstadt 2011.

5 Die Scharnierzeit an der Wende vom 1. zum 2. Jh. n. Chr.

A. Andermahr, *Totus in praediis*. Senatorischer Grundbesitz in Italien in der frühen und hohen Kaiserzeit. Bonn 1998.

W. Eck, Die große Pliniusinschrift aus Comum, in: W. Ameling/J. Heinrichs (Hrsg.), Monument und Inschrift. Gesammelte Aufsätze zur senatorischen Repräsentation in der Kaiserzeit, München 2011, 299–310.

R. Gibson, Man of High Empire. The Life of Pliny the Younger. New York 2020.

Chr. Ronning, Herrscherpanegyrik unter Trajan und Konstantin. Studien zur symbolischen Kommunikation in der römischen Kaiserzeit. Tübingen 2007.

A. N. Sherwin-White, The Letters of Pliny. A Historical and Social Commentary. Oxford 1966.

R. Winsbury, Pliny the Younger. A Life in Roman Letters. London 2014.

5.1 Zur Regierung Nervas

W. Eck, Trajan. Der Weg Zum Kaisertum, in: A. Nünnerich-Asmus (Hg.), Trajan. Ein Kaiser der Superlative am Beginn einer Umbruchzeit?, Mainz 2002, 7–20.

W. Eck, Die staatliche Organisation Italiens in der hohen Kaiserzeit, München 1979.

A. Kolb, Transport und Nachrichtentransfer im Römischen Reich. Berlin 2000.

M. Peachin, Frontinus and the curae of the curator aquarium. Stuttgart 2004.

5.2 Zur Alleinherrschaft Trajans

F. M. Al-Otaibi, The Annexation of the Nabataean Kingdom ion 106 A. D. New Epigraphic and Epigraphic Considerations, Mediterranean Archaeology and Archaeometry 15, 3, 151–156.

G. Bowersock, Roman Arabia. Cambridge/London 1994.

K. Christ, Geschichte der Römischen Kaiserzeit. Von Augustus bis Konstantin. 6. Aufl. München 2009 (1988).
W. Cockle/F. Millar/H. Cotton, The Papyrology of the Roman Near East. A Survey, in: JRS 85, 1995, 214–235.
A. Eich/P. Eich, Traian als Reformer, in: SCI 33, 2014, 33–53.
P. Garnsey, Trajan's Alimenta. Some Problems, in: Historia 17, 1968, 367–381.
R. Laurendi, *Institutum Traiani. Alimenta Italiae obligatio praediorum sors et usura.* Ricerche sull'euergetismo municipale e sull'iniziativa imperiale per il sostegno all'infanzia nell'Italia romana. Rom 2018.
E. Lo Cascio, *Alimenta Italiae,* in: J. González (Hg.), Trajano Emperador de Roma. Rom 2000, 287–312.
F. Mitthof/G. Schörner (Hrsg.), Columna Traiani. Trajanssäule. Siegesmonument und Kriegsbericht in Bildern. Wien 2017.
M. Pucci Ben Ze'ev, Diaspora Judaism in Turmoil 116/117 CE. Ancient Sources and Modern Insights. Leuven 2005.
O. Schipp, Die Adoptivkaiser. Nerva, Trajan, Hadrian, Antonius Pius, Marc Aurel, Lucius Verus und Commodus. Darmstadt 2011.
A. Woodman/C. Kraus, Tacitus. Agricola. Cambridge 2014.

6 Imperiale Institutionen

A. Acham, Struktur, Funktion und Genese von Institutionen aus sozialwissenschaftlicher Sicht, in: G. Melville (Hrsg.), Institutionen und Geschichte. Theoretische Aspekte und mittelalterliche Befunde. Köln 1992, 25–71.
G. Alföldy, Romanisation – Grundbegriff oder Fehlgriff? Überlegungen zum gegenwärtigen Stand der Erforschung von Integrationsprozessen im Römischen Weltreich, in: Z. Visy (Hrsg.), Limes XIX. Proceedings of the XIXth Congress of Roman Frontier Studies. Pécs 2005, 25–56.
D. J. Mattingly, Imperialism, Power and Identity. Experiencing the Roman Empire. Princeton 2011.
S. Schmidt-Hofner/P. Eich/C. Ambos (Hrsg.), Raumordnung, Norm und Recht in historischen Kulturen Europas und Asiens. Heidelberg 2016.
G. Schörner (Hrsg.), Romanisierung – Romanisation. Theoretische Modelle und praktische Fallbeispiele. Oxford 2005.
G. Wesch-Klein, Provincia. Okkupation und Verwaltung der Provinzen des Imperium Romanum von der Inbesitznahme Siziliens bis auf Diokletian. Ein Abriss. München 2008.

6.1 Rom als Zentrum des Imperiums

R. Beck, The Religious Market of the Roman Empire, in: L. Vaage (Hrsg.), Religious Rivalries in the Early Roman Empire and the Rise of Christianity. Waterloo 2006, 232–255.
A. Claridge/C. Holleran (Hrsg.), A Companion to the City of Rome. Hoboken, N. J. 2018.
F. Coarelli, Rom. Der archäologische Führer. 6. Aufl. Darmstadt 2019.

F. Kolb, Rom. Die Geschichte der Stadt in der Antike. 2. Aufl. München 2002.
M. Koortbojian, Crossing the Pomerium. The Boundaries of Political, Religious, and Military Institutions from Caesar to Constantine. Princeton 2020.
J. Rüpke, Domi militiae. Die religiöse Konstruktion des Krieges in Rom. Stuttgart 1990.
W. Scheidel (Hrsg.), Debating Roman Demography. Leiden 2001.
A. Zuiderhoek, The Ancient City. Cambridge 2017.

6.2 Zentrale Institutionen

M. Absil, Les préfets du prétoire d'Auguste à Commode, 2 av. Jésus-Christ–192 ap. Jésus-Christ. Paris 1997.
G. Alföldy, Konsulat und Senatorenstand unter den Antoninen. Prosopographische Untersuchungen zur senatorischen Führungsschicht. Bonn 1977.
C. Ando, Imperial Ideology and Provincial Loyalty in the Roman Empire. Berkeley 2000.
Chr. Badel, La noblesse romaine. Les masques et les vertus. Paris 2005.
P. Buongiorno/G. Camodeca (Hrsg.), Die senatus consulta in den epigraphischen Quellen. Texte und Bezeugungen. Stuttgart 2021.
T. Carboni, La parola scritta al servizio dell'Imperatore e dell'Impero. L'ab epistulis e l'a libellis nel II secolo d. C. Bonn 2017.
M. Christol/S. Demougin, De Lugo à Pergame: la carrière de l'affranchi Saturninus dans l'administration impériale, in: MEFRA 102, 1990, 159–211.
M. Corbier, L'aerarium Saturni et l'aerarium militare. Rom 1974.
J.-P. Coriat, Le Prince législateur. La technique législative des Sévères et les méthodes de création du droit impérial à la fin du principat. Rom 1997.
A. Daguet-Gagey, Splendor aedilitatum. L'édilité à Rome. Rom 2015.
F. Chausson, Empereurs et sénateurs aux IIe et IIIe siècles, in: W. Eck/M. Heil (Hrsg.), Die Prosopographie des römischen Kaiserreichs. Ertrag und Perspektiven. Berlin/Boston 2017, 133–154.
J.-L. Ferrary/J. Scheid (Hrsg.), Princeps romano. Autocrate o magistrato? Fattori giuridici e fattori sociali del potere imperiale da Augusto a Commodo. Pavia 2015.
T. Hauken, Petition and Response. An Epigraphic Study of Petitions to Roman Emperors 181–249. Bergen 1998.
T. Honoré, Emperors and Lawyers, Oxford ²1994.
K. Hopkins/G. P. Burton, Ambition and Withdrawal, in: K. Hopkins (Hrsg.), Death and Renewal. Cambridge 1983, 120–200.
J. Scheid, Romulus et ses frères. Le collège des frères arvales, modèle du culte public dans la Rome des empereurs. Rom 1990.
Chr. Settipani, Continuité gentilice et continuité familiale dans les familles sénatoriales romaines à l'époque impériale. Mythe et réalité. Oxford 2000.
R. Stepper, Augustus und Sacerdos. Untersuchungen zum römischen Kaiser als Priester, Stuttgart 2003.
A. Winterling, Dyarchie in der Kaiserzeit. Vorschlag zur Wiederaufnahme der Diskussion, in: W. Nippel/B. Seidensticker (Hrsg.), Theodor Mommsens langer Schatten. Das römische Staatsrecht als bleibende Herausforderung. Hildesheim/Zürich 2005, 177–197.

6.3 Das frühkaiserzeitliche Italien

A. Cooley (Hrsg.), A Companion to Roman Italy. Chichester 2016.

K. Engfer, Die private Munifizenz der römischen Oberschicht in Mittel- und Süditalien. Eine Untersuchung lateinischer Inschriften unter dem Aspekt der Fürsorge. Wiesbaden 2017.

P. Gros/M. Torelli, Storia dell'urbanistica. Il mondo romano. Rom/Bari 1988.

S. Günther, „Vectigalia nervos esse rei publicae". Die indirekten Steuern in der Römischen Kaiserzeit von Augustus bis Diokletian. Wiesbaden 2008.

W. Jongman, The Early Roman Empire: Consumption, in: W. Scheidel/I. Morris/R. Saller (Hrsg.), The Cambridge Economic History of the Greco-Roman World, Cambridge/New York 2007, 592–618.

H. Jouffroy, La construction publique en Italie et dans l'Afrique romaine. Strasbourg 1986.

M. Maiuro, Res Caesaris. Ricerche sulla proprietà imperiale nel Principato. Bari 2012.

N. Morley, Metropolis and Hinterland. The City of Rome and the Italian Economy 200 B. C.–A. D. 200. Cambridge 1996.

P. P. Pasieka, Von Blüten und Krisen. Eine wirtschaftsarchäologische Studie zum kaiserzeitlichen Südetrurien. Wiesbaden 2023.

D. Pupillo (Hrsg.), Le proprietà imperiali nell'Italia romana. Economia, produzione, amministrazione. Ferrara 2007.

W. Scheidel (with a Contribution by J. Sutherland), Roman Wellbeing and the Consequences of the Antonine Plague, in: E. Lo Cascio (Hrsg.), L'impatto della „peste antonina". Bari 2012, 265–295.

6.4 Institutionen des Provinzialreichs

A. Bérenger, Le métier de gouverneur dans l'empire romain de César à Dioclétien. Paris 2014.

P. Brunt, Charges of Provincial Maladministration under the Early Principate, in: Historia 10, 1961, 189–227.

B. Burrell, Neokoroi. Greek Cities and Roman Emperors. Boston/Leiden 2004.

C. Davenport, A History of the Roman Equestrian Order. Cambridge 2019.

J. Deininger, Die Provinziallandtage der römischen Kaiserzeit von Augustus bis zum Ende des dritten Jahrhunderts n. Chr. München 1965.

H.-C. Dirscherl, Der Gaustratege im römischen Ägypten. Seine Aufgaben am Beispiel des Archiv-, Finanz-, Bodenwesens und der Liturgien. St. Katharinen 2002.

S. Dmitriev, City Government in Hellenistic and Roman Asia Minor. Oxford 2005.

A. Eich (Hrsg.), Die Verwaltung der kaiserzeitlichen römischen Armee. Studien für H. Wolff. Stuttgart 2010.

G. Frija, Les prêtres des empereurs. Le culte impérial civique dans la province romaine d'Asie. Rennes 2012.

M. Gleason, Greek Cities under Roman Rule, in: D. S. Potter (Hrsg.), A Companion to the Roman Empire. Malden/Oxford/Melbourne 2006, 228–249.

R. Haensch, Capita Provinciarum. Statthaltersitze und Provinzialverwaltung in der römischen Kaiserzeit. Mainz 1997.

R. Haensch, Das Statthalterarchiv, in: ZSSR (RA) 100, 1992, 209–317.

P. Harland, Associations, Synagogues, and Congregations. Claiming a Place in the Ancient Mediterranean Society. Minneapolis 2003.

A. Heller, Les bêtises des Grecs. Conflits et rivalités entre cités d'Asie et de Bithynie à l'époque romaine 129 a. C. – 235 p. C. Bordeaux 2006.

A. Hirt, Imperial Mines and Quarries in the Roman World. Organizational Aspects 27 BC–AD 235. Oxford 2010.

F. Kolb, Die Stadt im Altertum. München 1984.

Th. Kruse, Der königliche Schreiber und die Gauverwaltung. Untersuchungen zur Verwaltungsgeschichte Ägyptens in der Zeit von Augustus bis Philippus Arabs. 2 Bde. München/Leipzig 2002.

E. Meyer-Zwiffelhoffer, Politikōs archein. Zum Regierungsstil der senatorischen Statthalter in den kaiserzeitlichen griechischen Provinzen. Stuttgart 2002.

H.-G. Pflaum, Les carrières procuratoriennes équestres sous le Haut-Empire romain. 3 Bde. Paris 1960–1.

H.-G. Pflaum, Les procurateurs équestres sous le Haut-Empire romain. Paris 1950.

N. Tran, Les membres des associations romaines. Le rang des *collegiati* en Italie et en Gaules sous le Haut-Empire. Rom 2006.

6.5 Nicht-„staatliche" Institutionen mit Einfluss auf die politische Ordnung

P. Bang/W. Scheidel (Hrsg.), The Oxford Handbook of the State in the Ancient Near East and Mediterranean. Oxford 2013.

A. Binsfeld/M. Ghetta, Ubi servi erant? Die Ikonographie von Sklaven und Freigelassenen in der römischen Kunst. Stuttgart 2019.

J. Bischoff/S. Conermann (Hrsg.), Slavery and other Forms of Strong Asymmetrical Dependencies. Semantics and Lexical Fields. Boston/Berlin 2022.

P. Chrystal, Women in Ancient Rome. Amberley 2013.

P. J. Du Plessis/C. Ando/K. Tuori (Hrsg.), The Oxford Handbook of Roman Law and Society. Oxford 2016.

C. Eilers, Roman Patrons of Greek Cities. Oxford 2002.

L. Foxhall, Studying Gender in Classical Antiquity. Cambridge 2013.

A. Ganter, Was die römische Welt zusammenhält. Patron-Klient-Verhältnisse zwischen Cicero und Cyprian. Berlin/Boston 2015.

H. Heinen u. v. a. (Hrsg.) Handwörterbuch der antiken Sklaverei (HAS), im Auftrag der Akademie der Wissenschaften und der Literatur, Mainz. Stuttgart 2017.

E. A. Hemelrijk, Hidden Lives, Public Personae. Women and Civic Life in the Roman West. Oxford 2015.

E. Herrmann-Otto (Hrsg.), Unfreie und abhängige Landbevölkerung. Hildesheim 2008.

E. Herrmann-Otto, Ex ancilla natus. Untersuchungen zu den „hausgeborenen" Sklaven und Sklavinnen im Westen des Römischen Kaiserreiches. Stuttgart 1994.

P. Kay, Rome's Economic Revolution. Oxford 2014.

F. Luciani, Slaves of the People. A Political and Social History of Roman Public Slavery. Stuttgart 2022.

K. Shaner, Enslaved Leadership in Early Christianity. New York 2018.

S. Treggiari, Roman Marriage. *Iusti coniuges* from the Time of Cicero to the Time of Ulpian. Oxford 1991.
A. Wallace-Hadrill (Hrsg.), Patronage in Ancient Society. London/London 1989.
A. Winterling (Hrsg.), Historische Anthropologie. Stuttgart 2006.

7 Die kaiserzeitlichen Armeen

P. Cosme, L'armée romaine, VIIIe s. av. J.-C.–Ve s. ap. J.-C. Paris 2007.
C. Mann, Militär und Kriegführung in der Antike. München 2013.
Chr. Schmidt Heidenreich, Le glaive et l'autel. Camps et piété militaire sous le Haut-Empire romain. Rennes 2013.
M. A. Speidel, Heer und Herrschaft im Römischen Reich der Hohen Kaiserzeit. Stuttgart 2009.
K. Stauner, Das offizielle Schriftwesen des römischen Heeres von Augustus bis Gallienus (27 v. Chr.–268 n. Chr.). Eine Untersuchung zu Struktur, Funktion und Bedeutung der offiziellen militärischen Verwaltungsdokumentation und zu deren Schreibern. Bonn 2004.

7.1 Stationierungsräume der kaiserzeitlichen Armeen
7.1.1 Rom als Stationierungsraum
H. Bellen, Die germanische Leibwache der römischen Kaiser des julisch-claudischen Hauses. Wiesbaden 1981.
S. Bingham, The Praetorian Guard. A History of Rome's Elite Special Forces. London 2013.
A. Busch, Militär in Rom. Militärische und paramilitärische Einheiten im kaiserzeitlichen Stadtbild. Wiesbaden 2011.
H. Freis, Die cohortes urbanae. Köln 1967.
A. Passerini, Le coorti pretorie. Rom 1939.
M. P. Speidel, Riding for Caesar. The Roman Emperors' Horse Guards. London 1994.
C. Vacanti, Lucio Elio Seiano. Il potere all'ombra dell'imperatore Tiberio. Roma 2022.

7.1.2 Stationierungsräume der Provinzialarmeen
A. Baroni/A. Raggi/G. Salmeri (Hrsg.), Colonie Romane nel mondo greco. Rom 2004.
C. Brélaz, La sécurité publique en Asie Mineure sous le Principat (Ier–IIIème s. ap. J.-C.). Institutions municipales et institutions impériales dans l'Orient romain. Basel 2005.
P. Campbell, The Emperor and the Roman Army, 31 BC–AD 235. Oxford 1984.
H. Devijver, The Equestrian Officers of the Roman Army. 2 Bde. Amsterdam 1989–Stuttgart 1992.
J. France/J. Nelis-Clément (Hrsg.), La *statio*. Archéologie d'un lieu de pouvoir dans l'empire romain. Bordeaux 2014.
C. Fuhrmann, Policing the Roman Empire. Soldiers, Administration, and Public Order. Oxford 2012.

H. Galsterer, Die römischen Stadtgesetze, in: L. Capogrossi Colognesi/E. Gabba (Hrsg.), Gli Statuti Municipali, Pavia 2006, 31–53.

I. Haynes, Blood of the Provinces. The Roman Auxilia and the Making of Provincial Society from Augustus to the Severans. Oxford 2013.

P. A. Holder, Studies in the Auxilia of the Roman Army from Augustus to Trajan. Oxford 1980.

B. Isaac, The Limits of Empire. The Roman Army in the East. Oxford 1990.

Y. Le Bohec (Hrsg.), Les légions de Rome sous le Haut-Empire. 3 Bde. Paris 2000–2003.

E. Luttwak, The Grand Strategy of the Roman Empire from the First Century AD to the Third. Baltimore 1976. 2. Aufl. 2016.

M. F. Petraccia Lucernoni, Gli stationarii in età imperiale. Rom 2001.

N. Pollard/J. Berry, Die Legionen Roms. 4. Aufl. Darmstadt 2021.

M. Reddé, Mare nostrum. Les infrastructures, le dispositif et l'histoire de la marine militaire sous l'Empire Romain. Rom 1984.

E. Ritterling, in: RE 12, 1–2, Stuttgart 1924–1925, s. v. Legio, 1189–1829.

M. Roxan, Roman Military Diplomas, 5 Bde. London 1978–2006.

J. E. H. Spaul, Cohors. The Evidence for and a Short History of the Auxiliary Infantry Units of the Imperial Roman Army. 2. Aufl. Oxford 2000.

J. E. H. Spaul, Ala. The Auxiliary Cavalry Units of the Pre-Diocletianic Imperial Roman Army. 2. Aufl. Andover 1994.

H. Viereck, Die römische Flotte. Classis Romana. Herford 1975.

7.2 Rekrutierungsräume der frühkaiserzeitlichen Armeen

R. Bertolazzi, Septimius Severus and the Cities of the Empire. Faenza 2020.

M. T. Boatwright, Hadrian and the Cities of the Roman Empire. 3 Aufl. Princeton 2003.

A. K. Bowman/J. D. Thomas, The Vindolanda Writing Tablets (tabulae Vindolandenses). Bd. 2–3 London 1994–2003.

W. Eck (Hrsg.), F. Vittinghoff, Civitas Romana. Stadt und politisch-soziale Integration im Imperium Romanum der Kaiserzeit. Stuttgart 1994.

G. Forni, Il reclutamento delle legioni da Augusto a Diocleziano. Mailand 1953.

J. C. Mann, Legionary Recruitment and Veteran Settlement during the Principate. London 1983.

M. A. Speidel, Die römischen Schreibtafeln von Vindonissa. Lateinische Texte des militärischen Alltags und ihre geschichtliche Bedeutung. Brugg 1996.

C. R. Whittaker, Frontiers of the Roman Empire. A Social and Economic Study. Baltimore/London 1994.

Anhang

Abkürzungsverzeichnis

Abkürzungen von Zeitschriften, die in Teil III verwendet wurden.

A&A	Antike und Abendland
AJPh	The American Journal of Philology
AncSoc	Ancient Society
CCGG	Cahiers du Centre Gustave Glotz
CQ	The Classical Quarterly
HZ	Historische Zeitschrift
ICS	Illinois Classical Studies
JAH	Journal of Ancient History
JRS	The Journal of Roman Studies
MDAI(R)	Mitteilungen des Deutschen Archäologischen Instituts. Römische Abteilung
MEFRA	Mélanges d'École française de Rome – Antiquité
NC	The Numismatic Chronicle
PBSR	Papers of the British School at Rome
RhM	Rheinisches Museum
SCI	Scripta Classical Israelica
SO	Symbolae Osloenses
ZPE	Zeitschrift für Papyrologie und Epigraphik
ZSSR (RA)	Zeitschrift der Savigny-Stiftung für Rechtsgeschichte (Romanistische Abteilung)

Abkürzungen antiker Autoren und Werke, die im Forschungsteil verwendet wurden.

Angaben zu den zitierten Schriften finden sich im Quellenteil III A.

Literarische Quellen

Cass. Dio	Cassius Dio, Römische Geschichte
Plin. n. h.	Plinius d. Ä., naturalis historia (Naturgeschichte)
Suet. Aug.	Suetonius, vita Augusti
Suet. Dom.	Suetonius, vita Domitiani
Suet. Tib.	Suetonius, vita Tiberii
Tac. Agr.	Tacitus, Agricola
Tac. Ann.	Tacitus, Annalen
Val. Max.	Valerius Maximus, Facta et dicta memorabilia

Epigraphische Quellen (Inschriften)

AE   Année Epigraphique
CIL   Corpus Inscriptionum Latinarum
ILS   Inscriptiones latinae selectae

Zeittafel

46 v. Chr.	C. Iulius Caesar wird zum Diktator für zehn Jahre ernannt.
Februar 44 v. Chr.	Caesar wird Diktator auf Lebenszeit.
15.3.44 v. Chr.	Caesar wird ermordet. Testamentarisch adoptiert er seinen Großneffen C. Octavius. Zur Unterscheidung verwenden moderne Darstellungen ab diesem Zeitpunkt für den jüngeren Caesar den Namen Octavian.
43 v. Chr.	Octavian, Caesars Adoptivsohn, erhält sein erstes Kommando (*pro praetore*). M. Antonius, M. Aemilius Lepidus und Octavian werden Triumvirn zur Ordnung des Gemeinwesens. Der Triumvirat ist zunächst auf fünf Jahre begrenzt und wird später um weitere fünf Jahre verlängert.
36 v. Chr.	Lepidus scheidet aus dem Triumvirat aus.
31–30 v. Chr.	Octavian besiegt Antonius bei Actium und in Ägypten und wird de facto zum Alleinherrscher.
27 v. Chr.	Als Ergebnis eines längeren Aushandlungsprozesses regiert Octavian die *res publica* als Konsul mit großen Militärprovinzen, die er durch von ihm eingesetzte Statthalter (*legati Augusti pro praetore*) leitet. Andere Provinzen werden von gelosten Prokonsuln administriert. Ab dem Januar 27 trägt Octavian den Namen *Imperator Caesar divi filius Augustus*.
23 v. Chr.	Nach einer Krise tritt Augustus vom Konsulat zurück. Er lenkt seine Provinzen mit konsularem *imperium* als Prokonsul und die Politik in Rom mithilfe der tribunizischen Amtsgewalt (*tribunicia potestas*) auf Lebenszeit.
19 v. Chr.	Augustus erhält ein konsulares *imperium* auf Lebenszeit.
18 v. Chr.	Augustus setzt eine Neukonstitution des Senats durch, der ab dieser Zeit wieder etwa 600 Mitglieder aufweist.
17 v. Chr.	Augustus adoptiert die Söhne von M. Vipsanius Agrippa und seiner Tochter Julia, Gaius und Lucius.
16 v. Chr.	Beginn der Offensiven in Nordwesteuropa. Seit 12 v. Chr. leitet Augustus' Stiefsohn Drusus die römischen Angriffe auf das rechtsrheinische Germanien.
12 v. Chr.	Augustus wird oberster Staatspriester (*pontifex maximus*).
12 v. Chr.	Tod von Augustus engstem Mitarbeiter Agrippa – Beginn der Nachfolgeprobleme.
6 v. Chr.	Augustus' Stiefsohn Tiberius erhält die tribunizische Amtsgewalt und damit eine Beteiligung an der Macht. Er zieht sich aber noch im gleichen Jahr aus der Politik zurück.
2 v. Chr.	Augustus setzt zum ersten Mal zwei Gardepräfekten (*praefecti praetorio*) ein.
2 n./4 n. Chr.	Tod der Adoptivsöhne des Augustus.
4 n. Chr.	Augustus adoptiert Tiberius und lässt ihm ein weitreichendes *imperium* übertragen.
6 n. Chr.	Judäa wird Teil der römischen Provinz *Syria*.

9 n. Chr.	Rom verliert drei Legionen und Hilfstruppen in Germanien (vermutlich im Wiehengebirge) und die meisten rechtsrheinischen Territorien.
13 n. Chr.	Tiberius' *imperium* wird dem des Augustus im Reich gleichgestellt.
14 n. Chr.	Tod des Augustus. Er wird unter die Götter des Gemeinwesens aufgenommen.
	Spannungen in Rom wegen der Frage, wie die Stellung des Tiberius ausgestaltet sein soll. Meuterei der Legionen im Donauraum und am Rhein.
14 n.–16 n. Chr.	Germanicus, den Tiberius auf Geheiß des Augustus adoptiert hatte, leitet eine römische Offensive im rechtsrheinischen Germanien, die Tiberius 16 n. als zu riskant abbricht.
19 n. Chr.	Germanicus stirbt unter unklaren Umständen auf einer Mission im römischen Osten.
23 n. Chr.	Tiberius' leiblicher Sohn Drusus stirbt. Die Nachfolgefrage ist danach für lange Zeit ungeklärt.
26 n. Chr.	Tiberius zieht sich aus Rom zurück und lebt seit 27 meist auf Capri. Sein Gardepräfekt L. Aelius Seianus agiert in Rom als sein Stabschef.
29–31 n. Chr.	Die Nachfolgeproblematik führt zu einer schweren Krise im Herrscherhaus. Germanicus' Frau Agrippina die Ältere und ihre beiden älteren Söhne werden inhaftiert. Die ohnedies hohe Zahl politischer Prozesse steigt weiter an.
Ca. 30 n. Chr.	Prozess und Kreuzigung Jesu in Jerusalem.
Seit 30 n. Chr.	Germanicus' jüngster Sohn Gaius (Caligula) hält sich im Umfeld von Tiberius auf. Ihm wird aber keines der Rechte übertragen, die die Stellung eines Princeps (*imperium/tribunicia potestas*) begründen.
37 n. Chr.	Tiberius stirbt. Caligula erhält von Senat und Volk alle Rechte übertragen, die Augustus und Tiberius über eine längere Zeit angesammelt hatten.
39 n. Chr.	Caligula beseitigt den Statthalter von Obergermanien Cn. Lentulus Gaetulicus und seinen ehemaligen Schwager M. Aemilius Lepidus. Beiden wird eine Verschwörung gegen den Herrscher vorgeworfen. Zahlreiche Prozesse gegen Senatoren und Ritter folgen.
41 n. Chr.	Caligula fällt einem Attentat zum Opfer. Gegen eine Gruppe prominenter Senatoren, die zur Republik zurückkehren oder einen anderen Princeps wollen, setzt die Garde Caligulas Onkel Ti. Claudius als Herrscher durch.
42 n. Chr.	Versuch prominenter Senatoren, Claudius gewaltsam zu beseitigen.
Ab 43 n. Chr.	Rom erobert Teile Englands.
48 n. Chr.	Claudius' Frau Messalina ist in eine undurchsichtige Affäre zur Beseitigung ihres Mannes verwickelt und wird getötet. Die Herrscherfamilie wird dadurch massiv geschwächt.
49 n. Chr.	Claudius heiratet seine Nichte Agrippina die Jüngere, die den Zusammenhalt der Dynastie wieder stärken kann. Die Inzestregeln werden dafür angepasst.
50 n. Chr.	Claudius adoptiert Agrippinas Sohn Lucius. Ab diesem Zeitpunkt heißt er mit Vornamen Nero. 51 erhält Nero ein erstes *imperium* außerhalb Roms.

54 n. Chr.	Claudius stirbt, angeblich durch Gift. Nero wird als Princeps eingesetzt. Anfangs wird er von seiner Mutter beeinflusst, dann von dem Redner und Senator L. Annaeus Seneca und dem Gardepräfekten Sex. Afranius Burrus beraten.
54–63 n. Chr.	Konflikt mit dem Nachbarreich der Parther.
Ca. 55 n. Chr.	Der Historiograph Tacitus wird geboren.
59 n. Chr.	Neros Mutter Agrippina auf sein Geheiß ermordet.
Ca. 61/2 n. Chr.	Der Redner C. Plinius Caecilius Secundus (Plinius d. J.) wird geboren.
62 n. Chr.	Tod des Gardepräfekten Burrus. Seneca zieht sich danach vom Hof zurück. Schwere Niederlage Roms gegen die Parther bei Rhandeia. Neros Stellung ist nachhaltig geschwächt.
64 n. Chr.	Brand Roms. Die antiken Autoren machen direkt oder indirekt Nero verantwortlich. Laut dem Historiographen Tacitus sollen danach und wegen des Brandes Christen angeklagt und hingerichtet worden sein.
65 n. Chr.	Eine große Verschwörung gegen Nero wird aufgedeckt, die nach ihrem Anführer C. Calpurnius Piso pisonische Verschwörung genannt wird. Es folgt eine massive Prozesswelle. Seneca wird zum Selbstmord gezwungen.
66 n. Chr.	Beginn des sogenannten Jüdischen Kriegs. Teile der Bevölkerung vor allem in Galiläa und Judäa versuchen, die römische Herrschaft abzuschütteln. Vespasian wird 67 mit dem Kommando über diesen Krieg beauftragt.
66–67 n. Chr.	Nero in Griechenland. Große Kriege im Kaukasus und Äthiopien werden vorbereitet.
68 n. Chr.	Die Statthalter der *Gallia Lugdunensis* (um Lyon) und *Hispania Tarraconensis* (um Tarragona), C. Iulius Vindex und Ser. Sulpicius Galba, erheben sich gegen Nero.
Mai 68 n. Chr.	Schlacht bei Besançon. Die germanischen Legionen besiegen das Aufgebot von Vindex.
Juni 68 n. Chr.	Die Prätorianer (die Garde) verlassen Nero, der sich selbst tötet. Die Familienherrschaft der Julier und der mit ihnen verbundenen Claudier endet. Galba werden die Rechte eines Princeps übertragen.
2.1.69 n. Chr.	Legionen in den germanischen Heeresbezirken rufen den Statthalter Niedergermaniens A. Vitellius zum Herrscher aus.
15.1.69 Chr.	Galba und sein Adoptivsohn L. Calpurnius Piso Frugi werden in Rom von Prätorianern erschlagen. Der Anstifter M. Salvius Otho wird zum Herrscher ausgerufen.
14.4.69 n. Chr.	Erste Schlacht von *Bedriacum* (bei Cremona in Oberitalien). Teile der germanischen Heere besiegen Othos Armee. A. Vitellius wird Princeps.
1.7.69 n. Chr.	T. Flavius Vespasianus wird im Osten zum Herrscher ausgerufen. Im Dezember 69 wird seine Stellung als Herrscher rückwirkend von Senat und Volk in Rom anerkannt.
24./25.10.69 n. Chr.	Die Donaulegionen schlagen in der zweiten Schlacht von *Bedriacum* die vitellianischen Truppen.
19.12.69 n. Chr.	Brand des Kapitols in Rom.
20.12.69 n. Chr.	Die Donaulegionen nehmen Rom ein. Vitellius wird hingerichtet.

Ende 69–96 n. Chr.	Regierung der Flavier. Schon laufende Transformationen des politischen Systems und der imperialen Gesellschaft werden beschleunigt. Grenzregime werden im Licht neuer strategischer Herausforderungen umgestaltet.
70 n. Chr.	Eroberung Jerusalems. Der Zweite Tempel brennt zu einer Ruine herunter. An einigen Orten dauern die Kampfhandlungen des Jüdischen Kriegs aber noch bis 74 an.
Ca. 70 n. Chr.	Der spätere Biograph der Caesaren C. Suetonius Tranquillus wird geboren.
73/4 n. Chr.	Vespasian und sein Sohn Titus bekleiden das alte Amt der Zensur. Wie schon 69/70 nehmen sie viele Neulinge in den römischen Senat auf. Die iberischen Gemeinden, die noch nicht römisch oder latinisch organisiert sind, erhalten das latinische Recht. Nach Erhalt eines entsprechenden Statuts gewinnen sie mehr politische und rechtliche Eigenständigkeit. Dies war der umfangsreichste Regierungsakt der Frühen Kaiserzeit, der der Förderung von Städten im Reich diente. Städteförderungen sind seit Augustus oft belegt. Eine systematische Städtepolitik gab es jedoch zu keiner Zeit.
79 n. Chr.	Tod und (79/80) Vergöttlichung Vespasians. Sein Sohn Titus wird Alleinherrscher. Ausbruch des Vesuvs mit Zerstörung von Pompeji und Herculaneum.
81 n. Chr.	Tod und Vergöttlichung von Titus. Der jüngere Sohn Vespasians Domitian wird Princeps.
83 n. Chr.	Chattenkrieg im heutigen Hessen. Domitian nimmt zum ersten Mal persönlich an einem Feldzug teil. In der Folge werden die beiden germanischen Heeresbezirke in typische Provinzen umgewandelt.
85/6 n. Chr.	Römische Niederlagen gegen die im heutigen Rumänien siedelnden Daker. Die untere Donau wird für längere Zeit der Schwerpunkt römischer Militärpolitik.
89 n. Chr.	Usurpationsversuch des Statthalters von Obergermanien L. Antonius Saturninus. Nach dessen Scheitern verschlechtert sich das schon angespannte Verhältnis des Princeps zu Teilen der Elite noch weiter. Friedensschluss mit dem dakischen Herrscher Decebalus, um die Donaufront zu stabilisieren.
95 n. Chr.	Hinrichtung des T. Flavius Clemens. Domitians Nachfolgeplanung bricht zusammen.
96 n. Chr.	Domitian wird von Mitgliedern seiner engsten Umgebung getötet. Der ältere, kinderlose Konsular (ehemalige Konsul) M. Cocceius Nerva übernimmt als Übergangskandidat die Herrschaft.
97 n. Chr.	Unter Druck von Domitian-freundlichen Kräften adoptiert Nerva den kurz zuvor ernannten Statthalter Obergermaniens M. Ulpius Traianus. Mit diesem Akt lassen viele moderne Studien die Adoptivkaiserzeit beginnen.
98 n. Chr.	Nerva stirbt und wird vergöttlicht. Trajan, der schon vorher Caesar (designierter Nachfolger) war, wird Augustus, ein Wort für den Entscheider in der frühkaiserzeitlichen politischen Ordnung.
100 n. Chr.	Der Senator Plinius hält eine später überarbeitete und publizierte Lobrede (*Panegyricus*) auf Trajan, die großen Einfluss auf moderne Kaiserbilder hatte.

101/2 n. Chr.	Erster Dakerkrieg Trajans. Rom kann Erfolge, aber keinen entscheidenden Sieg erringen.
105/6 n. Chr.	Zweiter Dakerkrieg Trajans. Große Teile des heutigen Rumäniens werden provinzialisiert.
Ca. 112/3 n. Chr.	Tod des Redners und Politikers Plinius des Jüngeren.
113 n. Chr.	Trajan bricht auf, um gegen das Nachbarreich der Parther Krieg zu führen.
115 n. Chr.	Eroberung der parthischen Hauptstadt Ktesiphon. Etwa ab dieser Zeit setzen parthische Gegenschläge ein.
116/7 n. Chr.	Beginn des sogenannten Diaspora-Aufstandes. Jüdische Gruppen außerhalb von Judäa wenden sich gegen ihr griechischsprachiges Umfeld und versuchen, die römische Herrschaft abzuschütteln. Rascher und unkoordinierter Rückzug des römischen Angriffsheeres aus dem Partherreich.
117 n. Chr.	Tod Trajans. Er wird 118 vergöttlicht. Unter ungeklärten Bedingungen übernimmt Trajans Großneffe P. Aelius Hadrianus die Herrschaft. Hadrian schließt einen Waffenstillstand mit den Parthern auf Basis des Status quo ante. Auch Teile der dakischen Eroberungen werden aufgegeben.
118 n. Chr.	Vier Konsulare, die Trajan nahegestanden hatten, werden beseitigt.
Ca. 120 n. Chr.	Tod des Historiographen Tacitus.
121 n. Chr.	Hadrian bricht zu seiner ersten von vier langen Reisen durch das Reich auf.
Ca. 130 n. Chr.	Tod Suetons. Seine Biographien von Caesaren haben gemeinsam mit den Werken von Plinius dem Jüngeren und den historischen Schriften von Tacitus das moderne Bild der Frühen Kaiserzeit wesentlich geprägt.

Karten

Karte 1 (Seite 275): A.-M. Wittke/E. Olshausen (Hrsg.), Historischer Atlas der antiken Welt. Stuttgart/Weimar 2012, 175. Kartograph: Richard Szydlak.

Karte 2 (Seite 276): K. Strobel, Kaiser Traian. Eine Epoche der Weltgeschichte. Regensburg 2010, Umschlag. Kartograph: Mario Kollegger.

Karte 3 (Seite 277): A.-M. Wittke/E. Olshausen (Hrsg.), Historischer Atlas der antiken Welt. Stuttgart/Weimar 2012, 208. Kartograph: Richard Szydlak.

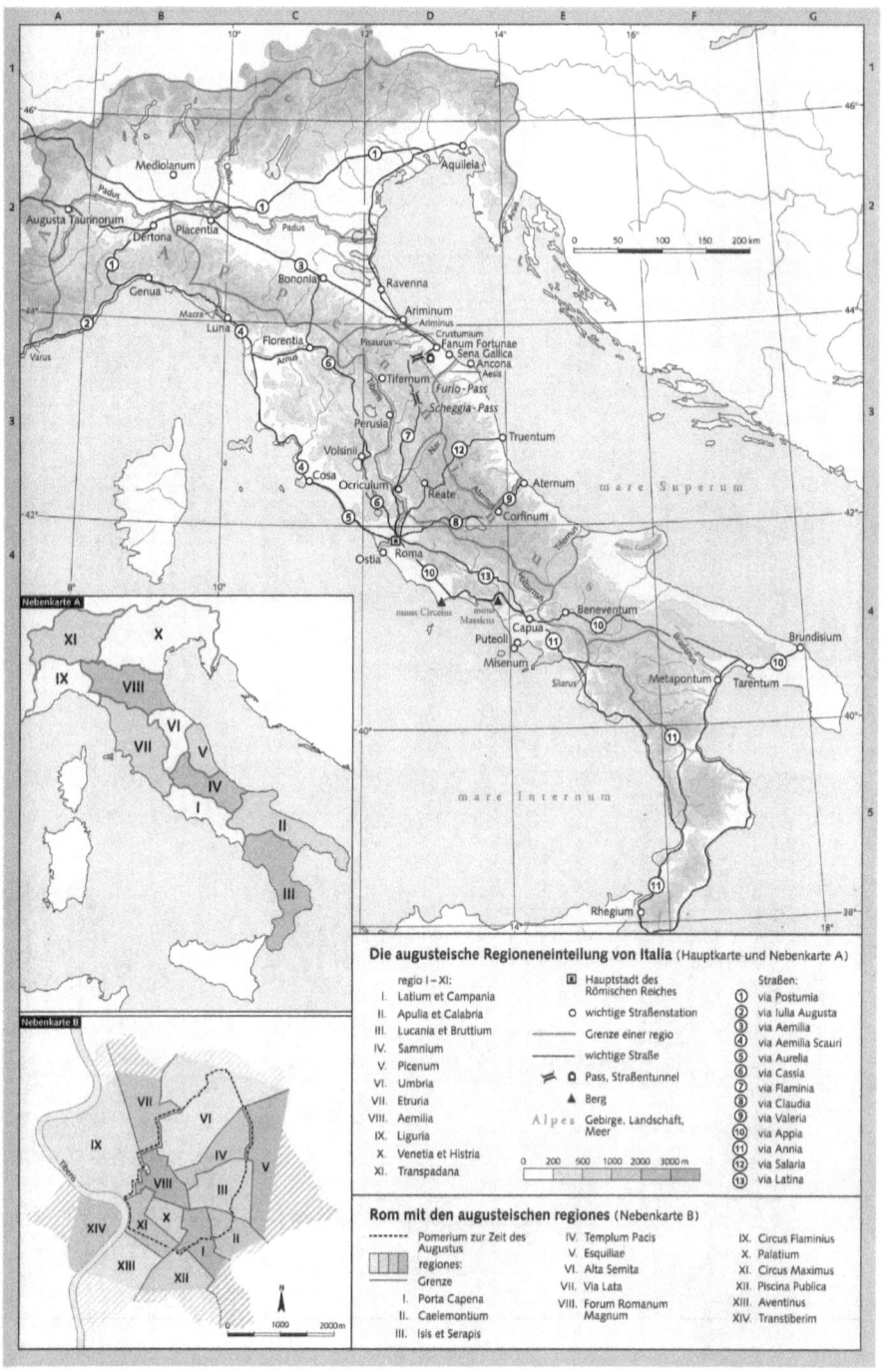

Die augusteische Regioneneinteilung von Italia (Hauptkarte und Nebenkarte A)

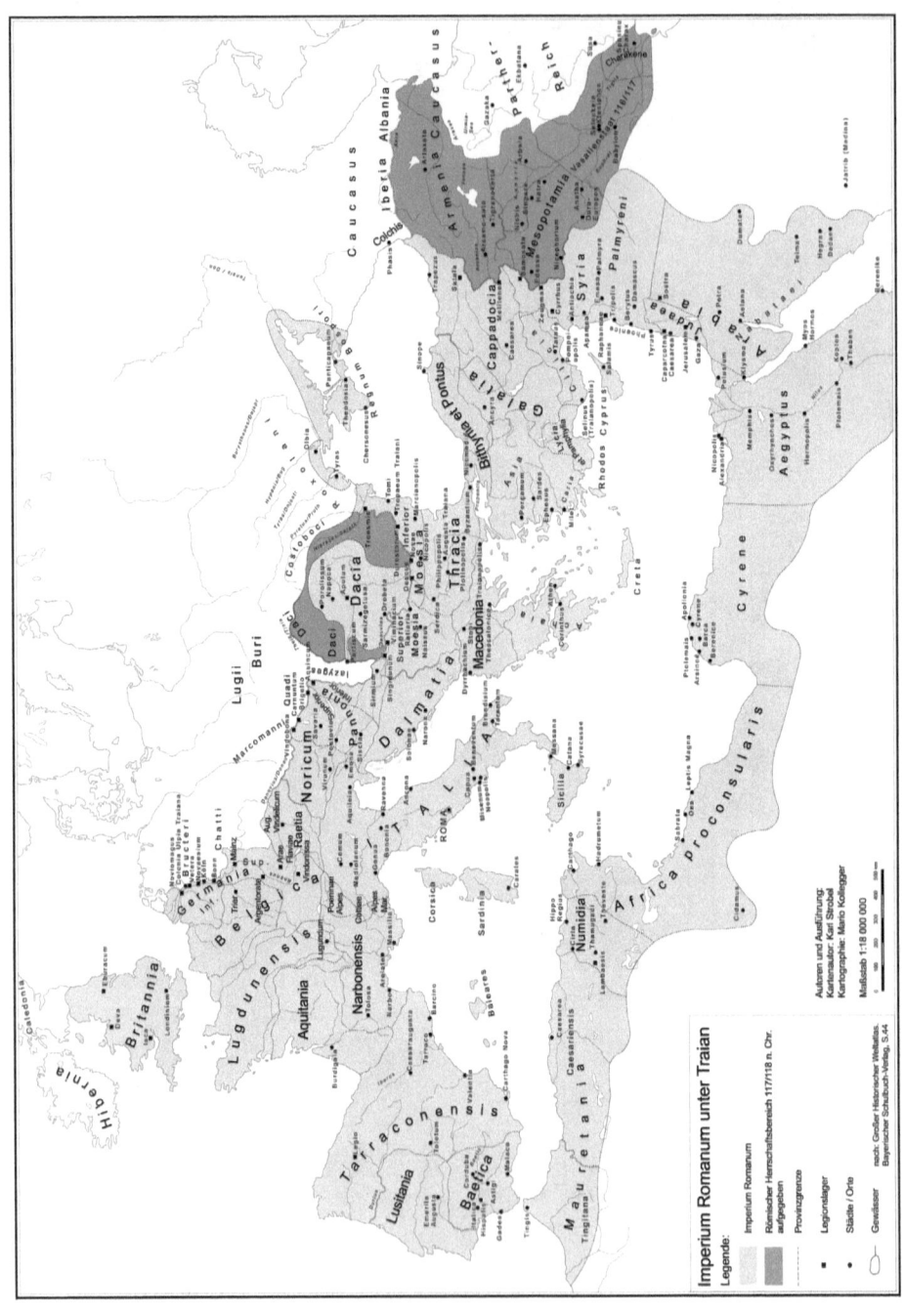

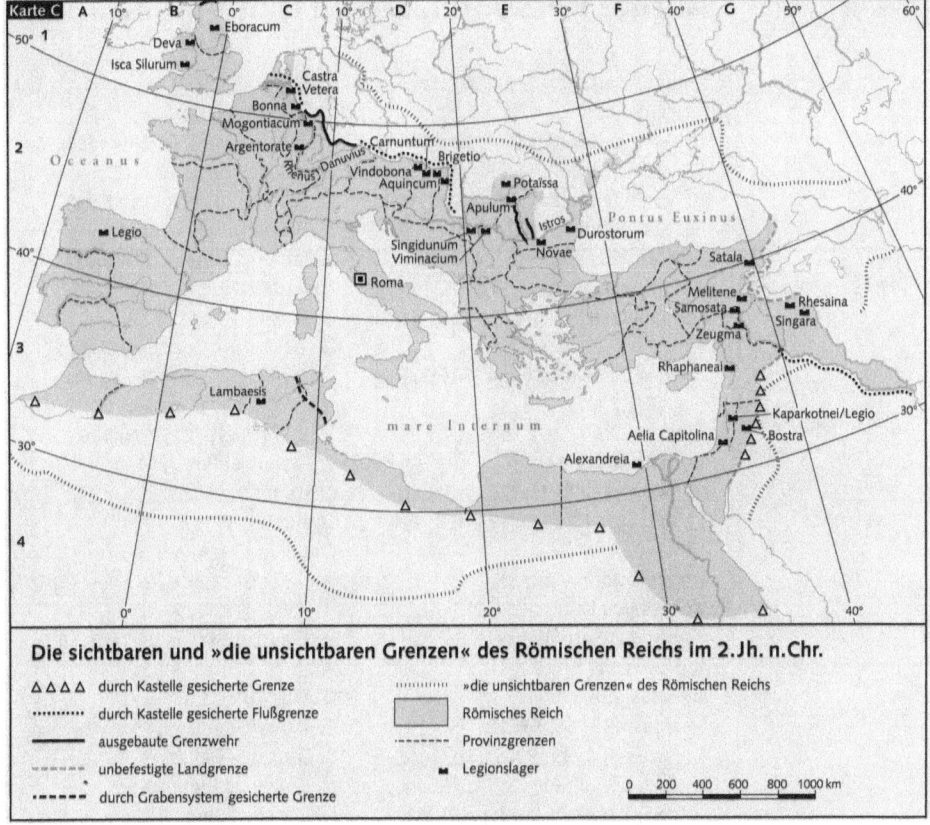

Die sichtbaren und »die unsichtbaren Grenzen« des Römischen Reichs im 2.Jh. n.Chr.

- △△△△ durch Kastelle gesicherte Grenze
- .... durch Kastelle gesicherte Flußgrenze
- ——— ausgebaute Grenzwehr
- ‒‒‒‒‒ unbefestigte Landgrenze
- ‐‐‐‐‐ durch Grabensystem gesicherte Grenze
- .... »die unsichtbaren Grenzen« des Römischen Reichs
- ▓ Römisches Reich
- ‐ ‐ ‐ ‐ Provinzgrenzen
- ■ Legionslager

0 200 400 600 800 1000 km

Antike Personen, Dynastien und Ethnien

L. Aelius Seianus 47; 52; 53; 168; 169; 228
M. Aemilius Lepidus (Triumvir) 9–11; 32
M. Aemilius Lepidus (Schwager Caligulas) 53; 56
Sex. Afranius Burrus 63; 64
Agrippina d. Ä. 41; 47–49
Agrippina d. J. 53; 57; 58; 62–64; 175; 180
L. Annaeus Seneca 4; 64; 66; 137; 180; 200
Annii Veri 86
Iullus Antonius 37
M. Antonius 5; 8–15; 17; 35; 37; 49; 51; 107; 113; 122; 127; 128; 142; 148
Primus Antonius 80; 81
M. Antonius Pallas 175
L. Antonius Saturninus 91; 96
Appianos 142
Arminius 228
Arsakiden 38; 68; 69; 184
Augustus 5; 8–49; 50; 51; 54; 56; 57; 59; 60; 62; 68; 71; 74; 79; 84; 85; 93; 97; 104; 105; 107–111; 115; 120–122; 124; 127; 128; 131; 140–157; 159–161; 163–167; 171; 175; 185; 196; 197; 211; 212; 214; 228; 231
M(arcus) Aurelius 205

Bastarnen 13
Bataver 80; 192; 228
Boudicca 69; 184
Britannicus 60; 62–64
M. Brutus 8; 10; 23

A. Caecina 78
L. Caesennius Paetus 69; 184
Caligula 47–57; 59; 60; 63; 67; 68; 74; 85; 94; 108; 122; 131; 171–175; 185; 197; 221

C. Calpurnius Piso 66; 67 (Verschwörer)
Cn. Calpurnius Piso (Mitkonsul von Augustus 23) 22; 23
Cn. Calpurnius Piso (Feind des Germanicus) 46; 168
L. Calpurnius Piso Frugi 76; 77
Cantabrer 27
C. Cassius 8–10
L. Cassius Dio Cocceianus 16; 17; 23–29; 52; 53; 74; 75; 134; 135; 137; 142; 152; 169; 180; 184; 188; 189; 202; 203; 206
C. Cestius Gallus 72; 186
Chatten 90; 91; 201
Cherusker 40
Claudius 55–64; 67; 68; 70; 71; 76; 92; 110; 123–125; 174–178; 187; 215; 218; 229
M. Claudius Marcellus 21; 22; 23
P. Clodius Thrasea 66
Cluvius Rufus 136
Constantin der Große 141
C. Cornelius Gallus 13; 20
M. Cornelius Nigrinus 96; 204
L. Cornelius Sulla 7; 43; 112; 140; 150
Daker 91; 98; 102; 103; 125; 205; 206; 228
(P.) Cornelius Tacitus 4; 40–42; 45; 65; 74; 75; 80; 84; 90; 94; 134–137; 166; 168; 174; 176; 180–182; 184; 188–190; 192; 197; 199; 200; 201; 203; 205; 206; 213; 228; 231

Decebalus 91; 97; 98
Domitilla 93; 202
L. Domitius Ahenobarbus 62
Cn. Domitius Corbulo 68–70; 72; 79; 83; 184; 191
Domitian 80–82; 87–98; 104; 111; 123; 125; 135; 136; 166; 184; 195; 198–205

Antike Personen, Dynastien und Ethnien — 279

Drusilla 51; 53
Drusus (Sohn der Livia) 26; 32–34; 161; 165
Drusus (Sohn des Germanicus) 47
Drusus (Sohn des Tiberius) 42; 46

M. Egnatius 27

Fabius Rusticus 136
Fabius Valens 78
Flavier 73; 80; 81; 83; 84; 86; 87; 89; 96; 178; 188; 192; 197; 199
T. Flavius Clemens 93; 202
Flavius Josephus 26; 71; 72; 137; 138; 173; 185; 186; 188; 191
T. Flavius Sabinus 80; 81; 90

Gaius Caesar (Augustus' Adoptivsohn) 26; 32; 33; 35–39; 165
Gaius Caesar – siehe Caligula
Galba (= Ser. Sulpicius Galba) 74–79; 188–191
Germanicus (Adoptivsohn von Tiberius) 38; 41; 42; 45–48; 51; 53; 55; 56; 152; 168; 169; 181; 224

Hadrian (= P. Aelius Hadrianus) 84; 101; 102; 124; 125; 129; 203; 224; 233
Häduer 176
Hannibal 144
Herodes der Große 10; 26; 51; 71; 148; 191
Horatius/Horaz (= Q. Horatius Flaccus) 35; 141; 142

Jazygen 91; 102
Icener 69; 184
Julia (Enkelin von Augustus) 41
Julia (Tochter von Augustus) 21; 26; 32; 35; 37; 38; 41; 46–48
Cn. Iulius Agricola 90; 124; 201; 205
M. Iulius Agrippa I. 51; 61
Ti. Iulius Alexander 187

C. Iulius Caesar (Diktator) 8; 9; 18; 20; 23; 31; 36; 109; 110; 115; 136; 140; 143; 146; 161; 162; 176; 231
Sex. Iulius Frontinus 157; 204
C. Iulius Vindex 74; 78; 189
Iuppiter 80; 92

Kleopatra VII. 11; 12; 148

C. Lentulus Gaetulicus 53; 56
M. Licinius Crassus 13; 14; 20; 143
C. Licinius Mucianus 79; 81; 191
Livia 11; 26; 36; 37; 74; 175
T. Livius 135
Lucius Caesar 26; 32; 33; 36–38; 165

Macro 49; 52
Markomannen 91; 97
Mars 31; 104; 158
Matidia d. Ä. 100
P. Memmius Regulus 47
Messalina 57; 58; 61; 62; 64; 175
Milonia Caesonia 54
Minerva 92
Musulamier 43; 44

Nabatäer 206
Nero 50; 59; 62–70; 72–79; 82; 83; 86; 88–90; 92; 94; 105; 108; 109; 123; 135; 139; 175; 179–184; 187–190; 194; 199; 214
Nero (Sohn des Germanicus) 47
Nerva (= M. Cocceius Nerva) 94–96; 99; 203; 204; 207
C. Nymphidius Sabinus 75; 76

Octavia 62; 64
Octavian – siehe Augustus
Osroes 101
Otho (M. Salvius Otho) 75–78; 188; 190; 191

Parthamasiris 101
Paulus 183
Philon von Alexandria 173

A. Plautius 177
Plutarch (Ploutarchos) 4; 74; 75; 137; 188; 189
Plinius d. Ä. 136; 137; 195
C. Plinius d. J. 4; 94; 97; 99; 100; 136; 190; 197; 199; 200; 203–205; 207; 213
Pompeia Plotina 100
Cn. Pompeius 8; 9; 24; 25; 143; 148
Sex. Pompeius 9; 10; 148
Poppaea Sabina 64; 76; 101
M. Primus 22
Ptolemaios Kaisar (Caesarion) 12; 13

Quaden 91; 97
P. Quinctilius Varus 40; 41; 45; 123; 169

Roxolanen 102
C. Sallustius Crispus 200; 224
Cn. Sentius Saturninus 27
L. Septimius Severus 125; 130; 233
L. Sestius 23
Silius Italicus 196
Statius 175; 196; 201
C. Suetonius Paulinus 69
C. Suetonius Tranquillus 4; 52; 74; 75; 93; 94; 134; 136; 137; 149; 181; 182; 188; 193; 197–199; 203; 229

Tacfarinas 43; 44
Tacitus – siehe Cornelius Tacitus
A. Terentius Varro Murena 22
Tiberius 26; 32–35; 38–52; 56; 57; 74; 108; 109; 120–124; 135; 140; 150; 152; 153; 156; 165–167; 169; 170; 181; 197; 199; 200; 214; 228

Tiberius Gemellus 47; 48; 50; 52
Tigranes 69
Tiridates 68; 69; 184
Titus 81; 85–88; 90; 98; 191; 193; 197; 198
Trajan (Marcus Ulpius Traianus) 83; 91; 94–104; 123–125; 127; 135; 199; 203–208; 228
Treverer 192
Trinovanten 69
M. Tullius Cicero 9; 142; 224

Ulpia Marciana 100
M. Ulpius Traianus (Vater des Kaisers Trajan) 83

Valerius Maximus 137
Velleius Paterculus 137; 166; 239
P. Vergilius Maro 35; 141
L. Verginius Rufus 189; 190
Vesta 36
Vibia Sabina 101
M. Vipsanius Agrippa 10; 12; 14; 20; 21; 23; 25–27; 29; 31; 32; 35; 36; 41; 104; 146; 161; 165; 185
M. Vipsanius Agrippa Postumus 41; 165
Vespasian (= T. Flavius Vespasianus) 60; 72; 77; 79–87; 90; 92; 93; 96; 184; 190–198; 202
Vitellius (A. Vitellius) 76; 78–81; 86; 190–192
L. Vitellius 77
Vologaeses I. 68
Vologaeses II. 101

Xiphilinos 189

Orte, Länder, Regionen

Achaia 127
Actium 13; 37
Adria 10; 11; 40
Ägypten / Aegyptus 10; 12; 13; 18; 19; 31; 46; 59; 61; 73; 102; 113; 117; 119; 122; 126; 138; 148; 154; 155; 164; 173; 187; 193; 219; 223; 230
Äthiopien 70; 74; 184
Africa 10; 18; 43; 59; 83; 108; 113; 122; 127
Alexandria 61; 81; 117; 122; 173; 223
Algerien 43; 60; 83; 113; 122; 136
Alpen 33; 34; 124; 125; 161; 162
Ammadaera 122
Antiocheia am Orontes 83; 123
Antiocheia bei Pisidien 128
Apulum 125
Aquileia 79
Aquincum 126
Alba Iulia 125
Arabia 98; 123; 206
Arausio 127
Armenien 38; 46; 68; 69; 70; 83; 101; 123; 184; 194
Asia 10; 18; 35; 113–115; 187; 222
Assyria 101
Aurès-Gebirge 122
Autun 176

Baetica 122; 195
Bagradas (Medjerda) 220
Barcino 127
Bedriacum 78; 80
Berytus 128
Bithynia et Pontus 10; 35; 99; 100; 114; 115; 204
Bonn 89; 123
Bostra 123
Britannien 59; 60; 68; 69; 83; 90; 102; 123; 124; 128; 129; 178; 184; 223
Bulgarien 13; 61; 91; 125

Caesarea maritima 26; 191
Camulodunum 69; 128; 231
Cappadocia 70; 83; 123; 184
Capri 47
Carnuntum 125
Carthago 121
Celje 34
Cilicia 10; 83
Colonia Claudia Ara Agrippinensium (siehe Köln)
Cremona 78; 80
Cyrene 102

Dalmatia 34; 56; 125
Deutschland; deutscher Sprachraum 83; 84; 90; 91; 118; 131; 147; 171; 193; 196; 207; 211
Deva 124
Donau/Donauraum 11; 22; 34; 78; 79; 82; 83; 90; 91; 95; 97; 123; 124–126; 129; 200
Dyrrhachium 127

Eboracum 124
Elbe 34
Emerita Augusta 127
England 124; 177
Ephesos 115
Etrurien 218
Euphrat 68; 83; 123; 183

forum Augusti 31; 85; 155; 158
Forum Iulium 127
forum Romanum 27; 31; 104

Galatia 228
Galatia et Cappadocia 70; 83
Galiläa 71; 72; 187
Gallien (Frankreich) 18; 19; 27; 34; 53; 54; 74; 115; 161; 176; 189; 192; 223
Gallia Comata 18
Gallia Lugdunensis 35; 115; 121; 139

Germanien 34; 36; 40; 53; 68; 91; 122; 129; 161; 162
Germania 162
Germania inferior 78; 123; 201
Germania superior 91; 96; 123; 201
Glevum 124
Golf von Ambrakia 12
Griechenland 10; 12; 13; 20; 67; 70; 117; 125; 127
Große Syrte 89

Hadrianswall 124
Han China 201
Herculaneum 88; 198
Hippo Regius 136
Hispania Tarraconensis 74

Iberische Halbinsel – siehe Spanien
Illyricum 11; 34; 125; 179
Inchtuthil 124
Irak 11; 101; 128
Iran 11
Irni 202
Isca Dumnoniorum 124
Israel 10; 61; 185
Italica 96
Italien 6–12; 14–17; 32; 34; 38; 39; 49; 53; 77; 79; 80; 88; 96; 98; 99; 102; 103; 107–109; 112; 113; 119; 121; 127; 128; 135; 139; 143–146; 150; 158; 160; 164; 179; 185; 193; 207; 208; 211; 216–218; 221; 223; 225
Iudaea 59; 61; 70; 71
Jerusalem 26; 61; 71–73; 79; 123; 173; 186; 191; 194
Judäa 10; 26; 51; 61; 71; 72; 79; 83; 113; 173; 185; 186; 191; 194

Kampanien 47
Kapitol 27; 55; 80; 81; 89; 112
Kaukasus 70; 74; 184;
Kleinasien 69; 70; 83; 87; 100; 108; 115; 117; 125; 128; 185; 194; 221; 222
Köln 36; 76; 115; 123; 228

Kommagene 83
Kreta 128
Kroatien 11; 56
Ktesiphon 101; 102

Lambaesis 122
Legio/Lajjun 124
León 122
Ljubljana 42
Londinium 69
Lugdunum 35; 115; 121; 139
Lusitania 76; 122
Lycia (auch Lykien) 178; 194
Lycia et Pamphylia 60; 178; 194

Macedonia 10; 13; 20; 22; 39; 125; 127
Main 84
Mainz (*Moguntiacum*) 53; 123
Masada 191
Mauretania Caesariensis 61; 102; 178
Mauretania Tingitana 60; 61; 102; 127; 178
Melitene 123
Mesopotamia 101
Misenum 126
Moesia (mit *Moesia superior* und *inferior*) 34; 91; 125
Mutina 9

Narbonensis 24; 127
Niedergermanien – siehe *Germania inferior*
Nikaia 115
Nikomedeia 115
Nordafrika 83; 108; 128; 194
Noricum 34; 61; 125; 178; 179

Obergermanien – siehe *Germania superior*
Odenwald 84
Österreich 34; 61; 125; 178
Olt 97
Ostia 58; 59; 62; 99; 121; 177; 208

Palästina 10; 61; 102; 185
Palatin 27; 31; 36; 58; 65; 88; 104; 111; 155; 174; 201
Pannonia (mit Pannonia superior und inferior) 34; 125
Pannonien 40; 42
Partherreich 68; 83; 101; 163; 207
Pergamon 115
Petra 98
Philippi 10; 127
Pisidien 60; 128; 178; 194
Po 7
Pompeji 88; 139; 198; 217
Pontus 70
Pontus et Bithynia – siehe Bithynia et Pontus
Potaissa 125

Raetia 125
Ravenna 126
Rhandeia 69
Rhein 40; 42; 45; 46; 53; 77; 78; 84; 91; 115; 123; 126; 149; 161; 162; 168; 201
Rhodos 35
Rom 1–4; 6–13; 15–17; 19–21; 23–29; 31; 35–39; 41–43; 47; 49; 51; 53; 54; 58–62; 65–73; 76; 79–81; 83; 84; 86; 87; 89–93; 95–113; 115; 117; 120–124; 133–135; 137; 138; 143; 146; 147; 150; 151; 156; 158; 160; 162–164; 166–168; 172; 177; 181; 182; 185; 186; 188; 192; 199; 201–205; 207; 209–211; 212; 215–218; 224; 226; 227
Rumänien 91

Sarmizegetusa 91
Satala 123
Save 11
Schottland 90; 124
Seleukeia 101
Serbien 13

Singidunum 126
Slowenien 11
Spanien 18; 19; 21; 23; 27; 29; 38; 74; 96; 128; 149; 163; 202
Straßburg 123
Syrien 18; 38; 69; 117; 123; 168
Syria 10; 46; 71; 83; 96; 113; 123; 186
Syria Palaestina 124

Taunus 84
Taurus 83
Tay 90
Theiß 91
Theveste 83; 122
Thrakien 61; 125
Thracia 61
Trier 192
Türkei 60; 83; 100; 128; 178
Tunesien 43; 113; 122; 220

Untergermanien – siehe Germania inferior

Verulamium 69
Vesontio 74; 189
Vesuv 88; 198; 217
Vetera I und II 192
Viminal 47; 120; 228
Vindobona 126
Vindolanda 124; 233
Vindonissa 233
Vipasca 127

Wales 83; 124
Weser 40
Wiehengebirge 40

Xanten 76; 123; 192

Zeugma 123
Zypern 18; 24; 102

Autorinnen und Autoren

Absil, M. 214; 260
Acham, K. 208; 259
Adak, M. 178; 252; 253
Adler, E. 134; 185; 243; 254
Alföldy, G. 132; 135; 154; 155; 163; 195; 209; 213; 241; 243; 246; 247; 258–260
Al-Otaibi, F. M. 206; 258
Alpers, M. 170; 175; 216; 250
Alton, E. H. 236
Andermahr, A. 203; 258
Ando, C. 212; 221; 222; 260; 262
Andrews, G. 201; 257
Apelt, O. 237
Arangio-Ruiz, V. 235
Armitage, D. 55; 189
Arnhold, M. 158; 247

Baar, M. 166; 250
Badel, C. 213; 260
Baldwin, B. 137; 243
Baltrusch, E. 148; 154; 185; 245; 246
Bang, P. 132; 133; 216; 223; 241; 242; 262
Barghop, D. 196; 256
Baroni, A. 231; 263
Barrandon, N. 144; 244; 249
Barrett, A. 174; 251
Baviera, G. 235
Bayly, C. 242
Beck, R. 211; 259
Becker, A. 169; 250
Behrwald, R. 178; 252
Bellen, H. 228; 263
Beloch, K. J. 144; 244
Bérard, F. 239
Bérenger, A. 219; 261
Bergener, A. 181; 253
Bergmann, M. 181; 253
Bernett, M. 173; 251
Bernstein, F. 174; 251
Bertolazzi, R. 233; 264
Binder, G. 237
Bingham, S. 227; 263

Binsfeld, A. 226; 262
Bischoff, J. 226; 262
Bispham, E. 145; 146; 217; 244
Bleckmann, B. 161; 236; 248
Bleicken, J. 132; 147; 150; 151; 152; 168; 218; 225; 242; 245; 250
Blochmann, S. 200; 213; 257
Boatwright, M. T. 233; 264
Boissevain, U. P. 235
Bömer, F. 236
Börm, H. 189; 255
Borleffs, J. G. 238
Borszák, S. 238
Boulvert, G. 158; 247
Bourdieu, P. 172; 251
Bourgery, A. 237
Bowersock, G. 206; 258
Bowman, A. K. 133; 141; 155; 233; 242; 243; 246; 256; 264
Brandt, H. 134; 172; 178; 242; 252
Brélaz, C. 231; 263
Briscoe, J. 238
Brox, N. 182; 253
Brunt, P. 144; 153; 170; 180; 190; 196; 197; 220; 244; 246; 250; 253; 255; 256; 261
Bruun, C. 156; 247
Buckley, E. 180; 253
Buongiorno, P. 176; 212; 251; 260
Burmeister, S. 161; 169; 248
Burrell, B. 221; 222; 261
Burton, G. P. 213; 260
Burton, P. J. 160; 248
Busch, A. 227; 263
Butcher, K. 187; 201; 254
Buttrey, T. 241

Caballos, A. 152; 168; 170; 246
Cagnat, R. 239; 240
Camodeca, C. 212; 260
Campbell, B. 228; 235; 263
Cancik, H. 165; 249
Capponi, L. 155; 246
Carboni, T. 215; 260

Carlà-Uhink, F. 145; 244
Carradice, I. 201; 241; 257
Cary, B. 236
Chalon, G. 187; 201; 254
Champlin, E. 180; 253
Chausson, F. 213; 260
Cherry, D. 195; 256
Christ, K. 205; 259
Christol, M. 216; 260
Chrystal, P. 224; 262
Claridge, A. 201; 259
Clark, T. 184; 254
Clauss, M. 164; 221; 239; 249
Coarelli, F. 192; 210; 256; 259
Cockle, W. 206; 259
Cohn, L. 236
Colognesi Capogrossi, L. 193; 256; 257; 264
Colson, F. 237
Conermann, S. 226; 262
Conway, R. 236
Cooley, A. 138; 216; 243; 261
Cooper, N. 132; 242
Corbier, M. 214; 260
Coriat, J.-P. 215; 260
Cornwell, H. 159; 248
Cosme, P. 227; 263
Cottier, M. 187; 214; 254
Cotton, H. 191; 206; 255; 259
Coudry, M. 162; 248
Court, B. 236
Courtney, E. 236; 238
Crawford, M. 188; 196; 254; 256
Curchin, L. A. 163; 248; 202; 257

Dąbrowa, E. 184; 254
Daguet-Gagey, A. 214; 260
Dalla Rosa, A. 149; 156; 245
Davenport, C. 220; 261
Davis, G. 192; 255
De Kleijn-Eijkelestam, G. 184; 191; 254
Deeg, P. 198; 256
Deininger, J. 220; 261
Delz, J. 238
Demougin, S. 154; 216; 220; 246; 260
Den Hollander, W. 186; 254

Dessau, H.
Devijver, H. 229; 263
Díaz Fernández, A. 162; 248
Dickmann, J.-A. 139; 243
Dinter, M. T. 180; 253
Dirscherl, H.-C. 223; 261
Dmitriev, S. 223; 261
Donovan Ginsberg, L. 196; 257
Dräger, P. 238
Drogula, F. 149–151; 246
Duncan-Jones, R. 159; 248
Du Plessis, P. J. 224; 262

Eck, W. 141; 143; 151; 152; 154; 157; 160–162; 168; 170; 174; 184; 190; 191; 194; 204; 208; 213; 214; 216; 230; 232; 235; 243; 246; 247; 249; 250; 254–256; 258; 260; 264
Edelmann-Singer, B. 164; 165; 220; 249; 250
Edmondson, J. 202; 222; 257
Edsall, B. A. 183; 253
Ehlers, W.-W. 238
Ehrenberg, V. 235
Eich, A. 133; 142; 159; 160; 162; 189; 208; 220; 230; 232; 242; 248; 249; 259; 261
Eich, P. 133; 155; 156; 159; 173; 175; 176; 181; 202; 208; 210; 213–215; 220; 232; 246; 247; 251; 259
Eilers, C. 225; 262
Elliott, C. 170; 250
Elsner, J. 132; 242
Engfer, K. 217; 261
Esposito, P. 134; 242

Faoro, D. 154; 178; 246
Färber, R. 202; 257
Fears, J. R. 199; 257
Feix, J. 236
Feldman, L. 236
Fernández, F. 152; 168; 170; 246
Ferrary, J.-L. 143; 150–153; 165; 167; 211; 244; 260

FINK, G. 239
FISHWICK, D. 164; 221; 249
FLACH, D. 184; 234; 256
FLAIG, E. 132; 133; 166; 179; 188–190; 193; 199; 200; 212; 242; 255
FLÜCHTER, A. 132; 242
FORNI, G. 232; 264
FOXHALL, L. 224; 262
FRANCE, J. 230; 263
FRANK, T. 157; 247
FREIS, H. 228; 235; 263
FRIJA, G. 222; 261
FUHRMANN, C. 230; 263
FUHRMANN, M. 238

GABBA, E. 185; 235; 254; 264
GALINSKY, K. 140; 143; 243; 244
GALSTERER, H. 231; 264
GANTER, A. 225; 262
GARNSEY, P. 207; 259
GÄRTNER, H. 237
GASCOU, J. 137; 243
GEISER, M. 184; 254
GEISTHARDT, J. 190; 197; 200; 206; 213; 255
GELZER, M. 146; 244
GERING, J. 199; 201; 257
GHETTA, M. 226; 262
GIBBON, E. 131; 241
GIBSON, A. 165; 250
GIBSON, R. 203; 237; 258
GIEBEL, M. 239
GILDENHARD, I. 158; 247
GINSBURG, J. 175; 180; 251
GIOVANNINI, A. 152; 246
GIRARDET, K.-M. 143; 150; 151; 244
GLEASON, M. 221; 261
GLÖCKER, W. 237
GOLDBECK, F. 172; 251
GOODMAN, M. 186; 187; 254
GOODMAN, P. 140; 244
GOTTER, U. 146; 158; 244; 247
GOWING, A. M. 142; 244
GRADEL, I. 164; 221; 249
GRIFFIN, M. 179; 180; 193; 194; 199; 253; 256

GROAG, E. 251
GROS, P. 217; 261
GRUEN, E. 173; 185; 251; 254
GÜNTHER, S. 218; 261
GUYOT, P. 235

HABINEK, TH. 141; 244
HAENSCH, R. 155; 157; 219; 230; 246; 261
HALL, J. B. 236
HAMACHER, K. 195; 201; 256
HAMDOUNE, C. 178; 252
HARLAND, P. 223; 262
HARPER, K. 132; 242
HARRIS, W. V. 169; 250
HARTMANN, U. 148; 245
HAUKEN, T. 215; 260
HAVENER, W. 156; 158; 161; 212; 247
HAYNES, I. 229; 232; 264
HEIL, M. 183; 184; 189; 254; 260
HEINEN, H. 119; 226; 262
HEINRICHS, J. 235; 246; 258
HEKSTER, O. 132; 196; 205; 242; 257
HELLER, A. 222; 262
HELLER, E. 238
HEMELRIJK, E. A. 224; 262
HENNIG, D. 168; 250
HERRMANN-OTTO, E. 226; 262
HEUBNER, E. 136; 243
HEUß, A. 131; 241
HILL, D. 238
HILLEN, H. J. 236
HIN, S. 145; 244
HIRT, A. 220; 262
HITZL, K. 165; 249
HOBSBAWM, E. 158; 247
HÖBENREICH, E. 177; 251
HÖLKESKAMP, K.-J. 148; 245
HÖLSCHER, L. 134; 242
HOFFMANN, B. 178; 252
HOFFMANN-SALZ, J. 163; 249
HOLDER P. 229; 264
HOLLERAN, C. 201; 259
HOLUM, K. 191; 255
HOLZBERG, N. 239
HONORÉ, T. 215; 260

Hopkins, K. 213; 260
Hopp, J. 237
Hosius, C. 237
Houten, P. 163; 195; 249
Howell Chapman, H. 186; 254
Howgego, C. 139; 243
Hoyos, D. 160; 248
Hurlet, F. 141; 146; 150; 152; 153; 160; 165; 219; 244; 246; 248
Hutton, M. 238

Ihm, M. 238
Isaac, B. 191; 255
Itgenshorst, T. 150; 153; 246

Jakobsmeier, H. 176; 252
Jehne, M. 146; 244
Jördens, A. 155; 219; 246
Johnson, S. 236
Jolowicz, D. 132; 242
Jones, A. H. M. 151; 153; 167; 235; 246
Jones, B. 193; 199; 201; 256; 257
Jones, C. P. 182; 253
Jongman, W.
Jouffroy, H. 217; 261
Jung, H. 174; 251

Kay, P. 225; 262
Keay, S. 177; 208; 252
Kehoe, D. P. 194; 220; 256
Kendall, S. 145; 245
Kienast, D. 143; 151; 153; 159; 160; 231; 244
Kirbihler, F. 144; 162; 244; 248
Klein, R. 235
Kłodziński, K. 175; 252
Klotz, A. 238
Knöpges, A. 236
König, R. 237
Koestermann, E. 168; 238; 250; 253
Kolb, A. 156; 164; 176; 204; 222; 247; 249; 252; 258
Kolb, F. 178; 210; 222; 252; 260; 262
Koortbojian, M. 210; 260
Krasne, D. A. 196; 257

Kraus, C. 206; 259
Kruse, T. 223; 262
Kühlborn, J.-S. 161; 249
Kühn, W. 237
Künzer, I. 200; 213; 258
Kunkel, W. 144; 245
Kunst, C. 175; 252
Kytzler, B. 236

Lafaye, G.
Laurendi, R. 207; 259
Le Bohec, Y. 194; 230; 256; 264
Lehmann, G. A. 161; 162; 169; 249
Leithoff, J. 197; 257
Lendon, E. 171; 251
Leppin, H. 181; 183; 253
Levick, B. 166–168; 174; 190; 193; 194; 196; 197; 235; 250; 252; 255–257
Ley, J. O. 199; 258
Lianeri, A. 158; 248
Lindskog, C. 237
Lo Cascio, E. 145; 193; 207; 245; 256; 257; 259; 261
Lonardi, A. 156; 247
Lott, B. 168; 260
Luciani, F. 226; 262
Luck, G. 236
Luttwak, E. 231; 232; 264

Madsen, J. 135; 253
Maiuro, M. 193; 217; 218; 256; 261
Mann, C. 227; 263
Mann, J. 232; 264
Marcus, R. 236
Marek, C. 194; 223; 256
Marquardt, J. 132; 241
Marsh, F. 166; 250
Martinet, H. 238
Martin-Kilcher, S. 161; 162; 248
Mason, S. 186; 191; 254
Masters, J. 179; 253
Matijevic, K. 148; 245
Mattingly, D. 132; 194; 209; 242; 259
Mayeur, J.-M. 182; 253
Mayhoff, K. 237

McAlindon, D. 181; 253
McCrum, M. 235
McDonald, A. H. 236
McGing, B. 235
Meier, M. 148; 182; 245; 253
Meiggs, R. 177; 252
Meister, J. B. 202; 258
Meister, K. 139; 243
Mette-Dittmann, A. 154; 246
Meyer-Zwiffelhoffer, E. 219; 262
Millar, F. 132; 140; 143; 187; 206; 211; 215; 242; 245; 254; 259
Millett, M. 177; 252
Mitthof, F. 206; 259
Möller, A. 139; 243
Molthagen, J. 182; 204; 253
Mommsen Th. 131; 140; 150; 160; 211; 241
Monson, A. 133; 159; 242
Moormann, E. M. 181; 253
Morgan, G. 188; 191; 255
Morley, N. 145; 177; 217; 245; 252; 261
Mouritsen, H. 198; 217; 257
Mynors, R. 237; 239

Nelis-Clément, J. 230; 263
Netzer, E. 191; 255
Nickbahkt, M. 235
Nicolet, C. 160; 245; 248
Niese, B. 236
Noreña, C. 196; 201; 257

Ogilvie, R. 238
Oliver, J. H. 235
Ørsted, P. 179; 252
Ortisi, S. 161; 169; 248
Osgood, J. 174; 252

Pabst A. 196; 257
Pagán, V. E. 135; 243
Page, S. 197; 200; 257
Parry, A. 141; 244
Pasieka, P. 218; 225; 261
Passerini, A. 227; 263
Patterson, J. 139; 217; 218; 225; 243

Pavis d'Escurac, H. 177; 214; 252
Peachin, M. 204; 258
Pensabene, P. 156; 247
Perrin, B. 237
Petersen, L. 251
Petraccia Lucernoni, M. F. 230; 264
Pfeiffer, S. 148; 164; 192; 221; 245; 249; 256
Pflaum, H.-G. 219; 220; 262
Pichlmayr, F. 235
Pigon, J. 191; 255
Pintado, J. 195; 256
Pollard, N. 230; 264
Ponting, M. 187; 201; 254
Popovic, M. 186; 255
Préchac, F. 237
Price, S. 164; 221; 222; 250
Pucci Ben Ze'ev, M. 207; 259
Pupillo, D. 218; 261

Quidde, L. 131; 171; 241

Raaflaub, K. 147; 245
Ranger, R. 158; 247
Rasbach, G. 169; 250
Rathbone, D. 155; 157; 214; 246
Rebenich, S. 140; 244
Reddé, M. 230; 264
Reinard, P. 139; 243
Reiter, S. 236
Reitzenstein, D. 178; 253
Rengakos, A. 234
Reynolds, L. D. 237
Riccobono, S. 235
Rich, J. 135; 143; 163; 243; 244; 249
Richardson, J. 144; 160; 162; 245
Ritterling, E. 230; 264
Rivière, Y. 168; 250
Rodgers, Z. 186; 254
Rohde, D. 177; 252
Roncali, R. 237
Ronning, C. 171; 204; 258
Rosenbach, M. 237
Rosenstein, N. 145; 245
Rossbach, O. 236
Rostovsteff, M. 131; 241

ROTHENHÖFER, P. 162; 249
ROXAN, M. 230; 264
RUDICH, V. 181; 253
RÜPKE, J. 158; 202; 210; 213; 248; 258; 260
RUPPRECHT, H. 238
RUPPRECHT, H.-A. 138; 243
RUTLEDGE, S. H. 168; 250

SABLAYROLLES, R. 177; 214; 228; 252
ŞAHIN, S. 178; 253
SALMERI, G. 231; 263
SALWAY, P. 178; 253
SAWIŃSKI, P. 144; 245
SCARDINO, C. 235
SCHÄFER, N. 154; 246
SCHEID, J. 142; 211; 212; 244; 260
SCHEIDEL, W. 132; 133; 159; 211; 218; 223; 242; 260–262
SCHILLER, A. A. 176; 252
SCHILLER, H. 131; 241
SCHIPP, O. 205; 259
SCHLEICHER, F. 148; 245
SCHLUDE, J. M. 152; 163; 27; 246
SCHMAL, S. 136; 243
SCHMIDT HEIDENREICH, C.
SCHMIDT-HOFNER, S. 208; 259
SCHMITTHENNER, W. 163; 249
SCHNEGG-KÖHLER, B. 158; 248
SCHNEIDER, A. 238
SCHÖNBERGER, O. 238
SCHÖRNER, G. 206; 209; 259
SCHÖSSLER, A. 166; 250
SCHRÖTER, J. 183; 253
SCHRÖTER, M. 241
SCHUNCK, P. 191; 255
SCHÜRER, E. 186; 255
SCHUOL, M. 185; 255
SCOTT, A. 135; 243
SEELENTAG, G. 200; 205; 207; 258
SELZER, C. 145; 245
SETTIPANI, C. 213; 260
SHACKLETON BAILEY, D. 236; 239
SHANER, K. 226; 262
SHAW, B. 154; 180; 182; 247; 253
SHERWIN-WHITE, A. N. 203; 258

SHOTTER, D. 166; 250
SINGER, P. N. 134; 242
SIRKS, B. 177; 252
SITTIG, F. 166; 172; 250
SMALLWOOD, E. 187; 235; 255
SMITH, A. 178; 253
SOJC, N. 202; 258
SOLIN, H. 185; 255
SOMMER, M. 142; 190; 244
SPANNAGEL, M. 155; 247
SPÄTH, TH. 175; 252
SPAUL, J. E. H. 229; 264
SPEIDEL, M. A. 227; 233; 263; 264
SPEIDEL, M. P. 227; 263
STÄCKER, J. 159; 248
STÄDELE, H. 238
STAHLMANN, I. 140; 244
STAUNER, K. 227; 263
STEFAN, A. S. 201; 206; 258
STEIN, A. 251
STEIN-HÖLKESKAMP, E. 198; 257
STEPPER, R. 213; 260
STICKLER, T. 148; 245
STROBEL, K. 163; 197; 199–207; 249; 257; 258; 274
STROH, W. 142; 144
SUTHERLAND, C. 241; 261
SYME, R. 135; 140; 141; 145; 146; 150; 152; 153; 206; 217; 243–245

TACOMA, L. 132; 133; 217; 242
TAKMER, B. 178; 253
TALBERT, R. J. A. 138; 153; 212; 243
TASSI SCANDONE, E. 193; 256; 257
TEMIN, P. 160; 250
TERPSTRA, T. 177; 252
THACKERAY, H. 236
THOMAS, J. D. 233; 264
THOMASSON, B. E. 173; 251
TIMPE, D. 161; 192; 249
TIWALD, M. 183; 254
TOHER, M. 147; 245
TORELLI, M. 217; 261
TRAN, N. 223; 262
TREGGIARI, S. 224; 263

Tuori, K. 224; 262
Turner, E. G. 138; 243

Urban, R. 192; 255

Vacanti, C. 228; 263
van der Spek, R. J. 147; 247
van Leeuwen, B. 147; 247
van Niejenhuis, E. 235
van Wijlick, H. 148; 245
van Zanden, L. 147; 247
Verheyden, J. 183; 253
Vervaet, F. 149; 151; 153; 184; 191; 192; 246; 254
Viereck, H. 230; 264
Viereck, P. 235
Virlouvet, C. 146; 257
Vitale, M. 164; 222; 249
Vittinghoff, F. 132; 232; 242; 264
von Albrecht, M. 234
von den Hoff, R. 139; 142; 243; 244
Vössing, K. 198; 203; 257

Wagner-Hasel, B. 252
Waldherr, G. 195; 256
Wallace-Hadrill, A. 137; 225; 243; 263
Walter, U. 145; 158; 236; 245; 248; 251
Walters, C. 236
Waltz, R. 237
Warmington, E. H. 238
Waters, K. H. 199; 258
Watt, W. S. 239
Weaver, P. 158; 247
Weber, W. 131; 241
Webster, J. 132; 242
Weikert, C. 194; 256
Weiß, A. 183; 202; 254
Weisweiler, J. 153; 247
Welch, K. 148; 245

Wellesley, K. 188; 238; 255
Wendland, P. 236
Wendt, C. 161; 166; 172; 248
Wendt, H. 183; 254
Wesch-Klein, G. 209; 259
Whitaker, G. 237
Whittaker, R. 233; 264
Wiegand, I. 166; 250
Wiegels, R. 161; 249
Williams, J. 142; 244
Wilson, A. 133; 242
Wilson, M. 178; 252
Winsbury, R. 203; 258
Winterbottom, E. 238
Winterling, A. 133; 134; 158; 171; 172; 174; 198; 202; 211; 216; 226; 242; 251; 258; 260; 263
Wissmüller, H. 238
Witten, C. 237
Wittmann, R. 144; 245
Wojciech, K. 156; 157; 202; 210; 214; 217; 228; 247
Wolf, J. G. 202; 258
Wolters, R. 139; 159; 169; 188; 243; 250
Woodhead, A. 235
Woodman, A. J. 167; 206; 250; 259
Woolf, G. 202; 258
Wormell, D. 236
Wulf-Rheidt, U. 202; 258
Wykes, M. 140; 244

Zanker, P. 141; 244
Ziegler, K. 237
Zimmermann, B. 234; 239
Zimmermann, Markus 179; 209; 253
Zimmermann, Martin 142; 244

Zissos, A. 192; 256
Zuiderhoek, A. 211; 222; 260

Sachregister

Abfindung 33; 39; 109; 122; 130; 170; 214
Abgrenzung von Imperien 149
Abstammung 14; 53; 89; 107–109; 213
adlectio 86
Adoption 8; 32; 38; 50; 55; 76; 93; 96; 167; 205
Adoptivkaisertum 205
Ädilität 21; 214
alimenta, Alimentarinstitution 99; 207; 208
Annalen 74; 135; 174; 182; 206
Aristokratie 15; 43; 48; 50; 54; 55; 66; 75; 76; 108; 134; 213
Augusteische Aristokratie 30; 44; 76; 87
ab epistulis 99; 110; 111; 136; 215
aerarium militare 109; 170
aerarium Saturni 13; 109; 170
Akzeptanz 67; 70; 73; 75; 101; 102; 133; 166; 179; 180; 189; 199; 200
ala 122; 229
ala milliaria 227; 229
a libellis 99; 110; 215
a rationibus 99; 110; 175; 215; 216
Archäologie 3; 59; 65; 84; 132; 139; 142; 161; 169; 176–178; 181; 186; 188; 191; 192; 202; 207; 208; 209; 210; 216; 222
Armeen 20; 23; 33; 34; 42; 74; 77–79; 82; 95; 120–130; 150; 159; 227–233
auctoritas 16; 19; 197
augur 109
aureus 89; 142; 159; 187
Auspizien 17; 29; 149; 153
außerordentliche Provinzialkommanden 7; 18; 24; 33; 143
auxilia – siehe Hilfstruppen

beneficiarii 126; 230
Bergwerk 98; 119; 126; 127; 178; 220

Berufsarmee 4; 14; 33; 103; 159; 160; 227
Berufsgenossenschaften 117; 223
Bibliographien 241
Bilder 31; 92; 111; 139; 141; 155; 163; 188
Biographie 52; 75; 90; 94; 136; 142; 148; 165; 169; 172; 174; 179; 188; 198; 199; 203; 205
Bürgerkrieg 8; 9; 12; 14; 15; 19; 21; 23; 36; 49; 73–94; 102; 104; 108; 112; 113; 123; 125; 127; 142; 145; 146; 150; 188–201; 217
Bürgerrecht 86; 119; 122; 145; 209
Bundesgenossenkrieg 112; 145; 216
byzantinische Quellen 135; 188; 203

Caesarenwahnsinn 1; 50; 171
canabae 129; 232
Christen 61; 65; 94; 100; 138; 182; 183; 202; 203
Christenverfolgung 100; 181; 182; 203
circus 228
civitas 176; 195
cohors 40; 43; 120–122; 129; 221; 227–229
cohors milliaria 227; 229
cohortes urbanae 43; 121
collegia 117; 223
concilium – siehe Provinziallandtage
consilium 58; 111; 215
curator 31; 43; 109; 117; 156; 157; 167; 214
curator alvei Tiberis 156
curator aquarum 31; 109
curator aedium sacrarum et operum locorumque publicorum 109; 156

Dakerkriege 101; 125; 206; 228
Decoloniality 3; 132
Demographie 113; 144; 145; 211
Denar 73; 89; 159; 187

Diaspora 26; 102; 185; 207
Diktator (*dictator*) 6; 7; 8; 22; 47; 125; 109; 140; 144; 146
Diskursanalyse 166; 172; 200
Divinisierung 8; 54; 98; 221; 222
dominus et deus 92
domus Augusta 26; 35; 37; 39; 41; 46; 47; 49; 55; 56; 62; 63; 158; 159; 168; 224
domus Augustana 201
domus aurea 65; 105; 181
domus Flavia 201

Ehegesetze 40; 154
Einnahmen und Ausgaben 13; 19; 60; 82; 89; 159; 162; 170; 193; 233
Einwohnerzahl des Imperiums 68
Einwohnerzahl Roms 16; 27; 58; 105; 211
equites singulares Augusti 121; 228
Ethnologie 2; 118
Evangelien 113; 182
Expansion 7; 11; 22; 33; 34; 39; 40; 60; 77; 82; 97; 98; 102; 123; 159; 160; 162; 225
familia Caesaris 57; 110; 111; 158
Feuerwehr 40; 110; 121; 157; 228
fiscus 81; 170; 175
Fiskalität 4; 11; 59; 75; 76; 81; 82; 89; 91; 127; 133; 159; 160; 178; 193; 194; 201; 212; 219; 220
Flavische Aristokratie 86
Flotten 9; 12; 74; 126; 228; 230
Fragmente 22; 134–136; 138; 146; 192; 195; 202; 207; 216
Frauen 11; 36; 52; 57; 58; 64; 69; 100; 101; 102; 118; 119; 174; 175; 189; 205; 225
Freigelassene 40; 54; 57; 58; 71; 78; 94; 99; 110; 111; 119; 157; 158; 174; 175; 215
Freiheit 44; 45; 116; 118; 165
Frieden 22; 70; 85; 107; 159; 160; 186; 229; 230; 231
„Frontiers" 130

Frühe Kaiserzeit 1–5; 94; 95; 131; 132; 183; 197

Gastmähler 50; 87; 112; 137; 198
Gaue (Ägypten) 117; 223
Gender 224; 225
genius 36; 164
Germani corporis custodes 121; 228
Gerücht 62; 168; 189
Geschichtskonstruktionen 65; 86; 158
Gold 63; 73; 89; 98; 127; 142; 159; 187; 201; 206
Grenzen, Grenzregime 7; 12; 34; 40; 47; 60; 70; 77; 80; 82–84; 90; 95; 104; 116; 120; 123; 130; 149; 161; 172; 183; 193; 195; 209; 210; 231; 232
Grundbesitz 99; 110; 111; 116; 119; 127; 220; 212; 218

Hafen 58; 59; 99; 110; 121; 177; 208
Hellenismus 35; 120; 164; 186; 198; 212; 220; 221
Historia Augusta 203
Historiographie 4; 40–42; 111; 135; 136; 141; 165; 166; 172; 173; 179; 186; 190; 191; 196; 219
Hof 54; 64; 111; 112; 133; 137; 158; 198; 216
Hilfstruppen 15; 59; 77; 114; 121–124; 129; 228; 229
Hinrichtungen 52; 58; 70; 81; 92; 180–182; 202

Imperator 3; 11; 19; 53; 57; 59; 60; 63; 67; 85; 88; 91; 95; 98; 115; 116; 156; 175
Imperialismus 132
Imperiengeschichte 2; 3; 63; 68; 75; 89; 93; 132; 133; 139; 174; 183; 206; 215; 216
Imperium 3; 4; 8; 9; 11; 27; 33; 60; 61; 67; 81; 95; 101–106; 126; 158; 163; 166; 177; 183; 192–194; 231

imperium 6; 9; 13; 17–20; 23; 24; 28; 32; 35; 38; 41; 46; 48; 62; 79; 106; 107; 143; 144; 149–152; 160; 165; 167; 196
imperium Galliarum 80; 192
imperium maius quam, übergeordnetes Kommando 24; 25; 151; 152
„Inflation" 73
Infrastruktur 13; 20; 83; 104; 116; 125; 126; 156; 208; 217
Inschriften 31; 48; 59; 88; 111; 127; 138; 139; 142; 155; 157; 163; 168; 176; 178; 179; 190; 194; 196; 203; 204; 207; 209; 219; 220–224; 228–230; 234; 239; 240
Institution 208
Interimperialität 148; 183
Inzest 62

Judentum 185–187

Kaiser 3; 49; 211; 212
Kaisergeschichte 4; 103; 131; 171; 172
„Kaiserin" 57; 94; 101; 119; 175; 180; 184; 194
Kaiserkult(e) 61; 107; 115; 178; 212; 220; 221
Kindersterblichkeit 60
Kirche 182
Kleinfamilie 118; 224
Klient 28; 29; 118; 153; 225
Könige 10; 11; 14; 26; 38; 46; 61; 68–71; 83; 97; 98; 101; 117; 120; 125; 223
Königliche Schreiber (Ägypten) 117; 223
koinon 115; 223
Klimawandel 3; 132
Kolonie 8; 60; 69; 80; 117; 123; 125; 127–129; 146; 164; 191; 202; 220; 224; 231
Kommunikation 2; 3; 50; 66; 73; 74; 78; 84; 89; 92; 99; 107; 116; 118; 133; 134; 141; 143; 154; 176; 179; 180; 181; 192; 198–200; 204; 212; 219
Konkurrenz 11; 27; 41; 45; 47; 55; 65; 92; 116; 168; 170; 181; 200; 213; 222
Konsul 6; 8; 9; 11–28; 34; 37–39; 41; 46; 47; 55; 56; 62; 65; 76; 77; 85; 86; 97; 101; 102; 113; 135; 144; 147; 150–152; 167; 173; 186; 196; 214
Kontingenz 38; 147; 148
Krankheiten 88; 105
Kreditkrise (33 n. Chr.) 51; 169; 189
Kultur 1; 2; 6; 7; 9; 15; 88; 112; 132; 141; 166; 172; 198; 211; 217
Kulturgeschichte 1–4; 17; 73; 92; 93; 103; 105; 106; 111; 132; 134; 139; 141–143; 154; 160; 179–181; 188; 191; 192; 193; 196; 199; 205; 207; 208; 212; 213; 219

latium, latinisches Recht 86; 93; 117; 195; 202
latus clavus 176
Lebensmittelversorgung 10; 39; 40; 105; 110; 157; 177; 214; 218
legati Augusti pro praetore 18; 43; 79; 83; 91; 96; 100; 113; 114; 123; 153; 186; 219
leges – siehe Stadtrecht
Legionen 14; 15; 19; 26; 34; 40; 42–44; 56; 59; 69; 70; 73–75; 77–80; 82; 83; 89; 91; 92; 96; 97; 114; 121–130; 152; 189; 193; 194; 207; 228–232
Legionslager 184; 123–126; 129; 130; 161; 192; 227; 232
Legionslegaten 44; 78; 79; 80; 114
lex 30; 41; 48; 85; 154; 214
lex de imperio Vespasiani 85; 196
lex Irnitana 202
lex provinciae 162
lex regia 85
limes 84; 195

Literaturwissenschaften 2; 3; 136; 142; 166; 191; 200; 213

Männlichkeitsideale 57
Magistratur 6; 7; 37; 43; 50; 107–109; 144; 150; 152; 211; 213; 217
maiestas laesa (Majestätsbeleidigung) 44; 45; 167; 168
Migration 105
Monarchie 7; 8; 50; 97; 106; 107; 133; 158; 172; 180; 212
Morgenempfänge 50; 112
Münzen 55; 63; 73; 89; 138; 139; 152; 159; 169; 180; 187; 188; 191; 201; 234; 240; 241
Multiperspektivität 63; 148; 206
municipium 93; 117; 146; 202

Nachfolge 8; 21; 23; 28; 32; 33; 36; 38; 39; 43–48; 52; 53; 62; 68; 74; 76; 87; 89; 90; 93; 94; 96; 100–102; 109; 115; 124; 152; 156; 164; 165; 168; 198; 205
Nachrichten- und Kommunikationssystem 116
Naturkatastrophen 88; 107
neokoros 222
Nobilität 15; 20; 21; 27; 29; 197
officiales 219
ordo 30; 63; 86; 94; 108; 114; 116; 153; 154; 176; 190; 197; 205; 213; 220

Palast 31; 55; 58; 64; 65; 88; 104; 111; 174; 176; 201
Panegyricus des Plinius 94; 96; 203–205
Papyri 1; 117; 138; 155; 187; 193; 206; 219; 223; 229; 230; 234; 240
Partherkriege 69; 70; 101; 102; 124; 207
patrimonium 76; 170; 216; 218
Patrizier 66; 75; 96; 108
Patronage 28; 100; 207; 225
pax Augusta 159

Peripherien 3; 4; 82; 95; 140
„Persönlichkeit" 51; 166; 172
Philosophie 66; 92
polis, poleis 117; 155; 222; 225
Politikgeschichte 1; 3; 75; 85; 93; 97; 140; 168; 181; 198; 214; 216; 226
pomerium 12; 47; 104; 210
pontifex 109
pontifex maximus 32; 36; 106
Postcolonial studies 132; 160; 194
potestas 6; 144; 167
praefectus Aegypti 13; 20; 31; 73; 113; 114; 154; 155; 187; 219
praefectus aerari Saturni 109; 214
praefectus alae 122; 229
praefectus alimentorum 208
praefectus annonae 39; 40; 110; 157; 214
praefectus cohortis 122; 229
praefectus Iudaeae 59; 113
praefectus praetorio 38; 47; 49; 52; 63; 64; 66; 75; 76; 94; 110; 111; 168; 214; 217
praefectus urbi 43; 80; 109; 156; 167; 214; 228
praefectus vigilum 40; 110; 157; 214
Prätorianer 37; 47; 55; 56; 63; 74–77; 96; 110; 120; 121; 167; 168; 227; 228
Prätor 6; 18; 83; 109; 144; 214
Prinzipat 4
proconsul 9; 11; 13; 18; 22–26; 34; 43; 44; 100; 106; 110; 113; 114; 147; 149–152; 162; 163; 196; 218; 219
procurator 59; 61; 71; 113; 114; 122; 127; 155; 157; 178; 191; 215; 218; 219; 220
Proskriptionen 9; 140
Prosopographie 172; 173; 190
provincia 6; 19; 150; 160; 162; 163
Provinziallandtage 114; 115; 220; vgl. *koinon*
Psychopathologie 51

Quaestor 114
Quantifizierung 2; 133
Quelleninterpretation 139

Raum 103; 104; 208; 209
reaktives Regieren 3; 215
Rechtsgeschichte 1; 3; 106; 131; 132; 154; 176; 211; 212; 214; 215
Rechtsprechung 59; 155; 214; 219
recusatio imperii 167
Redner, Redekunst 4; 64; 97; 135; 137; 203
Rekrutierung 39; 77; 121; 122; 128–130; 197; 207; 228; 229; 232; 233
Religion 71; 72; 158; 182; 183; 191; 202; 204
Republik 4–9; 14; 22; 24; 30; 34; 36; 41; 44; 50; 57; 68; 69; 75; 76; 92; 105; 108–111; 114; 118–120; 131; 134; 135; 143; 146; 147; 153; 156; 158; 165; 174; 196; 197; 200; 210; 224
res publica 6; 7; 13–18; 20; 23; 29; 31; 35; 37; 38; 41; 44; 47; 55; 76; 79; 85; 87; 104; 118; 119; 134; 140; 146; 147; 150; 158; 159; 166; 169; 170; 196; 197; 200; 213–216; 218; 225
Ritter (*equites*) 9; 13; 30; 31; 38–40; 47; 54; 57–59; 61; 66; 71; 78; 94; 96; 99; 103; 109–114; 116; 122; 135; 136; 153–155; 157; 165; 173; 175; 177; 190; 197; 214; 215; 217; 219; 220; 229; 230
Romanisation 179; 209
Romanisierung 87; 103; 209

Säkularspiele 32; 142; 158
Selbstdarstellung 17; 20; 28; 32; 46; 73; 84; 85; 90; 104; 105; 111; 141; 149; 153; 155; 156; 161; 181; 182; 192; 196; 201; 205; 207; 210; 212; 233
Senat 5; 6; 8; 9; 11–13; 15; 17; 18; 24; 25; 29; 31; 43; 45–50; 52; 55; 58; 64; 74; 76; 85–87; 92; 99; 104; 107–109; 134; 135; 137; 149–154; 156; 167; 168; 176; 197; 203; 212; 213; 217
Senatorenstand (*ordo senatorius*) 30; 63; 86; 108; 176; 190; 197; 205; 213
Senatsbeschluss 46; 58; 108; 137; 152; 168; 176; 212
Siegesmythos 79
Sklaverei 1; 27; 57; 92; 110; 111; 119–121; 125; 144; 157; 158; 218; 225; 226
Sozialgeschichte 1; 3; 75; 77; 92; 106; 119; 134; 139; 142; 158; 172; 179; 184; 190; 200; 207; 211; 215; 226; 231; 233
Soziologie 2; 200
Spielekultur 51
Staat 13; 84; 118; 132; 223; 225
Stadt 13; 26; 38; 88; 93; 98; 99; 102; 104; 110; 112; 114–118; 123; 124; 126; 127; 129; 145; 146; 155; 156; 194; 195; 202; 209; 210; 211; 216–218; 220–223; 231–233
Stadrat 107; 116; 117
Stadtrechte 125; 202; 223; 231
stadtrömische Administration 31; 32; 156–158
stationarii 126; 230
Sterblichkeit 21; 60; 211
Steuern 33; 39; 89; 116; 170; 218; 225
stoische Philosophie 66; 92; 180
Statthalter 6; 7; 11; 18; 53; 59–61; 69; 70; 74; 76; 79; 83; 100; 104; 113–115; 117; 143; 151; 152; 154; 178; 187; 191; 194; 203; 218–220; 222; 223
Straßen 32; 61; 83; 99; 116; 123; 130; 178; 207; 208
strategos (Ägypten) 117; 223
Suffektkonsuln 20; 37; 86

Tatenbericht von Augustus (*res gestae Divi Augusti*) 16; 117; 142; 149
Tempel 26; 31; 61; 71–73; 87; 104; 109; 112; 114; 115; 158; 173; 183; 187; 191; 217; 222
„Trennung der Wege" 183
Treueide 14; 23
tribunicia potestas – siehe tribunizische Amtsgewalt
Tribunizische Amtsgewalt 28; 29; 32; 34; 35; 46; 55; 106; 150; 151; 167; 196
tribunus militum 122; 229
Triumph 13; 14; 29; 49; 69; 90; 102; 153; 156; 184
Triumvirat 9–12; 17; 20; 29; 32; 37; 49; 142; 144; 147–150
Truppenstärke, Frühe Kaiserzeit 159; 228

Urbanisierung 103; 163
Usurpation 79; 83; 96; 181; 190; 191; 193; 197

Varusschlacht 40; 41; 45; 123; 169
Vergöttlichung 54; 63; 87; 115. Siehe auch Divinisierung

Verschwörung 22; 27; 53; 54; 56; 66; 70; 72; 90; 91; 94; 96
Veteranen 8; 10–12; 14; 33; 109; 117; 126; 127; 129; 231
Vigilen 40; 110; 121; 157; 214; 228
Volkstribun 6; 24
Volksversammlungen 6

Wasser 31; 109; 156; 157; 204
Wasserleitungen 31; 98
Wehrpflicht 40; 129
Weltbilder 2; 55; 141
Wirtschaft 2; 3; 5; 44; 49; 82; 105; 112; 113; 116; 119; 125; 126; 133; 139; 145; 160; 162; 163; 169; 179; 193; 194; 207–209; 216–218; 220; 225

Zeitlichkeit 5; 134
Zensur 88
Zensus 84; 144; 160
Zentralität 99; 158
Zentrum 3; 4; 15; 55; 81; 95; 99; 104; 112; 134; 140; 145; 209; 217
Zoll 61; 126; 178; 187; 231
Zufall 10; 75; 77; 103; 147; 149; 189; 230

Oldenbourg Grundriss der Geschichte

Herausgegeben von Hans Beck, Karl-Joachim Hölkeskamp, Achim Landwehr, Benedikt Stuchtey und Steffen Patzold

Band 1a
Wolfgang Schuller
Griechische Geschichte
6., akt. Aufl. 2008. 275 S., 4 Karten
ISBN 978-3-486-58715-9

Band 1b
Hans-Joachim Gehrke
Geschichte des Hellenismus
4. durchges. Aufl. 2008. 328 S.
ISBN 978-3-486-58785-2

Band 2
Jochen Bleicken
Geschichte der Römischen Republik
6. Aufl. 2004. 342 S.
ISBN 978-3-486-49666-6

Band 3
Werner Dahlheim
Geschichte der Römischen Kaiserzeit
3., überarb. und erw. Aufl. 2003. 452 S., 3 Karten
ISBN 978-3-486-49673-4

Band 4
Jochen Martin
Spätantike und Völkerwanderung
4. Aufl. 2001. 336 S.
ISBN 978-3-486-49684-0

Band 5
Reinhard Schneider
Das Frankenreich
4., überarb. und erw. Aufl. 2001. 224 S., 2 Karten
ISBN 978-3-486-49694-9

Band 6
Johannes Fried
Die Formierung Europas 840–1046
3., überarb. Aufl. 2008. 359 S.
ISBN 978-3-486-49703-8

Band 7
Hermann Jakobs
Kirchenreform und Hochmittelalter 1046–1215
4. Aufl. 1999. 380 S.
ISBN 978-3-486-49714-4

Band 8
Ulf Dirlmeier/Gerhard Fouquet/Bernd Fuhrmann
Europa im Spätmittelalter 1215–1378
2. Aufl. 2009. 390 S.
ISBN 978-3-486-58796-8

Band 9
Erich Meuthen
Das 15. Jahrhundert
4. Aufl., überarb. v. Claudia Märtl 2006. 343 S.
ISBN 978-3-486-49734-2

Band 10
Heinrich Lutz
Reformation und Gegenreformation
5. Aufl., durchges. und erg. v. Alfred Kohler 2002. 283 S.
ISBN 978-3-486-48585-2

Band 11
Heinz Duchhardt / Matthias Schnettger
Barock und Aufklärung
5., überarb. u. akt. Aufl. des Bandes
„Das Zeitalter des Absolutismus" 2015.
302 S.
ISBN 978-3-486-76730-8

Band 12
Elisabeth Fehrenbach
Vom Ancien Régime zum Wiener Kongreß
5. Aufl. 2008. 323 S., 1 Karte
ISBN 978-3-486-58587-2

Band 13
Dieter Langewiesche
Europa zwischen Restauration und Revolution 1815–1849
5. Aufl. 2007. 261 S., 4 Karten.
ISBN 978-3-486-49734-2

Band 14
Lothar Gall
Europa auf dem Weg in die Moderne 1850–1890
5. Aufl. 2009. 332 S., 4 Karten
ISBN 978-3-486-58718-0

Band 15
Gregor Schöllgen/Friedrich Kießling
Das Zeitalter des Imperialismus
5., überarb. u. erw. Aufl. 2009. 326 S.
ISBN 978-3-486-58868-2

Band 16
Eberhard Kolb/Dirk Schumann
Die Weimarer Republik
8., aktualis. u. erw. Aufl. 2012. 349 S., 1 Karte
ISBN 978-3-486-71267-4

Band 17
Klaus Hildebrand
Das Dritte Reich
7., durchges. Aufl. 2009. 474 S., 1 Karte
ISBN 978-3-486-59200-9

Band 18
Jost Dülffer
Europa im Ost-West-Konflikt 1945–1991
2004. 304 S., 2 Karten
ISBN 978-3-486-49105-0

Band 19
Rudolf Morsey
Die Bundesrepublik Deutschland
Entstehung und Entwicklung bis 1969
5., durchges. Aufl. 2007. 343 S.
ISBN 978-3-486-58319-9

Band 19a
Andreas Rödder
Die Bundesrepublik Deutschland 1969–1990
2003. 330 S., 2 Karten
ISBN 978-3-486-56697-0

Band 20
Hermann Weber
Die DDR 1945–1990
5., aktual. Aufl. 2011. 384 S.
ISBN 978-3-486-70440-2

Band 21
Horst Möller
Europa zwischen den Weltkriegen
1998. 278 S.
ISBN 978-3-486-52321-8

Band 22
Peter Schreiner
Byzanz
4., aktual. Aufl. 2011. 340 S., 2 Karten
ISBN 978-3-486-70271-2

Band 23
Hanns J. Prem
Geschichte Altamerikas
2., völlig überarb. Aufl. 2008. 386 S.,
5 Karten
ISBN 978-3-486-53032-2

Band 24
Tilman Nagel
Die islamische Welt bis 1500
1998. 312 S.
ISBN 978-3-486-53011-7

Band 25
Hans J. Nissen
Geschichte Alt-Vorderasiens
2., überarb. u. erw. Aufl. 2012. 309 S.,
4 Karten
ISBN 978-3-486-59223-8

Band 26
Helwig Schmidt-Glintzer
Geschichte Chinas bis zur mongolischen Eroberung 250 v. Chr.–1279 n. Chr.
1999. 235 S., 7 Karten
ISBN 978-3-486-56402-0

Band 27
Leonhard Harding
Geschichte Afrikas im 19. und 20. Jahrhundert
2., durchges. Aufl. 2006. 272 S.,
4 Karten
ISBN 978-3-486-57746-4

Band 28
Willi Paul Adams
Die USA vor 1900
2. Aufl. 2009. 294 S.
ISBN 978-3-486-58940-5

Band 29
Willi Paul Adams
Die USA im 20. Jahrhundert
2. Aufl., aktual. u. erg. v. Manfred Berg
2008. 302 S.
ISBN 978-3-486-56466-0

Band 30
Klaus Kreiser
Der Osmanische Staat 1300–1922
2., aktual. Aufl. 2008. 262 S., 4 Karten
ISBN 978-3-486-58588-9

Band 31
Manfred Hildermeier
Die Sowjetunion 1917–1991
3. überarb. und akt. Aufl. 2016. XXX S.
ISBN 978-3-486-71848-5

Band 32
Peter Wende
Großbritannien 1500–2000
2001. 234 S., 1 Karte
ISBN 978-3-486-56180-7

Band 33
Christoph Schmidt
Russische Geschichte 1547–1917
2. Aufl. 2009. 261 S., 1 Karte
ISBN 978-3-486-58721-0

Band 34
Hermann Kulke
Indische Geschichte bis 1750
2005. 275 S., 12 Karten
ISBN 978-3-486-55741-1

Band 35
Sabine Dabringhaus
Geschichte Chinas 1279–1949
3. akt. und überarb. Aufl. 2015. 324 S.
ISBN 978-3-486-78112-0

Band 36
Gerhard Krebs
Das moderne Japan 1868–1952
2009. 249 S.
ISBN 978-3-486-55894-4

Band 37
Manfred Clauss
Geschichte des alten Israel
2009. 259 S., 6 Karten
ISBN 978-3-486-55927-9

Band 38
Joachim von Puttkamer
Ostmitteleuropa im 19. und 20. Jahrhundert
2010. 353 S., 4 Karten
ISBN 978-3-486-58169-0

Band 39
Alfred Kohler
Von der Reformation zum Westfälischen Frieden
2011. 253 S.
ISBN 978-3-486-59803-2

Band 40
Jürgen Lütt
Das moderne Indien 1498 bis 2004
2012. 272 S., 3 Karten
ISBN 978-3-486-58161-4

Band 41
Andreas Fahrmeir
Europa zwischen Restauration, Reform und Revolution 1815–1850
2012. 228 S.
ISBN 978-3-486-70939-1

Band 42
Manfred Berg
Geschichte der USA
2013. 233 S.
ISBN 978-3-486-70482-2

Band 43
Ian Wood
Europe in Late Antiquity
2025. 408 S., 3 Karten
ISBN 978-3-11-035264-1

Band 44
Klaus Mühlhahn
Die Volksrepublik China
2017. 324 S.
ISBN 978-3-11-035530-7

Band 45
Jörg Echternkamp
Das Dritte Reich. Diktatur, Volksgemeinschaft, Krieg
2018. 344 S., 2 Karten
ISBN 978-3-486-75569-5

Band 46
Christoph Ulf/Erich Kistler
Die Entstehung Griechenlands
2019. 328 S., 26 Abb.
ISBN 978-3-486-52991-3

Band 47
Steven Vanderputten
Medieval Monasticisms
2020. 304 S.
ISBN 978-3-11-054377-3

Band 48
Christine Hatzky/Barbara Potthast
Lateinamerika 1800–1930
2021, 370 S., 2 Karten
ISBN 978-3-11-034999-3

Band 49
Christine Hatzky/Barbara Potthast
Lateinamerika seit 1930
2021, 416 S., 1 Karte
ISBN 978-3-11-073522-2

Band 50/1
Raimund Schulz/Uwe Walter
Griechische Geschichte ca. 800–322 v. Chr.
Band 1: Darstellung
2022. 278 S., 7 Karten
ISBN 978-3-486-58831-6

Band 50/2
Raimund Schulz/Uwe Walter
Griechische Geschichte ca. 800–322 v. Chr.
Band 2: Forschung und Literatur
2022. 378 S.
ISBN 978-3-11-076245-7

Band 51
Peter-Franz Mittag
Geschichte des Hellenismus
2023. 348 S., 2 Karten
ISBN 978-3-11-064859-1

Band 52
Jörg Requate
Europa an der Schwelle zur Hochmoderne (1870-1890)
2023. 350 S., 3 Karten
ISBN 978-3-11-035937-4

Band 53
Friedrich Kießling
Europa im Zeitalter des Imperialismus 1890–1918
2023. 385 S.
ISBN 978-3-486-76385-0

Band 54
Matthias Schnettger
Das 17. Jahrhundert
2024. 348 S., 3 Karten
ISBN 978-3-11-073767-7

Band 55
Stefan Jordan
Geschichtsschreibung. Geschichte und Theorie
2024. 256 S., 13 Abbildungen
ISBN 978-3-11-061078-9

www.ingramcontent.com/pod-product-compliance
Lightning Source LLC
Chambersburg PA
CBHW031326230426
43670CB00006B/250